本书受云南省一流学科新学科培育计划经费资助出版

红河学院区域国别学文库

元明清时期云南临安府文庙的历史人类学研究

马斌斌 著

A Historical Anthropological Study of the Confucian Temple in Yunnan Lin'an during the Yuan Ming and Qing Dynasties

中国社会科学出版社

图书在版编目（CIP）数据

元明清时期云南临安府文庙的历史人类学研究 / 马斌斌著. -- 北京：中国社会科学出版社，2025.6. -- (红河学院区域国别学文库). -- ISBN 978-7-5227-5031-6

Ⅰ. K928.6；K928.75

中国国家版本馆 CIP 数据核字第 2025YE8136 号

出 版 人	赵剑英
责任编辑	宋燕鹏
责任校对	王文源
责任印制	李寡寡

出　　版	中国社会科学出版社
社　　址	北京鼓楼西大街甲 158 号
邮　　编	100720
网　　址	http://www.csspw.cn
发 行 部	010-84083685
门 市 部	010-84029450
经　　销	新华书店及其他书店
印　　刷	北京明恒达印务有限公司
装　　订	廊坊市广阳区广增装订厂
版　　次	2025 年 6 月第 1 版
印　　次	2025 年 6 月第 1 次印刷
开　　本	710×1000　1/16
印　　张	22.75
字　　数	328 千字
定　　价	118.00 元

凡购买中国社会科学出版社图书，如有质量问题请与本社营销中心联系调换
电话：010-84083683
版权所有　侵权必究

自　序

摆在各位读者面前的这本书，是我的博士学位论文。博士学位论文初稿完成于 2022 年 3 月，在指导老师和各位评审专家的指导下，最终于 2022 年 11 月顺利完成答辩。为清晰呈现撰写博士学位论文时的想法和思路，在提交出版社时，未作太多的改动。

本书是关于元以降中央王朝在西南边地推行儒学教化路径的研究。移民、文庙等教育机构的兴建和科举实践，是王朝国家在西南边地推行儒学教化的三种路径和主要策略。对边疆地区而言，儒学教化的推行，实则是王朝国家对边疆地区进行整合和治理的措施。建水地处西南边徼，元代时始建文庙推行儒学教化，从始建之初建水文庙就发挥着庙学合一的功能，明清时期加以延续。在此过程中，建水文庙规模渐宏（西南地区最大的文庙），成为王朝国家推行儒学教化的直接场所。元代在建水始建文庙的同时，将大量移民移入建水，移民充当了传播和践行儒学教化的急先锋，作为"行动者"、践行者和集教化与被教化为一体的能动者。在元及以降的历史中，儒学教化渐成为移民的题中应有之义，移民参与儒学教化的整个序列，推动了儒学的传播和儒学教化的实践，某种程度上移民成为王朝国家在建水地区，尤其是在云南地区推行儒学教化的间接因素。加之移民对地方社会有着广泛的影响，这也是缘何笔者在本书中将移民与儒学教化并置讨论的原因。此外，作为儒学教化的另一路径，科举刺激了地方社会的流动，推动了地方文教的发展。在"学而优则仕"的科举制度的刺激下，在中央和边地的"共谋"中，儒学教化融于边地人们的日常生活。基于此，本书以云南省建水县为田野依托，以建水文庙为切入点，运用人类学的研究方法，对儒学教化在建水地区的实践路径进行历时性探讨，借以窥见儒学教化对边疆社会的影响，以及儒学教化在边疆治理中扮演的角色。

建水是西南地区的一部分，元以降王朝国家对建水地区的治理，实则是王朝国家对西南整体治理的一个缩影。本书通过对建水地区的移民史和儒学教化传播进行系统研究，以个案的方式再现移民与儒学教化关联的同时，得以窥见中央王朝对边地治理的另一种可能。儒学教化作为一种治边策略，用"教"的方式把边疆整合进王朝国家体系中。在此过程中，儒学教化并不只是"向下"的发展，移民和边地群体都"自发"的融入其中，共促儒学教化的发生，其是一种"共谋"的双向过程，而不是被动的教化、被动的整合。作为一种治理模式，儒学教化在促使边地文化与中原文化进行融合、不同文化进行交织的同时，稳固了边地，推动了边地文化和社会的发展，加深了边地与中央之间的联系，极大地丰富了边地文化的内涵，为不同群体之间的交流互动提供了准绳。边地不同群体在其文化价值的重塑下，吸纳儒学中的普世观念——大一统、仁爱、忠孝、修身齐家，使"各美其美"成为可能。加之对兼容并蓄、包容、开放、向善向上的追求，不同群体之间在交往时，才能做到"美人之美"，最后达到"美美与共，和而不同"。因此，在研究西南边地时，儒学也是一个研究窗口和路径，是我们认知西南的另一种可能。

虽然本书有幸得以出版和面世，但笔者自身能力有限，知识和阅历尚在不断增加，因此，观点和知识点难免有失偏颇，但笔者相信这种"不足"将会成为今后努力的方向和动力。值此之际，要感谢的人和事很多，本书的出版承蒙红河学院区域国别研究院的支持，承蒙中国社会科学出版社编审宋燕鹏老师和诸编辑的帮助。本书还是博士学位论文时，在书写完成过程中，得益于中山大学人类学系诸良师的指导，盲审、答辩时也得到相应专家给出的宝贵意见，再此感谢。要感谢的人与事，恕不一一列举，在此一并致谢。

时光荏苒，带着诸多亲人的期盼，携着良师益友的鼓励和支持，不忘初心，再度起航！

目　　录

导　言 ……………………………………………………………（1）

第一章　历史场景——从步头到建水的发展史 ……………（54）
第一节　多重奏的地方史——步头、惠历和巴甸的
　　　　由来 ……………………………………………（56）
第二节　内附的边地——元以降的临安和建水 …………（69）
第三节　历史记忆与日常生活——朝阳楼的建水镜像 …（81）
第四节　小结 ………………………………………………（91）

第二章　纳边入内——移民、城市与地方文化史 …………（93）
第一节　移民入滇——云南历史上的军屯与民屯 ………（93）
第二节　迈向多元——建水历史上的移民与地方社会 …（98）
第三节　移民与边地开发——建水城市的发展过程 ……（110）
第四节　族群关系的地方实践——权益、文化与政治 …（119）
第五节　小结 ………………………………………………（125）

第三章　化成天下——文庙的修建与儒学教化的推行 ……（128）
第一节　历史、空间与政治——建水文庙的地方叙事 …（130）
第二节　国家与社会——"一庙三学"的历史表述 ………（168）
第三节　场域、象征与仪式——文庙的"儒学教化" ……（186）
第四节　小结 ………………………………………………（226）

第四章　向化而生——书院、科举与儒学教化 (229)
  第一节　教化的场所——建水地区的书院修建史 (233)
  第二节　教育空间的地方性叙事——儒学教化的普及 (249)
  第三节　耕读传家传统下的移民与科举 (253)
  第四节　文字与文明的地方表达——滇南邹鲁和文献名邦 (259)
  第五节　"互惠"的实践——精英群体与地方社会 (264)
  第六节　小结 (273)

第五章　人神之间——地方宗教的多元共生 (276)
  第一节　神灵的殿堂——建水古城内的"七寺八庙" (278)
  第二节　移民与地方宗教的多元化 (300)
  第三节　共在互渗——民间信仰与"儒学教化" (305)
  第四节　小结 (312)

结　语 (316)

参考文献 (326)

附　录 (346)

导　言

一　研究缘起

1936—1939年间，西方人类学家费子智（C. P. FitzGerald）在云南大理地区工作和生活，并在该地区进行了较长时间的人类学研究，在此基础上完成了站在世界高度来看大理、看白族的研究著作即《五华楼：关于云南大理民家的研究》[①]。在对大理"民家"研究的同时，费子智把目光投向更大的范围，力求在世界、东南亚和东亚以及更大范围内看中国、看云南。在这种"从周边看中国"的视野下，费子智指出："云南是一个特殊的案例，是对整个中国文化和政治扩张过程的一种检验。如果在政治上可行，它（云南）可以被视为进一步扩张的模式；或者，它（云南）可以被看作是中国在以前非汉人地区的（进行扩张）最大可能（限制）。因此，云南的故事将受到特别的关注，一方面是因为它对整个问题的内在重要性，另一方面是因为西方读者对它知之甚少。"[②] 为了论证云南这一"特殊案例"，费子智进行了横向和纵向的比较，用云南和越南的比较来证明云南何以特殊，并通过元代和明代时期对亚洲西南地区的治理比较，来历时性地看待缘何云南成为"中国"。在比较路径下，费子智还把中国的移民和西方殖民扩张进行了对比，来看中国对南

[①] ［澳］C. P. 费茨杰拉德：《五华楼：关于云南大理民家的研究》，刘晓峰、汪晖译，民族出版社2006年版。

[②] C. P. FitzGerald, *The Southern Expansion of the Chinese people "Southern Fields and Southern Ocean"*, London: Barrie & Jenkins, 1972, p. 14 (xiv).

海地区的文化影响。

对中国这种从有疆无界的王朝国家到现代有边界的民族国家而言[1]，历史上中国的边疆是一种"弹性"的存在，王朝国家的治理既有实质性的"控制"，也有羁縻、朝贡式的归附，天下一统从来都不是就边界而言的。

因此，云南纳入"中国"的过程也并不只是武力征服和"汉化"的过程，并不是中央王朝单一的自上而下地强制结果。在纳入中国版图时，在王朝国家的观念中，云南也不是"边界"，某种程度上是王朝国家迈向东南亚的"通道"，是朝贡体系中"藩邦"进入内地的"通道"。对"藩邦"而言，云南也是中心。云南成为"边疆"、成为"边界"，实质上是明清以降民族国家兴起的结果。因此，无论在何种视域下来看云南，中央王朝的进入是题中应有之义，当然中央王朝/帝国对边地的征服过程，"纳边入内"的过程，也是对边地进行移风易俗的文化史过程。[2] 但这一"过程"是双向的，并非王朝国家单一的形塑，也并不是武力强制的结果，而是一种"共谋"。基于此，本书以儒学教化作为核心论点，以滇南建水为田野点，从儒学教化实践的三种路径——移民、庙学等教育机构（书院等）和科举来看这一双向"共谋"的过程是何以可能的。同时讨论移民与儒学教化对边地社会的影响，历时性地呈现边疆地区中华民族共同体的形成和发展。

二 研究意义

任何一项研究的展开，不仅需要长期的学科专业训练，还需要将所学理论与实践相结合，生产出相应的成果。在这一过程中，研

---

[1] 参见葛兆光的《宅兹中国》《何为"中国"？——疆域、民族、文化与历史》《历史中国的内与外——有关"中国"与"周边"概念的再澄清》等，葛兆光先生在这些书中详细论述了历史中国的"边疆"问题，传统中国是一个有疆无界的国家，我们不能用现代民族国家的概念去衡量古代中国。

[2] 葛兆光：《历史中国的内与外——有关"中国"与"周边"概念的再澄清》，香港中文大学出版社2017年版，第96页。

究者大都会去预设研究成果会对某一领域或学科，乃至社会产生何种影响，在此基础上，研究的意义便得以呈现。一项学术研究，某种程度上应当具备学术意义和现实意义。

首先，就学术意义而言，本书以云南建水为田野点，云南地处云贵高原，在地理范围、历史过程和学科研究中，被涵括在"西南"范畴中。在人类学的研究脉络中，人类学的西南研究有着很好的学术传统和研究成果，但大多成果仍集中在对乡村的研究中，对西南地区城市、儒学、移民问题的讨论相对较少，在建水这个有着长时段"古城"史的地方做研究，是在人类学脉络中对西南研究的延伸和拓展。因此，以建水为田野依托、以历史人类学为视角、以儒学教化实践的三种路径为研究内容，既是对已有学术脉络的延续，在更宽泛的意义也能丰富这一"缓冲地带"[1]的研究，使这一"交叠地带"的多样性更加凸显。重新认知王朝国家的治理体系和地方社会的应对机制。

其次，就研究的现实意义而言，目前已有的关于建水地区的研究，大多集中在对建筑、紫陶工艺技术、族群认同、文庙祭祀仪式和古城保护等方面的研究，较少涉及对地域整体性和区域史的探讨，将文庙与儒学研究相关联的研究较少[2]，人类学民族学的研究所占比重相对较少，因此可待进一步研究的空间很大。本书以儒学教化的实践途径为主要研究内容，以文庙为主题，运用历史人类学的研究方法开展本研究，在丰富传统研究议题的同时，将建水放置在长时段的历史脉络中，透过儒学教化实践的三种途径，在历史过程中来重视建水的地方社会史，进一步加深学界和其他相关学科对建水地区的认知。

---

[1] ［英］利奇（E. R. Leach）：《缅甸高地诸政治体系：对克钦社会结构的一项研究》，杨春宇、周歆红译，商务印书馆2010年版，代译序第3页。

[2] 2020年书写博士论文时，只有洪晓丽《文庙与儒家文化的传播——以建水文庙为例》，《曲靖师范学院学报》2013年第2期）的一篇文章，其他文本中有所涉及，但关涉内容较少。

三 文献回顾

文献回顾是开展每项研究的基础，我们只有了解以往学者们已经做出了哪些研究，我们才能从中找寻自己可以做什么。只有在掌握前人研究的基础上，才能从中发现自己的切入点，理清自己的思路，进而开展自己的研究。同时在回顾的过程中发现问题，才能在自己的研究中"解决"问题。藉着这种缘由，本书对前人研究的回溯主要从西南研究与作为方法的历史人类学、移民与地方宗教研究、儒学教化和科举、建水及其相关研究四个部分展开。

（一）西南研究与作为方法的历史人类学

马林诺夫斯基以降，人类学的研究开始迈向"科学"，研究从"摇椅（书桌）"转向实地调查[1]。在这一学科研究范式的转型中，田野工作成了人类学家的"成丁礼"，成为开展人类学研究必不可少的一环。藉着这种缘由，要开展人类学的研究，就必须有一定的场域作为依托，尽管格尔茨曾提及"人类学家不研究乡村（部落、集镇、邻里……）；他们在乡村里作研究"[2]。看似在强调人类学家不研究某一特定场域（乡村、部落），但实质上肯定要在某一特定场域中"作研究"的必要性。当人类学的研究在中国遍地开花时，"西南"地区相继发展成研究"重镇"，但"西南"一词并不是因为人类学研究的进入而出现的，历史文献对"西南"的记载更早。"西南"一词最早出现在司马迁的《史记·西南夷列传》中，司马迁笔下的"西南"所蕴含的意义虽与当下所指有别，但作为一个区域范畴，已初见端倪。司马迁以降，西南渐入史料，生活在该区域中的群体也渐被"描述"，相继被载入史书中，因此"西南"并不是一件新发明的东西[3]，而是对传统研究的延续。

---

[1] ［英］马凌诺斯基：《西太平洋的航海者》，梁永佳、李绍明译，高丙中校，华夏出版社2001年版。

[2] ［美］克利福德·格尔兹：《文化的解释》，纳日碧力戈等译，上海人民出版社1999年版，第25页。

[3] 杨成志：《杨成志人类学民族学文集》，民族出版社2003年版，第23页。

首先，西南是一个地理概念，在地理空间范围上，西南作为一个空间指向，特指一个特定空间和地域，且该地域空间含有政区与文化两层意义。

其次，西南是一个历史概念，意味着在一个漫长的、间断与连续相交替发展过程中的多重变化[1]，因而也是一个动态的概念[2]。这个动态的概念是随着历史的发展而发生变化，并不断有其新的内涵产生。

第三，西南是集历史、地理概念为一体的他者建构。作为地理历史概念的"西南"是以"中原"为中心的"一点四方"的空间方位。在历史文化内涵上，又是北狄、西戎、南蛮、东夷观念延续下的一种"建构"，这种"他者"视角无论是在历史时期还是在当下语境中，都影响着我们如何理解和界定西南。作为与之对应的中原的他者，"西南"是一种即存的、在认识论上被建构的"他者"，是一种"被"描述的存在[3]，即"西南夷君长以什数，夜郎最大。……皆编发，随畜迁徙，毋常处，毋君长，地方可数千里"[4]。在司马迁的记载中，"西南"地区的人群皆编发纹身、毋君长，是异于中原的一种边缘存在，这种西南的"他者"形象一直延续至今。[5]因此，只有明确西南这一被描述者的特质时，在研究中才能更好地"发现"西南，在"西南"中重新发现西南。

"西南"除以上三种所指外，还有"西南民族"之内涵。在人类学民族学的西南研究中，西南民族研究发迹较早，并有着延续的研究传统。李绍明将西南民族研究划分为三个阶段，即初创阶段（19世纪中叶至20世纪中叶）、调查研究时期（20世纪五六十年代）和承上启下的过渡时期（20世纪80年代初至今），通过这三个阶段的系统划分，"西南"作为一个研究范畴得以确立。在

---

[1] 徐新建：《西南研究论》，云南教育出版社1992年版，第3页。
[2] 杨庭硕、罗康隆：《西南与中原》，云南教育出版社1992年版，第9页。
[3] ［美］萨义德：《东方学》，王宇根译，生活·读书·新知三联书店1995年版。
[4] 《史记》卷116《西南夷列传》，第2991页。
[5] 杨成志：《杨成志人类学民族学文集》，民族出版社2003年版，第23页。

1911—1914年间地质学家丁文江两次到云南和凉山做调查，这是国人对西南地区最早的调查研究。[①] 丁文江后，中山大学教授杨成志于1928年到云南进行了为期一年多的民族考察。杨成志在考察后，初步确立了西南地区囊括的地理范围，指出"西南民族"一名词，是包括粤、桂、黔、滇、川、康、藏及印度支那（安南、暹罗、缅甸）各地所分布的半开化的或未开化的部族之总称。[②] 刘志扬针对前人的研究，从概念上对西南进行了辨析，区分出广义和狭义的西南概念，指出狭义的西南即为我们国家行政区划内的西南地区，主要包括川、渝、滇、黔、藏五省区市；广义上的西南则是一个广义的文化概念，涵盖的地区范围更广，除杨成志、马长寿等学者定义的西南（川康滇黔）地区外，还包括两广瑶族、壮族聚居区和海南岛。[③] 在这广袤的区域中，生活着诸多群体，彼此之间在共享同一文化（儒家文化）的基础上，也存在内部差异。

尤中根据《史记》和《汉书》等资料的记载，指出"西南夷"分布的区域地理范围，大致包括云南全部，贵州的大部，川西南、川南与云南、贵州接界的部分，川北与甘肃接界之地，及广西与云南、贵州相连接地带。[④] 相较于刘志扬概述的广义上的"西南"地区，"西南夷"分布的区域则是"小西南"，其主要以云贵高原为主体，外延广西地区，地理范围大致囊括云南和广西的全部，贵州的部分以及四川与云南相交地带。由于川、渝地区较早与内地相接触，文化形态也异于云、滇、黔、桂地区，西藏有着异于滇、黔、桂地区的文化特色，所以在小西南之外。因此，在讨论和应用这一概念时，无论是西南或"小西南"、狭义还是广义，都隐含了以中原汉文化为中心的视角前提，是有别于中原汉文化的西南（西南

[①] 李绍明：《西南民族研究的回顾与前瞻》，《贵州民族研究》2004年第3期，第53页。

[②] 杨成志：《杨成志人类学民族学文集》，民族出版社2003年版，第223页。

[③] 刘志扬：《本土、区域与中国民族学人类学学科体系构建——中山大学百年西南民族研究回顾》，《广西民族大学学报》（哲学社会科学版）2019年第2期，第70页。

[④] 尤中编著：《西南民族史论著》，云南民族出版社1982年版，第1页。

方、西南部）。① 由此可见，西南并不只是一个地域观念，也不只是几个地域或行政意义上几个省份的总和，而是集人群和地理空间为一体，隐含多元思想、文化和政治的不断被发现、建构和理解的区域。同时，在研究中还应该视西南为"民族志学术区"，将其放置在更大的范围（如东南亚和南亚）内进行研究。② 在长时段中结合民族志的方法，来探索和重释西南，在这一过程中，对历史人类学的应用成为必然。

历史人类学研究在人类学的发展脉络中出现的较早，从早期被称为"摇椅上的人类学家"的经典著作来看，其著作大都是借助旅行者、探险家和传教士的笔记等"二手资料"得以开展。这些基于"二手资料"的研究和分析，产生了人类学早期的经典理论，并对后期人类学的发展产生持续影响，这些被冠以古典进化论学派的研究中，便有历史人类学的身影。虽然爱德华·泰勒、弗雷泽等并未声称自己的研究是历史人类学，但在技术和应用层面，在对待文献资料、"二手资料"的处理和对人类学自身的认知上，已有类似历史人类学这种跨学科研究方法的特质。如泰勒在《原始文化》③中，在使用大量文献资料的同时，对比了来自世界各地不同地区的一些神话故事，虽然这些资料取材于史料而非来自"田野"（尽管那时并没有这种用法），但在泰勒那里，人类学与历史学（至少是对史料的应用）的结合已初见端倪。尽管如此，"历史人类学"作为概念开始运用，是从20世纪90年代后开始的。④ 但实际上的应用和倡导可能更早些。

1950年，埃文斯—普里查德在"马雷特讲座"中就已经对历史

---

① 杨庭硕、罗康隆：《西南与中原》，云南教育出版社1992年版，第9页。
② 王铭铭：《人文生境：文明、生活与宇宙观》，生活·读书·新知三联书店2021年版，第139—140页。
③ ［英］爱德华·泰勒：《原始文化：神话、哲学、宗教、语言、艺术和习俗发展之研究》，连树声译，广西师范大学出版社2005年版。
④ 赵世瑜：《历史人类学的旨趣：一种实践的历史学》，北京师范大学出版社2020年版，第40页。

人类学有所倡导，普里查德认为，社会人类学是一种史学[①]。1961年，普里查德又在曼彻斯特大学展开了题为"人类学与历史"的演讲，演讲中提到"社会人类学家只有作为一个民族史学家的角色时才依赖直接的观察，一旦开始比较研究，他必须像历史学家一样依赖文献"[②]。在这前后两场讲座中，普里查德论述了自己对历史乃至历史学的态度，论述了人类学与历史学之间结合的必要性。并在学科史的脉络中，回顾了英国、美国、法国人类学界对历史的态度和立场问题，他指出在英国马林诺斯基和拉德克里夫—布朗占据影响地位时对历史的不友善和冷漠；法国年鉴学派涂尔干的无历史以及美国人类学的"反历史趋势"，而他自己觉得社会人类学与某些门类的历史学而不是自然科学更接近。[③] 普里查德的这种立场，某种程度上推动了后来人类学界对历史的重视。到20世纪80年代后，历史人类学作为一个分支领域，活跃在人类学的研究中，如美国人类学家萨林斯（Marshall Sahlins）对库克船长与夏威夷岛人宇宙观的讨论，埃里克·沃尔夫（Eric R. Wolf）运用微观视角和宏观历史相结合的方式对"历史"和"人"的重释，以及西敏司（Sidney Mintz）对糖的生产、消费、权力进行历时性梳理来理解世界贸易体系。[④] 这系列研究，进一步推进了历史人类学的发展。1989年时，许多研究爱尔兰民族志的人类学家召开了一次会议，由西佛曼（Marilyn Silverman）和格里福（P. H. Gulliver）编辑出版了文集《走进历史田野》[⑤]。该文集收录的文章，从多个方面通过对爱尔兰

[①] ［英］埃文斯—普里查德：《论社会人类学》，冷凤彩译，梁永佳校，世界图书出版公司北京公司2009年版，第109页。

[②] ［英］埃文斯—普里查德：《论社会人类学》，冷凤彩译，梁永佳校，世界图书出版公司北京公司2009年版，第131—132页。

[③] ［英］埃文斯—普里查德：《论社会人类学》，冷凤彩译，梁永佳校，世界图书出版公司北京公司2009年版，第128页。

[④] 如马歇尔·萨林斯的《历史之岛》（1985），沃尔夫的《欧洲与没有历史的人民》（1982）和西敏司的《甜与权力》（1985）等。

[⑤] ［英］西佛曼、格里福主编：《走进历史田野——历史人类学的爱尔兰史个案研究》，贾士衡译，台北市：麦田出版股份有限公司1999年版。

个案的历史人类学研究,在方法论上对历史人类学进行了阐释,在梳理历史人类学脉络的同时,某种程度上标志着历史人类学作为一门分支学科的出现。

当这一分支领域在西方社会发展时,历史人类学的研究方法随即在中国研究中得以运用。1976 年,萧凤霞(Helen Siu)到香港中文大学后,随即开展对华南地区的研究,在研究中给予历史观照,把历史人类学的研究视角纳入其中,出版了以《华南的"能动者"与"受害人"——中国农村的共谋》[1]为代表的多部著作。在华南地区开展研究时,萧凤霞曾先后与历史学家[2]进行了多方面的合作,把跨越学科界限作为追求[3]。他们一起交流合作、研习研讨,并相继招募青年研究者开展培训,并将这种跨学科研究的方法带入实际田野考察中。他们的研究将历史学和人类学进行结合,适时调整田野调查的方式,保持批判精神,阅读和理解历史与文化文本。[4] 因这些研究起初大都在华南地区展开,并对国内外学界产生了极大影响,这一学术共同体便被冠以"华南学派"的称呼。在理论层面出现了萧凤霞和刘志伟的"结构过程"(Structuring)分析,科大卫(David Faure)对"礼仪标识"(Ritual Marker)的提出和广泛讨论以及赵世瑜的"逆推顺述"(Backward Observation from Now),[5] 这些理论是华南学术共同体在长期研究中凝结的结晶,在方法论和理论层面都有开创意义。在他们的研究中能动的个体、地方与社会、小人物背后的大历史、民间背后的国家叙事等交织在一起,呈现了

---

[1] Helen F. Siu, *Agents and Victims in South China*: *Accomplices in Rural Revolution*, Yale University, 1989; Helen F. Siu, *Tracing China*: *A Forty-Year Ethnographic Journey*, Hong Kong University Press, 2016.

[2] 如程美宝、刘志伟、郑振满、赵世瑜、丁荷生、蔡志祥、科大卫等学者。

[3] 华南研究会编辑委员会编:《学步与超越:华南研究会论文集》,香港:文化创造出版社 2004 年版,第 31 页。

[4] Helen F. Siu, *Tracing China*: *A Forty-Year Ethnographic Journey*, Hong Kong University Press, 2016, p. 29.

[5] 赵世瑜:《结构过程·礼仪标识·逆推顺述——中国历史人类学研究的三个概念》,《清华大学学报》(哲学社会科学版)2018 年第 1 期。

地方的整体性和多重关系的互动。这种研究方法进一步推动了历史人类学在中国的广泛使用，继而由华南地区扩展到其他地区。

在历史人类学研究产生系列成果时，学界对如何理解和界定历史人类学存在不同见解。在人类学和历史学两个不同学科领域中，出现了"不同"定位的历史人类学。历史学家赵世瑜认为，历史学的历史人类学是历史学，而不是人类学，是一种"实践的历史学"。[1] 人类学家张小军认为，历史人类学并不是一个以历史为研究领域的人类学学科，而是一种力在摒弃学科狭窄视野的研究方法论，追求一种全息的历史研究的方法论。在这一研究方法中，人类学家以现实和历史事实为探究根据，以理解"人类"为落脚点，重在从历史当中探究人类生存的（普遍）规律，史学则以理解"历史"为落脚点，重在从历史本身发现规律。[2] 因此二者的出发点和落脚点是存在显著区别的。刘永华则认为，历史人类学有三种类型——以借用人类学理论和方法理解文化史、社会史的历史学本位的人类学；以学习历史学的方法将文化历史化，在书写民族志时，纳入对历史因素考量的英美人类学本位的历史人类学；和以民俗学材料为主导分析日常生活的中北欧欧洲民族学本位的历史人类学。[3] 这三种不同类型的历史人类学，从研究对象到研究内容都有不同的侧重点，研究的视角和路径各异，但都是对交叉学科和方法的运用。

陆启宏在综合前人研究的基础上指出，历史人类学应当包括人类学的历史化和历史学的人类学转向，人类学的历史化意味着人类学从共时性分析转向历时性分析，而对历史学而言，历史人类学提供了新的研究领域和研究方法。[4] 这种包含两个面向的交叉学科，

---

[1] 赵世瑜：《历史人类学的旨趣：一种实践的历史学》，北京师范大学出版社2020年版，第5页。
[2] 张小军：《让历史有"实践"：历史人类学思想之旅》，清华大学出版社2019年版，前言第1、26页。
[3] 刘永华：《时间与主义》，北京师范大学出版社2018年版，第115页。
[4] 陆启宏：《历史学与人类学：20世纪西方历史人类学的理论与实践》，复旦大学出版社2019年版，第15—16页。

突破了单一学科界限。同时作为研究方法的历史人类学,可以通过微观分析这面放大镜进行观察,使人们能够看到社会现象和人类生活的复杂性,从而促使人们就史学的可能性和局限性提出一些新问题。① 在此基础上,人类学研究者可以在进行田野的同时,充分利用当地的文献资料②进行"深描"。因此不能简单地把历史人类学看作是人类学的一个分支或者是历史学的人类学转向,应在综合中去看待,既要取历史学家眼中的"历史学的人类学化",即在研究中纳入人类学的研究方法、视野和研究路经,并对一些理论进行运用和反思,也要看到人类学的历史化——历史过程(historical processes)、历史性(historicity)和历史编纂(historiography)。③ 在这一过程中,看到不同的主体、不同的能动者,将共时性的研究加以拓展,在对历史进行关照的同时,探寻人类生活的普遍规律,在共时性与历时性地交织中去理解研究对象及社会。在书写民族志时,将历史感纳入对田野资料的呈现中,在"历史现场"④中去理解人人、人物和人神关系。

虽然历史人类学在定义和分类上存在模糊性,但这并不影响历史人类学作为研究方法被使用。在中国作研究,面对中国这样一个历史悠久、复杂的文明社会,⑤对历史人类学这种综合性研究方法的使用显得格外重要。当华南地区开展历史人类学研究时,西南地区的历史人类学研究也拉开了序幕。1994 年⑥,王明珂前往川西北进行田野调查,先后出版了《羌在汉藏之间》《蛮子、汉人与羌族》

---

① [瑞士] 坦纳:《历史人类学导论》,白锡堃译,北京大学出版社 2008 年版,第 3 页。
② 如碑刻、族谱、民间各类文书以及一些文字记载的传记、内部资料等。
③ E. Ohnuki-Tierney, "Introduction: The historicization of Anthropology", E. Ohnuki-Tierney, ed., *Culture Through Time: Anthropological Approaches*, Stanford University Press, 1990, p. 23.
④ 陈春声:《走向历史现场》,《读书》2006 年第 9 期。
⑤ 麻国庆:《破土而出:流动社会的田野呈现》,北京师范大学出版社 2002 年版,第 75 页。
⑥ 如果我们以"历史人类学"这个概念出现的时间(20 世纪 90 年代)为节点的话,可以看到王明珂的研究是紧接其后。

和《英雄祖先与弟兄民族》等①研究西南民族的历史人类学著作。在这些经典著作中，王明珂运用历史人类学的研究方法，书写羌族民族史、羌族民族志的同时，透过羌族及其历史来说明汉族、藏族以及部分西南民族族群边缘的形成、变迁及其本质，并从中提出一种历史人类学的诠释②。王明珂对中国西南民族的历史人类学研究，某种程度上是首次突破。③ 2000年，中山大学张应强在贵州清水江流域开展实地调查，完成经典民族志《木材之流动——清代清水江下流地区的市场、权力与社会》，该书通过对清代清水江下游地区木材之流动过程的勾勒，来看整个流域不同人群在不同时空中演绎的故事，并将这些故事置于王朝国家政治经济发展的历史脉络中，来探讨传统的国家力量与相应区域的地方社会发生怎样的互动，继而对这一区域社会变迁的多重因素交互作用、多种复合一体的过程进行地域化的理解并做出历史性的解释。④ 张应强研究以降，中山大学历史学、人类学和民族学相关专业的博士研究生围绕清水江流域，先后开展了系列研究，在长期田野作业的基础上写出许多优秀民族志作品⑤。这些著作从不同视角切入，运用历史人类学的研究方法，对清水江流域的婚姻、族群关系、日常生活、文化生态、空间、移民、市场等进行了系统研究，在研究理论和方法论层面都取得相应地突破。

作为西南一隅的云南，早在20世纪三四十年代就成了人类学家

---

① 王明珂：《羌在汉藏之间——一个华夏边缘的历史人类学研究》，台北：联经出版有限公司2003年版；王明珂：《蛮子、汉人与羌族》，台北：三民书局2001年版；王明珂：《英雄祖先与弟兄民族——根基历史的文本与情境》，中华书局2009年版。

② 王明珂：《羌在汉藏之间——一个华夏边缘的历史人类学研究》，台北：联经出版有限公司2003年版，前言第（xi）9页。

③ 王文光、朱映占：《继承与突破：中国西南古代民族的历史人类学研究前景及其可能》，《西南边疆民族研究》第25辑，2018年，第1—8、6页。

④ 张应强：《木材之流动：清代清水江下游地区的市场、权力与社会》，生活·读书·新知三联书店2006年版，导言第1页。

⑤ 截至2022年6月，"清水江研究丛书"出版著作12部，其中《木材之流动》再版，新出的11部作品如孙旭《集体中的自由——黔东南侗寨的人群关系与日常生活》，社会科学文献出版社2019年版，等。

的田野场域，在这一时期的研究中对历史的关照已初见端倪①。到了20世纪90年代，当王明珂在川西北开展对羌族的研究时，1995年夏，马健雄开始对云南拉祜族进行研究，通过前后长达十五年之久的多次调查，结合口述传说、史志资料，撰写了拉祜族的民族史、民族志作品《再造的祖先——西南边疆的族群动员与拉祜族的历史建构》。通过对拉祜族社会历史的变迁以及日常生活，来讨论拉祜族被边缘化和重新建构的历史过程，并讨论国家在边疆治理的历史过程、历史诠释和历史记忆对地方社会的影响，以及国家与地方社会在"边疆内地化"的过程之中的互动性。② 1998年，台北"中央"研究院民族学研究所与清华大学人类学所开展了主题为"亚洲季风区高地与低地的社会与文化"的合作研究计划，在该计划项目的资助下，连瑞枝到大理洱海地区进行调查并完成《隐藏的祖先——妙香国的传说和社会》一书。在书中连瑞枝运用大量史料和传说，以15世纪以前的大理社会作为讨论的主体，将洱海地区置于"前王权"（明朝统治以前）的脉络下进行讨论，通过对前王朝时期大理地区的研究来看前王朝时期的西南区域社会，继而对区域间社会族群的历史进行综合性的比较与反省。③ 2019年，连瑞枝在多年研究的基础上，出版了《边疆与帝国之间：明朝统治下的西南人群与历史》，通过从"边缘看中心"的视角，重新建构基于不同人群所经历的历史，来看大理世族及其山乡邻居如何采取新的政治模式来适应明朝帝国的治理。④

---

① 如许烺光对喜洲人的研究，陶云逵对车里摆夷的研究等，在研究中都有对历史的关照，在研究方法上也具备历史人类学研究的特点。陶云逵对摆夷的研究后收录在《车里摆夷之生命环——陶云逵历史人类学文选》中。
② 马健雄：《再造的祖先：西南边疆的族群动员与拉祜族的历史建构》，香港中文大学出版社2013年版，第30页。
③ 连瑞枝：《隐藏的祖先：妙香国的传说和社会》，生活·读书·新知三联书店2007年版，第17页。
④ 连瑞枝：《边疆与帝国之间：明朝统治下的西南人群与历史》，台北：联经出版事业有限公司2019年版，第13页；连瑞枝：《僧侣士人与土官——明清统治下的西南人群与历史》，社会科学文献出版社2020年版。

当然，西南地区的历史人类学并不局限于国内学者的研究，大量国外学者对西南地区的研究，虽未言明历史人类学，但在研究中也不乏历史感以及对历史的关照和理解。1988 年，美国人类学家斯蒂文·郝瑞（Stevan Harrell）进入四川凉山彝族地区做调查，发表了系列调查报告和关联性文章。1999 年，巴莫阿依、曲木铁西将这些研究结集翻译，经郝瑞审定后以《田野中的族群关系与民族认同——中国西南彝族社区考察研究》出版，该书主要通过对西南彝族地区的研究来看族群关系和民族认同。① 继结集出版后，郝瑞还出版了《中国西南的族群性》②，在该书中郝瑞以攀枝花、凉山和成都为田野点，通过田野调查，历时性地对中国西南地区族群问题进行研究，开拓了西南地区族群研究的理论和视野。1989 年，美国人类学家埃里克·穆勒（Erik Mueggler）③ 在云南楚雄州永仁县直苴进行为期 13 个月的田野调查，在此基础上完成了他的博士学位论文，后以《野鬼的年代——中国西南的记忆、暴力和空间》为名出版。在该书中穆勒借用直苴彝族祭"尼"的仪式，来看人们在"暴力结束"和民族国家的边缘寻找自己位置的斗争，并通过对身体、房屋和国家景观问题的讨论，来看作为国家权力外显的空间秩序。④ 其中对身体的讨论，具有开创性。此后，穆勒还相继出版了《纸路》⑤和《献给死去父母的歌——中国西南地区的尸体、文本和世界》⑥两本书。《纸路》一书通过对 20 世纪初西方植物学家在云南丽江等地区的活动及其与纳西人的合作，来看博物学事业在中国西南的实

---

① ［美］斯蒂文郝瑞：《田野中的族群关系与民族认同——中国西南彝族社区考察研究》，巴莫阿依、曲木铁西译，广西人民出版社 2000 年版。
② Stevan Harrell, *Ways of Being Ethnic in Southwest China*, Seattle: Univesity of Washington Press, No. 1, 2001.
③ 也有译为埃里克·密尤格勒和埃里克·缪格勒。
④ Erik Mueggler, *The Age of Wild Ghosts: Memory, Violence, and Place in Southwest China*, Berkeley and Los Angeles: University of California Press, 2001, p. 4.
⑤ Erik Mueggler, *The Paper Road: Archive and Experience in the Botanical Exploration of West china and Tibet*, Berkeley and Los Angeles: University of California Press, 2011.
⑥ Erik Mueggler, *Songs for Dead Parents: Corpse, Text, and World in Southwest China*, London: The university of Chicago Press, 2017.

践。《献给死去父母的歌》则从身体、文本和世界三个层面对云南彝族傈僳泼的葬礼仪式和葬礼中的"歌"进行分析。这两本书都是在对文本资料的分析上加以展开的,《纸路》分析了植物学家和纳西人的往来书信和笔记,《献给死去父母的歌》则分析了傈僳泼丧葬仪式中的吟唱词,将其置于历史脉络和特定时段内进行分析。尽管穆勒的这些研究中,对细节问题的处理,以及对一些习俗理解存在偏差,但在研究方法抑或理论上,都有极大的突破。郝瑞和穆勒作为分别作为海外中国人类学研究的代表①,在他们的研究中,"汉学"传统的烙印一直都有。

除郝瑞和穆勒等人的研究外,早期诸如施坚雅②等研究者的研究中也有对历史的关照。他们的研究中都带有汉学传统研究的痕迹,研究中对"历史"的关照一直得以延续。其实,在人类学的研究中,许多经典著作都有历史和历史感,人类学家也没有抛却对历史的理解而陷于田野不能自拔,而是在研究中极力去理解"历史",去追寻"历史"是一个还是多个。人类学的研究也并非只研究当下,而是从当下的研究中去"观看"、去理解历史,就像普里查德(Evans-Pritchard)对努尔人时空观念③的解读,萨林斯(Marshall Sahlins)通过库克船长的案例对历史并接结构④的分析,以及格尔茨(Clifford Geertz)透过尼加拉的分析阐释"国家"观念的"地方性"形成。⑤ 这些研究无不透视着一种历史、一种历史感,人类学家不只研究当下,他们是在当下做研究。

---

① 郑姝莉、张文义、王健:《当代海外中国人类学研究述评》,《中国研究》总第20期,第63—83、66页。
② [美]施坚雅:《中国农村的市场和社会结构》,史建云、徐秀丽译,中国社会科学出版社1998年版;[美]施坚雅主编:《中华帝国晚期的城市》,叶光庭等译,中华书局2000年版。
③ [英]埃文斯—普里查德:《努尔人:对一个尼罗特人群生活方式和政治制度的描述》,褚建芳译,商务印书馆2014年版。
④ [美]马歇尔·萨林斯:《历史之岛》,蓝达居等译,上海人民出版社2003年版。
⑤ [美]克利福德·格尔兹:《尼加拉:十九世纪巴厘剧场国家》,赵丙祥译,王铭铭校,上海人民出版社1999年版。

此外，从研究区域类型上，可以把西南地区的历史人类学研究做进一步的划分。可以把王明珂对川西北的研究看成是对沟域①地带群体的历史人类学研究，以张应强为代表的对贵州清水江流域的系列研究，则可视为是对流域地区的历史人类学研究，以连瑞枝、马健雄为代表的对云南地区的研究则可视为是对坝子社会②的研究。这些研究的区域类型虽然存在差别，但无论是沟域、流域还是坝子，都是人口流动和居住的区域。在交通闭塞的历史时期，人们沿着沟、流域等通道进入某一地区，在云贵高原，坝子作为宜居之地，自然成了人口集中之地，在这些坝子中形成了集市、城镇，坝子则成为人们交流互通的地方。随着人口的迁徙、中央王朝的统治以及不同文化的交流传播，坝子则成为中央王朝首当其冲要管辖的地方，许多州府、县府都地处坝子中，文庙也修建在坝子中。在这一过程中，虽然沟域、流域、坝子分属于不同的类型，但在王朝统一进程中，这些区域成了王朝国家治理的核心，并以此为辐射，关联其他"邻居"。

就整个云南地区而言，人类学研究在区域范围上大都集聚在滇西北地区③，从20世纪初的调研开始，滇西北一直是海内外学者研究的主要场域④。就研究对象而言，主要集中在彝族、傣族、布朗族、纳西族、哈尼族（阿卡）等群体上，虽然这些民族群体分布在云南省各地，但大多研究依旧在滇西北地区展开，这就造成了区域

---

① 石硕：《论藏彝走廊的"沟域"文化现象》，载于《2014年中国西南民族研究学会第17次会员代表大会暨学术研讨会论文集》，2014年第11月，第335—337页。

② 赵敏、廖迪生主编：《云贵高原的坝子社会历史人类学视野下的西南边疆》，云南大学出版社2015年版；寸云激、马健雄：《坝子社会：一种历史人类学视角》，《开放时代》2022年第4期。

③ 除我提及的这些研究外，还有梁永佳《地域的等级——一个大理村镇的仪式与文化》（2005），褚建芳的《人神之间——云南芒市一个傣族村寨的仪式生活、经济伦理与等级秩序》（2005），鲍江的《象征的来历——叶青村纳西族东巴教仪式研究》（2008），舒瑜的《微盐大义——云南诺邓盐业的历史人类学考察》（2010），刘琪的《命以载史——20世纪德钦政治的历史民族志》（2011）等著作。

④ 如许烺光的《祖荫下：中国乡村的亲属，人格与社会流动》（1948），费子智的《五华楼》等，这些著作大都以滇西地区为依托。

之间研究的不平衡。同时，聚焦点在于少数民族群体，而忽略了占人口多数的汉族。与滇西北地区相比，地处滇东南地区的研究相对较少，因此，在滇东南的建水地区运用历史人类学的研究方法开展研究，既可以与滇西北地区的研究进行比较，也可以丰富区域研究内涵。

(二) 移民与地方宗教研究

中国是一个有着悠久农耕历史的国家，中国社会是一个乡土社会。在这个社会的基层，分布着数量众多的农村和农民，那些"土头土脑的乡下人才是中国社会的基层"①。很多乡下人都是"半截身子插在泥土"里，这就给人一种错觉，以为中国乡土社会中的"乡下人"是"固定"在土地上的，但事实并非如此。流动和迁移在中国农耕社会，也是一种常态。在传统中国社会中，在"耕读"传统和"理学传家"的牵引下，"半截身子插在泥土"的乡下人，另外"半截"也有对自由流动的向往，因此，在传统中国社会也有着"流动的传统"，在华夏的社会流动制度与"居"与"游"的双重结构中游离。②在面对传统中国社会时，既要看到"乡土"的面向，也要在"居与游"的双重结构中去理解中国农民，以及传统中国社会。当人们对流动充满向往时，移动会打破对"安土""安居"的坚守，重新形塑个体和社会。而且在生活的各种迫力下，从原地迁往他处，落籍新居也不失为一种重生。移民作为中国历史上常态化的存在，也就是在这一居与游以及外部环境的迫力下产生的。

"移民"一词最早可能出现在《周礼·秋官·士师》中。首次出现时"移民"还不是一个专名，而是作为动词用来指代迁移人口。随后在发展过程中，移民一词渐成为专名，代指具有一定数量、一定距离、在迁入地居住了一定时间的迁移人口，只要参与这一移民过程的人，都可以视为移民。③在中国历史上，由于战乱和

---

① 费孝通：《乡土中国 生育制度》，北京大学出版社1998年版，第6页。
② 王铭铭：《西学"中国化"的历史困境》，广西师范大学出版社2005年版，第174—213页。
③ 葛剑雄：《中国移民史（第一卷）》，福建人民出版社1997年版，第3、10页。

朝代更迭，都会出现大量的移民，最典型的就是"英雄祖先"①的传说，如殷商王子箕子奔朝鲜、周王子太伯奔吴、庄蹻王滇和秦之戎人奴隶无弋爰剑逃至西北称王等，这系列故事背后，都伴随着大量群体的移动。无论是民众自发性地避战逃难，逃避重大自然灾害等的自主迁徙，还是各朝代自上而下的移民实边、戍军随迁等，都是移民的具体实践。在不同时代、不同历史时期的移民浪潮中，汉民族由于其庞大的人口基数，始终是移民中的主体。历史上的移民大都沿着走廊、流域等通道，或自发，或随军，或逃难，或发配，相继进入祖国各地。移民作为桥梁，联通祖国东西南北中，促使多民族（群体）混元一统，形成中华民族。

移民进入云南地区的时间相对较早。早期氐羌族群便沿藏彝走廊，自北而南迁徙进入云南，从战国楚将庄蹻开滇始，汉民族就通过兵屯、民屯、谪戍、经商、流寓、迁徙等不同形式从不同的地区逐步迁徙入滇。秦始皇统一六国后，开始注重对西南地区的开发和统治，这一时期汉族移民进入云南的序幕已徐徐拉开。②此后历经各朝代，都陆续有移民进入云南地区，明清时期达到鼎盛。对于历史上云南地区的移民问题，地方史志资料都有记载。学者们更是集中进行了分析和讨论，1986年田方和陈一筠主编的《中国移民史略》③就单列一章（第四章）来集中讨论明代外地移入云南的移民类型、人数及其分布问题。葛剑雄等在1993年主编的《简明中国移民史》④和1997年出版的六卷本《中国移民史》⑤中，都有对云南地区移民问题的论述。这些研究论述立足于全国，对移民问题进行了纵向和横向分析，虽然有极大的参考价值，但由于是整体性研究和整理，对地方社会的移民有待进一步细化研究。

针对云南地区的移民研究，郝正冶于1998年完成了《汉移民

---

① 王明珂：《英雄祖先与弟兄民族——根基历史的文本与情境》，中华书局2009年版。
② 申旭：《云南移民与古道研究》，云南人民出版社2012年版，第68页。
③ 田方、陈一筠主编：《中国移民史略》，知识产权出版社1986年版。
④ 葛剑雄、曹树基、吴松弟：《简明中国移民史》，福建人民出版社1993年版。
⑤ 葛剑雄主编：《中国移民史（六卷）》，福建人民出版社1997年版。

入滇史话——南京柳树湾高石坎》①一书,以汉民族入滇为主导,梳理了历史上汉族群体移入云南的历程,着重对南京柳树湾高石坎移民入滇的记忆进行叙述。指出秦汉时期就已有移民进入云南地区,明朝时期则达到了高潮,移民推动了云南地区经济和教育等各领域的发展。沈海梅聚焦明清时期云南妇女生活,通过对烈女背后深层文化的分析,反映出汉族移民的进入以及儒家伦理对西南边地文化产生了深远影响,从烈女就可以反映出影响的深入性。②继沈海梅后,陆韧继续讨论了明代云南汉族移民的问题,她全面论述了整个云南地区明代时期的移民类型、特点,以及移民对云南地区的影响,指出汉族移民进入云南之后,在明代经历了一个漫长的土著化过程。③秦树才则以云南绿营兵为研究对象,以汛塘为中心,指出清代的绿营兵既是一种兵制,也是一种移民类型,且清代移民中,绿营兵所占人数较多。这些绿营兵一般由外省进入云南,后由于设防,又由云南腹地移向边疆地区,其本身构成了清代云南移民的重要组成部分。④苍铭将云南地区的移民划分成秦汉—元明、清代—民国和20世纪下半叶三个阶段,并结合这三个阶段分期,针对不同的移入群体进行了详细的梳理,并对移民的特点及其影响进行了讨论。指出移民对边疆巩固和经济发展、对文化的传播以及民族关系都产生一定的作用,移民巩固边疆,加速边疆地区的发展,促进文化的传播,与此同时促进了局部地区的民族融合。⑤申旭的研究将道路和移民问题进行了关联,考证了移民与古通道之间的关系,并对移民与文化、贸易进行了重点讨论。指出古通道是民族迁徙的主要通道,如藏彝走廊、丝绸之路、茶马古道等,其不仅是移民通道,也是文化交流传播和贸易路线。⑥这系列研究以不同视角

---

① 郝正冶:《汉族移民入滇史话——南京柳树湾高石坎》,云南大学出版社1998年版。
② 沈海梅:《明清云南妇女生活研究》,云南教育出版社2000年版。
③ 陆韧:《变迁与交融:明代云南汉族移民研究》,云南教育出版社2001年版。
④ 秦树才:《清代云南绿营兵研究:以汛塘为中心》,云南教育出版社2004年版。
⑤ 苍铭:《云南边地移民史》,民族出版社2004年版。
⑥ 申旭:《云南移民与古道研究》,云南人民出版社2012年版。

和研究对象为切入点,在具体的历史时段和层面对云南地区的移民进行了分析,呈现移民类型和影响的同时,凸显移民与云南地区的历史化进程的密切关系。与这些研究不同的是,王瑞平在研究明清时期云南的移民问题时,将儒学的传播纳入其中,集中讨论了移民与儒学传播之间的关联,同时对云南下辖主要区域的人口、科举和儒学发展等进行研究,但主要聚焦点仍在移民。① 王瑞平的研究虽对儒学的传播问题有所涉及,但只涉及儒学传播的一个面向(移民),对其他面向未有涉及。基于此,我选择儒学教化作为切入点,以建水文庙为中心,将移民、文庙等教育机构的兴建和科举作为儒学传播的主要路径,集中讨论分析儒学教化的实践过程,来看儒学教化作为王朝纳边入内的手段是何以可能的。

此外移民从来都不是单向的,即不只有移民进入云南,历史上也有云南地区移入他地的人群。历史上曾经一度也有云南移民移入山东地区的②,移入东南亚国家(如泰国③)等。无论是移出还是移入,这些移民进入某一地域后,都会对当地的文化产生一定的影响,并在漫长的历史发展过程中,相应地产生一些习俗和文化,对地方社会的形塑发挥作用。同时移民对城市的发展影响较大,周大鸣指出,一个城市的发展离不开移民,在城市形成、发展的各个阶段,都有移民参与其中。④ 移民作为不容忽略的部分,是一个城市从"地域社会"走向"移民社会"的关键所在⑤。因此在研究移民时,不能只单纯地看待移民本身,其与地区之间的关联性,也应是探讨的一部分。移民在进入移入地后,对移入地产生影响的同时,

---

① 王瑞平:《明清时期的云南移民与儒学在云南的传播》,大象出版社 2011 年版。
② 刘德增:《大迁徙:寻找"大槐树"与"小云南"移民》,山东人民出版社 2009 年版。
③ 段颖:《泰国北部的云南人——族群形成、文化适应与历史变迁》,社会科学文献出版社 2012 年版。
④ 周大鸣:《移民与城市活力——一个都市人类学研究的新视角》,《学术研究》2018 年第 1 期。
⑤ 周大鸣:《从地域社会到移民社会的转变——中国城市转型研究》,《社会学评论》2017 年第 11 期。

移入地的群体也会对移民产生影响,这种影响是双向的。无论是历史上出现的"华化"抑或"夷化",都是移民发生后产生的一个面向,共融也相应出现其中。

当这些移民进入"移入地"后,在处理人人关系时,与当地群体发生关联成为必然,不同群体之间的互动也会呈现出不同的类型,如冲突和交融,因而对移民问题的研究也与族群研究相关联。在人类学的研究中,20世纪50年代中期前,人类学的研究中对"族群"(ethnic groups 或 ethnic community)一词的使用相对较少,到了20世纪60年代时,开始用族群替代"种族"和"部落"概念。[1] 在这百余年的研究中,有对族群、民族等概念做系统分析的,有通过田野和个案的分析来研究族群认同的,也有对族群与民族、民族认同与国家认同等问题的研究。所谓的"族群认同",其产生具有一定的条件和基础,单一或与世隔绝的群体中,不会产生所谓的认同,族群认同产生于多个群体的互动之间。[2] 当族群认同出现后,随之的研究和理论也相继产生,20世纪七八十年代产生了族群认同理论的两种不同认知,一为根基论(Primordialists)(又译为原生论),一为情境论(Circumstantialists)或工具论(Instumentalists)。[3] 作为根基论的代表,格尔茨(Clifford Geertz)认为族群认同来源于"先赋的"和原生性情感,宗教、血缘、语言和习俗在其中发挥着巨大作用,有时甚至是决定性的,同时作为主观因素的文化,也发挥着巨大作用。[4] 工具论的代表巴斯(Fredrik W. Barth)则认为,族群认同并非基于生物属性的血缘、语言和习俗等共同文化基础上形成的,而是在文化差异基础上的群体建构,绝对的族群

---

[1] 兰林友:《论族群与族群认同理论》,《广西民族学院学报》(哲学社会科学版)2003年第5期。

[2] 孙九霞:《试论族群与族群认同》,《中山大学学报》(社会科学版)1998年第2期。

[3] 周大鸣:《论族群与族群关系》,《广西民族学院学报》(哲学社会科学版)2001年第3期。

[4] [美]克利福德·格尔兹:《文化的解释》,纳日碧力戈等译,上海人民出版社1999年版,第295页。

区分并不是依赖于流动性、接触和信息的缺失,而是必须包括排斥与包含的社会化过程,以及对"边界"的维持。① 在工具论的立场上,不同群体可以根据自身所处情况进行"选择"。虽然这两种理论之间存在争论,但某种程度上二者可以互补。在实地研究中,某一事件中可能既有原生论的存在,也有场景论(情境论)在发挥作用。

此外,移民作为文化的承载者,移民的进入会促使地方社会多元宗教信仰的产生。移民进入地方在处理好"安身"问题后,便要解决人与超自然之间的关系,随之而来的是寺庙的兴建,而民间寺庙是移民聚居点进行自我管理的一种形式。② 移民通过修建庙宇的方式,在凝聚群体的同时,把自身所承载的信仰带入地方,从而丰富地方宗教。在大多数情况下,一批回族移入某地,就会修建一座清真寺;四川地区的移民进入其他地区后,就会修建川主庙;一些信仰基督教的人群在某地扎根后,教友会集聚在一起修建基督教堂或组建类似的场所等,如此移民的进入,也对当地的地方宗教造成了一定的影响。在对传统社会进行全方位的研究时,分析该社会的民间信仰或地方宗教,也应该是不可或缺的一环。③

作为研究地方社会"不可或缺的一环"——民间信仰在研究中有着多种称谓,如中国宗教、大众宗教、民间宗教、民间信仰、民俗宗教和地方宗教等。在这诸多的称呼中,对民间信仰的使用相对广泛些。通过研究民间信仰,可以解答中国人的"宗教性",对理解宗教的普遍性、草根性、群众性起着非常关键的作用。④ 从辞源学角度看,民间信仰意为普通民众对超自然物的信仰与崇拜活动,据陶思炎与日本学者铃木岩弓研究证实,最早提出民间信仰概念的

---

① [挪威] 弗里德里克·巴斯主编:《族群与边界:文化差异下的社会组织》,李丽琴译,商务印书馆2014年版,导言。
② [英] 王斯福:《帝国的隐喻:中国民间宗教》,赵旭东译,江苏人民出版社2009年版,第354页。
③ [丹麦] 海斯翠:《他者的历史——社会人类学与历史制作》,贾士蘅译,中国人民大学出版社2010年版,第225页。
④ 范丽珠、欧大年(Overmyer):《中国北方农村社会的民间信仰》,上海人民出版社2013年版,第1页。

是日本学者姉崎正治（Anesaki Masaharu），他在明治三十年（1897）发表的《中奥的民间信仰》一文中认为，"民间信仰"是一种区别于正统宗教组织的信仰习惯。①但人类学界对中国社会中的宗教的涉猎，可能要更早。早在19世纪末20世纪初，英国古典人类学家泰勒（Edward Tylor）的研究就对中国宗教有过提及②，法国社会学派的葛兰言（Marcel Granet）③和德国社会学家韦伯（Max Weber）④等就曾涉猎中国民间信仰、仪式与象征，在此后的研究中，"民间信仰"研究曾经一度是西方学者认识中国社会的一扇窗户。

20世纪50年代，西方学者就已经开始在中国东南沿海地区，开展对民间信仰的研究，希望透过民间信仰这扇"窗户"来窥见中国社会的整体性。到了20世纪80年代，中国民间信仰的研究已延伸至对国家与地方社会互动的研究⑤，而"民间信仰"一词是中国大陆和中国台湾地区的普遍用法，在西方世界则称为"民间宗教"，包括国内所称的民间信仰与民间宗教。⑥王铭铭指出，民间宗教是包含社会实践和社会观念的象征（仪式）体系，而仪式本身是一种社会实践以及对社会生活的解释。⑦作为社会实践和观念的象征，在中国农村和中国农民的信仰中，在民间宗教的实践中，许多宗教事项存在交错和叠加，在一种宗教场所中可以看到多种不同信仰体系（佛教、道教乃至儒家先贤崇拜）的共存，因此，"民间信仰"实则是一种复杂的、庞大的体系。纵观现有的对中国民间信仰的研究成果，可以大体分为以下几类。

第一，通过研究民间信仰，借以讨论中国宗教的分类问题。1961年，杨庆堃通过对中国宗教进行系统研究，将中国宗教分为制

---

① 甘满堂：《村庙与社区公共生活》，社会科学文献出版社2007年版，第27页。
② [英]爱德华·泰勒：《原始文化》，连树声译，上海文艺出版社1992年版。
③ [法]葛兰言：《中国人的宗教信仰》，程门译，贵州人民出版社2010年版。
④ [德]马克斯·韦伯：《儒教与道教》，洪天富译，江苏人民出版社2003年版。
⑤ 杨江林：《交融与整合：晚清民国以来滇西边地三崇信仰研究》，博士学位论文，西南民族大学，2020年，第14页。
⑥ 吴真：《民间信仰研究三十年》，《民俗研究》2008年第4期。
⑦ 王铭铭：《社会人类学与中国研究》，广西师范大学出版社2005年版，第144页。

度性和分散性两种,并将民间信仰归属于分散性一类。① 1971 年,弗里德曼(Maurice Freedman)则在《论中国宗教的社会学研究》一文中通过回溯高延(J. J. M. de Groot)、葛兰言(Marcel Granet)、杨庆堃等人的研究,集中讨论在中国社会"是否存在一个中国宗教"的问题。指出在宗教事项表面的多样性背后,存在着某种秩序,这种秩序表述为在观念的层面(信仰、表征、分类原则等)和实践与组织的层面(仪式、群体、等级制等)上存在着一个中国宗教体系。② 1990 年,渡边欣雄用"民俗宗教"代替民间信仰,指出汉族宗教的基础及核心是不属于任何宗教派阀的"民俗宗教"。③ 韦思谛(Stephen C. Averill)主编的《中国大众宗教》中收录了 1982—1997 年间的 10 篇文章,这些文章在不同面向上,用典型个案呈现了中国宗教的整体性和多样性。该书将民间信仰冠以"大众宗教"的称呼,指出"大众宗教"是超越了所有社会界限的所有人共同信奉的宗教,其构成了几乎所有中国人所信奉的宗教形式。④ 李亦园则认为传统中国的宗教信仰具有"普化宗教"和"制度化宗教"两项重要的特色。⑤ 同时中国的宗教也具有芮德菲尔德(R. Redfield)意义上的"大小传统"⑥的特点,且从荀子的"祭者……圣人明知之,士君子安行之,官人以为守,百姓以成俗。其在君子,以为人道也;其在百姓,以为鬼事也"⑦。可见其端倪。因此,与制度性的、官方性的信仰传统相比,民间信仰则是与之相对

---

① 杨庆堃:《中国社会中的宗教:宗教的现代社会功能及其历史因素之研究》,范丽珠译,上海人民出版社 2007 年版,第 35 页。

② [英]弗里德曼:《论中国宗教的社会学研究》,载[美]武雅士《中国社会中的宗教与仪式》,彭泽安、邵铁峰译,江苏人民出版社 2014 年版,第 22 页。

③ [日]渡边欣雄:《汉族的民俗宗教——社会人类学的研究》,周星译,天津人民出版社 1998 年版,第 3 页。

④ [美]韦思谛编:《中国大众宗教》,陈仲丹译,江苏人民出版社 2006 年版,序言第 2 页。

⑤ 李亦园:《人类的视野》,上海文艺出版社 1996 年版。

⑥ [美]芮德菲尔德:《农民社会与文化:人类学对文明的一种诠释》,王莹译,中国社会科学出版社 2013 年版。

⑦ 安小兰译注:《荀子》,中华书局 2007 年版,第 192 页。

的"小传统",但这种区分并非必然,因为中国的宗教本身就是一种混合体。同时中国社会的统一性源于共同的礼仪①,这种共同的礼仪就包括中国的宗教。欧大年(Daniel L. Overmyer)认为,中国的民间宗教是一个完整和古老的宗教系统,是中国传统价值观念和道德规则的基石。② 在这里无论是民间信仰抑或民俗宗教、大众宗教或者是"大小传统"之分,都是对中国宗教在分类层面上的一种探讨。武雅士(Arthur Wolf)主编的《中国社会中的宗教与仪式》辑录的14篇文章,更是从不同的视角、层次和理论关怀,探讨了中国的宗教问题,指出对于中国社会中的宗教和仪式,人类学家除了"一致性的历史起源"就别无所获;而在有信仰系统多样化的地方,就有无数迷人的"为什么"。③

第二,通过研究民间信仰,对国家与地方社会之间的互动进行研究。这类研究多集中于20世纪80年代,通过对民间信仰的研究,来看地方社会和国家之间的合作共谋、对抗,以及(国家在发展变化过程中)地方社会的民间信仰的变迁等问题。在《中国大众宗教》④收录的文章里,华琛(James Watson)对"神的标准化"讨论,背后是地方精英和国家权威合作共构的一个过程,呈现的却是中华帝国晚期文化的一致性,国家对"神"的标准化过程造就了中国文化的整体性。与华琛不同的是,杜赞奇(Prasenjit Duara)对关公信仰"刻划标准"问题的讨论,反映出国家和社会群体会在神灵以前的刻划标志上增添变化着的需要和内容,而且历史群体能够扩展其旧的意蕴的疆域,以此来适应神灵们的变化的需要。韩森

---

① [英]科大卫:《皇帝和祖宗:华南的国家与宗族》,卜永坚译,江苏人民出版社2010年版,第3页。
② 范丽珠、欧大年:《中国北方农村社会的民间信仰》,上海人民出版社2013年版,第19页。
③ [美]武雅士:《中国社会中的宗教与仪式》,彭泽安、邵铁峰译,江苏人民出版社2014年版,第19页。
④ [美]韦思谛编:《中国大众宗教》,陈仲丹译,江苏人民出版社2006年版。

(Valerie Hansen)在《变迁之神》中①通过对民间神祇的祭祀、敕封、信仰从区域走向全国等的分析，从变迁的视角审视了民间信仰与国家经济之间的关联。王斯福（Stephan Feuchtwang）通过对中国民间宗教（尤以台湾地区为主）进行研究，指出民间信仰可能有着极强的模仿能力，这种模仿通过神似而非形的具有象征意义的隐喻来实现。中华帝国之所以一直能与民间社会之间进行沟通，隐喻式模仿的逻辑是实现沟通的主要途径，通过这种模仿的实践，帝国的运作逻辑得到了民间的认可并发生了转化。② 不仅如此，在王斯福的笔下，神和祖先在一个社会中是成员和内化的存在，鬼则是一种"野的"和外化的存在，但无论其是何种形态，都有着帝国行政式的管理模式。武雅士在对神、鬼、祖先的讨论中指出，神是帝国官僚的同化，"所有的神都是官僚"，而祖先则是家庭成员，但"一个人的祖先可能是另一个人的鬼"，而"鬼"则是陌生人。③ 在祖先和鬼之上仍旧有作为帝国官员形象的管理者——神的存在。朱爱东通过对巍山民间信仰组织"圣谕坛"的研究，探讨了国家、地方与民间之间的互动，指出宣讲圣谕经过中央王朝的推动，到地方政府的推行和贯彻，逐渐发展成为一种制度性的社会教化活动。民间在实际的运作和实践过程中，灵活利用国家权力象征，将宣讲圣谕与原有的民间宗教组织"洞经会"进行了融合，形成新的"圣谕坛"组织。新的"圣谕坛"组织这一事件在反映地方政府、基层组织和乡绅阶层对国家机构功能起到补充作用的同时，还反映出民间宗教组织具有独立于国家控制的权利意识和权威结构。④ 这些研究以不同的民间信仰事项为切入点，反映的却是国家与地方社会之间的关

---

① ［美］韩森：《变迁之神：南宋时期的民间信用》，包伟民译，浙江人民出版社1999年版。
② ［英］王斯福：《帝国的隐喻：中国民间宗教》，赵旭东译，江苏人民出版社2009年版，译者的话，第2页。
③ 武雅士：《神、鬼和祖先》，载［美］武雅士《中国社会中的宗教与仪式》，彭泽安、邵铁峰译，江苏人民出版社2014年版，第22页。
④ 朱爱东：《国家、地方与民间之互动——巍山民间信仰组织"圣谕坛"的形成》，《广西民族学院学报》（哲学社会科学版）2005年第11期。

系，以滴水见世界的方式，在微观层面阐释宏观议题。

第三，通过民间信仰，对权力话语和社会空间问题进行的研究。杜赞奇在研究中指出，祭祀体系是在帝国行政体系之外的一种权威的常见形式，是大众宗教中与人间统治机构相似的天界官僚机构的缩影，王朝国家通过对迷信中的等级体系的利用，通过祭祀这一媒介把自己的权威延伸至乡村社会。① 通过建立祭祀体系，国家话语得以在地方社会中产生作用。而宗教的等级制度、联系网络、信仰、教义及仪式等成为构成权力的文化网络的重要因素，由于中国的宗教广泛分布于各阶层，社会精英通过对权力话语的掌握，以宗教形式对乡村社会加以控制，而且使他们自身参与到具有神圣性的权力运作之中。② 杜赞奇的研究呈现了权力话语在民间信仰中的实践，刘正爱则对两种不对等的话语体系进行了分析。刘正爱通过对东北地区地仙信仰的研究，指出国家精英话语经常用诋毁的方式，将民间信仰定位成原始的、落后的、低级的宗教形态，而且还用"迷信"或"淫祀"加以描述。但是，对于民众来说，民间信仰系统（如动物信仰）与其生活紧密相关，并且与家族、村落、区域文化有密切关联。③ 可见，虽然国家精英可以诋毁民间信仰，但并不影响民众对民间信仰的定位和实践。唐晓涛通过对广西兴业县城隍村城隍信仰的研究，揭示城隍信仰世俗化背后所反映的明代桂西土司"狼兵"身份的转化——由"狼"而"民"，再成为"汉"，最终"消失"于人们视野中的族群身份变化的历史过程。④ 此外，民间信仰对社会空间也有一定的反映，其"全息"地反映了多重结合的动态的社会演变的"时间历程"，是理解乡村社会结构、地域支

---

① ［美］杜赞奇：《文化、权力与国家：1900—1941 年的华北农村》，王福明译，江苏人民出版社 2010 年版，第 17—18 页。

② ［美］杜赞奇：《文化、权力与国家：1900—1941 年的华北农村》，王福明译，江苏人民出版社 2010 年版，第 126 页。

③ 刘正爱：《东北地区地仙信仰的人类学研究》，《广西民族大学学报》（哲学社会科学版）2007 年第 3 期，第 19 页。

④ 唐晓涛：《城隍信仰的世俗化与"狼兵"族群身份认同的变迁》，《广西民族大学学报》（哲学社会科学版）2016 年第 11 期，第 113 页。

配关系和普通百姓生活的一种途径①，地方社会中的庙宇及祀神的辖区既是对空间的占有和统属，也体现特定社会空间的叙事。林美容在研究"祭祀圈"时指出，要理解一个地方的历史最便捷有效的方式就是去公庙，去看看述说庙宇建置缘起和地方开发缘起的碑文②，通过对庙的研究进入对地方社会的研究。由此可见，民间信仰不只是一种"迷信"或仪式，通过对民间信仰的研究，可以透视权力话语建构、族群身份构建、社会治理、社会空间和历史过程等，继而加深对地方社会的理解。

第四，移民和民间信仰关系的研究。在现有关于民间信仰的研究中，就移民和民间信仰之间的关系讨论研究篇幅较少。20世纪70年代，李亦园③在研究台湾地区的民间信仰时就指出，台湾地区庙宇的分布和民间祭祀活动，与汉人移入台湾的时间先后有着密切的关联。在漂洋渡海之时，供奉和祭祀的是诸如妈祖等与海相关的神灵，到达台湾地区开拓之初，面临着瘴疠瘟疫等问题，供奉和祭祀之神则变成了以王爷为代表的瘟神。而后面临整合群体的问题，祭祀之神则逐渐变成同乡同村之神。正是因为移民来自不同的地域，有着不同的传统，待在台地区稳定后，在庙宇和祭祀上也呈现了多样性。民间信仰与地方史、区域史、开发史和村落发展史密切关系，一个村落的发展过程，也伴随着庙宇的建立，从无到有、从小庙到大庙，其不仅关涉村落的规模，也与移民的历史发展相关联。一群体进入一个地方，不单是"人"进入某地，"人"所承载的文化和传统也随之进入。颜章炮在《清代台湾移民社会的分类信仰与分类械斗》中讨论移民来源与分类信仰问题，指出各籍移民都奉祀着祖籍地的乡土神，如泉州移民崇奉广泽尊王，安溪移民奉清

---

① 郑振满、陈春声主编：《民间信仰与社会空间》，福建人民出版社2003年版，第2页。
② 林美容：《祭祀圈与地方社会》，台北县芦洲市：博扬文化2008年版。
③ 李亦园：《信仰与文化》，台北县永和市：Airiti Press 2010年版；李亦园：《人类的视野》，上海文艺出版社1996年版。

水祖师等,这些都引申出移民与信仰之间的关联。① 2017年,我在云南德钦进行硕士论文调查时,发现该地既有藏族的佛寺,也有回族修建的清真寺,历史上四川移民还曾修建过川主庙,江西籍移民也曾修建过江西会馆。② 可见,这种现象并不局限于某地,某种程度上是一种普遍性的存在。

在这里可以看到以民间信仰为切入点的多种研究路径和视角,但在概念层面上,存在着二元结构,如精英/大众、官方/民间、国家/地方、制度性宗教/弥散性宗教,同时也会进入"大传统与小传统"的泥淖,但民间信仰的真实写照却并非如此。在一个地方做研究时,大多时候民间信仰是和制度性宗教(佛、道、伊斯兰教、基督教等)共处一域、并存的,而且彼此之间存在一定的关联和互渗。在此情况下,运用民间信仰就不能囊括制度性宗教;反之亦然。因此,替代性概念——地方宗教③显得更合理些,地方宗教可以将民间信仰和制度性宗教含括其中,给予一种整体性的诠释。已有的研究中,将地方宗教作为核心的讨论也见诸一些著作,如欧大年的《中国北方农村社会的民间信仰》,其原著中用的是"Local Religion",被译为"民间信仰",但作者的原意为"地方宗教"。在欧大年的研究中,地方宗教被看成是地方社会整体文化中的一部分而存在,是地方整体中不可或缺的一部分。④ 劳格文(John Lagerwey)通过对中国社会历史中道教仪式和对中国宗教的研究,将地方宗教视为理解地方社会历史的窗口。⑤ 丁荷生(Kenneth Dean)对

---

① 颜章炮:《清代台湾移民社会的分类信仰与分类械斗》,载郑振满、陈春声主编《民间信仰与社会空间》,福建人民出版社2003年版。
② 马斌斌:《穆斯林商贸跨越的多重性——德钦阿墩子贸易网络中的汉、回、藏关系》,硕士学位论文,云南民族大学,2018年。
③ 徐天基、罗丹:《西方汉学传统中的中国宗教研究》,《民族艺术》2012年第4期。
④ Daniel L. Ovennyer, *Local Religion North China in the Twentieth Century: The Structure and Organization of Community Rituals and Beliefs*, Baston: Brill, 2009.
⑤ John Lagerwey, *China: A Religious State*, Hong Kong: Hong Kong University Press, 2010; John Lagerwey, *Taoist Ritual in Chinese Society and History*, New York: Macmillan Publishing Company, 1987.

福建莆田的研究,结合田野调查,通过宗教来看地域文化间的互动关系。① 欧大年和劳格文以及丁荷生的研究,提供了一个整合性视野,即当我们面对地方宗教时,既可以通过宗教问题理解地方社会史,也可以通过地方宗教来理解地域文化间的互动,同时也可以通过对地方宗教的研究来理解中国宗教。用地方宗教来含括该区域内的所有信仰类型(制度性与民间信仰),在整体视域下通观全部信仰,便于理解地方社会的真实现状。基于此,我用地方宗教来指代建水地方的各种宗教,将制度性宗教和弥散性宗教纳入其中,来看宗教之间的互动以及宗教背后的深层互动。

(三) 儒学教化与科举

在中国历史上,儒学发挥着巨大作用,在政治治理抑或人伦道德方面,儒家思想作为一种潜在的引领、延续的传统,规训着人们的生活。梁启超认为:"中国偌大的国家,有几千年的历史,到底我们这个民族有无文化?如有文化,我们此种文化的表现何在?以吾言之,就在儒家。我们这个社会,无论识字的人与不识字的人,都生长在儒家哲学空气之中。"② 这种儒家哲学的空气,熏陶着每一个生活于此的人。儒学的发展经过了一个漫长的过程,在此过程中,不同历史时期都有相应的哲思进行补充完善,渐发展成完整的思想体系。儒学的概念相较繁杂,为人所公知的一个概念是儒学指孔子所创立的,以仁义为核心,讲究忠信崇尚礼仪之学。③ 这个公知的概念,高度概括了儒学的内涵和主张,但结合儒学的起源观之,则会有另外的概念出现。

学界对于儒学的起源,大约有四种说法④,第一种学说认为,儒学与百家出于王官之说,即班固所提及的"儒家者流,盖出于司

---

① Kenneth Dean and Zhenman Zheng, *Ritual alliances of the putian plain*, Handbook of oriental studies, Boston: Brill, 2010.
② 梁启超:《儒学六讲》,天津人民出版社 2018 年版,第 9 页。
③ 尚斌、任鹏、李明珠:《中国儒学发展史》,兰州大学出版社 2008 年版。
④ 参见尚斌、任鹏、李明珠《中国儒学发展史》,兰州大学出版社 2008 年版,第 16—18 页。

徒之官"。胡适不认同此观点。胡适认为，儒学的发展史是一个渐变的过程，有其产生的历史背景，儒学是在特定历史中逐渐产生和发展的。在孔子之前，已经有"儒"的存在，这些儒者有着独特的生活方式。早期儒者的生活，可以从《周易》中的"需"卦得到一些启发，就"儒"字而言，儒"为柔也，术士之称。从人，需声"。而"'需'可作一种人解，此种人的地位是很困难的，是有'险在前'的，是必须'刚健而不陷'的"①。儒者以替人家"治丧"为主要的谋生手段，他们自己也实行"久丧"之制，这是"儒的本业"。到了孔子时，孔子中兴而不是创造了儒学。胡适的论述形成了儒学起源的第二种主张。第三种主张是儒家的"道统说"，在《中庸》中归纳为"仲尼祖述尧、舜，宪章文、武"。这种"道统说"与胡适主张的世变说有着异曲同工之妙。第四种则是从"儒"的词源上进行解析，与胡适对"儒"的分析相近。除对儒学起源的这四种讨论外，还有对儒学出于"史"还是出于"祝"的讨论。皕诲在论及"儒家出于史"时提及，太古文化大都出自"史""祝"，"史之所掌者重经验以人事为主位，故多依于实际而为伦理家、政治家、文艺家之导师。祝之所掌者重祷祈，以鬼神为主，故多依于空际，而为祀祭家、巫觋家、占卜家之初祖，此史祝二官不同之点也"②。在这里，皕诲认为，儒家是出于"史"的，但依着他对"太古文化"的区分，结合胡适对"儒的生活"的讨论来看，儒家并非出于"史"，而应该具备"史祝二官"的特点，即儒家既具备"史"的特质，且从早期"儒者"的生活实践乃至孔子后儒者的日常来看，也具有"祝"的特征。

借由各种不同的起源论，以及公知的儒学概念，可以将儒学定义为：儒学是由孔子承启中兴后，经过不断传播和发展出的以"仁"为核心的一套思想体系。儒学的发展和传播的过程伴随着文

---

① 胡适：《说儒》，崇文书局2019年版，第7、25页。
② 皕诲：《寡过未能斋杂著》，参见初小荣选编《儒家、儒学与儒教》，国家图书馆出版社2011年版，第3页。

庙、书院等的修建以及教育科举的践行。同时，从不同的起源来看，儒学都具有延续性，其肇启于尧舜时代，中兴于孔子，而后历经各朝代，有春秋、秦汉时期的儒学（原始儒学），也有宋元明清时期的援佛入儒后形成的宋明理学（也被称之为新儒学）①，以及五四运动后儒学的第三发展阶段。但无论在具体历史时段中，有何突出的理论诉求，以"仁"为核心概念的本质是没有发生变化的。儒学在发展过程中，也并没有只停留在书本中，而是作为一种被"实践"的思想体系，融入不同时代人们的日常生活中。随着历史的发展，西方哲学观念的引入，使得对儒学的研究，有了明确的界定，在哲学意义上的儒学则是指以"仁"的概念为核心进行研究而展开的学问。其不仅关涉不同时期儒者们对"仁"及其相关概念和范畴的阐释和实践，而且还包括对儒家思想理念、经典等的研究。就儒家哲学而言，其有别于发迹于西方的哲学，儒家哲学注重社会、人伦日常和人的近世，而不是宇宙、地狱天堂和人的来世。② 因此，儒家哲学是一种"入世哲学"，在此意义上的儒学更加注重人的修养和入世的态度，因而也能更好地影响人们的日常生活。

在学界，除把儒学作为一种思想体系外，还有观点认为儒学是宗教即"儒教"。李申认为，儒教是中国传统的国家宗教，儒教一词在文献中很早就出现了，到了魏晋时代"儒教"这个概念逐渐流传开来，汉代被立为国教。同时儒教也有另一个面向，即指儒者们所从事的"教"，就是教育、教化，这种教育和教化不仅是指学校教育，而且是对广大民众的教育和教化。③ 在此意义上，儒教更多的是强调教化功能，宗教内涵相对薄弱。但随着教化的广泛推行，儒家思想日益渗透并引导着中国人的实际生活，这种引导与宗教的功能非常类似，因此学术史上才出现了儒释道"三教"的说法。④

---

① 尚斌、任鹏、李明珠：《中国儒学发展史》，兰州大学出版社2008年版，第280页。
② 程志华：《中国儒学史》，人民出版社2017年版，前言，第10、12页。
③ 李申：《中国儒教史》，江苏人民出版社2017年版，再版代序，第4—5页。
④ 程志华：《中国儒学史》，人民出版社2017年版，前言，第9页。

马克斯·韦伯（Max Weber）在讨论中国的宗教时，把儒教作为一种"宗教"，并提出了"儒教中国"的概念。韦伯认为，中国古代的民间信仰等方面，具有儒教中国特有的素质，与西方的现象相近，儒教中国所具备的特质是"纯粹历史决定的文化影响的产物"①。林存光则从历史发展脉络中，详尽梳理了儒教中国的形成过程，指出儒教中国的形成、发展与成长正得益于儒教与现实政治在认同—适应与反思—挑战的张力中进行的持续互动，是儒学在不断发展过程中与中国政治文化不断调适演进的过程。② 在此过程中，儒学不断发展，并与历史相适应。这种对"儒教中国"形成过程的讨论，某种程度上回应了列文森（Joseph R. Levenson）的一些困惑。列文森注意到儒教在社会历史进程中，遇到了"困境"，有时甚至是"敌对"和"迫害"，但儒教中国中的一些思想内容却得以延续。因为儒学抑或儒教并不只停留在书本或意识形态，而是作为一种被"实践"的思想，嵌入"识字的人和不识字的人"的生活中，虽然"儒教中国"可能会不断衰落，成为"'历史意义'上的历史"③，儒家和孔子可能会被保存到"博物馆"，但儒教作为中国文化的底蕴确是可以延续的。当下儒学研究的兴盛，全球祭孔运动的兴起，从侧面回应了列文森的那份悲观。

进言之，无论是儒学还是儒教，无论是在哲学层面还是在实践方面，儒学都具有一种"教化"的功能。梁漱溟曾指出"盖数千年间中国之拓大绵久，依于中国文化；中国文化发展自始至终不以宗教作中心，而依于周孔教化"④。正是因这种"教化"使得中国文化得以延续。儒学的"教化"功能，在历史上既是一种自上而下的带

---

① ［德］马克斯·韦伯：《儒教与道教》，洪天富译，江苏人民出版社2003年版，第237页。
② 林存光：《儒教中国的形成：早期儒学与中国政治文化的演进》，齐鲁书社2003年版。
③ ［美］列文森：《儒教中国及其现代命运》，郑大华等译，中国社会科学出版社2000年版，第376页。
④ 梁漱溟：《梁漱溟全集（第四卷）》，山东人民出版社1991年版，第21—22页。

有政治目的的推行,也是一种个人自下而上的"学习"实践。李景林认为,"教化"是儒学的核心概念,儒学是以"教化"为其宗旨的"哲学",儒学可以通过经典传习、礼乐教化、家庭教育等系列方式,落实其教化观念①,正是这种成体系的"教化",使得儒学能够被广泛接纳。作为一种思想体系,儒学被纳入政治领域,成为王朝治术中的一部分。在推向各地的过程中,其也不断地融入人们的生活中。从"礼不下庶民"到"礼失而求诸野",儒学的发展经过了一个漫长的发展过程。从儒学发展和起源中可以看出,早期儒学体系的形成某种程度上有对周世宗教信仰系统的转化,这种意义转化主要体现在三点:第一点是建立了人性本善的观念,提倡"仁者人也",孔子发现了"人",并对人进行了讨论;第二点是提出了一种新的神灵观念和对待天命鬼神的态度,孔子主张"敬鬼神而远之"以及"祭如在,祭神如神在"等观念,给予神灵特定的位置,使人在不断"修己"的过程中,对神灵具有一种"敬畏"感;第三是制定出一整套礼仪系统,并对这套礼仪作出了人文的解释,如儒家的冠、婚、丧等具有一定的仪轨和相应的解释,这就为儒学教化做好了铺垫。② 华军等则从哲理系统上讨论儒家教化,从历史脉络上论述了不同历史时期儒学教化是何以可能和何以实现的。在华军的著作中,儒学教化和教化儒学是并用的,但二者具有不同的侧重点。所谓"儒学教化",是指用儒学的思想和理念教而化之,使其"修己安人";而"教化儒学",从广义上可称为文化儒学,可以超越原有的心性之谈,在坚持"本乎心性,观乎人文,以教化天下"的同时,凝聚起敏锐的文化意识。③ 这种意识在向下的"教化天下"的同时,也具备了自我向化的内涵,是一种双向的实践。

1981年,在夏威夷檀香山举行了关于中国帝制后期流行文化的

---

① 李景林:《教化儒学论:李景林说儒》,孔学堂书局有限公司2014年版,第6页。
② 李景林:《教化儒学续说》,中国社会科学出版社2020年版,第37页。
③ 华军等:《"教化儒学"的思想历程》,中国社会科学出版社2021年版,第284页。

研讨会，会议由不同研究领域的人员参与其中进行对话和交流，从中引发了对系统分析中国死亡仪式的兴趣。在这场讨论中，"结婚和死亡时举行的仪式是定义中国文化身份的核心"这一论点成为共识。1985年1月2—7日，由美国学术协会中国研究联合委员会和社会科学研究委员会在美国亚利桑那州联合主办了"中国死亡仪式研讨会"，在会议上提交的论文修订后，1988年，由华琛和罗友枝主编，辑录成《晚清和现代中国的葬礼》[①]一书出版。这本文集收录了以人类学者为主体书写的12篇文章，其中7篇文章[②]系人类学者书写、4篇[③]历史学家书写的文章和1篇社会学家[④]的文章。这些文章从不同路径切入，讨论中国历史及现代的死亡仪式，试图回答"在不同的地方和不同的社会群体中发现的不同的、甚至是大相径庭的仪式实践，是如何与中国有统一文化的观念共存的？"殡葬仪式作为理解中国社会的窗口，在中国的葬礼仪式中，存在着一种明显的结构，这种结构反映在与死后安置灵魂有关的系列仪式上，而且葬礼仪式体现了中国文化的统一性。帝制后期中国仪式的规范结构是实际实践和由有文化的精英所记录的早期习俗（以书面形式）的编纂之间复杂互动的产物，一旦有了固定的（书面形式）文本，官员和士绅群体将会通过遵循礼仪规范来促进标准化和增加一致

---

① James L. Watson, Evelyn Sakakida Rawski, *Death Ritual in Late Imperial and Modern China*, Berkeley·Los Angeles·London: Universiry of Califomia Press, 1988.

② 华琛（James L. Watson）的《中国丧葬仪式的结构：基本形式、仪式顺序与动作的重要性》和《广东社会的殡葬专家：污染、表现和社会等级》，汤姆森·斯图尔特（Thompson E. Stuart）的《死亡，食物与生育》，约翰逊·伊丽莎白（Johnson Elizabeth）的《哀悼死者，哀悼生者：客家妇女的丧葬哀歌》，芮马丁（Emily Martin Ahern）的《生与死中呈现的性别与意识形态差异》，孔迈隆（Myron Leon Cohen）《灵魂与救赎：中国民间宗教的融合主题》和华若璧（Rubie S. Watson）的《追悼死者：中国东南部的坟墓与政治》。

③ 如罗友枝的《中国人丧葬仪式的历史学路径》和《帝王的死亡之道：明清皇帝和死亡仪式》，韩书瑞（Susan Naquin）的《中国北方的葬礼：统一与改变》，魏斐德（Frederic Wakeman）的《毛泽东的遗体》四篇文章。

④ 怀默霆（Martin King Whyte）的《中华人民共和国内的死亡》。

性。① 因此，这本文集并不只是关于死亡和丧葬仪式的书，而是对一个文化同质性的研究，即在中华帝国晚期的丧葬仪式中，存在着一个统一的结构，在这个高度包含的一统的结构内部，容许存在高度的差异。而这一高度统一的结构的出现是与王朝国家紧密相连的。在中央王朝的推行下，王朝官员通过提倡丧葬和婚姻的标准化仪式，并将其编入方志，在地方精英可能的赞同下，将其在普罗大众中推行，同时民间不符合标准化的仪式，也被加以规训。② 在这一过程中，秦汉以降的王朝，无论是少数群体当权的元、清，还是汉族为主导的王朝，在方志的编订中，都有对习俗的描述，因此，当我们谈及西南边地的儒学教化时，地方礼俗的变化中，也有儒学教化的烙印。

1995年，斯蒂文·郝瑞（Stevan Harrell）编辑了《中国边疆民族的文化遭遇》一书，收录了12篇文章，分别对纳西、彝、苗、瑶、满、蒙古、傣/泰等群体的身份认同、历史过程和建构等方面做了讨论和分析。郝瑞结合在彝族地区的调查，在理论层面提炼出"儒学教化"模式（Confucian civilizing project）③。在该书导言中，郝瑞指出，文化是可以习得的，即使是不同起源、说不同语言、有不同文化和生境的人们，都可以通过"学习"和吸收儒家经典文化和道德准则，从而变成有文化教养的"文明"人。在"儒学教化"模式中，根据人们与儒家伦理道德标准之间的距离，人们被划分成两个等级，即易于被教化的、具有较高文明的人们和具有污名身份（落后、愚蠢和肮脏）的人们，同时汉文明（汉族主体）代表着成熟、雄性和现代，与之相反的非汉（边缘群体）则被描述成未成熟的、女性化的和落后"遗存"。在这个分析模式中，"汉文明"处于

---

① James L. Watson, Evelyn Sakakida Rawski, *Death Ritual in Late Imperial and Modern China*, Berkeley·Los Angeles·London: Universiry of Califonia Press, 1988. p. x.

② [美] 华琛（James L. Watson）著，湛蔚晞译，廖迪生校：《中国丧葬仪式的结构——基本形态、仪式次序、动作的首要性》，《历史人类学学刊》第1卷第2期，2003年10月，第98—114页。

③ 或可译为"儒家文明工程"。

中心位置上，作为文明的承载者的汉人，以自我为中心，在历史过程中就致力于向处在中国边缘/疆地区的非汉群体推行儒学教化或汉化。在这一推行过程中，影响是多面的，郝瑞还专门对性关系进行分析，认为非汉群体的性关系是儒学教化推行中遇到的困境，但通过对易于教化的孩童进行教育，可以使他们开化。从全球视野来看，儒学教化的特性便是"文化"，其中"化"是一个过程，可以通过在哲学、道德和仪式方面的训练来塑造一个人（并引申为这个人所属的社会），这些原则构成了美德。同时，汉人在中国拥有压倒性的地位，但他们并没有垄断，就像文明的中国人构成了儒家的中心，或者欧洲人构成了基督教的中心，尽管如此，儒学教化的推行中汉人始终居于主体中心地位。① 从郝瑞的叙述中可以看到，儒学教化的推行，侧重点在"文化"，"汉化"是最终的结果。在郝瑞的讨论中，"儒学教化"某种程度上等同于汉化，但这种汉化的推行并不一定是强制性的。这就自然回归到史学家对汉化或华化的讨论，郝瑞虽然未在文本中引述何炳棣和罗友枝等史学界研究者对汉化问题的谈论，但他有可能受到了这一争论风波的影响。与史学家不同的是，作为人类学家的郝瑞是在田野中发现了"汉化"现象，从而透过田野事项反观边地儒学教化/汉化的历史进程，是在田野中发现了历史，并试图用田野资料去观看这一过程。

值得一提的是，1985 年史学家罗友枝也编辑出版了《中华帝国晚期的大众文化》②，从经济、仪式、文字、文献、地方戏曲、宗教等多个面向，将宏观视角与微观研究相结合，考察了中华帝国晚期大众文化的特点和内在根源。较罗友枝编辑的文集而言，华琛编辑的文集研究大都集中在南中国即广东、福建和台湾地区，郝瑞编辑的文集中许多研究都以西南少数民族为对象。但将三本书合在一

---

① Stevan Harrell. "Introduction: Civilizing prejects and the Reaction to Them", in Steven Harrell ed., *Cultural Encounters on China's Ethnic Frontiers*, Seattle and London: University of Washington Press, 1995, pp. 18, 23.

② ［美］罗友枝等主编：《中华帝国晚期的大众文化》，赵世玲译，赵世瑜审校，北京师范大学出版社 2022 年版。

起,无论是华琛的"标准化仪式"还是郝瑞的"儒学教化",以及罗友枝的研究,都涉及中央王朝与地方社会之间的互动和关联。在中国大众文化的发展和变化过程中,会出现"汉化""华化""夷化"或人类学研究领域中的"同化"和"涵化"等问题,这些文化事项的出现,本身是群体之间的接触和王朝国家的政策导向的结果。其实无论是何炳棣和罗友枝对汉化问题的争论,抑或华琛对标准化的青睐,都是对中国社会中诸多文化事项的讨论面向。当不同文化接触时,彼此之间的关系并不只有一种可能,整合、共生和互渗也是可能的存在,最后呈现出的所谓的"汉化",也有可能是一个"复合体"。同时儒学教化作为一种手段,其最终的目的也不只是"同化"或长治久安,更多的是一种"教","化"的结果则是多元的。虽然儒学教化的实践大都是"自上而下",但在实践过程中,地方社会的反应(迎合抑或抵抗)也是儒学教化能否"落地"的主要因素。因此这种儒学教化的"实践"本身是一种双向的过程、共谋的结果。

加之儒学在发展过程中,也有一个"下移"的过程。蒙文通曾指出汉代以来儒者"几以圣人天纵",到了宋朝则发生了变革,无论在宗法制的祭祀层面、祖先的供奉礼制方面,还是对"圣人"的态度都发生了改观,以致"自宋以来,学者皆知圣人之可学而至"[①]。宋朝时期兴起的"理学",使得儒学下移,从而更好地将儒学思想推至各阶层,使其进入人们的日常。在这漫长的发展过程中,儒学体系得以发展,仁义礼智信逐渐成为一整套完整的体系,并渐入人们的日常生活,"内圣外王"也渐成为衡量"圣人"、贤者的标准。作为一种思想体系,伴随着王朝的推动得以在边地发展,其发展的过程也是推行"教化"、实现"教化"的过程。儒学的政治思想本质上就是教化,是一种集行动(礼)与观念(信仰)为一体的实践行为。儒家本身强调"修身",从"修己"达到"安人",因而对个人而言,无论其身处在何地,只要接受和学习儒家文化,

---

[①] 蒙文通:《儒学五论》,广西师范大学出版社2007年版,第27页。

那么修、齐、治、平的思想就会出现在他的身上，然后从自身向外，一圈圈"推"出去①。对于一个地方社会而言，只要存在着一批接受儒学教化者和实践者，这种思想也会在该地方社会发生影响。自庄蹻入滇、秦始皇开五尺道再到汉武帝平西南夷，作为边地的云南被纳入王朝的版图中，后期不断有移民涌入，人口的迁移伴随着文化的传播，儒学教化就在这一过程中得以不断进入边地。儒学教化的传播发展的过程虽然有异，但西南边地得以传播和发展的却是一个完整的儒学体系，而不是宋明理学（新儒学）或某一阶段性的儒学。就整个西南边地的儒学传统而言，既具备教化儒学的特质，也蕴含着儒学教化，是一个"教""化"和"学"为一体的一个漫长过程。

不仅如此，儒家思想的发展还与科举相关联，某种程度上来说，科举也是实现儒学教化的一种途径。科举就是分科考试的制度，从"科"和"举"两个字可以窥见其内涵。"科"是指考试科目，"举"有选拔之意，"科举"连在一起表明这种方式是通过分科考试选拔人才。科举也有广义和狭义之分，狭义的"科举"指的是进士科举，即从隋代设立进士科之后以考试来选拔人才的制度；广义的"科举"指分科举人，即从西汉已开始出现的分科目制诏策试或察举人才授予官职。②在中国历史进程中，最初科举的形态或可追溯至"禅让制"，传说时代的"禅让"，要经过一系列的考验和测试，然后才"让能"。到了西周时期，采取乡举里选，春秋战国时期的贤能治国论，汉代时期的察举制，一直沿用至魏晋南北朝时期，虽然这些制度并不是完全意义上的"科举"，但仍是一种"选官制度"，到了隋朝时科举正式出现③，直至清末被废除，期间延续1300多年。在这1300多年中，科举推动了中国传统文化的发展，为王朝国家培养官员时，促进了文化的普及，并在治理中为王朝国

---

① 费孝通：《乡土中国 生育制度》，北京大学出版社1998年版，第26页。
② 李兵、刘海峰：《科举：不只是考试》，上海教育出版社2018年版，第12页。
③ 刘海峰、李兵：《中国科举史》，东方出版中心2021年版。

家培养了中间层（士绅）。虽然历代科举制度的内容时有变革，但原则上说，科举是以考试的方法选拔人才，授以官职的方法。① 通过科举迈入仕途，对个人而言，成了社会阶级流动乃至社会流动的手段，对国家而言，除选仕外，还可以促进儒学教化的推行，是一种被传统社会所认可的"正途"。

对于科举制度的起源，学界一般认为，科举制度起源于汉，隋代得以兴起，盛于唐，成于宋。② 汉朝时期，儒家学说在以董仲舒为首的"儒士"推崇下，在政治领域独占鳌头。董仲舒在其著名的对策中提出了"罢黜百家，独尊儒术"的建议，建议被采纳后，到了建元五年（前136）时，汉武帝立五经博士，在太学中广泛推行儒学教育。③ 这一时期，儒家学者为了更好地稳固自身地位，试图将新官员的来源限定在儒家阵营内部，将儒家经典作为唯一的考试科目，在汉武帝签署的一项新教育法令的支持下得以实施。法令规定太学的学生在跟随博士④学习一年之后，必须通过以"五经"之一为基础的考试才能成为朝廷官员。⑤ 凭借帝王法令，儒家思想及其经典成为"考试"内容中不可或缺的一部分，入仕为官者必须进行学习，研习儒家经典。正是在这一时期，许多地方逐渐开始出现教育意义上的"学校"雏形。汉以降，在统治层面上，几乎每个朝代都或多或少的应用儒家思想，将其融入治理术中，用"礼"和"仁"统治民心，因而无论是士大夫阶级还是平民阶层，都或多或少受到儒学的熏陶。到了隋唐时期，儒学发展成为科举考试的重要内容，儒学教育与科举制度相结合构成了中国封建社会选举制度的核心内容。⑥ 使得知识分子成为统治机器政体的一个组成部分。"尽

---

① 费孝通：《费孝通全集·第5卷，1947年》，内蒙古人民出版社2009年版，第447页。
② ［日］宫崎市定：《科举史》，马云超译，大象出版社2020年版，第7页。
③ 刘海峰、李兵：《中国科举史》，东方出版中心2021年版，第13页。
④ 博士是一种官职，是汉代对教授经学的人的一种称呼，供职于太学。
⑤ 柳无忌：《儒学简史》，杨明辉译，江苏人民出版社2020年版，第148—149页。
⑥ 陆韧：《变迁与交融：明代云南汉族移民研究》，云南教育出版社2001年版，第290页。

管少数统治者和文化精英之间存在着紧张关系,但是,科举制度(儒家对传统中国社会流动性的贡献)却使文人可以跻身官僚制度的上层。"① 成为统治阶层的一员,这种"共谋"使得儒学以一个自上而下的方式进入日常生活。同时普罗大众也具有很强的模仿能力,他们也渴望通过仕途跻身"上层阶级",通过这种"上下"的互动,使得儒学这一"大传统"进入民间,与民间的"小传统"相融合。

作为一种选官制度,隋唐以降的这种以考试来招聘官员的变化,宣告了既往士大夫阶级的终结和一个更具流动性的社会的开始。② 科举制促进了社会阶层的流动,普罗大众可以通过科举改变自己的阶级——"一人升天,鸡犬得道"。参加科举者为了取得入仕机会,在唐宋时期,便出现了类似于当下"高考移民"的科举"冒籍"现象。一些身处文教水平发展较高地区的士子,为了减少竞争,增加中第机会,通常会采用各种手段前往边远地区,冒充籍贯参加边远地区的科举考试,西南地区的广西、云南、贵州等地区的文化教育水平相对较低,因而成了冒籍严重的地方。③ 但明代时期的"移民"并不属于冒籍,这些因军屯和谪迁或自愿迁入的移民,有着与当地人同等合法参与科举的权益。这些来自文教水平较高地区的移民在影响和推动地方科举的同时,为文化的传播尤其是儒学教化的传播起到了促进作用。儒学教化的传播是一种思想的传播,其伴随着移民、文庙的修建、书院的兴起、科举的开展等进行传播和发展,从而影响地方社会。元以降,大量中原、东南沿海地区的群体,被迫(也有少量自愿)迁徙到云南、贵州等边疆地区,有的作为军屯驻守地方,有的则举家迁徙,这些移民到地方后继续着耕读传家的传统,用实践传播儒学教化。此外,元明清时期,西南地区作为一些

---

① [美]杜维明:《道、学、政:论儒家知识分子》,钱文忠、盛勤译,上海人民出版社2000年版,第177页。
② [美]罗友枝:《一个历史学者对中国人丧葬仪式的研究方法》,廖迪生译,《历史人类学学刊》第二卷第一期,2004年4月,第135—150、147页。
③ 刘希伟:《清代科举冒籍研究》,华中师范大学出版社2012年版,序,第1页。

官员的流放之地，一些被贬谪的"官员"到达地方后，大力兴办教育，建水就是诸多地区之一。王朝国家贬谪的官员和士人到达地方后，积极投身地方文教事业，为地方社会培育了大量人才。

除这些以人为载体的实践教化外，文庙作为一种"文"和"教化"的主要场域，在承载祭祀孔子及弟子的同时，扮演了"学校"的角色，承担了教育的功能，为地方社会培养了大批人才。随着儒学的传播，文庙的兴建以及书院的修建，一些被认为"未受教化"的群体，逐渐接受儒家学说，并通过地方教育，进入"庙堂"，出仕为官。因此文庙和书院作为一种载体，一种带有符号表征的"物"，成为研究和理解地方儒学教化的一个窗口。文庙作为祭祀孔子的主要场所之一，发迹较早，鲁哀公十七年（前478）——孔子死后的第二年，鲁哀公将孔子的故宅改建为庙，以祭祀孔子，但这种祭祀某种程度上只限于"地方"。明帝永平二年（59）时，"上始帅群臣躬养三老、五更于辟雍。行大射之礼。郡县、道行乡饮酒于学校，皆祀圣师周公、孔子，牲以犬"①。与鲁哀公时期相比，此时的祭孔范围已超越了孔子故里，延伸到了东汉辖区内的个别郡县。虽然汉明帝时期的"学校"有异于当下的学校，但作为"学校"教育机构的前身，其除履行教育功能的职责外，也肩负着祭孔的使命。时至今日，虽然祭孔活动从学校中抽离，祭祀孔子的功能转至各地方文庙，但许多学校中依旧有孔子的铜像，供学生瞻仰省身。每年公历9月28日，全国各地都竞相举办祭孔大典（丁祭祀典），这种活动已超越国界，成为全世界华人的祭祀活动。

作为一种思想体系的承载"物"，文庙既是一种物质实体，也是一种思想体系的符号象征，同时也是国家在场的体现。唐代以降，孔庙便遍设诸州县，深入民间，虽说其为官方所奉行的宗教，却使百姓得以崇祀。孔庙之所以能广布全国，实则是在推行朝廷的教化政策。回顾孔庙发展史就可以发现，自始至终，孔庙实为官方

---

① 《后汉书》《礼仪志上》，中华书局1965年版，第3108页。

由上而下所极力推行的祭祀制度。① 官方的推动促使孔庙成了"国家在场"的表征。历代帝王，通过给孔子追谥、改谥、给予封号、修建乃至重修、扩建孔庙等方式，把孔庙这种"道统化"的制度逐渐政治化、制度化。文庙中的匾额、供奉、从祀等背后，都有着一套深层的逻辑和等级秩序，都有着具体的教化"故事"。文庙作为一种可视之"物"，具有社会生命，可以通过对这个"物"进行研究，来透"物"见人见事。就目前学界对文庙、文庙学的研究而言，无论是研究者选择的区域或研究的主题、理论等方面，都有了长足的发展。在这诸多研究中，对西南地区文庙的研究只占少数。

已有关于西南地区文庙的研究，有李绍先对德阳文庙的研究②，李永对贵州文庙的研究③，秦莉对川西地区文庙建筑的研究④，张欣蕊对大理文庙的研究⑤，还有对云南地区文庙的研究⑥等，这些研究都以文庙为切入点，较为系统地考察了文庙的历史、建筑风格及功能，某种程度上是就文庙言文庙。王瑞平⑦的研究则有所突破。王瑞平对明清时期云南地区的人口迁移和儒学在云南的传播进行了整体性研究，并对儒学传播和移民之间的关联进行了叙述。由于文本立足于整个云南，对儒学和移民对地方社会的影响所涉不多。洪晓丽⑧以建水为依托，讨论了文庙和儒学传播之间的关系。这些研究

---

① 黄进兴：《优入圣域：权力、信仰与正当性》，中华书局2010年版，第136—142页。
② 李绍先、袁能先：《德阳文庙文化价值论略》，《装备制造与教育》2015年第2期。
③ 李永、柯琪：《贵州文庙的历史、现状及保护开发研究：基于安顺文庙的调查》，《江汉大学学报》（哲学社会科学版）2017年第10期。
④ 秦莉：《川西地区文庙建筑的装饰特点研究》，硕士学位论文，西南交通大学，2010年。
⑤ 张欣蕊：《文庙在大理地区的兴建及其作用研究》，硕士学位论文，大理大学，2019年。
⑥ 杨大禹：《儒教圣殿：云南文庙建筑研究》，云南大学出版社2015年版。
⑦ 王瑞平：《明清时期云南的人口迁移与儒学在云南的传播》，博士学位论文，中央民族大学，2004年。
⑧ 洪晓丽：《文庙与儒家文化的传播——以建水文庙为例》，《曲靖师范学院学报》2013年第2期。

从不同地域和切入点对文庙进行了研究，虽有言及文庙与儒学传播、文庙与移民之间的关联性，但大都侧重于文庙本身，对文庙的研究与地方社会史有些脱节，某种程度上缺乏整体性和对历史的关照。建水文庙从元至今历经50多次修复和完善，建筑群保存完整，规模宏大，在地方社会史和文化史的发展方面，建水文庙发挥着巨大功能，以文庙为载体的儒学教化对地方纳入中央王朝，起到了空前绝后的作用。因此在对文庙进行研究时，不仅可以看到儒学的传播和发展，也可以看到儒学教化对地方社会诸方面的影响。

（四）建水及其相关研究

建水有着悠久的历史，文化底蕴深厚，文史资料极其丰富，现存的有《康熙建水州志》《雍正建水州志》《嘉庆临安府志》《民国续修建水县志稿》《建水县志》《建水文史资料选辑》《名城文化史料丛书（建水卷6册）》等，还有诸如《古今建水》《建水史话》《云南建水》等，这些文本都为进一步研究提供了基础。就已有建水古城的研究，除综合性的以区域史为主导的地方学者的研究、游记散文外，与本专业相关的研究学术性论文约60篇，主要集中于以下几个方面。

第一，对紫陶的制作、技艺等的研究。这类研究多集中于对紫陶工艺和手工艺者的研究，其中对工艺方面的研究占主导，人类学领域的研究相对较少。近年来的专著如马佳的《建水紫陶：手工艺进程的人类学研究》[①]，该书以物的人类学为研究路径，用"透物见人""透物窥史"的方法，以建水紫陶制作者及其身份变动为轴心，对促发建水紫陶从孕育到诞生到工艺成熟再到风格渐变的经济、政治、文化、社会因素进行呈现与分析。

第二，对文庙、祭祀仪式的研究。近年来随着孔子学院在全球的兴办，对文庙和祭孔仪式的研究在整个学术研究领域也逐渐兴盛，"庙学""文庙学"等相继出现。在对建水文庙祭祀的研究中，曾黎从纵向的角度来看待祭孔仪式与社会发展之间的关系，对儒学

---

① 马佳：《建水紫陶：手工艺进程的人类学研究》，社会科学文献出版社2019年版。

的地方化、历史背景、祭孔仪式的起源与形成等，纳入对中心与边缘、地方和中央等问题的讨论中。①张智林在硕士论文中以建水文庙为依托，通过分析其历史演变和文庙与周边社会的关系，论证建水文庙自修建保存至今的内在原因。②此外，洪晓丽的文章③和王瑞平的博士学位论文④等，都对建水地区有所涉及。这一领域的研究与本研究具有一定的相关性，但我的研究主要以儒学教化的路径为主要研究角度，以文庙为主要研究对象，用历史人类学的视角对儒学教化和地方社会史进行综合性的分析，来看文庙与地方社会史的内在生成，继而讨论儒学教化的广泛性和融合性特征。

第三，对古井、古桥、古塔的研究。建水分布着大量的古井，有些已经使用了几百年，如东井、西门大板井、龙井、新井等，一直都在使用。关于古桥、古井和古塔的研究，较为集中的收集了系列的传说和神话故事，具象的"描述"了这些古井、古桥的位置和修建历史，文学和随笔类文本占主导，这些文章并未做深入的系统分析，但为进一步研究提供基础资料。

第四，对古城保护、古迹建筑等的研究。建水县有着悠久的文化历史，建水古城中古迹遗址多达300余处，在城市发展过程中，古城保护显得格外重要，因此，研究者从保护角度，提出建议和策略等，这类研究与对建筑古迹的研究相关联。对古迹建筑的研究多集中于建筑学方面，对修建时间和历史有所涉及，但主要是对建筑风格进行系统描述，这些研究为进一步从多个视角对这些"存在"进行讨论和分析奠定了基础。

第五，对族群认同问题的研究。建水下辖贝贡村有一些"孔

---

① 曾黎：《仪式的建构与表达——滇南建水祭孔仪式的文化与记忆》，巴蜀书社2012年版。
② 张智林：《建水文庙的人类学研究》，硕士学位论文，云南民族大学，2019年。
③ 洪晓丽：《文庙与儒家文化的传播——以建水文庙为例》，《曲靖师范学院学报》2013年第2期。
④ 王瑞平：《明清时期云南的人口迁移与儒学在云南的传播》，博士学位论文，中央民族大学，2004年。

姓"彝族人，这群人自称是孔子的后人，并撰修自己的族谱，与山东孔子家乡的孔姓族人建立联系，认祖归宗。因而围绕该群体也有相关研究，如彭秀祝[1]和张智林[2]等的研究。对团山的研究，也有涉及对族群认同问题的讨论。

综上，建水是一个文化底蕴深厚、文献资料丰富的地区，就已有的研究来看，从学科到研究内容进一步深入研究的空间很大。同时，建水作为历史文化古城，文化底蕴深厚，这就为跨学科研究的开展提供了基础。基于此，我选择建水作为田野点，以历史人类学为视角，以儒学在西南地区的传播为主导，以建水文庙为研究对象，讨论儒学教化对地方社会的影响，同时纳入对移民问题和城市化进程问题的讨论。

四 研究方法

2012年7月，伴随着一种前定中的机缘，我来到了建水，第一次与这个被冠以"滇南邹鲁"的地方邂逅。在朋友的带领下，我第一次漫游在建水古城中，与城中的一些"景点"相遇，建水文庙、林立街头的牌坊等在我脑海中留下了深刻的印象。卡尔诺维曾说："每到一个新城市，旅行者就会发现一段自己未曾经历的过去：已经不复存在的故我和不再拥有的事物的陌生感，在你所陌生的不属于你的异地等待着你。"[3] 而这种"等待"就迎来了我的博士学位论文。

2015年大学毕业后，随着学业的继续，我在云南攻读硕士学位，其间也曾几次前往建水。无论是2012年的初访，还是2015年及以后几年里陆续地往返建水，在"转"的过程中，都会看到这座城市不断变化的外貌，与"不变"的底蕴。"滇南邹鲁""文献名

---

[1] 彭秀祝：《从边缘参与主流——滇南孔姓彝族姓名符号研究》，《北方民族大学学报》（哲学社会科学版）2018年第2期。
[2] 张智林：《建水文庙的人类学研究》，硕士学位论文，云南民族大学，2019年。
[3] ［意大利］伊塔洛·卡尔维诺：《看不见的城市》，张密译，译林出版社2012年版，第26—27页。

邦"的牌坊，以及一系列古建筑，就像刻在大地上的文字一般，纵使城市变化万千，它们自岿然不动。其实这些只是视觉上的冲击，更重要的是，人类学家常说的所谓的"文化震撼"。看到这些时我就在想，为什么在西南边地的建水会有全国第二大文庙（仅次于山东曲阜文庙）？这座规模宏大的文庙是如何形成的？在发展过程中发挥着何种功能？建水为什么号称"雄镇东南"？为什么会有"滇南邹鲁"的称呼？为什么会如此看重"文献名邦"？"文献名邦"背后隐藏着什么？为什么在云南很多地方都有"文献名邦"的牌坊？……这一系列问题催生了我研究建水的兴趣。正是这系列问题的出现，使之前的"好奇"与学术有了结缘的可能。

2018年进入中山大学攻读博士学位，面临选点进行田野工作时，我向导师言说自己想在建水做研究的想法，在与导师一番讨论后，老师同意了我的看法，2019年下半年我便进入了建水做田野预调查。尽管此前多次到过建水，但当我将建水作为田野点时，一种"陌生感"袭上心头，尽管之前也未曾熟悉过。走在这座城市里，处处给人一种新奇感，这种感觉是透彻的，就像雨冲洗过的青山一般透着灵光。这座城市是有灵性的，条条道路条条通，像人的毛细血管一样，联通着此处、彼处，从这个巷道到那个巷道，从这头到那头，很少被阻隔。开展田野调查以来，起初我一直晃荡在古城和新城之间，在匆忙的人群和悠闲的群体之间游离。起初的时候，每天很少有收获，终于在一次访谈中，打破了这种困境。

2019年10月27日，在多天没有获取到有效田野消息的情况下，我前往孔子文化广场"碰运气"，因为那里有很多人。我到广场后，和一群下象棋的老人们"挤"在一起，凭借着自己并不精湛的棋艺，打入了爱下棋的老人群体中。在下棋的过程中，一边下棋一边开始闲聊，起初先从一些闲谈开始，在聊的过程中，诸如"七寺八庙""包见捷赢匾"、"万将军抱白小姐""脸变绿的天君"等故事慢慢浮现。有了这次的突破，我发现了一个诀窍，以后的几天里，我先去围观下棋、打牌的人群，然后找准机会，趁机加入其中。在下棋和打牌的过程中，混个脸熟，然后开展我的访谈。当老人们讲出一些故事或有效信息时，在半结构访谈的策略下，我通常穷追不舍地引导式发问，以此将问题加以延伸。由于有时候是在棋场或玩牌时进行访谈，记录显得很不方便，录音也不现实。所以每每有收获时，我就主动撤出，躲在偏僻的角落里，记录一些关键信息，然后在晚上整理田野笔记。

在取得突破后，随后田野的很多时间里，我都在孔子文化广场的棋局和牌局中，"偶遇"我的访谈对象。一个月后，我发现了很多访谈的佳所——孔子文化广场、东门城门涵洞周围、文庙内的思乐厅、迎晖路的亭子以及古城内的树荫下……打扑克的，玩麻将的，聊天的，算命的，倒卖古董的，什么样的人都有，他们有的健谈，有的却可以作为引荐人，推荐一些访谈人给我。这些人每天滞留在不同的场所，大家都悠闲地在这座城里，体验着日出日落，也许这才是这座城市该有的生活吧。这群拥有"慢"生活节奏的人，自然成了潜在的访谈对象。以后许多时间里，我徜徉在他们中，利用各种机会"旁观"他们的生活，和他们聊天闲谈。通常情况下，半结构式的访谈和座谈会成了我的田野利器。我借用着这些访谈技巧，先后访谈百余人，座谈会开展了十多次，在这些人群中我也找到了四十个左右的关键报道人，有的通过上门拜访，有的通过他人引荐，访谈者大多是一些年长者，从他们的人生阅历中，我汲取了相应的田野资料。在田野里如果能遇到健谈的老人，是何其的幸运，他们会坐在那里，用抑扬顿挫的音调，向你娓娓道来很多"精彩"的故事，一坐就是两三个小时。与年轻人相比，他们不仅有故事、有时间的，而且愿意讲故事、能把故事讲好。岁月给了他们洗礼，同样给了他们故事和阅历。

除访谈外，我也随时关注周遭的一切，在日常生活中，去观察、参与和体悟田野点的日常。建水拥有一批悠闲的人群，同样也是个忙碌的城市。经营蔬菜、水果生意的摊贩，每天早上四时左右就已经在批发市场挑选水果和蔬菜。在他们眼里，时间就是价格，起得晚了选不到好的水果和蔬菜，就会影响一天的生意。对于他们口中的"小本生意"来说，只有起得早、选的好，才能卖的多、卖的好。比这些水果蔬菜商贩起的稍晚点，五六点左右经营早餐的商铺——卖米线的、卖包子的人起床开始忙碌地准备。七八点左右上班族、走读生、送孩子上学的人走出家门。七点半左右的十字路口是最繁忙的，"朝九晚五"的人便在这个时候开始忙碌起来。人们外露着各种不同的表情，各种交通工具奔忙着。不在家里吃早餐的，便去米线馆"甩"一碗米线，或者经过卖豆浆油条或包子铺时，顺手"拎"几个就走。这时无论是米线店铺内抑或被认可的早餐铺前，都拥挤着不少人。米线店里除了笼罩着的热气和弥漫着的汤香外，还有阵阵吃米线的"呲溜"声。

学生是这个城市里铁定被归为"忙碌"着的人群，从幼儿园到高中，他们都很忙。走读的初高中生每天早上六点左右骑着电动车奔赴学校，晚上十点半晚自习后大抵才能回家，这些学生大多是建水一中、建民中学和建水六中的走读生，大多是城区或者周边邻近村落的。幼儿园的小孩们也是很忙的，他们与上班族、青少年共同造就了早上七点半拥挤的十字路口。被送往幼儿园的孩童们有的哭着，有的稚嫩的小脸上睡眼惺忪，有的一只手被家长牵着一只手拿着手机刷着抖音，手机里的"欢快"连路人都能感觉到。这些祖国的"花朵"，每天七点半左右被送进幼儿园，下午五点半被陆续接回家，在被"送进"幼儿园的这段时间里，"神兽"被老师们接管，家长得以"自由"。

无论是忙碌的人抑或整天看似"游手好闲"的人，他们共同构成了这座城市的日常，每个人都在自己的"位置"以自己的节奏过着每一天。有些人为了生活可以在凌晨三四点起床，有的人则一觉睡到上午九十点起床，一碗米线下肚，在东门涵洞里一坐就到下午三四点，然后再去吃一碗米线，回家休息好后，晚上出门开始夜生活。古城里的店铺在晚上十点半开始陆续关门，雨天十一点后的古城街道，只有阑珊的灯火和个别行色匆忙的人。开街于2015年9月26日的紫陶街是夜生活的主战场，在这条街上，各种各样的小吃摊、小商品摊林立，每天下午三点左右铺面陆续营业，一直持续到晚上两三点，每逢假期、节假日这里是最热闹的。紫陶街与其他街上的烧烤摊把这座城市的夜生活推向高潮，使得乍一感觉这座城市的人是"白天甩着大碗米线，晚上围着烧烤摊"。

当田野调查拉开序幕后，在近两年的时间里，我漫步在这座城市的每条街道，穿行在不同群体之间，偶尔也在烧烤摊前坐一坐，改善下生活，与被研究者同在共为的日常生活也成了我的一部分。2019年9月28日，我第一次参与了建水文庙丁祭祀典活动，之后的2020年、2021年和2022年我都参与其中，四次的参与观察加之每逢节假日的"展演"，为我的参与观察和对仪式的描述提供了有利条件。不仅如此，每一次的庆典和展演活动，都为我适时地进行访谈提供了场域。在这种场合下，可以遇到不同角色的访谈对象，可以根据仪式的进展应景发问、详细记录。就这样除了几乎每天的穿梭、观察和访谈外，我还每个月抽出固定时间阅读，去当地的书店和图书馆查阅资料也成了我田野生活中的一部分。同时我还借助微信等社交软件和平台，收集一些数据资料。借助这些平台，实时掌握田野点发生的一些与研究相关的活动及其流程。虽然并没有每天都在访谈，但每天总会写下那么一段话，或者整理录音，或者摘录查阅的资料，就这样为田野的每一天做"结"。就我的论文而言，古籍文献中的资料占有一定的比重，查找文献、解读资料成了我的必修课。我未接受过历史学的专门训练，因此在面对没有标点符号的史志以及古文献时，难免捉襟见肘，往往几百字，也要耗费大半天时间。但在多次的阅读和反复的磨炼中，我也掌握了一些技巧，借助字典、寻求历史学专业朋友的帮助和电子设备，也渐从卷帙浩繁的古籍中寻找到了自己所需的材料。我在论文中也使用了地方学者收集的资料，尽管有些材料的解读可能不尽人意，但史志资料和文献都是我自己努力的成果。

此外，在建水这座小城里，不仅有着全国第二大的文庙，而且有许多古建筑，因此被冠以"古建筑博物馆"和"民居博物馆"的美誉，这些肉眼可及的每一座建筑就像一本书，在讲述自身生命史的同时，把地方与之勾连。每天穿梭在这些建筑群体之间时，也能从中倾听一些"故事"，然后顺着这些故事，在故纸堆里，重新体悟这座城市的人文底蕴。面对一通通碑刻时，驻足抄录成为一种"功夫"，百字左右的碑文有时要花费整整一个下午。碑刻中异样的字体是古人对书写美观的追求，但却给后来者的我造成了极大的困扰。有时为了确认一个字，求助史学朋友外，更多的还要查找书法字典，以此反复搞定一通碑刻。借着这些契机，在对文献资料的运用上，除将一些史料回归典籍外，我也选择性地使用了一些地方学者著述的内部资料（尽管之前的研究者并未这样做），以及一些"来源"于史料又超越史料的诸如"文旅"类读本。这类"资料"在史学出身的人看来，也许"不入流"抑或"不可信"，但当人类学家在田野中做调查，访谈时所得来的资料，又有哪些是完全可信的？也许每一个被访者身后都有一个克鲁伯（A. R. Kroeber）①，对于普罗大众而言，这些地方学者又何尝不是他们的"克鲁伯"。当我们用"访谈资料"书写出偌大的篇幅，我们又有什么理由置地方学者的研究于不顾，抑或明显在引用这些著作，却凭借"内部资料"之便利做高尚的"窃取"之事。面对这种困境时，我选择性地使用这些资料，并作为引用资料处理。

五 研究思路

费孝通先生曾言及中国社会是乡土性的，"侍候庄稼的老农也因之像是半身插入了土里"，因而他们有着牢固的乡土情结，只要没有外因的影响，他们是不会轻易离开故土的。但同样的，中国社会某种程度上也是流动性的。纵观中国历史，大的人口迁徙不在少数，且由于历经各朝代统治，朝代的更迭、起义战乱，使得人们不得不离开故土，寻找其他的安身之所，虽然安稳的时间久于动乱，但因动乱而引发的迁徙是一种"常态"。过去对移民问题的研究，

---

① 乔健：《漂泊中的永恒：人类学田野调查笔记》，山东画报出版社1999年版，第3—4页。克鲁伯的故事是对人类学家的调侃，"美国早期人类学家克鲁伯写过许多有关印第安人的报告，有一次他又到一个印第安人家中去访问，问一个报道人问题时，那人总是要回到房间去一会儿再出来回答，克鲁伯很奇怪，问他是不是到房间去转问他母亲，那印第安人答说是去翻阅一个人类学家克鲁伯的报告，以免把自己的风俗说错了"。

侧重点在于验证和批判一些西方学者研究移民问题的理论和移民影响等,虽有对儒学问题的研究,但毕竟是极少数,对西南地区移民和儒学问题的讨论更是屈指可数。在这种情况下,开展本研究具有一定的学术价值。加之建水地处滇南,为"边徼之地",却拥有"号称"全国"第二大"文庙(仅次于山东曲阜文庙),该文庙修建时间相对较早,保存完好,为进一步研究提供了物质基础。此外建水地区自元明以降,在科举考试中,中第者众多,曾一度有"临半榜"之称,这些都值得进一步深入研究。基于此,本书以历史时期的临安府文庙(当下的建水文庙)为主题,用历史人类学的方法,来看儒学教化在建水地区的传播过程和实践路径。

本书从人(移民和土著)和物(文庙等其他教育机构)、国家(中央王朝)和地方(建水)、文化(儒学教化)和宗教(神灵)的互动关系等多个层面,来讨论儒学教化在建水地区的实践过程,继而讨论儒学教化作为中央王朝治理边疆策略的可能性。在行文逻辑上,我先通过对建水历史时期的地名进行叙述,在历史脉络中呈现建水城的发展轨迹,通过对历史场景和背景的交代,借以梳理"故事"发生的情境。紧接着,以建水城市空间建设的历史发展和场景为基础,对建水地区的人群进行呈现,将元代以前建水地区的住民视为土著,元以降大量移民进入建水地区,他们和土著群体一道,作为城市发展的建设者和主导者,参与儒学教化和地方社会发展的整个序列中。因此在论述中,将其放置在第二部分。文庙作为本书的主题,既是物质实体也是王朝国家的隐喻,与社学、义学和私塾等教育机构,一道推行儒学教化,推动边地科举的发展和社会文化的变迁。作为本书的重点,在叙述中我主要通过对文庙的修建历程、建筑本身、景观和植物等的地方叙事,来看文庙的教化内涵,重在从文庙本身的空间景观、祭祀仪式和礼俗方面加以具显。作为第三章的延续,第四章重在梳理建水历史时期的教育机构,并通过教育机构的发展来看科举的发展。在对教育空间讨论的同时,纳入地方精英与社会互动的讨论,来看儒学教化的多层面向。在文庙等教育空间发展、科举的发展中,移民和土著参与其中,他们作为教化的接受者、实践者和推行者，共同为儒学教化的在地化发挥作用。在这一过程中，儒学教化对群体产生影响的同时，也影响着地方宗教。地方宗教的多样性和多元性，某种程度上也是对多群体性的写照，因此，在第五章中，纳入对地方宗教的讨论和分析。宗教是理解地方社会的窗口，通过对地方宗教的讨论，可以进一步理解人的宇宙观，以及在地方宗教的多重实践中，管窥儒学与民间信仰的内在关联性。儒学某种程度上也被视为"儒教"，对地方宗教的讨论某种程度上也是对儒学教化的延伸。

　　基于此，本书试图通过对移民、文庙等教育机构、科举实践和地方宗教的分析，来看儒学教化对地方社会的形塑。元以降，中央王朝对建水地区的治理，实则是对整个云南地区，乃至整个西南地区治理的一个缩影。建水只是一个个案，对建水地区移民和儒学教化的初探，实则为其他地区的研究提供了视角和方法。

第一章

历史场景——从步头到建水的发展史

"当我们面对城市时,我们面对的是一种生命,一种最为复杂、最为旺盛的生命。"① 城市并不只是我们目之所及,而且还有着与我们一般的"生命",只是它的生命更久远些。城的生命,展现的是一幅又一幅的历史场景,不同时代的人们在这幅巨著上留痕。在面对这种从历史中走来的"古城"时,唯有小心翼翼地"观看",透过一个个地名、一串串文字和一个个唯美的故事,去了解它,去接近它,去体悟它,才能从中窥见这种"生命"。

建水县隶属红河哈尼族彝族自治州,地处云南省东南部、红河(又称元江、礼杜江)中游北岸,蒙(自)宝(秀)铁路中段,滇东高原南缘,面积3789平方千米,地处地理坐标北纬23°12′18″—24°10′32″,东经102°33′18″—103°11′42″之间。县城东与弥勒市、开远市和个旧市相接,南隔红河与元阳县相望,西与石屏县毗邻,北靠通海县、华宁县。县城北距省会昆明210千米。② 地势南高北低,由西向东倾斜,县城位于建水"坝子"中。《元史·地理志》载:"建水州,下。在本路之南。近接交趾,为云南之极。治故建水城,唐元和间蒙氏所筑,古称步头,亦云巴甸。每秋夏溪水涨溢如海,夷谓海为惠,历为大,故名惠历,汉语

---

① [加]简·雅各布斯:《美国大城市的死与生》,金衡山译,译林出版社2006年版,第341页。
② 云南省建水县地方志编纂委员会编:《建水县志:简本》,方志出版社1991年版,第39页。

曰建水。"①《云南通志》载建水"三代时为句町国，汉置句町县属牂牁郡，蜀汉属兴古郡，晋二郡俱属宁州，唐为羁縻牂牁州，地属黔州都督府。天宝末，没于南诏置通海郡都督府。宋初大理段氏改为通海节度，寻改秀山郡，后复为通海郡阿僰部蛮居之。元宪宗时，内附置阿僰部万户，至元初改置南路总管府，寻改临安路，属临安广西元江等处宣慰司。皇明洪武中改为临安府，领州四县四长官司九"②。康熙《建水州志》较《云南通志》详细记载了建水的历史沿革：

（建水）唐虞时为南交昧谷之交。夏商时为梁州域。周时合梁于雍，名牂牁国，自楚庄蹻略地，王滇始。战国时属楚。汉时置益州郡，又设昀町县，隶牂牁郡。蜀汉置兴古郡，昀町属之。晋时亦属兴古郡，又属宁州。唐时或为羁縻䥥州，或为乌麽蛮地，属黔州都督府，天宝末南诏窃据，置通海郡都督府，立建水县。五代，时有大理段氏设通海节度，寻改秀山郡，后复为通海郡，建水属之。地接交阯，为云南极边治。建水城古称步头，亦云巴甸，元和间蒙氏始成之。每夏秋涨溢如海，彝谓海为惠䱺，汉语曰建水，历郑赵杨段皆仍旧名。宋时为些麽蛮酋历所据，未附中国，统于段氏。元初滇内附，置建水千户，属阿僰万户，至元中改建水州，属临安路。明初，州志附郭，辖曲江驿，箐口关巡检司编入东西南北，与府辖州县接连纵横，……，直抵五邦，与交人共江流之险矣。洪武十五年傅友德、沐英定云南，总兵金朝兴平临安。洪武二十年指挥万中创建城池官署，历二百五十余年，国安民阜。③

---

① 《元史》卷六一《地理志四》，中华书局2013年版，第1477页。
② （明）李中溪纂修：《云南通志》卷之二《地理四十·四十一》，详见林超民等编《中国西南文献丛书·第一辑·西南稀见方志文献第二十一卷》，兰州大学出版社2003年版，第56—57页。
③ （清）陈肇奎、（清）叶渷纂修：《康熙建水州志》，详见《北京图书馆古籍珍本丛刊》（45），史部·地理类，书目文献出版社1987年版，第659页。

《民国续修建水县志稿》更是明确指出"建水自汉武设益郡，而贲古、畇町遂为列县后，自蜀汉迄晋历五代至唐皆因之。惟或属兴古，或属梁水，或改属戎州都督府，不能无异。元和间南蒙窃据，筑惠㼐城于巴甸，译为建水，因以得名。阅两爨六诏，内附于元，始置千户隶万户府。至元十三年改建水州，隶临安路。明洪武十五年改路为府，旧有土城，二十年宣宁侯金朝兴檄指挥万中拓地改建砖城"①。这些史料中的简单勾勒，虽然记述的侧重点不一，但综合来看，建水在历史沿革中，曾以不同的身姿出现在历史舞台上，元代以前记载相对模糊，其部分的称谓和所指也存有争议。但元代以降却发生了巨大变化，在地名趋于稳定和史料记载渐趋一致的同时，建水地区的地位也日益重要。基于此，根据其不同历史阶段的称谓，大致可以把建水的早期历史，以"内附元朝"作为界限，划分为前后两个时期，并根据史料考证其不同时段的称谓。元以前，建水有着步头、巴甸、惠历之称，这些称谓虽然有着文字记载，但在正史中，建水的"归属"依旧是模糊的。元以降的名称，在延续传统称谓的同时，在王朝国家的治理下，建水地区的优势日益凸显，一度发展成滇南重镇。

第一节　多重奏的地方史——步头、惠历和巴甸的由来

一　王朝的渡口——步头

中国古人对地理方位有着相对明确的认知，不同历史时期，作为统治者总会运用各种方式，对自己所辖的区域进行确认，宣示权力。从而将山河与百姓一同纳入统治范围内，使得天上地下都有"归属"，都"一统"于王朝体系。云南也正是在统一进程和"大一统"理念下，成为王朝国家不可或缺的一部分。史载在唐尧、颛顼所建九州之

---

① 丁国梁修，梁家荣纂：《民国续修建水县志稿》，详见《中国地方志集成·云南府县志辑》第56册，凤凰出版社、上海书店出版社、巴蜀书社2009年版，第67页。

际，地处西南之地的云南归属梁州，到了春秋时期，"百濮与庸伐楚，百濮随糜人伐楚，楚顷襄王使庄蹻将兵循江上略巴蜀、黔中以西，蹻至滇池以兵威，略定属楚。欲归报，会秦击楚，巴黔道塞因远，以其众王滇"①。地方史从唐尧追溯，便是对"天下一统"的追认，这种记述不局限在云南，也相应出现在其他地方史志中。在这漫长的历史过程中，建水的归属也发生着变化，唐虞之时为"南交昧谷之交"，夏商时则为梁州域，周时期"合梁于雍"，到了战国时期，庄蹻使滇，则属楚，为句町国所辖。②而"临安立国昀町，仅一见汉书，其后或隶秀山，或属兴古，俱未能确指其所以然"③。丁炜曾赋诗曰"昀町旧国枕山开，纵目凭高客思哀"④。在这里，丁炜显然认为，建水古时就是"句町"所在之地。

此外，在史料中，对"句町"的记载也相对较多。《华阳国志·南中志》载："句町县，故句町王国名也。其置自濮，王姓毋，汉时受封迄今。"⑤《汉书·地理志》载："句町，文象水东至增食入郁。又有卢唯水、来细水、伐水。"⑥《续汉书·郡国志》在句町中注"《地道记》有文众水"⑦。后来学者们通过对水系和地理位置的具体考证，指出"西汉于句町部落所在地设句町县。《汉书·地理志》，句町县有文象水、卢唯水、来细水、伐水。即今广西右江上游的西洋江、驮娘江诸水。句町部落在今云南文山州东部的广南、富宁二

---

① （清）范承勋、王继文、吴自肃、丁炜编纂：《康熙云南通志》卷三，阳明文库图书，康熙三十年（1691）刊本，第3页；（清）范承勋等编纂：《康熙云南通志》，凤凰出版社编选《中国地方志集成·云南省志辑》1，上海书店、巴蜀书社2009年版，第61页。

② （清）范承勋、王继文、吴自肃、丁炜编纂：《康熙云南通志》，阳明文库图书，卷之四，康熙三十年（1691）刊本，第13—15页。

③ （清）江濬源修，（清）罗惠恩等纂：《嘉庆临安府志》，详见《中国地方志集成·云南府县志辑》第47册，凤凰出版社、上海书店出版社、巴蜀书社2009年版，第5页。

④ （清）江濬源修，（清）罗惠恩等纂：《嘉庆临安府志》，详见《中国地方志集成·云南府县志辑》第47册，凤凰出版社、上海书店出版社、巴蜀书社2009年版，第376页。

⑤ 刘晓东等点校：《二十五别史·华阳国志（九家旧晋书辑本）》卷四《南中志》，齐鲁书社2000年版，第59页。

⑥ 《汉书》卷二八《地理志第八上》，中华书局1965年版，第1602页。

⑦ 钱林书编著：《续汉书郡国志汇释》，安徽教育出版社2007年版，第313页。

县及广西百色地区一带"①。根据尤中的考证，建水地区则不在此范围之内。与尤中不同的是，曹春林认为，"昫町，故县在通海县，史称汉地。南至于牂牁、步头。步头，今建水州也，步水浦也，言水浦之头，其意指牂牁江源，而言牂牁郡之为临安郡无疑"②。由此可见，建水"三代时"的历史，某种程度上是模糊的，这种模糊性不仅与人们的认知观念有联系，而且与地理方位随着朝代更迭的变化有着密切关系。虽然学者之间的考证存在差异，但历代有关建水的史志资料中，却保留了"三代时为句町国"这一记述，研究者彼此之间的差别和争议，侧面反映出这一地区的重要性，彰显了其在历史中的"地位"。

到了秦时，秦始皇"六合一统"后加强对西南地区的治理，"秦使常頞略通五尺道置史"。将西南地区纳入统治版图。到了"汉武帝元光五年正月通西南彝初，建元六年壬秋讨东越使番阳，令唐蒙风晓南越，南越食蒙以蒟酱，问所从来，曰到西北牂牁江"③。这一时期的建水归属于牂牁郡，受益州郡的辖制。蜀汉时期为兴古郡所辖，到了晋时期，则属宁州。唐时为"羁縻牂牁地"。"《汉书》益州二十四县……贲古（建水）。牂牁十七县……昫町（临安）。"④考牂牁郡，其"东部为姑且兰县。牂牁郡的北部是鳖县。牂牁郡的东南部有毋敛县。牂牁郡的西部有漏卧、同并、毋单等县。牂牁郡的西南部有句町、都梦、西随等县。从上述西汉时期设置的牂牁郡的四至范围可以看出，夜郎部落联盟集体的地域范围是：东起今贵州省黄平县一带；西北至今贵州省毕节县；西至今云南省罗平、路南、弥勒及华宁以东；北有今贵州遵义；东南包括都江上游地带；

---

① 尤中：《尤中文集》第2卷，云南大学出版社2009年版，第575页。
② （清）曹春林编：《滇南杂志》卷三，清嘉庆十五年刊本影印，华文书局股份有限公司印行，申报馆仿袖珍板印，页五。
③ （清）范承勋、王继文、吴自肃、丁炜编纂：《康熙云南通志》，阳明文库图书，康熙三十年（1691）刊本，第12、61—62页。
④ （清）江濬源修，（清）罗惠恩等纂：《嘉庆临安府志》，详见《中国地方志集成·云南府县志辑》第47册，凤凰出版社、上海书店出版社、巴蜀书社2009年版，第384页。

西南经今广西右江上游过云南文山而达红河州东南"①。依此范围，秦汉以降建水地区恰在牂牁郡的辖制范围内。

到了"隋高祖时，两爨兴，分标异帜，自曲靖西南至和龙城为西爨，自弥鹿（广西州）南至步头（建水）为东爨"②。唐朝时期，建水"为乌麽蛮地，古称步头"③。这一时期，云南地区的氏族大姓——爨氏势力更盛。唐朝一方面为了通安南，一方面想"控扼"两爨，"唐始重定南进政策，以开（步头）路筑（安宁）城为主，打通滇东南之窒碍，加强戎州与安南之联系，形成对两爨之南北控扼。步头路固属新辟，而安宁县武德初已建置，朱灵倩筑安宁城乃系扩建旧城址，使之成为滇东之一政治军事中心，'安宁雄镇，诸爨要冲'"④。于是唐朝在天宝四载（745）便开通了"步头路"（见图1-1、图1-2）。当时，"剑南节度使章仇兼琼派遣越嶲都督朱灵倩到云南筑安宁城，开步头路（由云南通过建水阿土，再由红河水路通向安南的道路），建水即成为滇南的交通要冲"⑤。还有史料记载，这一时期，从云南到安南主要有两条通道，一是由步头路经安宁、元江、河口到安南；二是从昆明（柘东城）由通海路经建水、蒙自、屏边、河口等地到安南。⑥而"步头"则成为唐时建水的称呼。因唐时，南诏作为云南地区的实际统属者，与唐王朝之间存在微妙关系，作为"步头路"上的建水，则成为唐朝和南诏之间的"博弈"之地。

---

① 尤中编著：《西南民族史论著》，云南民族出版社1982年版，第73—74页。
② （清）江濬源修，（清）罗惠恩等纂：《嘉庆临安府志》，详见《中国地方志集成·云南府县志辑》第47册，凤凰出版社、上海书店出版社、巴蜀书社2009年版，第37页。
③ （清）师范纂：《滇系（四册）》第一卷《二疆域》，清嘉庆十三年修光绪十二年重刊（影印），《中国方志丛书》第139号，台北：成文出版社1969年版，第58页。
④ （唐）樊绰著，赵吕甫校释：《云南志校释》，中国社会科学出版社1985年版，第134页。
⑤ 云南建水县志编纂办公室编印：《建水古今（第三辑）》，1993年9月，内部资料，第1页。
⑥ 申旭：《云南移民与古道研究》，云南人民出版社2012年版，第127页。

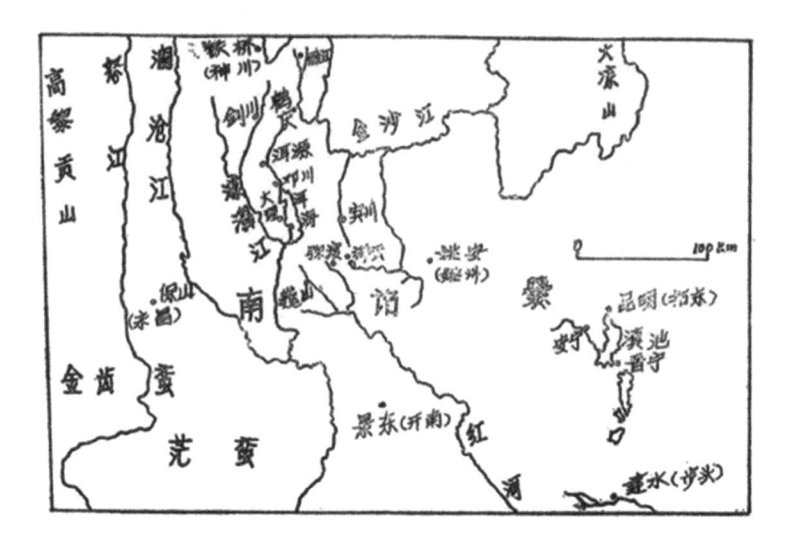

图 1-1　唐代初期的西部边疆，
来源于《云南通史·第三卷》，第 45 页。

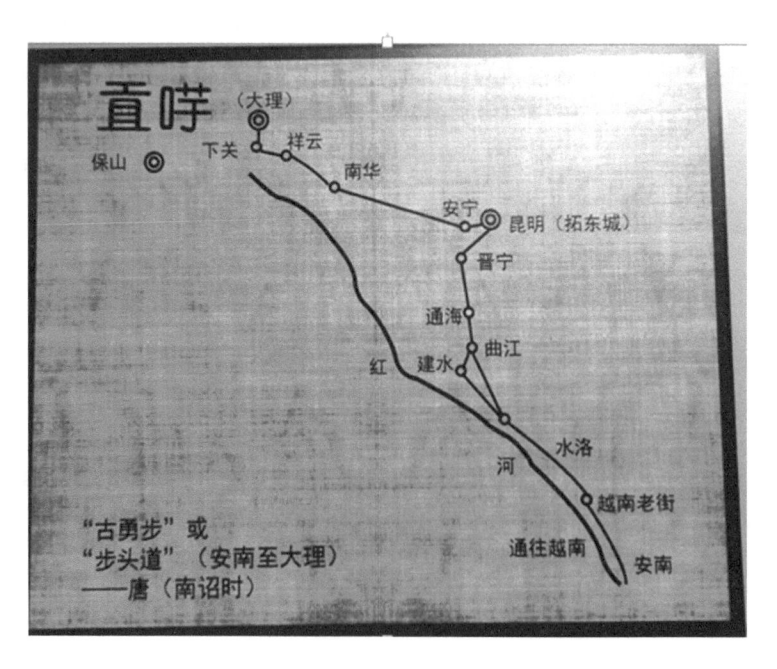

图 1-2　唐（南诏时）"古勇步"或"步头路"，
2020 年 8 月 28 日拍摄于建水县博物馆内

两爨兴盛后范围有所扩大,此时的建水归属于东爨还是西爨是存异的。樊绰指出"西爨,白蛮也。东爨,乌蛮也。……在曲靖州、弥鹿川、升麻川,南至步头,谓之东爨,风俗名爨也"①。在这里,"步头"属于东爨,江濬源在纂修《嘉庆临安府志》沿用此观点。在《云南通史》中则将建水纳入了西爨的范围,指出"西爨的地域,为初唐时的南宁州、昆州、黎州、归州、潘州、威州、求州、升麻、螺山以及僚子、和蛮之地,相当于今云南的滇池地区、曲靖地区、楚雄州东部、红河州、文山州等地"②。虽然这一时期建水的归属记载有异,相比之下,樊绰的记载更早可能更贴近历史,但作为一种"书写"的文本,其本身承载着书写者个人的意向,樊绰将步头划分在东爨的范畴,也有其考量。但前后不同的记载之间并不矛盾,反而佐证了建水地区地处两爨的"中间"位置,是"中间地带",因此才能成为唐朝"控扼"两爨的"要冲"。

唐时,随着步头路的开辟,建水便有了"步头"的称呼,但学者们认为"步头"实则不在建水。方国瑜根据地理情况及历史实际进行了考订,认为步头在今天的元江,而非建水。并进一步认为,《元史·地理志》建水州"古称步头"之说不可从,亦非确切。方国瑜持此观点的理由是认为,步头以水边上下船之处得名,随处可有,不限于一地。而且《元史·地理志》中对建水州的描述则说明建水地区的溪流排泄量小,在未疏浚之前,雨季泛滥为水乡,居民以舟往来集会之处,有渡船上下,称为步头,后筑城于此,故《元史·地理志》有"古称步头"之说,步头与其来源可能如此。③ 尤中则认为"唐代的步头在元代的建水州境内。今公路由通海南下,经建水城而达红河北岸,有地名阿土。在阿土坐船顺红河而下即至今河口;又自阿土沿红河北岸而行的今公路亦可直达河口,与自河

---

① (唐)樊绰著,赵吕甫校释:《云南志校释》,中国社会科学出版社1985年版,第127页。

② 何耀华总主编,林超民、段玉明主编:《云南通史·第三卷》,中国社会科学出版社2011年版,第10页。

③ 方国瑜:《方国瑜文集·第2辑》,云南教育出版社2001年版,第676页。

口由屏边北上的今公路线不同。今建水南部红河北岸的阿土，正是唐朝天宝五年、六年所开发的'步头'"①。王树五在论证建水地名时，则根据"惠历城"修筑时的情况，结合建水当时的自然生态环境、水域等的情况，对此进行了说明，指出建水为步头，意即水陆交会之处，和"水城"之义相通。②通过对比方国瑜、尤中和王树五的研究，可以看到在地理范围的考证上，步头的位置存异，但可以肯定的是其在建水范围之内。同时这些考证也侧面呈现了唐南诏时期，建水地区是一片水域或"水陆交会"之处，而非当下的自然形貌。而唐时的建水是一座水城，"步头"作为王朝的"渡口"，以一个小埠的姿态出现在历史舞台上，随即发展成控扼的锁钥，被载入正史中。这就启示我们，当面对一个地方时，当文字的记载和现状有出入时，要考虑到自然形貌沧海桑田的变化。在面对具体问题时，更应将其置于具体时段和具体的背景中，而非将其抽离。

二 "夷人"的家园——惠历

唐朝时期，步头路的开辟，使建水地区的重要地位首次在历史舞台上得以彰显，唐朝于天宝八载（749）和天宝十载（751）由步头路进入云南，讨伐南诏，"步头"成为通安南的"通道"和军事要道。这一时期，分布在洱海地区的"六诏"逐渐统一，"天宝初，越嶲都督朱灵倩置府东爨，通安南，因开步头，筑安宁城。赋役繁重，群蛮作乱，攻陷安宁。初，群蛮陷安宁，唐发兵南诏，命南诏皮罗阁合并击平之。九载，南诏益强，诸爨微弱，寇陷姚州，遂攻安宁。会鲜于仲通将兵南讨，乃解围去。及仲通败，遂取安宁。未几，败没，安宁遂没于南诏"③。两爨势力衰微之际，南诏借机兴起。在唐朝天宝年间，与唐朝之间发生正面战争，唐朝战败。在这

---

① 尤中：《尤中文集》第 5 卷，云南大学出版社 2009 年版，第 397 页。
② 王树五：《云南地名研究举隅》，详见《云南省历史研究所研究集刊》1984 年第 1 期，第 297 页。
③ 王叔武辑著：《云南古佚书钞（增订本）》，云南人民出版社 1996 年版，第 105 页。

种情况下，建水地区也被南诏所“窃据”，将其纳入势力范围。南诏在通海设置了通海郡都督府，加强对滇南地区的管理。到了唐元和二年（807）时，作为地方政权的南诏，为加强向滇东南的扩展，在建水地区开始筑城，并命为“惠历”。此后，惠历成为建水的称谓之一，汉语则意为建水，建通瀽，有倾倒之意，建水也可理解为倾倒水，排泄洪涝之水。[①] 惠历古城则成为当时通海郡所辖之县。南诏先后在唐咸通元和元年（860）和三年（862），两次经过步头路攻打安南地区。[②] 由此可见，这一时期的建水已经有了城池的雏形，后来明代在该处修建城池南移府治，某种程度上也与之有关联。

在建水地区，还流行着“有建水无澂江，有澂江无建水”的说法。“据说很久以前，我们这点（这个地方）是一片大海，水很多的，后来在颜洞那点（那里）开了个口子，水就流到澂江去了。”[③] 这种口耳相传的“传说”，似乎简略了许多。以文本形式存在的《建水故事·传说篇》中对于“有建水无澂江”的说法，有着更生动的记载。[④] 无独有偶，在金鸡寨的传说中，同样用神话的故事，讲述了建水地区可以形成湖泊的事情。据说“曾经在颜洞附近住着一个类似于水怪的‘搅沙龙’，它想把颜洞口堵塞，然后把建水变成一片汪洋大海，所以搅沙龙请来了地府里的‘八大地脚神’，并唆使让其在二更时去山尖山上抬一块五方五丈的石头，把颜洞口堵住。它们的密谋被路过的金大妈听到了，金大妈为了能让全体百姓免遭苦难，所以在当夜三更时，金大妈听到风一般的‘呼呼呼’喘气声，便看到了八大地脚神，于是金大妈一边用簸箕拍出‘乒乒乒’声，一边学公鸡‘咕咕’叫，八大地脚神误以为天亮了，就赶紧把石头扔下，独自逃跑了，因为如果天亮了八大地脚神还没回地

---

① 武德忠：《惠历之水》，德宏民族出版社 2010 年版，第 81 页。

② 云南建水县志编纂办公室编印：《建水古今（第三辑）》，1993 年 9 月，内部资料，第 1 页。

③ 访谈时间：2019 年 10 月 2 日；访谈对象：沙××，男，56 岁；地点：建水孔子文化广场。

④ 张绍碧主编：《建水故事·传说篇》，光明日报出版社 2003 年版，第 130—132 页。

府的话，就会变成石头。这位机智的金大妈，才使得颜洞没有被堵，建水也没有成为大海"①。

在这则故事中，金大妈用自己的智慧拯救了"建水"，神话故事被赋予"母题"之上，在解释建水缘何未成"海子"的同时，也透视着这一时期妇女在社会中扮演的角色和地位。神话故事中人物形象和性别的出现，并非只是一种"巧合"，某种程度上也是对当时社会境况的反映。虽然这则故事是神话传说，但神话也是一种集体记忆②，能够对史料做出适当补充。透过这则故事，可以推测如果颜洞被堵，建水地区就会成为"海子"。结合唐时期的建水生境，则会有另一个故事出现，即正是因为颜洞开致使水泄，才出现了建水坝子。一直到清代时，作为云贵总督的鄂尔泰还参与了疏浚颜洞，治理建水地区水患的工程。③ 据《滇系》载"建水在府城东，广五亩，今埋塞过半。元志建水城，每秋夏之间，溪水涨溢如海，夷谓海为惠历，故以惠麽名城，盖即此水也"④。《嘉庆临安府志》在其卷五《山川志》中，对其进行了进一步说明。从这些史料记载中可知，唐南诏时期，作为河流名的"建水"，其水量是巨大的。虽然在当下的建水，泸江、塌冲河、沙拉河等水量并不大，见不到《元史》中的"涨溢如海"，但随处可见、历经百年未曾干涸的古井，也足以说明该地区地下水源的丰沛。

此外，从语言上进行考证，"惠历"一词系"蛮云"，即夷语，"又云尼郎，汉云大海，又云输依"⑤。"夷谓海为惠，大为

---

① 根据 2019 年 10 月 2 日，访谈录音整理，并结合武德忠《惠历之水》和《建水故事·风物篇》所得。
② 汤芸：《以山川为盟：黔中文化接触中的地景、传闻与历史感》，民族出版社 2008 年版，第 85 页。
③ 建水文博馆、临安府署等地方，都对鄂尔泰治理水患问题进行了记述和宣传，史料中对此也有相关记载。
④ （清）师范纂：《滇系（四册）》卷五之二《山川》，清嘉庆十三年修光绪十二年重刊（影印），《中国方志丛书》第 139 号，台北：成文出版社 1969 年版，第 249 页。
⑤ （明）郑颙修，（明）陈文纂：《云南图经志》，详见林超民等编《中国西南文献丛书·第一辑·西南稀见方志文献》第二十一卷，兰州大学出版社 2003 年版，第 175 页。

剧，故名惠剧"，所谓的"海"其实就是较大的湖泊，这种称谓习惯一直延续至今（如大理洱海）。白旺成结合惠历出现的历史背景，认为这一时期居住在建水地区的人群为彝族，应该用彝语对其进行考证。即"'惠历'是'嘿哀历'之讹音。'嘿'为海，'哀'为大，'历'为街、集市。'嘿哀历'为'大海街'，即'水城'之同义语"①。根据这种考证，或许可以说，唐南诏在此筑城时，建水是一个"水城"，所筑的"城"相当于一个"码头"、一个"埠"。这种从彝语中所做的考证，虽然有附会②之嫌，但结合历史背景，也有可取之处，从语言学的角度，给予惠历一种新的阐释。无独有偶的是，关于"惠历"的历史记述也被记载在彝族毕摩保存的彝文古籍中，在这些彝文古籍中，惠历城被写成"赫埃""赫里""赫罗"。关于"赫埃"，彝族先民在其《诺依提·柏朵咪朵》（《讲古今·地理志》）③中记载了早期建水地区的地理样貌，对建水地区"涨溢如海"有着详细的记载。彝文典籍中记载道：

  建水坝四方，周围都是山。流水无出处，涨溢成海子。山上长树木，树木绿葱葱。山下长青草，芳草绿茵茵。那里放牛羊，牛羊肥又壮。建水坝子里，坝里的海水。到了春天呢，清亮亮的呃。到了夏天呢，满澄澄的呃。那里产银鱼，那里产金鱼，那里产青鱼，鱼儿鲜又肥。建水坝子里，坝里海子畔，都是田和地。田地种五谷，谷穗黄澄澄，植丧呃养蚕，蚕丝织绸

---

① 云南建水县志编纂办公室编印：《建水古今（第三辑）》，1993年9月，内部资料，第122页。

② 刘志伟：《附会、传说与历史真实——珠江三角洲族谱中宗族历史的叙事结构及其意义》，载于王鹤鸣等主编《中国谱牒研究——全国谱牒开发与利用学术研讨会论文集》，上海古籍出版社1999年版，第149—162页。

③ 政协建水县委员会编，汪致敏编著：《千年建水古城》，云南人民出版社2014年版，第12页。

缎。建水坝子呃，夷人的家园。①

这段古彝文的记载，对建水早期的环境和物产进行了描述，虽然里面有些内容可能有夸大甚至"附会"的成分，对于建水当时是不是"夷人的家园"不能仅凭这段记载就能佐证。这种记载有可能是后人书写的，在这里文字承载着叙述者的意志，无论是彝文还是汉文，都不能脱离书写者的意志和立场存在。但作为一种"文字记述"，对理解早期建水地区的生境，依旧有很大的帮助。从记载中可知建水是一个"坝子"，春夏会有水聚集成"海子"，周边既可以种地也可以牧牛羊，渔业丰盛。此外，彝文古籍中对惠历土城的形态也有描述，彝文古籍《里斋托》（街子篇）中有关于"赫里"的记载，说惠历土城：

很古的时候，是夷人的领地；日光照不完，月光洒不尽。东天门口处，有一个虎街。南天门口处，有一个马街。西天门口处，有一个鸡街。北天门口处，有一个牛街。那个时候呃，建水大坝子，坝内大海边，有一个街子，街名称赫里。每逢街子天，四方的夷人，携物去交易。到了后来呃，街子的周围，筑起了土墙。东边立道门，西边立道门，南边立道门，北边立道门。从此以后呢，赫里变赫罗。②

这段记述大致点出了惠历土城的方位，并对其"最初"的形态和贸易主体进行了呈现，并点出了"赫里变赫罗"。"赫罗"在彝语古经文中也有"赫简罗莫""赫埃罗莫""赫埃罗"之称③，在彝族

---

① 政协建水县委员会编，汪致敏编著：《千年建水古城》，云南人民出版社2014年版，第12—13页。
② 政协建水县委员会编，汪致敏编著：《千年建水古城》，云南人民出版社2014年版，第13—14页。
③ "赫简罗莫"意为海边的大城，"赫埃罗莫"意为建水大成，"赫埃罗"也有大建水城之意。

古经《阿哩·赫埃篇》中记载：

> 远古的时候，建水海子边，海边森林里，林里的獐麂，不是他人猎，夷人捕的呃。建水海子里，海里的鱼儿，不是他人捕，夷人捕的呃。建水坝子里，坝里的田地，不是他人拓，夷人拓的呃。建水坝子里，坝子里的城，城池何人筑，不是他人筑，夷人筑的呃。①

这些有关"惠历"城的彝文记载，在反映建水早期是一个"水城"、水边之城外，还侧面反映出这一时期建水地区的主要居住者是"夷人"，彰显了"夷人"的权力。在这里可以看到另一种有别于"国家"视角的叙事，即在王朝国家的叙事中，边地有一个不断被"纳入"、被"建构"的过程。在这一过程中，边地的开拓者、主导者是汉族群体。但在对"惠历"的叙述中，彝文中反复提及惠历是"夷人的家园"、是"夷人所筑"，他们借助"祖先的文字"记载，来论述自己是"惠历"的开拓者。这种叙事呈现出另一个主体，即在王朝叙事之外，存在另一种主体叙事，这个主体便是"夷人"。因此，对于边地的"惠历城"而言，其存在着双重叙事主体——王朝的开发叙事和土著（夷人）家园建设叙事，只是在发展后期，"夷人"淡出了舞台，成为被主导者，后来者居上的汉民族主体则成了主导者。

三 "外戚"的封地——巴甸

除步头、惠历外，建水还有"巴甸"的称谓。唐南诏蒙氏虽然在建水地区筑城，但东爨的势力还未彻底消失，这一时期，建水地区存在两股势力，一股是南诏政权，其"窃据"建水后，修建惠历古城作为其政权存在的标志；另一股是东爨统治下的巴甸大山。当

---

① 政协建水县委员会编，汪致敏编著：《千年建水古城》，云南人民出版社 2014 年版，第 14 页。

时东爨臣服于南诏,但东爨依然是建水地区的实际统治者。^① 唐末,南诏政权被汉族权臣郑买嗣夺取,南诏国被大长和国所取代,后历经赵善政的"大天兴国"和杨干贞的"大义宁国",建水地区在这一地方政权更迭中依旧保持"惠历"的旧名。到了宋代时,"宋太祖乾德三年(965),王全斌平蜀欲以兵威取滇,太祖鉴唐之祸,以玉斧画大渡河曰:此外非吾有也!于是云南不同中国"^②。在这种情况下,建水地区自然就"不同中国",在历经郑、赵、杨的政权后,成为大理段氏的辖区。

唐元和二年(807),南诏蒙氏在建水修筑的惠历城,实则是一座官方修筑的"码头",是一处"军事要地"。建水实际上还存在大面积的水域,是一座天然的"水城",可以作为军事屏障御敌于外,作为建水地区实际统治者的东爨势力爨判就驻扎在巴甸大山上。"巴甸:环抱为'巴',旱地称'放咪',水田称'甸咪',因此'甸'为水,'咪'为地,即汉语称"田",'巴甸'即为被水环抱之岛意。"^③ 爨判凭借地理位置,在此保存实力。到了南诏末期时,段思平升任通海节度使,在通海驻军镇守,段思平的外舅爨判渐发展成东爨的首领,统治巴甸大山,舅甥遥相望。当段思平做通海节度使时,云南地区的社会是极其动荡的。南诏覆灭后,历经几个短暂的"国"后,段思平于公元937年2月领导起义,推翻了杨干贞的"暴权",建立了大理国。由于建国时曾受到外舅爨判的帮扶,在大理国建立后,段思平封爨判为巴甸侯,建水一带成了爨判的封地。爨氏随即成了建水地区的实际统治者。大理国后期,爨氏势力减弱,建水渐入阿僰部落的势力范围。从史料来看,这一时期的建水地区,水域依旧占了很大面积。

---

① 武德忠:《滇南千年古城——建水》,云南教育出版社2015年版,第13页。

② (清)江濬源修,(清)罗惠恩等纂:《嘉庆临安府志》,详见《中国地方志集成·云南府县志辑》第47册,凤凰出版社、上海书店出版社、巴蜀书社2009年版,第105页。

③ 云南建水县志编纂办公室编印:《建水古今(第三辑)》,1993年9月,内部资料,第122页。

大理国末期,建水地区发生了大地震,颜洞开裂,"惠历海"水东泄,使得原本一片"汪洋"的"海子"变成了肥沃的"坝子"。正是这一次"地震"改变了建水的地貌特征,水泄后的坝子更适合人们种植和生存。史料中并未对这一时期的建水社会做更多的记载,但到了元朝时,惠历城依旧是一座土城。结合史料综合考量,唐时蒙氏所筑的惠历城并不大,只是一个小的"码头",在后期的发展中,由于地方政权的更迭,整个云南地区社会动荡,惠历城在整体建设上也没有得到显著发展。大理国时期,虽然成为爨判的封地,惠历海也在震后成了"良田",但这些发生在大理国后期,随之而来的是元代的统一。

第二节　内附的边地——元以降的临安和建水

如果视唐南诏筑惠历城为建水历史发展第一阶段——雏形期,"元跨革囊"统一云南后,建水迎来了发展期。公元1206年,成吉思汗在完成对蒙古各部的统一后,成为蒙古大汗,开始逐步实现统一,于蒙古宪宗三年即南宋宝祐元年(1253),蒙哥汗命其弟忽必烈和兀良合台统军平定云南。忽必烈率领十万大军抵达金沙江畔,"乘革囊及木伐以渡江"到达丽江,拉开了元朝征战云南的序幕。随之大理被征服,继而其他各地也相继归顺。公元1275年赛典赤·赡思丁抵滇,出任云南行中书省平章政事,至此结束了从唐末以来,云南地区不断林立的政权纷争,从制度层面上,将"云南"作为行省一级的行政单位,置于中央朝廷的管辖之下,此后云南作为中央王朝的行政单位的身份就此确立。元朝的统一,将云南再次纳入王朝版图,使"宋挥玉斧"的边徼之地,内附于"中国"。在地缘政治上来看,这一举措实则是将中国连结东南亚的"交叠地带"和"中间地带"正式纳入中国版图。虽然这一时期东南亚的交趾(越南)等,依旧与元王朝存在朝贡关系,但元时对云南的征服,彻底决定了此后云南与东南亚诸国的不同。这一"彩云之南"之地,经历庄蹻王滇、秦汉设郡、唐—南诏博弈、宋挥玉斧等诸历史阶段的"建构",终于赢得了新的名称"云南",此后的发展中,生于斯长于斯的群体,逐渐接受被"建构"的"云南人"称谓,发展成中央王朝版图中不可或缺的一部分。

随着元军对云南的征服,建水内附。元朝在建水立建水千户,仍隶阿僰万户。元至元十三年(1276)改建水千户为建水州,隶于临安路。明代将临安府治南移至建水,并在建水设州和临安卫所,予以屯兵,同时建水也是府、卫、州同治。清代在建水设立临安澄江镇总兵,统领滇南军务。乾隆三十五年(1770)改建水州为建水县。随着元代的治理,明代的发展,在明代天启年间时,建水地区已经发生了极大的变化,天启《滇志》曾描述这一时期的建水:"士秀而文,崇尚气节,民专稼穑,衣冠礼度与中州埒,号诗书郡。"嘉庆《临安府志》中更是提及"俗喜尚学,士子讲习为勤,人才蔚起,科第胜于诸郡"。从明正统七年(1442)建水县出现第一个进士起,后每次开科取士都不乏其人,明清两代,共出文武进士111名,仅次于昆明和大理,出文武举人1273名,仅次于昆明,因而有"临半榜"之称。① 到了民国元年(1912),成立了建水县议事会、县城议事会等。1949年12月18日,"边纵"十支队接管建水县城,成立建水县人民政府。

一 册封抑或攀附——临安地名的由来

元朝统一后,将统治范围划分成中书省直辖区和宣政院管辖地,以及十个行中书省,云南就是十个行中书省之一。在改用行省制的同时,元朝也沿用宋朝时期的"路","路"属于行省之下。元朝在云南设置行中书省后,在"路"下设置府、县等,建水就属于临安路,因此,从元朝开始"临安路"出现,并成为建水地区的另一称谓。《重修灵官庙复兴桥路记》载:"郡城西南五里许,襟西湖带草

---

① 云南省建水县地方志编纂委员会编:《建水县志:简本》,方志出版社1991年版,第3—4页。

海,一堤中峙,有余杭之概,说者谓临安之命名以此,然不可考矣。"① 根据这一时期元朝在建水的建置可知,建水为州,属于临安路,通海为临安路路治所在,可见,元时期的建水处于一种"尚待开发"的状态中。到了至元十七年(1280),元朝为进一步加强对建水边远少数民族地区的管理,在建水设置临安广西道宣抚司,统一管理滇南的军政事务。② 到了元至顺二年(1331)时,元朝将建水宣抚司升为宣慰司,并把临安广西元江等处宣慰司兼管军民万户府设置在建水,借以处理滇南军民实务,此举进一步提升了建水的地位,使建水成为滇南的行政中心。至于建水的"临安"称谓来源,则有多种不同说法。

公元1127年宋徽宗第九子赵构在金兵攻陷汴京后,在南京应天府(今河南商丘)即位,于1128年南逃至今浙江杭州,并将定居地命名为"临安"。"临安"取字面意思有"临时安居"之嫌,某种程度上也寄托着帝王重返旧都之希冀,但南宋很快就被元朝取代。当元代攻下南宋都城临安以后,将当时寓居临安的大批南宋臣民流放至云南,"临安"这一都城名称也被"流放"到西南边地的建水。"听老一辈说,我们这点之所以叫临安,是跟元朝蒙古人有关系的。元朝打败之前的国家(宋朝)后,把最后攻打下来的(宋朝)地方名——那个地方就有个'临安',移到了我们这点,说是故意的,是一种恶意的行为,也是一种流放。"③ 在这种叙述中,"临安"便与"流放"而来的人群相连接,被流放至此的"南宋旧民"通过地名寄托对故乡的思念,未尝不是一种可能。建水当地人在叙事中,借助历史事件,把地名的由来还原至特殊历史时期和事

---

① (清)祝宏修,(清)赵节等纂:《雍正建水州志(上下)》卷十《新增艺文》,《中国地方志集成·云南府县志辑》第55册,凤凰出版社、上海书店、巴蜀书社2009年版,第500页。

② 武德忠:《滇南千年古城——建水》,云南教育出版社2015年版,第25页。

③ 根据田野期间的访谈录音整理所得,在后文中,访谈资料所得均标注访谈时间、地点、对象,性别和年龄,其余不做特别标注,特此说明。访谈时间:2019年10月7日;访谈人:马××,男,27岁;地点:建水孔子文化广场。

件当中。在历史和民间叙事中制造"真实"性,使得临安这一地名,游移于民间叙事和历史之间,在移民和当地人之间穿梭。如果说"临安"是移民对故乡地名的留存的话,对建水地方人而言,则是借用"王朝流放"话语,来重塑地方的一种实践。

至于第二种说法,具有神话色彩。在《建水故事·风物篇中》记载了两则故事,故事一用神话的方式讲述了两个青年骑着马找"好地方"建城,后来根据"大白马"走出的地方,画出了城址,根据"临时安下来"之意,取名为临安。第二则故事讲述的是明朝时期,朱元璋授旨徐伯阳筹建临安城,讲述徐伯阳选址的经过,以及建城的经历。① 徐伯阳到底有没有来过建水,不得而知,但明朝时期,建水城由南诏所筑的惠历土城变成砖城,却是不争的事实。

1984年,王树五对临安的来历做了考证。他认为,所谓的"元置建水州,清改建水县,均取兴修水利之意。历经数百年,水患未除,水利未兴,遂改临安,意为临时苟安"②。此说似涉臆断,缺乏佐证。③ 继而指出,每个朝代开始之初,在为地方命名时都寄托着美好的愿望,而不是"临时苟安"。历代王朝都希望长治久安,因此所取的名称都是具有"祥瑞的征兆",所以临安的释义并不能视为"贬义"或"恶意"为之的结果。学者的考证固然重要,但民间的讲述也有着地方性的认知。在当地人的观念里,临安即使是被"恶意"迁移,但作为西南之地自古被视为"蛮荒""边徼"的地方而言,则是国家对地方的赞扬。当一个朝代的"都城"之名——预示着开化、繁盛之地的名称,被迁移至被视为蛮荒的边地时,无疑"扬"胜于"贬"。当这个"名字"被赋予建水时,无论是王朝的代表官方抑或当地人,都有一个接受过程,这种被"贬"的叙事,也是一种双向的阐释。一方面体现着元代对南宋的"诋毁",

---

① 张绍碧主编:《建水故事·风物篇》,光明日报出版社2003年版,第7—11页。
② 云南日报社新闻研究所编:《云南——可爱的地方》,云南人民出版社1984年版,第777页。
③ 王树五:《云南地名研究举隅》,详见《云南省历史研究所研究集刊》1984年第1期,第297页。

另一方面也反映出建水地方社会对开化、繁盛的追求。此外，由于建水地区邻近安南，取临安的名，有"威震安南"及震慑建水以南少数民族部族区域的用意。① 元朝时期，版图面积一度最大化，这种"威震"之用意，也具有解释力度。

元朝统治九十八年后，终被明朝所取代。在这近百年的征程中，云南地区一度发展，无论是在经济还是文化尤其科举方面，为明朝时期的兴盛打下了坚实的基础。② 在这九十八年的历程中，建水地区随着元朝的治理逐步发展。虽然元朝开拓了"惠历海"东泄后的建水坝子，拓展了类似于"码头"的惠历古城，但直到明代平定建水地区时，建水古城依旧是土城。明朝平定建水后，随即进行拓修，建水城得以蜕变。公元 1368 年，朱元璋在应天府（南京）建立明朝，是时云南还处在蒙古贵族梁王的统治之下，元朝的残余也试图以云南作为复元的根据地。加之明建国之初，忙于政权的巩固，无暇云南。到了洪武十四年（1381），明朝政权得以基本稳固，于该年 12 月朱元璋决定武力取滇。于是命颍川侯傅友德、永昌侯蓝玉和西平侯沐英率师三十万出兵云南，于曲靖白石江败元军。洪武十五年（1382）初云南平定，明朝在云南设立云南都指挥司和云南布政使司。明朝一改元朝的行中书省，实行省（承宣布政使司）制，将全国划分为十五个省（布政使司），云南系其中之一。在布政使司下设置府，洪武年间改路为府，并将临安府治从通海迁至建水。"建水才正式称为临安，从此有了临安的别称。"③ 虽然明朝将临安府（见图 1 - 3）治所迁至建水，使建水"正式称为临安"，但元朝时临安（如前所述）的称谓已有。明洪武十五年，随着傅友德、沐英对云南的平定，总兵金朝兴平定了临安。洪武二十年（1387），宣宁侯金朝兴檄指挥万中在建水驻扎，开始对原有的土城进行建设，用砖石替换了以前的土城。

---

① 武德忠：《滇南千年古城——建水》，云南教育出版社 2015 年版，第 43 页。
② 对于儒学和科举在元朝时期的发展，我在后面的章节中详解。
③ 曹荆、谭晓云：《南疆邹鲁——建水》，三秦出版社 2003 年版，第 17 页。

康熙《建水州志》载：

> 建水附郭，旧系土城，明洪武二十年，宣宁侯金朝兴檄指挥万中拓地，董役相地所宜，砌以砖石，周围六里，高二丈七尺。为门，东迎晖、西清远、南阜安、北永贞，各为楼三层，高八尺。东南阁为钟楼，看城小铺四十八座，北南外屏墙一座，本卫军器贮于各楼，锁钥掌于本府。各门内牌坊一座，扁一门名。成化十六年，兵备副使何纯重凿壕堑，深一丈阔一丈。二十一年，分巡佥事刘福置二太铁铳，为亭覆之。弘治元年，兵备副使谢秉中于城上，每三十步为一台，聚礌石。六年，兵备李孟旸于城墙下种树，十二年，兵备副使王一言修葺城上，壕旁各增闸，墙东西二门外，置应捕官军房各六间。正德七年，兵备副使王昊于南北二门补设应捕官军房各六间，东门又添设夜不收军房六间。嘉靖二年，兵备副使王纳诲每门置严谨门禁、盘诘奸细二牌。五年，兵备副使戴书购金鼓房十二间于东西门内，四楼俱有更鼓，铜漏则在东楼，但壕中无水。十八年，兵备副使鲍象贤欲引龙湖水环注，升任未果。东门外官厅二所，处卫经历、知事。四城内守门军房，左右各十间。至丁亥五月二十二日，流寇李定国陷城，先毁坏城楼，并永贞、阜安、清远三坊及锐亭应捕官军房一时供毁。顺治十六年冬，本朝（清）大兵入滇，贺九仪复焚西南二角钟楼而去，今应捕官军俱缺，官厅亦废。康熙四年，知府曹得爵重建北楼、钟鼓楼，并砲台十座，守备李承芳重建西楼。七年，建水州知州李灏重建南楼及东南筑城楼。①

---

① （清）陈肇奎、（清）叶涞纂修：《康熙建水州志》，详见《北京图书馆古籍珍本丛刊》(45)，史部·地理类，书目文献出版社 1987 年版，第 666—667 页。

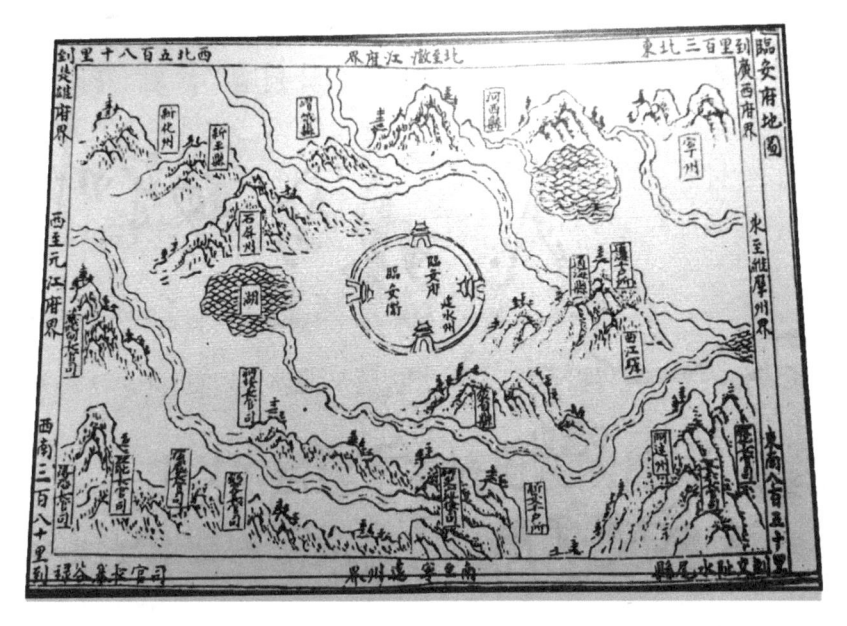

第一章　历史场景——从步头到建水的发展史 | 75

图 1-3　明临安府地图
(2020 年 8 月 28 日拍摄于建水县博物馆内)

这一记载叙述了整个建水城在明朝时期的发展历程。明朝时期，建水城从土城变成了砖石城，修建了东、西、南、北四门，四门之间"全部用军匠烧制的每块长 42 厘米、宽 20 厘米、高 12 厘米重 20 公斤的巨砖镶砌而成"[①]。四城门门洞上面"各筑有阁楼三层，高 13 米，广 20 米，俯瞰万家烟火，十分壮观。门内还筑有牌坊 1 座"[②]。城门之间用城墙连在一起，使其成为方形城池。修建好的城池，起到防御作用的同时，城市的形势和布局反映出人们的宇宙观。修建好的建水临安古城，形似方形，府署坐北朝南，作为一种观念形态的城镇，在体现方形母题的中原城镇模式的同时，具象再现封建皇权统治和礼制思想在建水地区的进一步强化。[③] 在修建城市的过程中，中国古人运用巨大的土制环状物将秩序化、神圣化了

[①] 武德忠：《滇南千年古城——建水》，云南教育出版社 2015 年版，第 25 页。
[②] 杨丰：《建水》，中国文史出版社 2005 年版，第 10 页。
[③] 曹荆、谭晓云：《南疆邹鲁——建水》，三秦出版社 2003 年版，第 24—25 页。

的世界从偶然性的世界中分离出来。①明朝对建水城的拓修，某种程度上也具备这种宇宙观特征，同时从设计到施工，大批移民也参与其中（后面章节予以叙述）。明代建水城郭已初具规模，到了清代时，经过多次修建，建水城郭（见图1-4）也日益完善，后虽经毁坏，但城址的规模和格局遗留至今。

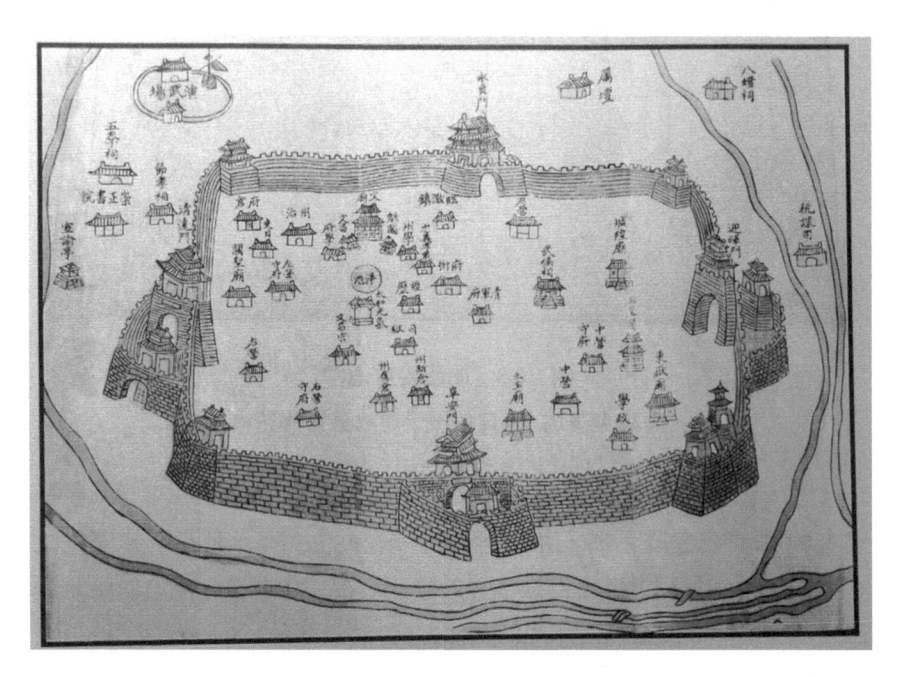

图1-4 清代城郭图
（2020年8月28日拍摄于建水县博物馆）

城池修建完成后，洪武间临安府治迁至建水，随之修建了临安府府署。刘文征《滇志》所录周瑛的《重修临安府治记》载：

> 临安府距滇几五百里，古荒服外地，前代建置沿革，详于志。我本朝太祖高皇帝，元首万邦，华夷一统，洗先代之陋，宏盛世之规，置府于卫之右，犬牙相制，控彼诸夷。是洪武十

---

① ［美］段义孚：《恋地情结》，志丞、刘苏译，商务印书馆2018年版，第245页。

有五载也,时制尚未备。乃洪武二十五载,通判大名许公莘由守瑞巩左迁于兹,始经营之。前为坊,为门,为堂。池堂之后,又有堂曰惠宣。左右有厅,东西有舍,外置仓,内置库。自刺史以下,宅皆朴素。缭以墙垣,覆以陶瓦,环广可二里许。判山前拱,北岭后峙,建水南环,莲池西限。西为学官,制度宏丽。阴阳医术有学,申明旌善有亭,囹圄有禁。领州四、县四。通海为东南要领,置守御千户所二。属长官司九,若纳楼茶甸独居河内,若亏容甸、溪处甸、思陀甸、落恐甸、左能寨聚处河外,其西偏也。若安南、教化三部、王弄山,其南偏也。密迩外国,若交趾,若车里,若八百,所谓边徼重地也。方千里之广,民至百万之夥,所谓滇上闻,为大府也。乃若户尚诗书,人崇侈靡,男女贸易,朝暨于暮,其风俗也。①

这则"记"在简述明朝建临安卫之前的建水之况的同时,对明朝在建水的经营进行了叙述,并对历任贤臣进行了赞扬。于每任官吏而言,到任为当地办实事既是分内之事,也是彰显政绩的外在表征,修城、建学、修桥补路,不只在王朝历史中存在,这种政绩于官吏和地方都有切实的好处。

明朝对云南地区的统治,在元朝的基础上,使其在各领域得以进一步发展,在城市的发展、人口的发展、儒学的教化和科举兴盛方面,发挥着不可替代的作用。明朝统治276年(1368—1644)后,被清朝所取代。清代初期,云南全境基本还在明世袭黔国公沐天波的统治之下。清顺治四年(1647),农民军在攻占曲靖的同时进入昆明,随后向滇南、滇西进军,建水被李定国围攻。史载"李定国至临安,为定洲部目李阿楚驻守,拒战甚力。定国穴地道置炮,炮发而城陷。阿楚赴火死,兵犹巷战。定国怒执城中绅衿兵民,尽戮之于城外白场,所杀七万八千余人,而阵亡与自焚、自缢

---

① (明)刘文征撰,古永继点校,王云、尤中审订:《滇志》,云南教育出版社1991年版,第670—671页。

者不与焉。初意遂袭阿迷、蒙自取定洲，闻晋宁有变，因尽掠临安子女而回"①。李定国的所为对建水造成了重创，用类似"屠城"的方式，使其人口锐减，还破坏了城池。《康熙建水州志》载："流寇李定国陷城，先毁坏城楼，并永贞、阜安、清远三坊及锐亭应捕官军房一时俱毁。顺治十六年冬，本朝（清）大兵入滇，贺九仪复焚西南二角钟楼而去，今应捕官军俱缺，官厅亦废。康熙四年，知府曹得爵重建北楼、钟鼓楼，并砲台十座，守备李承芳重建西楼。七年，建水州知州李涵重建南楼及东南筑城楼。"② 在清朝时期的历次战乱中，建水都未曾幸免于难，但四城门中的朝阳楼却保存了下来。虽然城楼在后期的历史发展中遭到破坏，仅存东门楼至今，城墙也消失在历史长河中，但城址却保留至今。到了"乾隆三十五年（1770），改建水州为建水县"。

二 从历史中走来——建水

通过对"临安"地名的阐释，建水元明清时期的历史得以清晰化。元朝设临安路，使建水内附，并在该地修建文庙、拓修城池，使建水得到了第二次发展。明朝时期的"拓地"再修，加之儒学的发展，实现了建水历史上的第三次飞跃，使建水发展成为滇南重镇。无论是科举中的"临半榜"，经济繁盛的"金临安"，或是文教重镇的"文献名邦"、堪比邹鲁的"滇南邹鲁"，都展现了建水的历史地位。元以降建水除有"临安"的称呼外，"建水"的称谓一直都在用。

史载"建水"最初是对夷语"惠历"的汉译，"古代居住在建水的彝族在今日的建水县城用泥土筑埂，防'海水'的浸袭。故得名'步头'即汉语译为'建水'。此地当时被水环抱着故亦云'巴甸'。到了唐代，'步头'已发展成为有一定规模的'惠哀历'，亦

---

① （清）谢圣纶辑，古永继点校，杨庭硕审定：《滇黔志略点校》，贵州人民出版社2008年版，第153页。

② （清）陈肇奎、（清）叶涞纂修：《康熙建水州志》，详见《北京图书馆古籍珍本丛刊》（45），史部·地理类，书目文献出版社1987年版，第667页。

称'惠哀龙'。彝语称城为'龙',汉语音译为'海大城',按汉语语法应为'大海城'。这就说明'建水'来源于'步头',并非出自于'惠历'"①。另一种说法则认为,"建水"的"建"是"高屋建瓴"的"建",有着倾倒水、把水排出去的意思,与建水地区长期遭受水涝灾害有关。②持这种观念的学者,在解释"建"的时候,也常用《辞海》中对"建"的解释,认为"建"应是"瀽",具有倒水、倾倒水之意,意即建水的出现和水有关。这些不同的说法,对建水进行了多种解释,这在人类学的田野研究中也是一种常态,因为事件本身就是一种被解释的发生③。解释者的立场不同、视角不同,就会出现多种多样的解释,而每一种"解释",都是一种阐释,一种"文化事实","这一点,对于人类学家和他的资讯人——与之一起工作的'他者'——而言,都是千真万确的"④。对"建水"的不同阐释,也侧面反映出这一地名的发展历程,其既有不同语义之间的转换,也含有对治水事实的佐证。

到了元朝时期,设置了临安路,这一时期,建水虽然有临安的称呼,但临安府的府治在通海,建水作为辖区,准确地说,此时的通海更能被称为"临安",而非建水。到了元至元十三年(1276)时,改建水为建水州,因此,这一时期的建水在行政上就被称为"建水州"。至元十七年(1280)在建水州设置了临安广西道宣抚司,进一步提升了建水的政治地位。明朝时期,一改元制,将临安府的府治迁至建水。由于府治的存在,建水变成了附廓,尽管如此,明代仍然设建水州,并且在建水设了临安卫,驻兵镇守滇南。

历经明后,清朝初期在建水地区沿袭明代旧制。后期撤了临安

---

① 云南建水县志编纂办公室编印:《建水古今(第三辑)》,1993年9月,内部资料,第122页。

② 武德忠:《滇南千年古城——建水》,云南教育出版社2015年版。

③ [美]马歇尔·萨林斯:《历史之岛》,蓝达居等译,上海人民出版社2003年版,第196页。

④ [美]保罗·拉比诺:《摩洛哥田野作业反思》,高丙中、康敏译,商务印书馆2008年版,第144页。

卫，在建水地区设临元广西镇总兵，统领军政事务。到了乾隆三十五年（1770）时，改建水州为建水县。清朝时期，吴自肃在《临安怀古》中描述建水，"乌蛮地自元和开，建水名从惠历来。"① 建水这一名称伴"惠历"而生，但无论其衍生自"惠历"还是"步头"，都是与"水"有着密切关联的。"清末民初邑人刘家祥有《畇町谣》叹道：'前五百年赛过荆州，后五百年水滞沙丘。河水不向颜洞流，今日沙丘昔良畴，石屏海水淹东头。'"② 这种感叹无疑是对建水历史镜像的一种掠影。到了民国元年（1912），在建水地区设立临安府，废除了建水县。民国三年（1914）又改回建水县。"民国三年五月一日《共和滇报》第二页载《临安县改名建水之原因》说：'临安县，云南浙江两省重复，浙江临安县，自宋朝太平兴国中设置以来，迄今未改；云南临安县，系因临安府之旧，民国二年裁府改县，现与浙江重复，即应改定。查建水县为旧日临安府附廓首县，经部议，拟定复旧称，改名建水县。'"③ 此次改定后一直沿用至今。

当下，建水县（见图1-5）为红河哈尼族彝族自治州辖县，但其仍保留了"临安"的称呼，在建水县内设了临安镇。现今建水县国土面积有3782平方千米，县城建成区面积19.6平方千米，规划区面积220平方千米，辖14个乡镇（临安镇、官厅镇、西庄镇、青龙镇、南庄镇、岔科镇、曲江镇、面甸镇、普雄乡、李浩寨乡、坡头乡、盘江乡、利民乡、甸尾乡，县城所在地为临安镇），137个村委会，16个社区，1028个自然村。根据第七次人口④普查数据，全县总人口（常住人口）为534205人，全县人口中，汉族人口为

---

① （清）江濬源修，（清）罗惠恩等纂：《嘉庆临安府志》，详见《中国地方志集成·云南府县志辑》第47册，凤凰出版社、上海书店出版社、巴蜀书社2009年版，第376页。

② 云南省建水县地方志编纂委员会编：《建水县志：简本》，方志出版社1991年版，第4页。

③ 王树五：《云南地名研究举隅》，详见《云南省历史研究所研究集刊》1984年第1期，第298页。

④ 根据建水县第七次全国人口普查主要数据公报，http://www.ynjs.hh.gov.cn/zfxxgk/fdzdgknr/tjxx/202107/t20210714_531954.html，该公报发布于2021年7月14日。

321746 人，占总人口的 60.23%；各少数民族人口为 212459 人，占总人口的 39.77%。有彝、回、哈尼、傣、苗 5 个世居少数民族。其中临安镇人口为 232610 人。

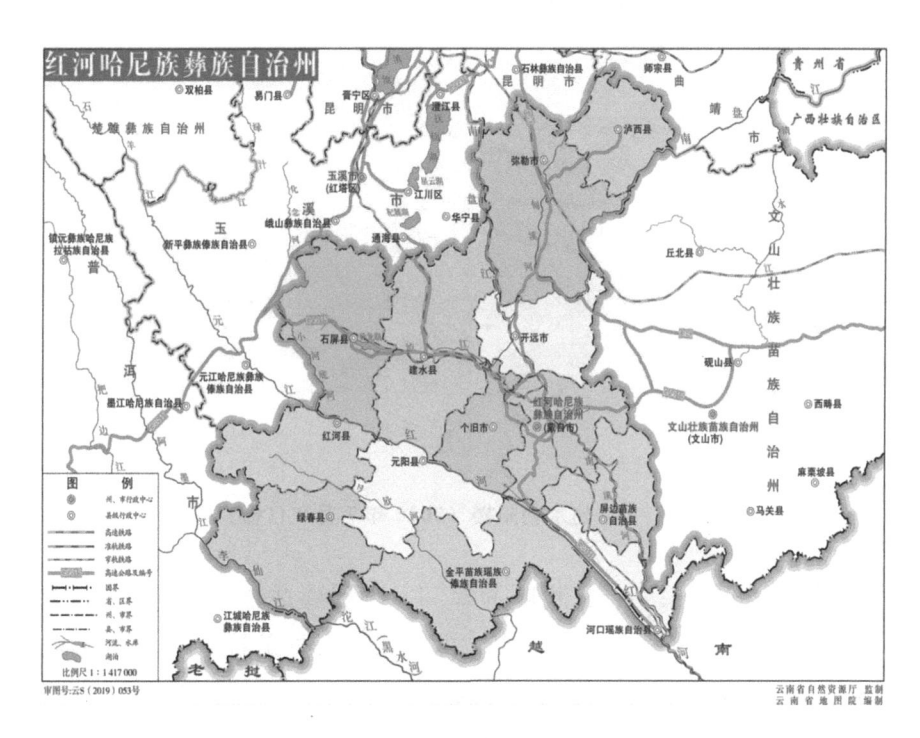

图 1-5　红河哈尼族彝族自治州行政规划图
（建水县为我的田野调查点）

第三节　历史记忆与日常生活——朝阳楼的建水镜像

明洪武二十年（1387），万中在建水"拓地"易土城，开始主修东门阁楼——朝阳楼（见图 1-6）。朝阳楼距今已逾 630 年。其间虽有损坏，但都得以修复，保存至今。作为建水地标性建筑，朝阳楼兴于明，历清、民国至今，像一面镜子，映射着建水的明以降的历史，讲述着这座古城的故事。

图 1-6　建水朝阳楼（2020 年 7 月 9 日摄）

朝阳楼即城东门楼，也叫迎晖门，城楼建成于 1389 年（明洪武二十二年），形同北京天安门，歇山顶式建筑，比天安门早建成 28 年，迄今 630 余年。城楼占地 2312 平方米，南北长 77 米，东西宽 26 米。建水古城始建时，有东、西、南、北 4 楼，形制一律，"四楼巍峨相望，号称雄伟，不啻齐云、落星、井干、丽谯偕高媲美已也"①。后因战乱，除东门外，其他三座城楼均被毁（现已重修）。朝阳楼也在明清两代经过天顺七年、康熙十五年、乾隆二年、嘉庆四年、道光三十年的 5 次重修。② 1955 年重新修缮，1997 年又进行了一次修缮和"扶正"，直至今日。整体观之，朝阳楼依地势筑于高阜，楼阁又起于 8 米多高的门洞上。楼为三层、三重檐歇山顶建筑。作为临安八景之一的"东楼凌汉"——东城楼，高百尺，

---

① 云南省建水县地方志编纂委员会编：《建水县志：简本》，方志出版社 1991 年版，第 331 页。

② 杨丰编著：《建水》，中国文史出版社 2005 年版，第 53 页。

千霄插天,下瞰城市,如黄鹤,如岳阳,南中大观。① 邑人邹佩铭曾用诗句描绘朝阳楼,"形胜据慌陬,翻身近斗云。东南几属国,今古一高楼。"② 这些记载,描述朝阳楼"雄伟"的同时,进一步佐证了历史上朝阳楼的辉煌。立于1999年的《重修朝阳楼碑》记载:

> 明洪武二十二年(公元一三八九年),临安卫指挥万中奉命将唐筑土城改造为砖城。城墙高二丈八尺,周长六里,东南西北四城门楼分别谓之:迎晖门、阜安门、清远门、永祯门;朝阳楼、环翠楼、挹爽楼、观光楼。临安卫城经六百余年风雨沧桑,不幸失四墙及三门三楼,唯迎晖朝阳幸存。门似天安,见飞霞流云之美;楼如黄鹤,占雄镇东南之魏;旭日东升,燕共霞飞,明月初照,钟与铃鸣。四时景致,春秋为佳;门颙桂湖春堤柳,楼悬焕文秋山月。朝阳楼自明朝洪武建,天顺修,清朝乾隆、嘉庆、道光又修,公元一九五五年再修,凡五次修缮,然于今已楼倾东南,基塌四方,百年来民之心患。古楼匡扶,何时以待?公元一九九七年十二月建水县人民政府遂民心之愿,第六次修缮朝阳楼。扶明楼于将倾,振雄风于南滇。古楼重修,举城欢呼:爱我名城,修我明楼。一万五千余人慷慨解囊,五十余家单位援手捐资,共捐款六十余万元,并云南省、红河州两级政府协力资助,总得款一百一十余万元人民币。经大理州剑川县古建公司数十工匠悉力工作,历时一年,于公元一九九八年十二月扶正提平,油饰一新。斯楼如初,壮美有加,雄风依旧,今古欣然。名城迎晖,明楼朝阳,世纪之交,国泰民安;临安故地,政通人和;盛世昌明,古楼复兴,明楼匡扶,看我今朝,文献风采,名邦光辉;继往开来,千秋永照,刻石以记,时代传扬!③

---

① 云南省建水县地方志编纂委员会编:《建水县志:简本》,方志出版社1991年版,第331页。
② 建水县志编纂委员会编:《建水古今(第一辑)》,内部书刊,第80页。
③ 2020年8月31日,抄于朝阳楼上。

从碑文可窥见朝阳楼的历次修缮（见表1-1），看到朝阳楼的"生命史"。历经洗礼，凭借着各种"机缘"，在多次动荡中幸存至今。1993年10月，朝阳楼被确认为红河州重点文物保护单位，1993年11月，批准为云南省重点文物保护单位，2006年5月时被列为全国重点文物保护单位。这些载于文献中的"朝阳楼"，以"文字"的形式将朝阳楼予以定格，给朝阳楼一种"整体感"。朝阳楼作为一种综合的空间，一个叠加在地表上的、人造的空间系统，①在载入史料的同时，鲜活的存在于人们的日常生活。

表1-1　　　　　　　　　　朝阳楼的历修沿革表②

名称	时间	主持者	主修内容
朝阳楼（东门）历修沿革表	洪武二十二年（1389）	临安卫指挥万中	拓地改建砖城，修建四城门、城楼
	成化十六年（1480）	兵备副使何纯	重修城垣，凿护城堑壕
	成化二十一年（1485）	佥事刘福	置铁炮二门，覆之以亭
	嘉靖二年（1523）	兵备副使王纳诲	添设"严谨门禁，盘诘奸细"牌
	嘉靖五年（1526）	兵备副使戴书	门内建金鼓房12间，置更鼓，置计时器铜壶滴漏
	嘉靖十八年（1539）	兵备副使鲍象贤	引异龙湖水注护城壕，未果
	康熙七年（1668）	知州李涄	建瓮城，建炮台十座，悬挂"雄镇东南"匾额
	雍正五年（1727）	临元镇总兵杨天纵、知府栗尔璋	增修
	乾隆二年（1737）	知州夏治源	书匾额"东关霞烂"
	光绪二十七年（1901）	—	悬挂宋汦湾临摹唐代草圣张旭书写的"飞霞流云"匾额

资料来源：《建水古今（第四辑）》，第120—122页。

---

① ［美］约翰·布林克霍夫·杰克逊：《发现乡土景观》，俞孔坚等译，商务印书馆2016年版，第17页。

② 根据建水县志编纂委员会编《建水古今（第四辑）》，内部书刊，1996年1月，第120—122页，结合其他史料制。

在建水当地流传着具有彝汉文化内涵的花灯曲——《四门调》，曲曰：一进东门东门尼东，东门尼底下卖点小花红；二进南门南门尼南，南门尼底下卖点小苤蓝；三进西门西门尼西，西门尼底下卖蓑衣；四进北门北门尼北，北门尼底下卖点小玉米。① 这首小调简略描述了当时建水古城的市场贸易情况。小调侧面反映出四个城门都是交易的场所，且交易的物品都具有代表性。在后期历史发展过程中，由于战争和修建质量问题，除东门外，其余三门都是毁坏重建的。现在的建水古城，虽然城垣被拆毁，四城门都得以重建，但重建后的南、北、西三门城楼再建后却只有两层。朝阳楼也历经多次重修成为"栋宇薄云霄雄踞南滇八百里，气势壮河岳堪称滇府第一楼"。

朝阳楼东面顶檐下的"雄镇东南"系临安知府来谦鸣所题，由石屏书法家涂晫所书。西面顶檐下的"飞霞流云"系唐代草书圣张旭所书的复本，据说是从杭州复制而来的，落款处写着"光绪辛丑郡官绅士立"。谈及"飞霞流云"四个高两米左右的大字时，当地人说："那四个字了嘛，读啥子我也不认识。听老一辈讲是叫'飞霞流云'还是'飞云流霞'，写的很难认。我估计认识的人不会太多。但是了嘛，只要你好好看，就会觉得特别好看，很有神的。因为那个是张三丰写的，张三丰你知道不？就是电视剧里演过的那个道士，很出名的。"② 字虽然很多人都不认识，但都觉得很"有神"。在这种民间叙事中，张旭的狂草被嫁接到"张三丰"的头上，人物虽不同，但这种错置却给这四个狂草以重新定位，抹去了"复本"的实质。此外，东门也被视为一种具有"灵气"的建筑。"你看东门，不管怎么看，它都是活的，有灵气里，怎么看怎么好看。其他的几个城门都是后来修的，死死的，都不怎么爱看。而且你也看到了，东门下面那么多人，其他门下哪有人？东门人气旺的很，

---

① 田野调查期间，收集所得。
② 访谈时间：2020 年 8 月 19 日；访谈对象：田××，73 岁；访谈地点：东门城楼下。田野期间，当地人曾多次向我提及这几个字，大都认为这几个字"有神"。而且对其表述存在一致性。

一直都是这种了，人多的很，从早到晚一直都有人的。古人的智慧啊，现在的人都赶不上。祖辈们做的东西就是不一样。"① 与其他三个城门比，东门涵洞内和前广场上，的确有很多人。

现在的朝阳楼前面有一个广场，以前是外瓮城所在之处，当时面积并不大，几经修缮和扩建，达到了现在的规模。每个清晨七点左右，一群年龄在30—75岁的男性，都会带着一个精致的鸟笼，有的人带两三个，也有趁此来这里卖"鸟"的。这些"遛鸟人"养的大多是画眉鸟，他们将自己的鸟笼成一字型排开在朝阳楼的右城墙脚下（面向朝阳楼为右）。伴随着太阳升起，鸟儿不停地鸣叫，整个广场充斥着鸟叫声，与来往路经的车辆和人们彼此之间攀谈的嘈杂声，共构了早晨朝阳楼前广场的"声音"。这些"遛鸟人"三三两两谈论着这只鸟、那只鸟，从颜色、叫声、形貌、机灵度等方面进行评说，"他们"看着笼中的鸟在各自的"牢笼"中竞斗，就像巴厘岛上的人在讨论和观看"斗鸡"一样②，只是遛鸟人缺少了巴厘人斗鸡中的那份"雄性"的激涨，尽管都是一群男人的活动。

大约与这些人同时，另一批早起的人也在原来的位置——朝阳楼的涵洞中、朝阳楼的左城墙脚下（面向朝阳楼为左），三五个人一簇，开始打扑克，有的人在旁观，有的参与其中，这些人的年龄普遍在35—70岁。自八点后，陆陆续续都会有人来到朝阳楼下，大家在这里，各自从事着自己的事，其间互相攀谈。时间久了"在一起"的都是一些熟人。对这些"遛鸟人"和下棋的、打扑克的、测字算命的、买卖古董器玩的、买卖旧书、倒卖字画的"常客"来说，朝阳楼便是一处寻找乐趣和谈生意的"场域"，是与熟人共度时光的场所。早起摆水果摊位的、卖蔬菜的，早上五点许就已经起床去批发市场筹备一天的货物，待批发市场一阵的忙碌后近七点钟。他们从多个不同的市场出发，走向城市角落中的其他菜市场和

---

① 访谈时间：2020年8月13日；访谈对象：李××，70岁；访谈地点：武庙街。
② ［美］克利福德·格尔兹：《文化的解释》，纳日碧力戈等译，上海人民出版社1999年版。

水果店，他们中也有人会路经朝阳楼，有时候会抬头看几眼，于他们而言，朝阳楼是习以为常的存在，每次只是"经过"。

十点左右，当太阳照射整个朝阳楼和广场时，遛鸟人也陆续回家。涵洞下打扑克、下棋的人离开时，又有一些人"补班"。此时，游客缓缓将至，广场上渐有一些"民间歌手"献唱，团队式的合奏也相继开展。游客们来到朝阳楼，以其为背景，摆着各种姿势拍照，涵洞下、广场上的当地人作为背景，与朝阳楼一道进入了游客的照片中。游客们路经这些人群时，不免观望，这些"当地人"也会凝视游客，即使没有目光的对视，但仿佛都活在彼此的那一刻钟。随着旅游业的进一步推进，2020年年底，涵洞下的人渐被"清理"，涵洞中的人都陆续撤到了广场上，也许是因为他们挡住了游客的道路，需要给游客"让路"，也许是因为他们影响了"市容"。在田野的访谈中，一些人经常称"朝阳楼下的都是一些烂人"，言下之意是他们好吃懒做、都不是"好人"。其实，对一个社会而言，每个个体都在自己的位置上生活着，社会既需要勤勤恳恳、兢兢业业的工作者，也需要如朝阳楼下每天玩牌、下棋者；既需要风雨奔波的送外卖者，也需要整天宅在家中赋闲的人。在这种多元生活并存的情况下，社会才能达到"平衡"。正是因为有这些"看着"无所事事的人存在，才能看到城市中人们生活的多样性，才能看到整个城市的生活状态，理解城市生活，进而理解城市生命。朝阳楼下的人群和广场上的人群，从早上七点左右，一直持续到晚上十一点左右。于朝阳楼而言，其屹立于此，"活"在每个来往者眼中；于这些形形色色的人群而言，朝阳楼是他们每天生活中的一个"位置"或场域。朝阳楼从历史中走来，凝视着不同时代的不同人群，像一面镜子一样把城里城外"照"遍。

谈及朝阳楼时，当地人也会说出好多"故事"。因年龄差异，记忆中的朝阳楼也是有差别的。根据我在田野期间的访谈对象，可以将人群大致分为老年组（60岁以上）、中年组（35—59岁）和青年组（34岁及以下），虽然这些访谈对象并不能代表整个城市中的人群，他们只是部分，但这"部分的真理"① 某种程度上也是整体的缩影。

　　60岁以上的老年人在谈及朝阳楼时，也存在多种说辞。根据讲述，可以将其分为三种类型。在第一种记忆中，朝阳楼作为惩戒的舞台，是悬挂"头颅"（图1-7）的地方。"记得旧社会那会，应该是国民党时期了，我们村子里面有个人去贩牛，结果半路就被当兵的拦住了。当兵的抢了他的牛去吃了，还把他给杀了，说他是土匪，就把他的头砍了。砍了以后把头拿回来，挂在朝阳楼上，一直不让人取下来，一连挂了好多天，很多人都看见了。那哈子，经常有犯人被处决，头经常挂在门楼上，可怕的很。"② 在这个记忆里，朝阳楼曾经一度充当了统治者当局"震慑"当地人群的舞台，是对"恶者"惩戒的展示空间。

图1-7　周云祥起义的副首领枭示
（2020年8月31日翻拍于朝阳楼上）

---

　　① ［美］詹姆斯·克利福德、［美］乔治·E.马库斯编：《写文化：民族志的诗学与政治学》，高丙中、吴晓黎、李霞等译，商务印书馆2006年版，第35页。
　　② 访谈时间：2020年5月6日，星期一；访谈对象：马××，男，72岁；访谈地点：马××家中。

第二，朝阳楼是建水古城四城门中唯一留存至今的。"建水历史上有四座城门，分别是南门、北门、东门、西门。朝阳楼就是东门了嘛，以前由城墙围着，四个城门是连在一起的，朝阳楼前还有一个矮一点的瓮城，后来城墙就被拆了，拉到其他地方去盖房子了。除东门外，其他几个城门也被拆了，现在的都是后面重新修的了，可惜了！可惜了！可惜那会儿的城墙和城楼了。'文化大革命'那会，拆的厉害，朝阳楼差点就拆了。那会听人说，朝阳楼也是东门嘛，东门嘛，和毛泽东那个'东'是一样的，加上人们说朝阳楼和天安门一模一样，所以那会就没被拆着。"① 在这里，建水古城的轮廓出现在了老者的记忆中，往日的城墙和城门，圈出了城内和城外。

第三，朝阳楼的历史规模和多次修建。"这个朝阳楼曾经重修过几次。我听老人们说，以前朝阳楼上有三辆马车，有金的，银的，还有铜的，以前还有十八罗汉的挂画，我自己见过一两回挂画，后面就都不在了。朝阳楼越修越矮了，以前雄（雄伟）的很。以前最顶上的屋檐上的雨水直接淋到城墙脚，现在你看，那个屋檐缩进去了一节，没有以前那么大了嘛。以前的城楼外面还有一个小圈，有一个围起来的，比城楼矮点（瓮城），现在都没了。好些东西都不在了，都拆了，毁了。以前啊，我们那会儿还小，城墙才刚开始拆，有些还没拆完，我们都跑到上面去玩。东门那块城墙还留下了一些，就是朝阳楼了嘛，以前是和其他三个门用城墙连在一起的，城里人就都住在古城里。后来嘛，都拆了，城墙都拆了。朝阳楼没拆着，一直都在，好像修过几次。以前我们小时候朝阳楼上的铃铛可响了，风一吹，整个城里都能听得见。后面修的时候，都不知道去哪里了，听说那些铃铛都是金子的呢。"② 在这些记忆中，可以找寻一些现在看不见的东西，而这些口述和记忆中的"存在"，弥补了文献中的"缺失"，使得朝阳楼更具完整性。

---

① 访谈时间：2020年8月20日，星期四；访谈对象：张××，男，82岁；访谈地点：朝阳楼下。

② 访谈时间：2020年8月20日，星期四；访谈对象：A××，男，81岁；访谈地点：临安路树下。

记忆虽能补足文本的"缺失",但会因年龄的差别出现不同的记忆,会以个人为中心出现"差序"。同一年龄组内的人群在记忆中都有差别,不同年龄组的人,对同一事物的记忆差别更甚。在访谈中,中年组(35—59岁)的人群对朝阳楼的记忆已经减少了。访谈中,大都提及他们小时候的一点印象。"我们小时候那会,朝阳楼就一直在了。赶集的时候经常会路过,那会儿还没有现在修得这么好,但楼就那么高了,一直都是这样的。听说那个上面的字(飞霞流云)是张三丰写的。以前我们小的那会,朝阳楼下还没有现在这个广场,还是比较窄的,现在大多了。"①

相较于年龄较大者,34岁以下的青年人群对朝阳楼的记忆更是有限,谈及朝阳楼时,他们会说:"朝阳楼有几百年的历史了,比天安门城楼修的还要早啦,这个朝阳楼是师傅修的,天安门是徒弟修的,所以你看朝阳楼有三层,北京天安门只有两层。"② 就这部分青年人而言,关于朝阳楼的记忆几近缺失。

就个人而言,"差序记忆"某种程度上是在横截面意义上存在的。从划分的年龄组来看,记忆也有纵向的历时性的差别。老一辈对古迹的记忆要强于晚辈后生,当这些晚辈后生渐近年迈时,能否获得"先辈"们的记忆,可能还需要进一步的探索。但社会③和集体④是拥有记忆的,它们会帮助个体将一些记忆延续下去。无论是在现实还是记忆中,朝阳楼从修建始,作为一种地标性建筑,像写在大地上的"文字"般,记载着建水的历史,历经岁月的洗礼,像一面镜子一样照着建水。作为一种可见的"记忆",在不同群体之间被不断"讲述"、被观看,当人们凝视朝阳楼的同时,朝阳楼也

---

① 访谈时间:2020年9月7日,星期一;访谈对象:马××,女,48岁;访谈地点:马××家中。

② 访谈时间:2020年8月21日,星期五;访谈对象:沙××,男,30岁;访谈地点:朝阳楼下。

③ [美]保罗·康纳顿:《社会如何记忆》,纳日碧力戈译,上海人民出版社2000年版。

④ [法]莫里斯·哈布瓦赫:《论集体记忆》,毕然、郭金华译,上海人民出版社2002年版。

在凝视着人们。当朝阳楼被讲述时,"它"也在讲述。当地人看着朝阳楼上的"雄镇东南"和可能并不太认识的草书"飞霞流云"时,所拥有的心境和感知,是与外来的游客有别的。这处地景在他们眼里,在景观之外,更多的是"历史"。

第四节 小结

建水城市的发展起源相对较早,历史沿革呈现其深厚的历史文化底蕴。尽管有的记载很少甚至是一种"追述",但作为一种生命的延续,其本身具有意义。建水不同时期的"名称"同样在讲述着这座城市的故事。步头和惠历所对应的时间相对比较明晰,唐时步头路的开辟,唐南诏时所筑的惠历土城,以及大理国时期的巴甸,每一个名称都预示着建水的一次开始,一次新的征程。如果说唐开步头是一种政治行动的话,建水便借着这种契机跃上了舞台。作为通安南抑或"控扼"两爨的要道,此时建水的军事意义占主导。基于此,南诏在窃据此地后,便在此筑城,尽管后来学者考证说,这一时期的"城"可能只是一个"码头"或"埠头",但这并不影响建水在这一历史时期的重要意义。

虽然南诏在此处筑城,但爨氏的势力范围一直在该地域存在,到了大理国时期,爨判被封为巴甸侯,成为这一区域的实际统治者。大理国后期,一场大地震改变了建水地区的地貌——"海子"变"良田",为后来元明清时期对建水的开垦发展奠定了基础。元朝时期建水的内附,使得建水迎来了第三个发展阶段,这一时期,儒学在建水落地生根。接过元朝的接力棒,明朝时期,建水城成为真正意义上的"城市",土城被砖石所替代,出现方形的城池,使其矗立在泸江北岸。在中国古代城市建设中,河流北岸的城市较南岸多[1],其不仅关涉治水,而且与中国人的宇宙观与风水观念有着

---

[1] [美]施坚雅主编:《中华帝国晚期的城市》,叶光庭等译,中华书局2000年版,第95页。

密切联系。明代拓城易砖修建城池时，在延续惠历土城的同时，依旧选择将城池修建在泸江北岸，也绝非偶然，这种"共享"的宇宙观念和风水观念是其依托所在。随着明代建水城池的修建以及政治中心的南移，促使建水地区的人口数量增加，明清时期，科举更让建水在云南地区"名声大噪"。

建水所拥有的称呼，不只是一个称谓，其代表的是一个时期，一个发展阶段。当我们将城市视为一种"存在"、一种"人性的产物"时，对城市的研究也就超出了原有的都市人类学或者建筑人类学研究的范畴。城市就不再是简单地充当一种"区域""载体"或者是"建筑群"笼罩下的一个异于"乡村社会"的空间，而应该是一种具有生命的存在。就像建水拥有诸多的名字，每一个名字背后实则体现的是一段历史过程，就像"夷人们"认为是他们的祖先修建了"惠历城"，"临安"也便有了移民、威慑的印记。城之生命所呈现的就是诸多的历史场景，讲述的就是每一个时期、每一个阶段的故事，而历史和文化才是一个城市的灵魂。① 在这一灵魂的追寻中，我们看到边地城市的几次转身，以及成为"中国"的过程。在历史场景中，地名不仅是一个空间方位的符号，更是对这一空间区域内人与物的总称，在此意义上地名史也是地方社会史。

---

① 王笛：《消失的古城：清末民初成都的日常生活记忆》，社会科学文献出版社2019年版，第386页。

第 二 章

纳边入内——移民、城市与地方文化史

元明以降，建水地区的发展相对较快，不仅修建了完整的城池，城市也逐渐发展成滇南重镇，在教育、科举方面都有了长足发展。这些发展，与元明以降的大量移民进入有着密切的关联。在中国漫长的历史发展过程中，移民作为一种常态而存在。虽然在中国传统中有着"安土重迁"的思想，但迫于生存和外部环境诸因素的改变，人们不得不离开故土，重新安居，居与游本身是一体两面。移民的出现，不仅对迁出地造成影响，而且改变了迁入地的人口结构和社会文化，推动了移入地的发展。某种程度上说，城市的形成、发展与移民密切关联，移民的进入带来了许多文化因素，促使移入地产生多元文化，促进了移入地的发展。本章着重对历史时期建水地区的移民问题进行讨论，透过移民叙事，来看地方社会发展史。

第一节 移民入滇——云南历史上的军屯与民屯

云南为"边徼之地"，在历代王朝统治期都被视为边疆地区。为巩固边疆，不同历史时期，中央王朝都采用相应的策略进行治理，移民就是方法之一。这些移民群体中主要包括民屯、军屯两大类，还有些许商人和政治原因被谪迁至此的"大姓"、文人群体等。史载早在三代时期，氐羌族群就沿着"藏彝走廊"进入云南地区。秦朝时，五尺道的修筑，加速了西南边疆与内地的交流交往，通道的出现也便利了人的流动。庄蹻入滇后，庄蹻及其随从便安定下来，这些都可以视为云南历史上的早期移民。公元前111年，汉武帝在平定西南夷后，设置益州郡，从此内地人民移居云南，进入一个川流不息的时代。[①] 到了隋唐时期，隋历经两代，对当时云南地区的爨氏进行了镇压。唐代时期，便展开大规模地对云南地区的征服，根据当时的移民情况来看，唐代汉族移民进入，大致可以天宝年间唐朝和南诏的战争为节点。唐朝和南诏发生战争前，移入云南地区的移民主要以流民和逃避赋役者为主，战争后则以南诏掳掠来的汉人和唐军俘虏为主。[②] 这一时期的移民，前有逃避赋役的流民后有战俘，虽然进入云南地区的方式不同，但作为"移民"影响了当地的人口结构。

宋太祖挥"玉斧"将云南划在版图外，使"云南不与中国同"。这一时期，云南处在地方政权之下，先后经南诏后期的纷乱和大理国辖制，直到"元跨革囊"大一统的到来。元代统一云南后，出现了新的移民，即以军屯身份进入云南的蒙古人和"色目人"，这一时期也出现了民屯。"从至元十二年（公元1275年）开始进行……'拘刷'人户屯田。至元二十七年（1290年）又大力推行军屯，屯田区域与民屯区域相吻合，屯军有进入云南的蒙古、色目、汉人、南人军队，更主要的是当地民族中组织起来的'爨僰军'。"[③] 在移民群体身份上，除汉人移民外，增加了蒙古人和"色目人"（回回为主体），如通海的兴蒙村，就是典型的蒙古族村落，这些村落群体大都是元代随军的后人。"色目人"则发展成为回族群体，云南地区的回族溯源也以元代为始端。到了明代，云南地区的移民进入了高潮，这一时期的云南人口发生了巨大的变化，汉族人口超过了少数群体人口。明"洪武十五年（1382年）三月，朱元璋谕傅友德：'云南既平，留江西、浙江、湖南、河南四部司兵守之，控制

[①] 田方、陈一筠主编：《中国移民史略》，知识产权出版社1986年版，第58页。
[②] 葛剑雄、曹树基、吴松弟：《简明中国移民史》，福建人民出版社1993年版，第240页。
[③] 陆韧：《变迁与交融：明代云南汉族移民研究》，云南教育出版社2001年版，第244页。

要害。'从云南境内洪武年间设立的15卫（见表2-1）、2千户所来推算，当留兵86000人。洪武中后期，仅见于《明实录》记载的调兵人云南就有10次，人数累计达25万，加上原已留驻的8万余人，合计有35万。洪武二十四年，云南有75690户，354797人。这是登记在册的民籍人口，与云南的军人数相当"①。

表2-1　　　　洪武年间云南卫所的设立年代及分布②

卫所名称	治所	设置年代	千户所	卫所名称	治所	设置年代	千户所
云南左卫	会城	洪武十五年	6	云南右卫	会城	洪武十五年	6
云南中卫	会城	洪武十六年	5	云南前卫	会城	洪武十五年	5
云南后卫	会城	洪武十五年	5	广南卫	会城	洪武二十九年	5
曲靖卫	曲靖	洪武二十年	6	平夷卫	沾益	洪武二十二年	2
越州卫	曲靖	洪武博士上三年	3	陆凉卫	陆凉	洪武二十三年	5
临安卫	临安	洪武十五年	5	洱海卫	云南	洪武二十年	6
景东卫	景东	洪武二十三年	5	楚雄卫	楚雄	洪武十五年	5
澜沧卫	北胜	洪武二十九年	5	大理卫	大理	洪武十五年	10
永昌卫	永昌	洪武十五年	10	蒙化卫	蒙化	洪武二十三年	8
通海御③	通海	洪武十五年	2	鹤庆御	鹤庆	洪武二十年	2
宜良所	宜良	洪武二十四年	1	安宁所	安宁	洪武二十四年	1
易门所	易门	洪武二十四年	1	杨林所	嵩明	洪武二十四年	1
木密所	寻甸	洪武十五年	1	马隆所	马隆	洪武二十三年	1
姚安所	姚州	洪武二十一年	1	马屯所	大姚	洪武二十八年	1
定远所	定远	洪武二十四年	1	永平御	永平	洪武十九年	2

资料来源：方国瑜：《中国西南历史地理考释》下册，第1136—1141页。

① 田方、陈一筠主编：《中国移民史略》，知识产权出版社1986年版，第387页。
② 方国瑜：《中国西南历史地理考释》，中华书局1987年版，根据第1136—1141页制作。
③ 通海御隶属于临安卫，鹤庆御隶属于大理卫，永平御隶属于永昌卫。

明朝前后十次移民入云南，除第一次和第五次外，没有明确数字，其余八次的移入人数近 24 万[1]，可见当时的军籍移民之多。除以上的十次移民外，《明史·食货志一》载："屯田之制度：曰军屯，曰民屯。太祖初，立民兵万户府，寓兵于农，其法最善。……其制，移民就宽乡，或招募或罪徙者为民屯，皆领之有司。"[2] 说明这一时期明朝在云南还迁移了一些"罪徙者"，以及沐英镇守云南时，随之而来的一些南京移民。"《滇略》载：'高皇帝既定滇中，尽迁江左良家闾左以实之，及有罪窜戍者，咸尽室以行。'又《滇粹·云南世守黔宁王沐英传附后嗣略》说：'（沐）英还镇（公元1398年），携江南江西人民二百五十余万入滇，给予籽种、资金，区别地亩，分布于临安、曲靖……各郡县。……（沐）春镇滇七年（公元1392年—1398年），再移南京人民三十余万（入云南）。'这里所说以民屯形式移入云南的人口数字有所夸大。但可以说明，以民屯形式移入西南少数民族地区进行垦殖的汉族人口，数字不会太少。"[3] 从这多次的移民记载中可以看出，明朝时期迁移到云南地区的移民，数量巨大，分布地域范围相对较广。这些移民为地方的发展提供人力和物力的同时，为云南地区的多元民族文化的产生和发展奠定了基础。

清代统一云南后，移民还在继续，清代前期西南地区的移民迁入和分布多在云南地区，而且滇东南地区几乎成了移民重镇。清乾隆四十一年（1776）中国各地的移民迁入（见表 2-2）统计中[4]显示，移入云南地区的移民占总人口的 22%，移民人口多达 145 万人（含后裔）之多。在有清一代的移民中，绿营兵占很大比重。

---

[1] 葛剑雄主编，曹树基著：《中国移民史·第五卷·明时期》，福建人民出版社 1997 年版，第 309 页。

[2] 《明史》卷七七《食货志一》，中华书局 2013 年版，第 1883—1884 页。

[3] 尤中：《尤中文集》第 2 卷，云南大学出版社 2009 年版，第 316 页。

[4] 葛剑雄主编，曹树基著：《中国移民史·第六卷·清民时期》，福建人民出版社 1997 年版，第 619 页。

表 2-2　　乾隆四十一年（1776）中国各地的移民迁入①

单位：万人、%

地区	总人口	土著人口	百分比	移民人口（含后裔）	百分比
西南地区	2438	1483	60.8	955	39.2
四川	1000	377	37.7	623	62.3
陕南	145	25	17.2	120	82.8
湘鄂南	115	68	59.1	47	40.9
贵州	520	500	96.2	20	3.8
云南	658	513	78.0	145	22.0

资料来源：葛剑雄主编：《中国移民史·第六卷·清民时期》，第619页。

清代绿营兵成了云南地区移民的主要形式，清代统治者入关后，就开始召集绿营兵，招募的大多数绿营兵已成家。在这种情况下，为了让绿营兵能够安心驻守，绿营兵基本上都是"携家带口"进行屯戍的。按照"三口之家"计算，云南地区的绿营兵及其家属在20万左右，这些绿营兵到达地方后，也会因防汛等进行移动，因云南绿营兵调动而产生的移动人口大概达到了38万人。② 因此，某种程度上可以说，清朝时期，云南地区的移民出现了第二次高潮。随着大量移民的进入，汉族移民迅猛增加，形成"汉多夷少"的局面。③ 经过元明清时期的多次移民浪潮，整个云南地区的人口结构发生了巨大变化，经济、文化也相应得到了改观。移民的迁入不仅是"人"的移动，还促使文化的交流和互动，对边地文化和以汉文化为主导的中原文化的碰撞和交融创造了条件，促使边地复合型文化的产生。

---

① 葛剑雄主编，曹树基：《中国移民史·第六卷·清民时期》，福建人民出版社1997年版，第619页，在使用时对该表有所改动。
② 秦树才：《清代云南绿营兵研究：以汛塘为中心》，云南教育出版社2004年版，第216、219页。
③ 杨庭硕、罗康隆：《西南与中原》，云南教育出版社1992年版，第14页。

第二节 迈向多元——建水历史上的移民与地方社会

从上一节叙述中，大致可以看出，元明清时期是云南历史上出现移民最多的时期，作为下辖地区的建水，迁入该地的移民，也大致在这几个时期内。根据迁移的时间先后及其移入群体，对建水的移民，大致可以从建水地区的土著、汉族移民和回族移民三个方面来进行叙述。史载唐南诏时期，建水地区为东爨的势力范围，到了元朝时期，元朝根据建水的实际情况，在此设置了阿僰万户。"阿僰"系西南夷中的一种，到了元代以后，演化成其他少数民族，即彝族、哈尼族等，即以元代为节点，将元代之前及元代统一云南后建水地区的"阿僰"演化出的群体，视为建水地区的土著。将元以降迁入的汉族、回族等先民群体视为移民。就整个建水地区而言，"彝、哈尼、傣三个民族是建水境内最早的土著民族；汉、回两个民族，从元、明时期陆续迁入；苗族多数是 20 世纪 50 年代后迁入。"[①] 基于此，我将分别对迁入建水地区的回族和汉族移民进行叙述（土著群体暂不纳入移民范畴的讨论）。

一 "主体"的先民——建水历史上的汉族移民

建水地区的汉族移民主要集中于元明清时期。汉族形成后，通过四种方式不断进入云南地区。第一种因屯军进入云南，第二种是在应征作战的情况下流落云南，第三种则是"死罪及奸豪"流放实边的情况下进入云南落籍，第四种因从事商贸移入云南。西汉时，益州郡有八万一千九百四十六户，人口达五十八万四百六十三，东汉时益州郡辖有十七城，有二万九千三十六户，人口十一万八百二。这两个时期，因少数民族不纳税不入户籍，这些数字反映的都

---

① 曹荆、谭晓云：《南疆邹鲁——建水》，三秦出版社 2003 年版，第 4 页。

是从内地移入的汉族人口。① 从中可见，早在两汉时期，就有大量汉族进入云南。两汉以后不断有移民进入，这些移民大都来自不同的区域，"多由两湖，两广，赣，江，浙，川，黔，……诸省迁徙而来的"②。这些来自不同地区、不同历史时期迁入云南的汉族"先民"，历经各朝代发展成为当下云南地区的汉族主体。

元代征服云南地区时，随军出征的除蒙古人、色目人外，还有大量的汉人。这些移民作为军屯的一部分，随军进入云南地区，在长期的发展过程中安家落户，逐渐成为云南地区汉族的先民。元代以前移入云南地区的汉人，在不断发展过程中渐入"夷族"群体中，发展成为夷族中的一部分。③ 因此，以元代为节点，可以将元代时期的移民视为汉族进入云南的第一阶段。明代则是汉族移民大量进入云南的第二阶段。明代建国之初就把"移民就宽乡"纳入了章程。云南平定后随即成"宽乡"的首选地，大量军屯和民屯相继进入云南。明代对云南地区进行大量军屯移民时，改变了元代时期的治理方式。在滇南地区，明代将临安府府治迁徙至建水，并在建水设置了临安卫所，建水作为府治的附廓，土城被易为砖城。明代的这一举措，将滇南军事政治中心南移，方便了对红河流域尤其是红河南部各民族的控制，并防范交趾侵扰，某种程度上保障了滇南交通干线，便利了汉人聚居地向南部推进，促使明代以前很少有汉族居住的滇南建水、石屏一带，形成了规模较大的汉族移民新区。④加之明朝在云南地区设置了大量的卫所屯兵，根据明初制定的军人身份世袭、屯戍必须携家属的军屯制度，促使军队的驻防和调动中出现大量的移民，军屯实际上成了移民运动，形成明代移民的一大

---

① 何耀华总主编，朱慧荣主编：《云南通史·第二卷》，中国社会科学出版社 2011 年版，绪论，第 31—32 页。

② 杨成志：《杨成志人类学民族学文集》，民族出版社 2003 年版，第 42 页。

③ 何耀华总主编，朱慧荣主编：《云南通史·第二卷》，中国社会科学出版社 2011 年版，绪论。

④ 陆韧：《变迁与交融：明代云南汉族移民研究》，云南教育出版社 2001 年版，第 200 页。

特色。①

明洪武十五年（1382），明军平定云南后，便在建水地区设了临安卫。由5个千户所驻扎临安，兵士5600人及家眷，汉人进入大约2万人。②到了明洪武二十三年（1390）时，明王朝在云南设立云南都司，领九卫③，共有军官一千三十五，士卒八万七千三百七十人。如果每军户以三人计算，这一年在云南的军屯汉族人口就达二十六万五千二百一十五人，这个数字并不包括后来设置的澜沧、腾冲、大理等十卫及二十二个千户所的数字。按照明代规定的编制，前后设置的卫所和千户官兵人数总共达十三万一千四十人（户），若以每户三人计，总人口为三十九万三千一百二十人，这些汉人分别来自江西、浙江、湖广、河南、陕西、山西、四川等省。④如此众多的军屯移民人口进入云南地区后，遍布云南各地。其中就有部分军屯人口进入建水，这些人屯戍建水后，便在此落籍。如"城区朱姓，祖籍江南凤阳府临淮县，始祖朱铭，从沐英开滇，授永昌金齿右所百户，永乐年间调任临安卫左所镇抚，'遂占籍临安'。城区叶姓，祖籍凤阳府凤阳县，始祖叶海，以战功授昭信校尉，洪武中调守临安卫后所，管屯田，'在南庄叶官冲落籍'。城区王姓，祖籍浙江山阴，始祖王高山，明初从颍川侯傅友德军入滇，以领旗尉，爱临安山水清明，'遂家焉'。城区刘姓，祖籍福建闽县，永乐年间四世祖刘均宝从戎至滇，'落籍临安卫'。城区萧姓，祖籍江苏秣陵，始祖随明军平定云南，驻守临安卫，'遂落籍建水'"⑤。这些明代随军落籍临安地区的移民，在后期的发展中渐成

---

① 葛剑雄、曹树基、吴松弟：《简明中国移民史》，福建人民出版社1993年版，第393页。
② 曹荆、谭晓云：《南疆邹鲁——建水》，三秦出版社2003年版，第4页。
③ 云南左卫（驻今昆明东部）、右卫（驻今昆明西南）、前卫（驻今昆明西南）、临安卫（驻今建水）、曲靖卫（驻今曲靖西部）、金齿卫（驻今保山）、大理卫（驻今大理南部）、洱海卫（驻今祥云东部）、楚雄卫（驻今楚雄东部）等九卫。
④ 何耀华总主编：《云南通史》，中国社会科学出版社2011年版，第66—67页。
⑤ 建水县政协文史资料委员会编：《建水文史资料选辑·第五辑》，内部资料，1999年7月，第31页。

第二章 纳边入内——移民、城市与地方文化史

为临安地区的大姓。在儒学教化的推行和科举中，发挥着不可替代的作用。

除军屯外，明代在云南的移民还包括一些沐英"请移"的移民。明洪武二十二年（1389），留镇云南的沐英前往南京觐见明太祖。沐英从南京返回云南时，"携江南、江西人民二百五十余万入滇，给予籽种资金，区划地亩，分布于临安、曲靖、云武、姚安、大理、鹤庆、永昌、腾冲各郡县。并奏移山东、江西富民六十余万户充滇"①。沐英将所"携"之众，分布在临安、曲靖、大理等地区进行屯垦。明洪武二十四年（1391），沐英"又奏请移湖南、江南居民八十万实滇，并请发库帑三百万两，帝均允之"②。移"八十万"可能在数字上有所夸大，但前后的"请移"之民可能不在少数。随着大批移民人口的迁入，沐英开始在各地区设置了"沐庄"③，临安府就是众多沐庄之一。④ 临安作为最早开辟的沐庄，吸纳了很多外来移民，这些人口作为沐庄的人员，服务于沐氏。这一时期在建水地区落籍的汉族，以民屯方式为主，如来自湖广和江南上元县的西庄荒地的黄姓和郭姓；来自湖广、江西、南京应天府的以及江南常州无锡和山西平阳府洪洞县的众姓，如佴姓来自江西，师姓来自山西平阳。⑤ 民屯作为建水地区移民的又一来源，进一步扩大了建水地区的人口，使人口结构更加多元化。

明代除军屯、民屯和"请移"外，还有一些通过经商后落籍建水地区的汉族群体。明代通过经商落籍建水的汉族移民，在数量上远不及军屯和民屯，但也有一定数量的存在。建水团山的张氏就是这一时期经商落籍建水移民的代表者。张家后人提及："我们家祖

---

① 何耀华总主编，何耀华、夏光辅主编：《云南通史·第四卷》，中国社会科学出版社2011年版，第98页。

② 何耀华总主编，何耀华、夏光辅主编：《云南通史·第四卷》，中国社会科学出版社2011年版，第98页。

③ 沐英在云南地区设置的私人庄园。

④ 陆韧：《变迁与交融：明代云南汉族移民研究》，云南教育出版社2001年版，第132—133页。

⑤ 参见武德忠《滇南千年古城——建水》，云南教育出版社2015年版，第49页。

籍是江西的，我们的老祖叫张福，明朝时候从江西到这点的（建水），具体时间我之前详细查过写在了书里①，你看，是在明洪武年间（1385—1390年）由江西饶州府鄱阳县许义寨贸易至云南建水的。我们家老祖不是军队那种的，是做生意到这点的。刚到这点时，在西门外的蓝坡头，后面才到这里（团山）的。"②《团山张家合族族谱》记载："始祖自明初由江西原籍，贸易入滇，寄居临安，后效张氏三选择里，至西门外十余里地，名团山者，遂建百世之业。历传至今，房屋栉比，子孙繁衍，竟成巨族。"③张氏祖先通过经商进入云南，后在建水落家。始祖在建水定居后，励精图治，到了清乾隆时期，修建了张氏宗祠，"张姓始祖发籍江西鄱阳许义寨先辈正宗，氏族兴旺迁移云南建水团山村后世立祠"。迁移至建水团山后，张氏以"百忍家风"传世，历经明清至今。

张家的族谱，以文字的形式记载着家族历史，至于始祖到底是不是真的来自江西，是经商还是谪戍，始迁祖是否有如族谱所述的成就，是值得进一步推敲的。族谱作为一种叙事文本，承载着修谱者的主观意志和能动性，修谱者会在"修"的过程中，进行"取舍"和"附会"，这些在已有的研究中屡见不鲜。所以当我们面对族谱时，只能把族谱视为个人与群体之间当前关系的叙述④，至于是事实还是"攀附"⑤显得不太重要。可能在边地之外的人看来，移至边地是一种对自身的"贬值"，是从"文明"流放至"野蛮"，因此需要借助文明开化之地的"祖先"事迹，借以展示自己"异"

---

① 张立永：《团山我的家乡》，昆明富新春彩色印务有限公司2015年7月印，第8页。访谈间，老人拿出自己的书给我看。
② 访谈时间：2020年10月25日；访谈对象：张××，男，83岁；访谈地点：团山皇恩府。
③ 2020年10月25日在团山访谈时，主人家拿出族谱给我观摩，经主人同意，我拍摄了族谱中的一些内容。
④ ［英］弗里德曼：《中国东南的宗族组织》，刘晓春译，上海人民出版社2000年版，第88页。
⑤ 刘志伟：《祖先谱系的重构及其意义——珠江三角洲一个宗族的个案分析》，《中国社会经济研究史》1992年第4期。

于边地群体，移民后人也可以借助祖先、族谱来对抗"夷化"。事实上，当他们自愿或迫于外因移入并定居边地时，边地作为"第二"甚至"第三"故乡，对祖籍的追溯，更多的可能是一种"记忆"，修谱者只是在具体场景和时代背景中能动地做了"记述"和"补录"。对边地的世居者而言，移民只是一群异于自己的"邻居"，他们操着与自己不同的方言，在日常实践中，与自己有别；在物质利益方面则多了一些竞争者。在后续的发展中，这些"竞争者"（移民）依靠自身的文化和技术，在耕作、制陶、科举中都展现出一些优于自身（世居土著）的特质。在这种情况下，世居土著要向"邻居"学习，并在交流沟通中生成新的文化事项。对这些世居群体来说，这些移入者无论来自哪里，都是"他者"，在这片土地上，他们（世居者）才是"中心"，但随着大量移民的进入，在历史的不断发展过程中，这种"中心"发生了改变。

清代平定云南后，大量汉族移民通过汛兵塘卒、流民、商贾寓居等形式进入云南地区。[1] 其中军屯主要以绿营兵为主体。根据清代的军制特点，绿营兵进行屯戍时，有家属相随，因此，家属也成为移民的一部分。清朝时期在建水地区设置了临元澂江镇，并派遣绿营兵（见表2-3）驻守，从清初到道光十二年（1832）前，总兵额达到了12526名。根据这一时期的军制计算，如果每个绿营兵都有家属，按两口之家则共有25052人移入建水地区。

表2-3　　　　　　清朝时期临元澂江绿兵营设置简表[2]

名称	时间	归属	编制	驻地	兵额（名）	兴废简况
临元澂江镇	清初	该镇总兵统辖	中、左、右3营	临安府	2400名	顺治十七年设，至康熙九年曾改称临元广西镇

---

[1] 何耀华总主编，朱惠荣主编：《云南通史·第二卷》，中国社会科学出版社2011年版，绪论，第71页。

[2] 根据秦树才《清代云南绿营兵研究：以汛塘为中心》，云南教育出版社2004年版，第9、32、46、123、138页制。

续表

名称	时间	归属	编制	驻地	兵额（名）	兴废简况
临元澂江镇	平三藩后	该镇总兵统辖	中、左、右3营	临安府	2200名	康熙十九年改临元澂江镇，设兵2400名，康熙三十七年，拨200名归新嶍营
临元澂江镇	雍正十三年	该镇总兵统辖	中、左、右3营	临安府	2200名	雍正七年，裁马兵27名，增步兵27名
临元澂江镇	乾隆四十七年	本镇总兵统辖	中、左、右3营	临安府	1802名	乾隆七年，裁临元镇兵50名，四十七年，裁养廉公费兵348名
临元澂江镇	雍正时期	—	中、左、右3营	—	2200名	分防汛地11处，存城兵额1560名
临元镇	道光十二年前	五州六县	—	—	1724名	其中建水县312名

资料来源：秦树才：《清代云南绿营兵研究：以汛塘为中心》。

除绿营兵和其他军舍人丁外，"临安南部山地为少数民族聚居地，清代所设汛、塘、哨、卡大多在该县边境。由于屯军较少，流民迁入相对就多些。嘉庆时临安府知府江濬源《条陈稽查所属夷地事宜议》指出：'历年内地民人贸易往来，纷如梭织，而楚、粤、蜀、黔之携眷住居其地租垦营生者，十之三四。'一般情况下，客民约占当地人口的10%左右"[1]。可见，这一时期的商人移民也不在少数，"客民经商，投向夷地。挈家而往者渐次已繁；更有本属单子身，挟资潜入，至与联为婚姻，因凭借夷妇往来村寨"[2]。由此可见，到建水的这些"客商"，有的是挈家带户，有的是在当地组建

---

[1] 葛剑雄、曹树基、吴松弟：《简明中国移民史》，福建人民出版社1993年版，第441页。

[2] 云南省建水县地方志编纂委员会编：《建水县志：简本》，方志出版社1991年版，第364页。

家庭。但无论是以何种方式，他们通过经商在此寄居，并繁衍生息，与当地土著一道开始对这座城市进行改造。

历经元明两代的移民浪潮，到了清代时，移民还在持续。乾隆四十一年（1776）统计的移民人数中，云南地区的移民就有145万人次（见表2-3）。建水地区在嘉庆、道光年间的移民就已有18.7万人次（见表2-4），嘉庆年间还出现一些矿工移民。嘉庆年间，云南地区矿业发展迅速，在经济物质利益的诱导下，湖广、江西、四川等地的移民迁入云南地区进行开采，一时间大量移民涌入。这一时期，外省移入云南地区的人口不足50万。① 近50万人口的移入，对地方社会影响是巨大的。由于移民多从外省移入，来自不同的地区，在语言、习俗和信仰上都存在差异，一般情况下很难做到聚族而居。在这种情况下，同一籍贯地或同乡人大都会聚集在一起，构成以地缘关系为主的地缘村落。② 回族移民因秉持共同的信仰组建成回回村，汉族移民则依照籍贯建立"地缘村落"，如明代时期临安府下辖的石屏郑营，临安城东近回龙村的马军等，都是由屯戍兴起的村落。至今这些村落名中都带有"营""镇""军"等，这种称谓应该与屯戍有着密切关联。

伴随着元、明、清时期的屯兵屯垦、徙民等移民手段，建水地区的汉族人口得以扩大。民国十二年（1923）进行人口调查时，建水地区的汉族人口已达102572人，占总人口212375人的48.3%。1953年人口普查时，建水、曲溪总人口达247998人，其中汉族就有176528人，占总人数的71%。1987年全县总人口431537人中，汉族人口达297736人，占总人数的70%③。2020年全国第七次人口普查，建水县统计局公布的统计数据显示，建水县全县总人口

---

① 葛剑雄、曹树基、吴松弟：《简明中国移民史》，福建人民出版社1993年版，第442页。

② 郑振满、陈春声主编：《民间信仰与社会空间》，福建人民出版社2003年版，第271页。

③ 云南省建水县地方志编纂委员会编：《建水县志：简本》，方志出版社1991年版，第75页。

（常住人口）为 534205 人，其中汉族人口为 321746 人，占总人口的 60.23%①。汉族群体从元明清时期的"移民"，发展成这座城市的主体，在长期发展中改造并影响着这座城市，这种"影响"从元以降延续至今。

二 "探马赤军"——建水历史上的回族移民

建水地区历史上的回族移民，大致与回族进入云南地区的时间一致。"蒙古宪宗三年（1253 年，南宋宝祐元年），兀良哈台从吐蕃入云南，平定大理，首批回回人随其入滇。中统四年（1263 年），皇子忽哥赤封云南王，所领中亚阿姆河流域的回回人，分住在昆明、昆阳、大理、丽江、鹤庆、保山、腾冲等地。至元十一年（1274 年，南宋咸淳十年），回回人赛典赤·赡思丁为云南行省平章知事，其子孙及部分回回人随其迁滇。"②因此可以把蒙古宪宗三年（1253）视为回族先民进入云南的开端。这些"回回人"进入云南地区后，相继分散开来，建水地区也成为这一时期回族落籍之处，并由此拉开了回族定居建水地区的序幕。首批进入云南地区的"回回人"多是以随军的身份移居云南，这些人在以往的史料中也被称为"探马赤军"或"戍军"，即有战事时作为军人出战发挥"镇戍"功能，无战事时在当地从事屯垦生产活动。

此外，回回人赛典赤·赡思丁于至元十一年（1274）出任云南行省平章，前后治滇长达六年（1274—1279）。在此期间，赛典赤·赡思丁不仅推动云南地区儒学事业的发展，改进农业生产和文化习俗等事宜外，还促进了伊斯兰教在云南地区的传播和发展。赛典赤在昆明地区先后修建了清真寺，"其子及孙多继官云南，纳速剌丁任云南宣慰司都元帅，马速忽任云南平章政事，忽先任云南平章政事，沙的任云南左丞，因而，其子孙及部族大多留寓云南，成

---

① 2021 年 7 月 31 日，建水县融媒中心"古城建水"微信公众平台公报，并结合田野调研数据。

② 葛剑雄、曹树基、吴松弟：《简明中国移民史》，福建人民出版社 1993 年版，第 321 页。

为云南回族的一个主要来源。"① 虽然元代初期的建水地区并不繁盛，但经过唐南诏、大理国等的统治，以及惠历水的东泄，建水作为滇南要冲的地位还是存在的。元代在通海置临安路，辖制建水地区，这一时期就有回回居住建水。回族迁入县内始于元朝"镇戍军"中的回回军落籍。②"元至元十年（1273年）赛典赤·赡思丁为云南平章政事，回回军随驻建水，信奉回教，所在之处有清真寺，聚族而居，人口五百余人。"③ 可见元时就有五百余回族人在建水，并在临安郡东修建了清真寺。"清嘉庆年间（1796—1820年）立于建水东城外的《重建清真寺并置常住碑记》④ 载，建水县城的清真寺，创建于元皇庆年间（1312—1313年），数百年来，'户口繁兴，衣冠鼎盛。'至元年间（1335—1340年）回回军一部屯驻建水，先居回回村（今东村），后迁回龙（今培德）和燃灯寺街。"⑤ 临安郡东的清真寺就是这些回回迁移到燃灯寺街后修建的。这一时期，建水地区的回族由于"镇戍"定居于此，并修建了清真寺，人数已有了一定的规模。

元代迁入建水地区的回族可以视为第一批移民，明代时另一部分回族也相继迁入建水地区。云南平定后，朱元璋根据云南的地形特征进行了综合考量，决定在云南地区广置卫所进行治理，卫所用以屯兵，其中临安地区是主要的屯兵区。加之明代将临安府治迁移到建水，并扩修城池，使得建水日益繁盛，这一时期的屯兵大都是在此安家的，这些屯兵中也有回族。现居建水的回族中，有些家户的祖先是明初入滇的。"我听大人们讲，我们这里的回族有些是明朝时从南京那边迁过来的，一些姓马的回族，他们的祖先就是从南京来的。大家都讲明代时南京有很多回族嘛，朱元璋的手下都有一

---

① 田方、陈一筇主编：《中国移民史略》，知识产权出版社1986年版，第63页。
② 云南省建水县地方志编纂委员会编：《建水县志：简本》，方志出版社1991年版，第76页。
③ 红河州回族学会编：《红河回族概览》，云南民族出版社2012年版，第6页。
④ 该碑已不在寺中，田野间寻未果，故用之前书籍中的资料，特此说明。
⑤ 红河州回族学会编：《红河回族概览》，云南民族出版社2012年版，第6页。

些回族。后来南京那边的回族就被迁移到了这里。"① 这种记忆不仅存在于口头之间的传述,也有相应的文字记载。据《梯月马公行状》载:"公姓马氏,讳青云,梯月其字,临安建水人也。其先系出金陵。始祖特墨公,明初领兵入滇,官临安卫指挥千户,遂家焉。今郡城东回龙村,其故里也。世世耕读,十四传至封翁讳恩禄者,娶田氏,继娶赛氏。田氏早卒,生四子,公其季也。"②《建水马氏族谱》载:"始祖,讳坚,原籍江南江宁府上元县人,明初官云南广西卫指挥,遂家于建水之回回村,殁葬本村大路侧。"③ 这些记载中都注明了迁入的时间和迁出地点,有的是随军,有的是领军。关于始祖来自南京的记忆,如同"山西大槐树"④ 的记忆一般,作为一种移民记忆,即使在历经很多年后,也会在口述中被传承。这些人群在当地定居下来,并将自身所携带的文化付诸实践,与当地其他群体一道,投身各项事业的发展和建设中。虽然《梯月马公行状》和《建水马氏族谱》都提及,作为明代时期的始迁祖马青云、马坚官至"临安卫指挥千户"和"云南广西卫指挥",可能因官修史志在入志人物上有一定的标准,马青云和马坚并未出现在《明史·列传》和其他正史中,《康熙建水州志》《嘉庆临安府志》《雍正建水州志》等志书中的秩官和兵防中也未有明确记载。虽然作为一种记忆和民间性的叙事,文学性的《梯月马公行状》和民间文书的族谱,在缺乏"正史"的佐证下,难以摆脱"附会"之嫌。但作为一种文字记述,或可弥补正史的"缺漏",使"正史"和民间性的文书系统互补成为可能。

有清一代,云南地区和其他地区一样,存在大量移民。嘉庆、

---

① 访谈时间:2021年1月3日,星期一;访谈对象:金××,男,28岁;访谈地点:沙××家中。
② 白寿彝编著:《回民起义(2)》,神州国光社1952年版,第411页。
③ 该族谱为回龙马氏合族所编,由长房支系所收,田野期间受助于马氏家族后人(马××,男,34岁)帮助,得此族谱信息。
④ 赵世瑜:《说不尽的大槐树——祖先记忆、家园象征与族群历史》,北京师范大学出版社2018年版。

道光年间，云南地区的移民人口（见表2-4）所占比重依旧很大，占总人口的53.3%，移民人口达11.6万人，这其中应当有回族群体，而且建水地区的回族在清代时已经初具规模。①

表2-4　嘉庆、道光年间云南若干地区的移民人口估测②

单位：万人、%

地点	总人口	移民比例	移民人口	地点	总人口	移民比例%	移民人口
开化	20.6	58.3	12.0	广南	18.9	58.3	11.0
临安	53.3	35.0	18.7	普洱	44.2	54.9	24.3
元江	24.8	46.8	11.6	景东	12.6	50.0	6.3

资料来源：葛剑雄主编，曹树基著：《中国移民史·第六卷·清民时期》，第169页。

建水地区的回族历经元、明、清发展至今，目前在临安镇内，除燃灯寺街的清真古寺外，在仁和路路口也修建了一座土木结构的清真寺，供当地回族群体使用。仁和路口的城区清真寺始建于2012年，占地11亩，作为回族群体进行宗教活动的场域，新建的清真寺融入了伊斯兰教文化和儒家文化的内涵，并将其融入建筑中，整个建筑采用中国古代歇山顶飞檐的殿堂式风格，以木石结构为主体。清真寺大门是歇山顶式的二层飞檐建筑，门口左右两边的照壁上用优美的书法字体书写着"爱国是信仰的一部分"和"知识即使远在中国当求之"的教导。一进清真寺门口，左右两边的墙壁上书写着《古兰经》节选，随风飘扬的五星红旗矗立在院内。寺内的墙壁上镌刻着修建清真寺的"功德"，礼拜殿周围的五十通石栏上镌刻着《论语》节选和圣训节选，大殿的门额上悬挂着习近平总书记关于民族和宗教问题的论述。在建筑空间和雕刻饰物上，都纳入了中国传统文化元素，把儒家文化吸纳进伊斯兰文化中，并使二者完美结

---

① 在咸丰年间的云南起义中，建水地区作为一个重镇，也发挥了一定作用，详见本章第四节。

② 葛剑雄主编，曹树基著：《中国移民史·第六卷·清民时期》，福建人民出版社1997年版，第169页。

合。这些眼之所及作为一种宣传和教育，对当地回族和前来参观的人们具有一定的教育意义。

迄元至今，建水地区的回族在历史进程中不断发展，人口也有所变化。民国十二年（1923）普查人口时，建水县共有212375人，其中回族就有931人，占建水县总人口的0.4%。1953年时人口达5956人，占建水县总人口247998人的2%。1987年人口普查时，回族人口达10821人，占建水县总人口431537人的2.5%[①]，2020年全国第七次人口普查，在建水县全县总人口（常住人口）534205人中，各少数民族[②]人口达212459人，占总人口数的39.77%[③]。根据我在田野期间的调查，目前县城内回族人数相对较少，整个建水地区回族多分布于一些下辖镇、村，如回龙、馆驿、庄户等地区，临安镇下辖的回龙社区为主要的回族聚居村落，约有2054户，人口6412人，回族占总人口的95%[④]，即回族人口6000人左右。建水城内作为人口的集散地，流动人口较大，常居和流动人口2万余[⑤]。这些常居和流动人口，共同延续了建水回族的文化传统，在整个建水地区的人口结构和文化结构方面也产生了一定的影响。

第三节 移民与边地开发——建水城市的发展过程

移民是一个过程，从移出地到移入地，在经历"移动"的艰辛

[①] 参见云南省建水县地方志编纂委员会编《建水县志：简本》，方志出版社1991年版，第75页。

[②] 建水县第七次全国人口普查主要数据公报中，未公布"各少数民族"的具体人数。

[③] 2021年7月31日，建水县融媒中心"古城建水"微信公众平台公报，并结合田野调研数据。

[④] 根据田野调查资料，并结合"红河普法"微信公众平台2021年5月21日的数据所得。

[⑤] 访谈时间：2022年2月12日下午；访谈对象：何××，男，55岁；访谈地点：建水城区清真寺。

过程到达移入地后，也会面临诸多挑战。元以降，在中央王朝的主导下，大量移民进入建水地区，来自不同地区的移民进入建水，对建水地区人口结构产生深远影响的同时，强化对边地（建水）的开发和治理。明代时移民达到高潮，促使建水地区发生巨变。某种程度上来说，建水地区的移民进入史，就是建水城市和社会发展史，有研究者认为建水是"移民开拓的名城"①，可见移民对建水地区影响之深远。移民的影响是双向的，在对移出地产生影响的同时，也时刻影响着移入地，元以降建水城市的发展，与移民密切相关。

首先，移民促进了建水地区农业经济的发展。移民的进入，开辟了大量的屯田，使建水坝子成为农业种植区，促进了建水地区农业经济的发展。建水地区农业的大规模发展肇始于元代，据《经世大典·屯田篇》记载："云南八番、海南海北，本非立屯之地，欲因之置军旅于蛮夷腹心，以控扼之也。……临安路屯：建水州立屯，二千四百八十户，田五千一百双。"② 本着控扼的目的，元代开始在云南立屯，建水随即便有了最早的屯田。元代屯田的出现，预示着移民已在建水地区从事开垦活动。移民的进入带来了生产技术，比如耕作和手工业制作等，移民将这些技术投入生产生活，推动了地方农业的发展。至元二十四年（1287）时，马可·波罗曾到云南进行游历，后将游历见闻记录在了他的行纪中。《马可波罗行纪》中载"妇女腿臂带金银圈，价甚贵。男子亦然，其价较为女子所戴者更贵。产马不少，多售之印度人而为一种极盛之贸易。其地有良土地、好牧场，故牛及水牛亦甚多，凡生活必需之物，悉皆丰饶"③。虽然这则记述是马可波罗对"阿木州"④的描述，但曹荆认为这些描述与史书上对临安地区的记载相似，建水地处滇南的军事和政治"咽喉"，马可波罗应该到过建水，此记载应该是对建水地

---

① 申旭：《移民开拓的名城》，云南民族出版社 2000 年版。
② （元）赵世延等撰，周少川、魏训田、谢辉辑校：《经世大典辑校》，中华书局 2020 年版，第 435、428 页。
③ ［法］沙海昂注：《马可波罗行纪》，冯承钧译，商务印书馆 2017 年版，第 283 页。
④ 阿木州应为"阿迷州"，与建水地区相邻，为今天的开远。

区的描述。①从记载中大致可以窥见元代时期建水地区已有良地，在生产生活方面已经"悉皆丰饶"。明代时，随着大量卫所的建立，一时间"兵多民少，粮饷不给"，在此情况下，明代朝廷鼓励卫所进行大规模屯田。明洪武二十年（1387）时，"临安卫除正军外，还有舍丁 2305 名，军余 15666 名。正军 5600 名中，三分守城，七分屯种"②。到洪武二十七年（1394）时，建水地区有"职田五千九百五十七亩九分，屯田四万三千六百五十五亩七分五厘"③。这些军舍人丁的移入，增加了建水地区的人口数量和劳动力。移民作为人力资源投入生产建设，开辟出大量良田。加之明朝廷"移江南大姓"巩固边疆，使得建水地区日益繁盛，军屯在满足军需的同时，扩大了生产规模，促使内地的生产工具和技术在边地运用，某种程度上为"金临安"的出现奠基。

其次，移民催生了建水地区工商业的发展。在军屯进入的同时，商人也渐入建水地区，使得建水地区由明初的或"专稼穑，尽力田畴"或"采猎为业"——主要以最基本的农事活动为主的农业经济，渐催生出工商业发展的萌芽。明代时，大量来自南京应天府、江南江州、江西、湖广、凤阳等内地的汉族移民进入建水，增加了建水的人口数量。加之明代将临安府南迁建水后，建水的政治地位和经济地位得以提升，工商业也得到了快速发展。沐氏镇守云南时，特别注重对水利的修建，使得人民的生活相对安定。明代修建东门楼后，可以在城门"看城小铺四十八座"，建水地区这一时期的课税中已经有了商税和门摊税。据《万历云南通志》载，临安府的课税中，"商税，银九百三十九两二钱七厘三毫八丝。门摊，银

---

① 曹荆、谭晓云：《南疆邹鲁——建水》，三秦出版社 2003 年版，第 53 页。
② 武德忠：《滇南千年古城——建水》，云南教育出版社 2015 年版，第 47 页。
③ （明）李中溪纂修：《云南通志》卷之七《兵食十五》，详见林超民等编《中国西南文献丛书·第一辑·西南稀见方志文献第》二十一卷，兰州大学出版社 2003 年版，第 178 页。

五十二两七钱一分八里"①。税收从侧面反映出，这一时期，建水作为"滇南重镇"，商业发展已有了一定的规模。到了清朝时期，除绿营兵、汛塘兵携家屯戍外，大量的"流民"进入建水地区。这些不同类型的"移民"使得清代的建水"工之役于临安者，营立室家"，"以至于州县间凡五金开采者多非土著"。随着这些五金开采者和工役的大量出现，建水地区的"制糖、制陶、榨油、造纸、印染、冶金加工等手工业也较兴盛。商业贸易上，全县形成16个集市，城乡交易活跃，还有跨省贩运的商帮。经济的发展，促进了文教的兴盛"②。通过元明的发展，到了清代时，建水地区发展成为商贾重镇。谢肇淛在其《滇略》中记载道"临安之繁华，富庶甲于滇中，谚曰'金临安，银大理'，言其饶也。其地有高山大川，木鱼螺之产不可殚述，又有铜锡诸矿，辗转四方，商贾辐辏。其民习尚奢靡，好宴会酒肴，筐篚殆无虚日"③。作为滇南重镇，"金临安"以其地理优势和长足的发展，使其"佳于滇中"，而这些发展与移民密切相关。

第三，移民为城市建设提供了人力和物力，加速了城市的发展进程。建水古城建设较早，唐南诏筑惠历城，到元代时依旧是土城。在当地人的叙述中，这座"土城"是一个烂尾工程，修建并不成功。元代虽在建水进行了屯田和军屯，但这一时期建水地区的城市发展远不及邻近的通海。在城市建设方面，元代除了兴修文庙外，未有显著突破。待明代平定建水后，一改旧制，将临安府治迁至建水的同时，修建了城池。明洪武二十年（1387）宣宁侯金朝兴檄指挥万中将建水城进行拓地重修，"董役相地所宜，砌以砖石，使得周围六里高二丈七尺为门，东迎晖、西清远、南阜安、北永贞，各为楼三层，高八尺。东南阁为钟楼，看城小铺四十八座，北

---

① （明）李元阳著，刘景毛、江燕点校：《万历云南通志》，中国文联出版社2011年版，第556页。
② 汪致敏：《建水文庙：旅游、祭圣一本通》，西安地图出版社2008年版，第15页。
③ （明）谢肇淛：《滇略》卷四《俗略》，详见四库全书史部·滇略卷二一，地理类三，详见《文渊阁四库全书》，台湾商务印书馆1986年版，第494册，第141页。

南外屏墙一座，本衙军器贮于各楼，锁钥掌于本府"①。这一时期，建水城在蜕变的同时，城内已有"48座小铺"。明代对城池的修建，基本奠定了建水古城的基础，使建水古城的规模和格局得以确立，"现在的建水城的范围就是明代修的，只是50年代那会把城墙拆掉了，除了东门楼外，其他的三座城门楼都遭到过毁坏，现在的都是后面修的。我们小时候城墙还在的，我们会到城墙上去玩，拆掉以后，现在就剩下建水一中清远路那半截了，而且那半截都是在旧址上重修的，虽然上面还有一些旧的砖了嘛"②。在清远路旁建水一中的外墙上，依稀可以可见砖上刻有"左所军匠刘记儿"（见图2-1）。可见，当时修建城墙和城楼时，军匠参与其中，负责烧制城砖。这些匠籍军屯，在烧制城砖时，在砖上留下自己的名字，在凸显个人身份的同时，也把这一时期的历史镌刻在了"工艺"——城砖中。此外在明代的移民中，不乏具有"手艺"的军匠和手工艺人，这些人共同为城市的建设贡献了自己的力量。保存至今的建筑、雕刻，侧面佐证了这一时期移民对建水的历史意义。移民凭借着自己的手艺，把"工艺"镌刻在这座城市的建筑中。虽然明末和清代咸丰年间，建水地区多战乱，使得明朝时期修筑的城池多遭破坏，遂屡经修复，但保全完整的只有少数。在这些"少数"的印迹中，被镌刻进建筑的工艺和人名得以留存至今。每一个"刘记儿"身后是一个群体的缩影，更是一个时代、一段历史的缩影。

第四，移民为工艺技术的发展注入了活力。移民的进入，除带来丰富的农业生产知识、技术外，还带来了许多手工艺技术。元代，伴随中原汉族移民的进入，生产技术、营造技术、凿井技术和制陶等也相应进入建水地区。兴建于元代的建水文庙，就代表元代

---

① （清）陈肇奎、（清）叶涞纂修：《康熙建水州志》，详见《北京图书馆古籍珍本丛刊》（45），史部·地理类，书目文献出版社1987年版，第666页。
② 访谈时间：2020年8月20日；访谈对象：李××，男，75岁；访谈地点：北正街路口。

图 2-1　建水一中外墙上的明代砖（2020 年 7 月 27 日摄）

最高的建筑水平，在规模和工艺方面，呈现了高超的营造技术。[①]明代修建建水古城时，营造之术的传播更加深入，屯军中的军匠开炉烧砖，为土城"易砖"时，相应的技术也在当地传播开来，四城门的修建和城楼的修筑，反映出这一时期营造之术在建水地区得到了长足发展。清朝时，建水周边发现了许多矿产，冶炼技术也随着移民的进入而发挥作用，这些农技、营造和冶炼，都对建水的发展产生了影响，但影响最深远的是制陶。建水陶业有着"宋有青瓷，

[①] 何耀华总主编，何耀华、夏光辅主编：《云南通史·第四卷》，中国社会科学出版社 2011 年版，第 82 页。

元有青花，明有粗陶，清有紫陶"的历史过程，在这一发展过程中，建水地区制陶人的技艺某种程度上也与移民有着关联，虽然建水碗窑村的匠人（技艺）的来源地、移入的时间和交流细节等方面还存在些许争议，① 但元明以降，随着大量移民的进入，为制陶"技艺"的相互交流和借鉴提供了便利。人的流动不局限于"人"，还有"人"所承载的一切。明代时期建水的粗陶是比较受欢迎的，除了日常使用外，还出现在葬礼中。陶罐被用来盛装骨灰，亦可作陪葬品。也就是在这一时期，建水地区有了"窑课"，每年收取"窑课，银二两一钱四分一里"②。可见这一时期建水的制陶业已经初具规模，达到了向王朝国家"纳税"的水平。同时与建水粗陶业密切相关的是云南边疆汉族移民史、制陶人员及陶技艺的迁入史、云南建水及周边地区民众的日常生活、饮食文化、消费及宗教信仰。③ 移民把制造技术带入建水地区，进行生产，这种外来的制陶技术也被当地人所借鉴和采纳，共同融于陶瓷制作中，随着制陶业的发展，陶制品渐入生活，进入生活各领域。时至今日，一些浙江地区的商人依旧在建水地区做着陶生意，他们投资建厂烧制紫陶，或作为中间商进行销售。"就整个云南省来说，我们浙江人还是多，来这边做生意的也早，大概有几百万的样子。建水可能就有五六万人。来建水这边的，几乎每个时间段都有，像我就是90年代初过来的，比我早的、晚的都有。我们这些人中，有卖紫陶的，有卖海鲜的，基本干啥的都有。这两年租地种葡萄的也多，样样都能找钱。"④ 这些身处当代的人，也如同他们的祖辈一样，作为新一轮的"移民"，出现在建水地方，继续在地方的发展中发挥作用。

---

① 马佳：《建水紫陶：手工艺进程的人类学研究》，社会科学文献出版社2019年版，第74页。

② （明）李元阳著，刘景毛、江燕点校：《万历云南通志》，中国文联出版社2011年版，第556页。

③ 马佳：《建水紫陶：手工艺进程的人类学研究》，社会科学文献出版社2019年版，第81页。

④ 访谈时间：2021年6月19日；访谈对象：黄××，男，45岁；访谈地点：临安路。

第二章　纳边入内——移民、城市与地方文化史

第五，移民为地方多元文化的产生创造了条件。移民进入一地区后，在生活习惯方面，也会对当地社会产生影响。移民是"文化"的载体，在这里"文化"是一种广义的存在，不仅包括物质文化，还包括一些肉眼不能及的非物质文化。元代随着汉族和回族群体进入建水，汉族所承载的儒家文化和回族为载体的伊斯兰文化也在建水地区落地生根，与土著——彝族、哈尼族等的传统文化，共构了地方文化。在这种情况下，作为西南一隅的建水地区的文化，就有了"移民文化"的突出特征。[1] 元以降，移民不断进入建水地区，改变了建水地区的人口结构，同时移民还把自身所携带的文化带入建水，使建水地区的文化渐趋多元。移民的进入还影响着土著的风俗习惯。史载"建水偏处南服，民风朴略，称道不拾遗，夜户不闭，非溢美也。明初置临安卫，以秣陵人实其地，故冠婚丧祭与江南同。我朝平滇数十年来，教化聿兴，风俗丕变，藁承平即久，生聚日蕃，机智亦日生。记云：教民兴行，莫善于礼，移风易俗，莫善于乐，比户对可猝致哉！作士秀而文，崇尚气节，民专稼穑，衣冠礼度与中州埒。号诗书郡，人多畏法，少有不平，宁弃不争，多爱清雅，敬崇文，婚礼近古。俗喜向学士请习惟勤，人材蔚起，科第胜于诸郡"[2]。元、明的发展，为清代建水地区的崛起奠定了基础，清代时期，建水一度发展成为"滇南邹鲁""文献名邦"和"诗书郡"。在发展中，作为能动者的移民，通过自身的实践，把文化与行动进行结合，从而对边地的文化产生影响。边地的土著群体通过长期的接触和交往，渐对婚丧嫁娶等习俗进行了改变，随着儒学教化的不断深入，"衣冠渐与中州同"，从这些变化中也可窥见土著及移民群体对儒学的接受程度。在长期的互动中，土著和移民共同形塑了地方文化。因此，建水城市的移民史、发展史，本身也是地方文化变迁史以及地方民族融合史。

---

[1] 徐新建：《西南研究论》，云南教育出版社1992年版，第119页。

[2] （清）陈肇奎、（清）叶涞纂修：《康熙建水州志》，详见《北京图书馆古籍珍本丛刊》（45），史部·地理类，书目文献出版社1987年版，第677页。标点符号和断句系本人所作。

第六，移民作为儒学教化的实践路径之一，推动儒学教化和科举在建水地区的传播和发展。元代统一各地后，渐认识到"马背上"治天下的弊端，随即在全国各地兴建文庙，推广儒学教化。元朝先后在昆明、大理和建水等地修建了十座文庙。建水地区于元至元二十二年（1285）修建了孔庙，随之儒学便在建水地区得以传播发展。元代修建的建水文庙作为元代最高建筑水平的代表，历经明、清至今，保存相对完好，而且在不断扩修中，规模渐宏，面积达到了曲阜孔庙的三分之一，成为全国"第二大"文庙。随着元、明、清不同地区移民的迁入，建水发展成"诗书郡"，继而在科举考试中获得"临半榜"的美称。明清两代建水先后出文武进士111名，仅次于昆明、大理；出文武举人1273名，仅次于昆明。① 这些科举中第者，大都有移民二代乃至三代子弟，虽然他们的祖辈已在建水落籍，但作为移民的后裔，他们推动了建水地区科举的发展和儒学教化的实践。② 移民后裔作为科举的积极参与者，在秉持重儒习文、耕读传家的家风时，以儒学教化的实践者身影出现在地方社会，在自身实践的同时，影响地方社会。在这种长期的熏陶和潜移默化地影响下，地方土著群体渐习，共同为儒学教化的落地而努力。

第七，移民促使地方宗教多元化的生成。从庄蹻使滇到汉习楼船、唐标铁柱、宋挥玉斧，再到元跨革囊，③ 云南地区的移民一直不断。在中国历史上，各地区间的群体或因生存或因政治原因，移民一直都存在。随着人口的迁徙移动，移民所携带的诸文化"事项"也随之游移。其中就包括宗教信仰，除了制度性宗教（佛教、伊斯兰教和基督教）外，移民还把一些秘密宗教进行传播，更多的是传播他们的（带有地方性特点的）信仰，主要是对民间俗神的崇拜。④ 元、

---

① 张绍碧主编：《建水史话》，云南人民出版社2017年版，第5页。
② 关于移民与儒学传播和科举的发展，我将在第三章和第四章中进行较全面的分析，在此只做简单论述，借以呈现移民与儒学传播和科举发展之间的关系。
③ 云南昆明大观楼长联中所提及的汉、唐、宋、元史。
④ 葛剑雄、曹树基、吴松弟：《简明中国移民史》，福建人民出版社1993年版，第628页。

明、清时期，建水地区随着大量移民的进入，民间信仰也出现了多元化，曾一度兴建了许多寺庙——"全县有寺庙近百座"，古城内就有人们口耳相传的"七寺八庙"之多。在如此众多的寺庙中，有官修的文庙、城隍庙、武庙等，也有诸如观音寺、白马寺等普罗大众自发修建的庙宇。这些不同寺庙的出现与移民有着密切关联。因此移民对地方宗教的多元化生成和实践，起到了促进作用，这种作用既体现在寺庙的修建当中，同样在仪式实践当中也存在。

总之，移民的影响是多元的，涉及面广，影响范围大，而且这种"影响"是双向的。移民在对地方社会产生影响时，地方社会及土著也会对移民产生一定的影响。移民与"土著"一道催生了地方多元文化的生成和发展，同时促进地方社会的全方面发展。移民的进入，促进了历史上建水地区经济的繁荣、文教的兴盛，使其一度"富甲于滇"，成为"金临安"，并发展成为"滇南邹鲁""文献名邦"和"临半榜"。移民的进入在极大地丰富建水地区人口的同时，还带来了许多技艺和风俗习惯，这种技艺和风俗潜移默化地影响着地方社会。在长期发展中，移民与建水土著的文化和习俗互渗共融，使中原文化与边地文化相融合，形成丰富多元的地方文化。

第四节　族群关系的地方实践——权益、文化与政治

移民在迁移的过程中，经受移动的艰辛过程，在到达目的地后，也要处理自身与"土著"之间、不同地区的移民之间以及不同移民群体之间的关系。在这系列关系中，有些移民融入其他群体中，如元代以前移入云南地区的汉族群体，融入诸"夷"中。有些移民则保持着自身的文化和传统，充当"化夷"的先锋。不同移民群体之间，在对资源利益的角逐中，激化矛盾。作为"移民开拓的城市"，移民在推动建水社会历史发展的同时，移民与土著、不同移民群体之间也存在微妙关系。虽然建水地区历史时期移民群体之间产生过巨大隔阂，发生过矛盾，但在长期儒学教化的推行和各群体之间交

流、交往和互动中，和合共在、共同发展是主流。

一 "化夷"抑或"夷化"——文化的"博弈"

移民进入地方后，对地方经济、文化等各方面，都产生了相应的影响，当这些移民对地方社会产生影响时，地方文化和地方社会也反作用于移民。在这一过程中，集中于"汉"与"夷"之间的问题就凸显为"化夷"抑或"夷化"。同时，族群的生活空间，会随着移民的增多和更多移民的加入，越来越多的区域也渐渐"汉化"而成为"中国"。[1] 边徼之地的建水地区，随着移民的进入，也经历着"汉化"而成为"中国"的过程，但这个过程并不是单向的，而是一个双向共谋的结果。

元以降，大量移民进入建水，这些移民群体主要以汉族为主，他们来自不同的区域，以不同的类型落籍建水。元代以前迁入云南地区的汉族已在"汉变夷"的历史长河中融入当地土著中，即使未被夷化，也不能完全充任"夷化汉"的主导者，而元以后迁入云南地区的汉族，充当了"化夷"的先锋，成为"夷变汉"的主导者。[2] 这些移民在"落籍"后的发展中，极力保持自身的文化和传统。汉族移民则传承着"耕读传家""百忍"等家风，作为儒家文化的承载者和传播者，积极培养子弟参与科举，把儒家伦理纲常付诸日常实践。回族群体修建清真寺，围"寺"而居，保持自己的信仰风俗习惯。加之，许多移民来自文教兴盛的江浙一带，在耕作技术、礼仪等方面，很容易引起地方土著的注意，随即便成为"效仿"的对象。在长此以往的交流互动中，地方人士在移民群体的熏陶中发生着变化，相应地，为了更好地适应地方生境，移民也选择

---

[1] 葛兆光：《历史中国的内与外——有关"中国"与"周边"概念的再澄清》，香港中文大学2017年版，第39页。

[2] 何耀华总主编，朱慧荣主编：《云南通史·第二卷》，中国社会科学出版社2011年版，绪论，第62页。

性地接受地方性知识①。对中央王朝而言，军屯、民屯本身就是治理术，移民承担着"军务"职责的同时，还扮演着中原文化传播者、儒家文明传播者、文明承载者等诸角色。对边地而言，这些来自"开化"之地的移民，是王朝传播教化、"以夏变夷"的急先锋，是"化夷"、汉化的推行者，他们通过对儒学教化的践行，通过对礼仪习俗的实践，通过参与科举和文字系统，潜移默化的影响地方社会，继而重塑地方社会。在这一过程中，每一个移民个体都是行动者，都是教化和汉化的推行者，在他们的影响下，地方土著在习俗、文字意识等方面都发生相应改变，他们积极参与科举，接受儒家礼仪，但他们（土著）依旧延续着自身的传统。虽然中央王朝起初的目的在于"化夷"或汉化，但在移民实践的过程中也有一些移民被"夷化"。

建水地区的孔姓彝族就是被"夷化"的移民群体，这些人主要分布在元阳、石屏和建水的官厅镇。据史料载，元阳、石屏和建水地区的孔姓彝族群体是"共祖"的，他们都认为，自己的祖先是孔厚，是孔子的后裔，是汉族而"非夷"，但这群人却在发展中被"夷化"。立于乾隆三十五年（1770）的孔厚墓志铭《族谱明辨纪略》载：

> 族之有谱，犹国之有乘也。……追溯始祖，原是姓孔名厚，乃山东籍贯，南京应天府人也。曾荐贤书仕于黔之普安州。奈时逢改革，岁荒民变，甚至兵火延年，于祖有碍，不得已改姓普，由黔入滇至临潜居。孰意方出天罗旋入地网，倏值流贼作乱，吾祖乃旧逃奔。偶适此地，见山势盘桓，林木幽静，爰立宫室遂家焉……思我始祖仕于普安州，是由建业而入黔也。避乱而出忘，由黔而入滇也。卜居大凹子，弃繁华而爱清雅也。独是祖宗事绩，难以详尽。而族谱之源，乃承先启后之要。兹

---

① ［美］克利福德·格尔茨：《地方性知识：阐释人类学论文集》，杨德睿译，商务印书馆2014年版。

为孔普两姓因辨明之。孙宗圣于乾隆乙酉科叨蒙祖宗默佑,已登乡荐赴京会试。寓于黔中,访我宗支。见有姓孔者,相叙及族谱,其人答曰:"我族谱由海岱而入于建业虽南京人也,本山东籍也。先祖姓孔名厚者,仕于普安州,闻知避乱入滇,未审落籍何处。"试考其备细,乃一组之孙,方知先祖姓孔,良非虚也。又知山东籍贯,洵不诬也。……且先祖曾仕普安州,间有以普为姓者,又以普安州为祖之姓名者。或又曰:"普是真姓,孔乃冒姓也。"若然,真是姓普则姓之矣,又何乐而姓孔乎?要之:先祖姓普不得已也,今复姓孔不忘本也。特辨明而敬述之,俾后世知所由来矣。特叙。[1]

从这段记载中可以看出,孔厚祖籍山东,曾在贵州做官,后因躲避战乱徙至建水地区,得到了当地普姓土司的庇护。为了在新的生境中生存和发展,在受到普姓彝族土司庇护的同时,孔厚在"不得已"的情况下改为"普姓",并入彝族群体。这种对自身"身份"的彝族化处理,也彰显了移民与土著之间微妙的关系。在后期发展过程中,孔氏族人在经历"夷化"后,又重新认祖归宗"改回"孔姓并保持彝族身份,一直延续至今。这些孔姓彝族注重文教,科举时代族人中也有中第者,《族谱明辨纪略》的作者孔宗圣就是乾隆乙酉年的进士。可见,他们虽然被"夷化",但仍未忘记"耕读传家",对文教的重视一直得以延续。在长期发展过程中,这些孔姓彝族落地生根,融入当地彝族群体中,讲彝语,习彝俗,自身经历"夷化"。虽然后来改回"孔姓",但他们在日常实践中依旧保持着彝族习俗。在认同上,这些"孔姓"具有双重的认同,一方面,他们认同孔氏——通过修谱追祖,并与山东曲阜孔氏建立联系;另一方面,在长期的生产生活中,受地缘和历史诸因素影响,他们也渐入彝族群体,也认同彝族及其文化。这种基于血缘和地缘的双

---

[1] 石屏县孔子世家谱编委委员会:《石屏孔子世家谱》,内部资料,2003年,第35页。

重认同,本身是在对"身份"进行选择时的一种自我重构的过程。与建水古城内的张氏和朱氏相比,孔氏在迁入边地后,经历了"夷化"的过程,但他们自身"夷化"时,由于对自身文化的重视,也起到了"化夷"的作用。

从孔姓彝族的个案来看,"夷化"和"化夷"本身是一体两面,在长期的交往中,并不存在单向的化夷或汉化。同时当不同的文化承载者在同一生境中长期共存时,在习俗和日常实践中,会相应产生互渗和共存,即使是汉化也存在对"非汉"元素的吸纳。①

二 利益与政治——"族群"冲突背后的深层逻辑

外来移民在移入一个地区后,在面对新的住居环境时,会相应产生一系列问题。与原有的土著之间、不同移民群体之间会发生碰撞,有时甚至是流血冲突。现居住在建水团山的张氏,先祖在明代落籍建水时居住在西门外的蓝坡头,但迫于土著的压力,"三选择里"后落定团山。张氏后人说:"我们家老祖公刚到建水这点(里)时,是在古城外面那点(里),叫蓝坡头的地方。老祖公们就在那里安了家,先住了下来,后来做生意赚了一些钱,辗转迁移到了张宝石寨。在那里老祖公们勤劳,很快就发家致富了。结果遭到了一些早在那里居住的(土著)群体的嫉妒,他们比我们老祖公在的(居住)早,都是一些当地人,我们老祖公作为外来人,他们就找茬。记得有这么个事,我们老祖公在哪里买了一块地,当地人就想着法子侵占。那哈子我们家族人少,强龙不压地头蛇,老祖公看了下势头(情况),就开始另谋他地。最后在路经团山时,发现这是一块宝地了嘛,就迁到了这里。到团山以后,周边也有一些彝族,老祖公就和他们处好关系,把我们家'百忍'传家的家风延续了下来,一直到这会。我们家里读书人多,我自己就是老师。"② 在这则

---

① 对于汉化或化夷问题,我将在儒学教化部分进行详述,为避免重复,不在此赘述。
② 访谈时间:2020年10月25日;访谈对象:张××,男,83岁;访谈地点:团山皇恩府。

叙事中，可以窥见移民落籍后，也面临着土客之争的问题，在土著群体居住的地方落地生根也会遇到挫折。虽然张氏最终妥善处理了自己客籍和土著的关系，但作为一个个案，有助于理解移民群体和土著群体之间的关系。

移民在处理土客问题的同时，也面临着不同移民群体之间的问题。在王朝国家治理策略的影响下，清雍正年间开始改土归流后，清朝改变了对云南乃至整个西南地区的治理方式。清王朝经过改土归流，用直接开发的方式取代了以往对西南地区的间接开发模式，这种政治管理模式改变了原有的中央王朝与地方土司之间的矛盾，并将其转变成汉族移民直接与西南各民族之争。[1] 同时不同移民群体之间，因对发展资源的竞争和占有，时有冲突发生。云南地区历经元明清的大量移民，使得"移民"反客为主，成为地方上人口结构中的"多数"。到明朝时期，云南地区的汉族移民已经超过了云南地区的少数民族群体[2]，这些群体在长期的发展中，某种程度上挤压了土著人口。加之历史上历代移民大都是从经济文化发达的地方流向相较落后的地区，移民的生产技能和文化素质要比迁入地高。[3] 在这种情况下，许多资源都被移民人口所占有，这无意增加了移民与土著之间、不同移民群体之间的张力。清道光、咸丰年间云南地区的"起义—镇压"，则是长期族群关系发展演变最极端的结果。

虽然咸丰年间的冲突表面上呈现的是族群之间的冲突，但实质上是由深刻的社会原因造成的。作为统治者的清朝政府，在错误的认识下，对民族群体间的矛盾未能给予妥善的处理。加之社会的动荡，以及长久积压的移民和土著之间、不同移民群体之间的复杂关系、资源占有的不对等，都成为"矛盾"激化的原因。在这里无论是族群理论中的"原生论"，还是"情境论"，都不是独自在发挥作

---

[1] 杨庭硕、罗康隆：《西南与中原》，云南教育出版社1992年版，第43页。
[2] 蔡寿福、陶天麟主编：《云南教育史》，云南教育出版社2001年版，第101页。
[3] 葛剑雄、曹树基、吴松弟：《简明中国移民史》，福建人民出版社1993年版，第558页。

用，其在大的历史背景中，共同作用于某一件事。在这一时期的族群矛盾中，原生的民族情感和工具性的抉择，在历史作用下共同发挥作用。

第五节　小结

在这一章中，主要对建水历史上的移民过程进行了回顾，试图窥视移民与城市发展之间的关联，并对土客之间、不同移民群体之间的关系进行了呈现。在历史发展过程中，几乎每个阶段都有移民进入建水地区，这些移民的进入，改变了建水地区的人口结构，随着明代大量汉族移民的进入，使得汉族人口剧增，并成为建水地区民族中的主体。在改变人口结构的同时，移民的进入提高了建水地区的文化素质，他们将自身携带的文化带入边地，起到传播儒学、提倡文教、化导民俗的作用，同时影响并促使边地产生土著知识分子和精英群体，这些土著知识分子相继参与科举，出仕为官，从建水走向其他各地，加强了建水地区与中原内地的政治、经济、文化联系。[1] 在这一发展过程中，移民作为"中坚"力量影响着边地的方方面面。

云南作为王朝国家的边疆地区，云南地区的开发史，也是边疆地区的开发史。在中国的历史学著作中，边疆地区开发的历史，一直被认为是以北方向南方移民的方式实现的，这些北方移民带来了"先进"的生产方式和"先进"的文化，通过移民开发的历史过程，向南方疆域渗透，并通过人口迁移从政治中心扩散出来实现"王化"，但这种一直被强化的观念本身存在问题，历史事实也并非如此。[2] 就整个云南地区而言，其不只有北方移民，明清时期，云南地区的移民来源于多个地区，尤以江浙、江西地区为主。这些移民

---

[1] 陆韧：《变迁与交融：明代云南汉族移民研究》，云南教育出版社2001年版，第336页。

[2] 刘志伟：《在国家与社会之间：明清广东地区里甲赋役制度与乡村社会（增订版）》，北京师范大学出版社2021年版，第271页。

分散在云南各地州，他们用自身所携带的"文化"，对移入"疆域"发生作用，某种程度上是沿海"南方"地区向"西南"地区的移民，而非北方向南方的移动。明初的"王化"宣传也是自南向北，而非"北方中原"论下的王化宣传。元以降云南地区的移民作为政治型移民，移民更多的是王朝"戍边"和"固边"中的一环，随着移民的进入、边地的内附，在中央王朝的统一治理下，建水地区的发展渐与内地同。

建水作为"云南极边"的"边徼"之地，随着元、明、清时期大量移民的进入，促使建水发展成为"滇南重镇"，在政治、经济、文化、科举方面成为"滇南"中心。纵观建水历史，无论是移民、军屯、民屯还是商人的迁入，以及到建水为官者、流寓文人、谪戍之人，他们到达建水后，都积极投身地方社会的建设事业中。民屯和军屯开辟了大量的良田，在养兵戍边、自给自足的情况下，大力推动地方农业生产。商人的进入，催生了工商业的发展，到了清代，建水地区的许多大姓崛起（如张家、朱家），在具有雄厚的资本积累后，修建了院宅（朱家花园、张家花园）。流寓文人和谪戍之人则用自身的"文才"，为当地培养知识分子。如被建水当地人铭记的王奎、韩宜可，在建水开学讲坛长达十五年之久，促进了文教和科举的发展，杨慎的谪居更是留下了佳话，这些都作为历史底蕴，写入建水这块土地中。

在城市建设中，自唐南诏兴城，到明代古城规模的确立，时至今日，这座古城依旧保留了明代的遗址（古城区就是明代修建的城池）。随着明清时期的诸多建筑的兴起，建水便具有了"古建筑博物馆"的美誉，一座座建筑在讲述自身生命历程的同时，也诉说着这座城市的发展。有学者认为，建水是"移民开拓的名城"，虽然看似夸大了"移民"的作用，但通过对历史资料的研究，以及对地方文脉的探析，不难看到移民在这一历程中发挥的作用是巨大的。移民为城市人口的发展注入了活力，同时这些移民对城市的建设和发展起到了举足轻重的作用。从城市的兴起开发，再到建设和发展的历史进程中，都有移民的身影。

移民在进入地方后，不仅要处理土客之间的关系，而且不同移民群体之间也存在微妙的关系。团山张氏落籍建水的经历以及清咸丰年间的回民自卫运动，一定程度上反映出移民与土著、移民与移民之间的关系。虽然清咸丰年间的事件举世瞩目，但在历史进程中，这种极端化的群体关系毕竟是极少数。历经清代的摩擦后，建水燃灯寺街成了回汉杂居的街坊，清真古寺和燃灯寺相毗邻；马如龙的故乡回龙村也成了回汉杂居的村落，大家在同一生境中休戚与共。因此，在一个多族群聚居的生境中，不同群体在同一生境中互相交流、交往和交融，互相借鉴和共同发展始终居主导地位，和合共生是同一生境中不同群体共同的奋斗目标，和谐共生才是一种常态。

中国是一个多民族统一的国家，在长期的历史发展过程中，形成了不同的民族群体。在中华民族共同体的形成过程中，虽然民族群体间有过一些摩擦，但各民族群体之间最终形成了你中有我、我中有你的密切关系，各民族群体之间像石榴籽一样紧紧挨在一起，建水地区也不例外。同时"一部中国史，就是一部各民族交融汇聚成多元一体中华民族的历史，就是各民族共同缔造、发展、巩固统一的伟大祖国的历史"[①]，就建水而言，移民与土著、各移民群体共为这座城市的建设者、发展者和守护者，各民族群体共同缔造、共创了建水古城的辉煌。建水地区的发展史，某种程度上是多元群体共同的奋斗史，也是一部地方文化变迁史。

[①] 习近平：《坚持共同团结奋斗共同繁荣发展 各民族共建美好家园共创美好未来》，《人民日报》2019年9月28日第1版。

第三章

化成天下——文庙的修建与儒学教化的推行

  儒学是一个庞大的思想和实践体系，是由孔子承启中兴后，经过不断传播和发展，以其包容性和外放性，吸纳了其他思想理论，形成以"仁"为核心、以"中庸"为思想特性的一套思想—实践体系（内圣秩序）。在个人实践中，儒学是一套自我修养、自我完善的"内修"秩序。个人通过研习儒学，修、齐、治、平的思想就会从自身向外，一圈圈"推"出去[1]，延伸至家国。对家庭而言，儒学建立了一套以血缘为纽带的尊卑、忠孝、内外的人伦秩序，在家乃至家族中的个体，能够依照自己的位置，扮演一定的角色而不逾规。对社会而言，儒学建立了一套严格的道德伦理秩序——"以道德代宗教"[2]，为社会建立了一套完备的道德伦理基础，成为一种被人们共同享有的传统，这种共同享有的传统将人们凝聚在一起。[3]对国家而言，自汉代始，儒学作为治理术的特征已经彰显，成为国家推行"文治"的一种手段，通过儒学教化的"柔术"使国家得以长治。因此，无论对个人、社会或国家来说，儒学都是一种规训机制，是集"教""化"和"学"为一体的实践体系，教化是其内

---

[1] 费孝通：《乡土中国　生育制度》，北京大学出版社1998年版，第26页。
[2] 梁漱溟：《中国文化要义》，上海人民出版社2011年版，第103页。
[3] ［美］赫伯特·芬格莱特：《孔子：即凡而圣》，彭国翔、张华译，江苏人民出版社2002年版，第60页。

第三章 化成天下——文庙的修建与儒学教化的推行

涵。儒学教化的推行是随着移民、文庙的兴建和科举的发展得以推广的。在此过程中，文庙作为推行教化的主要场域，既有"渐迁其俗"的面向，也发挥着"教育"的功能。同时文庙作为王朝国家推行儒学教化的场域，渐发展成为"化成天下"的象征。

云南虽地处边疆，但"教育"的发展相对较早，早在章帝元和三年（86）时，益州太守王阜本着"渐迁其俗"的目的，在"南中"修建学校。[①]唐代时，盛逻皮在其国内立孔子庙。王阜和盛逻皮的举措，虽推动了儒学在云南地区的传播，但影响并不深远。元代平定云南后，根据云南地区的实况，以多措并举的方式对云南地区进行治理。先是推行军屯和民屯，对云南进行直接的管理和开发。继而在云南地区广建文庙，推行儒学教化，并首开科举，加强对云南地区的统治。在儒学教化方面，"先是，云南未知尊孔子，祀王逸少为先师，立道始建孔子庙，置学舍，择蜀士之贤者，迎为弟子师，岁时行释菜礼，人习礼让"[②]。为了改变"未知尊孔子"的状况，元朝先后在云南修建十座文庙[③]，用以推广儒学教化。在开展儒学教育的同时，元代在云南首开科举。《元史·选举志》载："天下选合格者三百人赴会试，于内取中选者一百人，内蒙古、色目、汉人、南人分卷考试，各二十五人。蒙古人取合格者七十五人，云南一人。色目人取合格者七十五人，云南二人。汉人取合格者七十五人，云南二人。"[④]在全国范围内取士三百人的情况下，元代在云南地区开科取士，每科云南贡额五名，从整个国家制度层面第一次将儒学教育和选取官吏进行了有效结合，第一次从政策、制度和实践上将云南列入了全国科考行列，[⑤]推动了云南地区文教事

---

① （明）诸葛元声撰，刘亚朝校点：《滇史》，德宏民族出版社1994年版，第55页。"南中"地区为今天云南、贵州和四川大渡河以南地区。
② （清）冯甦著，徐文德、李孝友校点：《滇考》，云南人民出版社2017年版，第111页。
③ 建水文庙就是这一时期继昆明文庙和大理文庙后，修建的第三所文庙。
④ 《元史》卷七八《选举志一》中华书局1976年版，第2021页。
⑤ 海淞主编：《云南考试史》，云南人民出版社2012年版，第31页。

业的发展。

　　元以降，在明清时期，文庙作为中央王朝治理云南的一种手段，被积极加以推行。从明太祖朱元璋开始，儒学便被彻底官方化，开始由民间的学术思想论述转变为官方的"礼教"。[①] 基于此，明代初就通过在全国宣讲圣谕、广设学府、兴科举等方式，大力推行儒学教化，以达到长治久安的目的。清代继续延续明代时期的一些有效治理策略，对儒学教化地推行成为应有之意。清统治者在"入关"以前，就已经深谙中国传统文化，对孔孟思想有着很好的掌握和理解，这就为他们后来的执政和治理奠定了良好的基础。在治理云南地区时，清代通过府州县行政统治的确立、绿营兵的分防驻扎和以儒学为主的封建教育的推行等方式，[②] 对云南地区进行了长期有效的治理。在元、明、清中央王朝对云南的治理中，可以看到儒学教化作为一种治理术，在中央王朝的推行下，在边地得以不断发展，"教""化"同时推进，为王朝"固边"的同时，改变边地的习俗，从而"化成天下"，使边地与中原同。在这一过程中，文庙作为主要场域，发挥着巨大作用。

第一节　历史、空间与政治——建水文庙的地方叙事

一　建学明伦——建水文庙的发展史

　　文庙、夫子庙、宣夫庙、儒学庙、鲁司寇庙、黉学、学宫、至圣庙、先师庙等都是对"孔庙"的一种称呼，但文庙的使用相对适中。公元前478年鲁哀公在孔子逝世（前479）后，以孔子故居为孔子立庙，祭祀孔子，"使食邑百户守之"。鲁哀公所修的孔庙，主要用于祭祀孔子，某种程度上是一种"家庙"，这种具备"家庙"

[①] 王铭铭：《走在乡土上：历史人类学札记》，中国人民大学出版社2003年版，第289页。

[②] 秦树才：《清代云南绿营兵研究：以汛塘为中心》，云南教育出版社2004年版，第182页。

第三章 化成天下——文庙的修建与儒学教化的推行

特性的孔庙,在全国范围内仅有山东曲阜和浙江衢州的孔庙。到了唐贞观四年(630),唐太宗李世民颁布在全国各州县设立孔庙的诏令,由此拉开了大兴文庙的序幕。唐朝的这一举措,在全国范围内第一次掀起了兴建孔庙的高潮。这种在中央王朝推动下修建的孔庙,本身是一种"官庙"。其目的在于推行"教化",此类文庙从修建之初便具备了"庙学"合一的特征,因此可以把官修的孔庙称为文庙。在唐朝的推动下,文庙作为孔庙的另一名称也随即出现。明永乐年间,又因武庙多建于文庙旁,民间就把与武圣人并列的文圣人孔子的庙,称为文庙。① 唐以降,文庙的主要功能则集中于"祀"与"教",是一种"庙学"合一的存在。作为祭祀孔子的主要场所,文庙自修建后就发挥着教化的功能。

《民国新纂云南通志》载:"古者国家造士之所,皆曰学,又曰学宫,后世以其庙祀孔子,故曰庙学,亦曰儒学。……始唐贞观中,诏以孔子为先圣,众儒为先师以后,乃独尊孔子,不言周公矣。元明以来,滇土建学与中原等旧志记载特详,今踵前,武德备书之。"② 作为"国家造士之所"的文庙,在国家的推动下,从阙里走向全国各州县,作为教化的场所,其功能一直未变。修建于元代的建水文庙,属于"官庙",从元代修建起就具备祭祀孔子和学校的功能。"我们这里的文庙是一种官庙,不是家庙了嘛,我们一般都叫文庙。这里的文庙修建早,是元代朝廷修建的,修建后就开始教学生,像现在的学校一样。只是那会了嘛,和这会的学校不一样,教的内容也不一样,但它还是个学校。所以,它就是文庙,不是家庙。我们小时候那哈子(会),学校还在里面的,我们也在里面读过书,印象很深的。现在有时间还是会去里面耍,我们老年人了嘛,有老年卡,进去不要钱的。"③ 建水文庙从修建初就是庙学合

---

① 许儒慧:《云南文庙》,民族出版社2004年版,第3页。
② 龙云、卢汉监修,周钟嶽等纂:《民国新纂云南通志》,详见《中国地方志集成·云南省志辑》,凤凰出版社、上海书店、巴蜀书社2009年版,第268页。
③ 访谈时间:2020年5月10日;访谈对象:王××,67岁,男;访谈地点:孔子文化广场。

一的场所，而且一直被称为"文庙"。

元代统一云南后，元至元十三年（1276），赛典赤出任云南平章政事。到任后，"赛典赤以改定云南诸路名号上闻。立云南行中书于善阐，改为中庆路。始置郡县。诸路各升改建置。改南路为临安路。赛典赤奏：'云南风俗未变，宜建学明伦。'从之"①。在改路建置的同时，赛典赤亲自进行实地调查，体察民情，本着"建学明伦"、改风俗的目的，赛典赤和张立道先后在昆明、大理和建水等地区修建了文庙，建水文庙就是这一时期修建较早的文庙之一。明代丁序琨在《重修文庙碑记》中写道，"临安，滇南望郡，弦诵比邹鲁。胜国时已有学，国初更置府治之西。二百年来，递加修葺，规制严整，足耸观瞻"②。

对于建水文庙的修建时间，学界有三种不同的说法。第一种说法认为，张立道于元至元二十二年（1285）创建了建水文庙。《元史·张立道传》载："十七年（1280），入朝……遂命立道为临安广西道宣抚使，兼管军招讨使，仍佩虎符。……二十二年（1285），又籍两江侬士贵、岑从毅、李维屏所部户二十五万有奇，以其籍归有司。迁临安广西道军民宣抚使。复创庙学于建水路。"③ 这一记述明确提及张立道始创建水文庙，嘉庆《临安府志》、雍正《云南通志》、民国《续修建水县志稿》、《建水县地志资料》和《新纂云南通志》等志书都以《元史》中的这一记载为依据，认为建水文庙始建于公元 1285 年。第二种说法认为，建水文庙建于元泰定二年（1325）。康熙《建水州志》载，"庙学在府治西北，元泰定二年佥宪杨祚题请建学，制可其请，遂为立庙，设教授正录"④。第三种说法记述的较为模糊，李中溪的《云南通志》、范承勋等编纂的康熙

---

① （清）倪蜕辑，李埏校点：《滇云历年传》，云南大学出版社 2018 年版，第 123 页。
② 杨丰校注：《建水文庙历代碑文选注》，建水文庙管理处编印，2004 年 1 月，内部资料，第 158 页。
③ 《元史》卷一六七《张立道传》，中华书局 1976 年版，第 7686 页。
④ （清）陈肇奎、（清）叶涞纂修：《康熙建水州志》，详见《北京图书馆古籍珍本丛刊》（45），史部·地理类，书目文献出版社 1987 年版，第 671 页。

第三章 化成天下——文庙的修建与儒学教化的推行

《云南通志》都载有"临安府儒学在府治西,元平章王惟勤创建"①。王惟勤作平章时为"至正十年(1350)",因而"王惟勤创建"建水文庙的时间大概在元至正十年左右,刘文征的《滇志》持此观点。但嘉庆《临安府志》中的"至正十年平章王惟勤、教授邵嗣宗继修"推翻了至正十年创建的说法。因此王惟勤是继修而不是"创建"。建水文庙碑亭中有至大元年(1308)立的《追封孔子圣旨碑》,根据立碑时间1308年则足以说明,孔庙的修建应该在立碑之前,最迟也应在立碑时,而非晚40年(相较于1285年)的泰定二年(1325)或晚近50年(相较于1285年)的元至正十年(1350)。因此综合来看,建水文庙应建于元至元二十二年(1285)。嘉庆《临安府志》较为具体地记载了建水文庙的修建,以及历史过程,《临安府志》载:

> 庙学在府治西,元至元(1264—1294年)二十二年(公元1285年),宣抚使张立道建。泰定二年,佥事杨祚增建。至正十年,平章王惟勤、教授邵嗣宗继修。明洪武廿二年,通判许莘重建,规制始大。宣德间,知府赖英建尊经阁。天顺六年,知府王佐筑杏坛、射圃。成化四年知府周瑛凿泮池。十五年,副使何纯、知府薛昌重修。弘治九年,副使李孟旺、知府陈盛修尊经阁,置乐器。十二年,副使王一言、知府王资良凿泮池,广二十亩。嘉靖九年,副使戴书建启圣祠,置经籍、雅乐,郡人徐澜厘正之。三十年,副使蒋宗鲁建名宦祠、乡贤祠。万历三年,知府昌应时建文星阁、云路坊于泮池南,表曰:"滇南邹鲁。"三十年,教授胡金耀造祭器。三十四年,地震倾圮,巡抚陈用宾、巡按周懋相、提学范允临、参议康梦相、知府梁茂桂同修,增敬一亭,佥事龚云致建两坊,曰"盛世人文",曰"熙朝道化"。崇祯十六年,知府丁序琨、知州刘僖重修。

---

① (清)范承勋、王继文、吴自肃、丁炜编纂:《康熙云南通志》卷之十六下,阳明文库图书,康熙三十年(1691)刊本,第102页。

本朝康熙十二年，知府程应熊倡修尊经阁、观水亭，竝收贮经书，知州李灏修文星阁。二十二年，奉旨重修，知府黄明于东庑瓦砾中见石暮圣像，恭移于尊经阁。二十九年，升府黄明，署府丁炜，知府朱翰春同捐俸铸祭器、乐器。五十一年，知州陈肇奎伐石砌泮池，修"滇南邹鲁"坊，知府栗尔璋绩成之，题曰"太和元气"复兴，知州祝宏移建文星阁、斋宿亭，州人萧大成增送乐器。乾隆三年，知州夏治源同绅士建桂香阁。十六年，学正杨元亨同绅士修泮池。二十六年，知府费元龙，知州吴元念移建节孝祠于县学署前左侧。二十九年，教授董聪同绅士建礼门、义路石坊。三十七年，知府永慧、知县周镒同绅士重建棂星门。五十七年，宗镇定柱复杏坛旧址，知府张玉树同绅士重建德配天地、道冠古今坊，圣域由兹、贤关近仰坊，清泮池侵占复旧规。六十年，知府江濬源同绅士于泮池周围绕以墙垣，树圣域、贤关二坊匾额内外焕然一新。[①]

该记载大致勾勒出建水文庙的修建及历次增修、拓修的过程。从中可见，截至嘉庆年间，建水文庙已被先后数次增修，而且规模在不断地修复中逐渐扩大。经历朝历代的不断重修、增修，使得建水文庙具有了当今的规模（见图 3-1）。

建水文庙历经明、清不断地扩建和重修，"经历 50 余次扩建增修，占地 114 亩。建筑呈六进院布局，有一池、一坛、一阁、二殿、二庑、二廊、二耳、三堂、三亭、五门、六祠、八坊。'规制宏敞，金碧壮丽甲于全滇'，规模仅次于山东曲阜孔庙，为中国西南地区最大的庙学结合的祭祀性建筑群体。1983 年被云南省人民政府列为云南省重点文物保护单位。1999 年云南省人民政府将其列为精品旅游景区建设项目，拨出巨资，全面修复，填充儒学文化内

[①] （清）江濬源修，（清）罗惠恩等纂：《嘉庆临安府志》，详见《中国地方志集成·云南府县志辑》第 47 册，凤凰出版社、上海书店出版社、巴蜀书社 2009 年版，第 77—78 页。

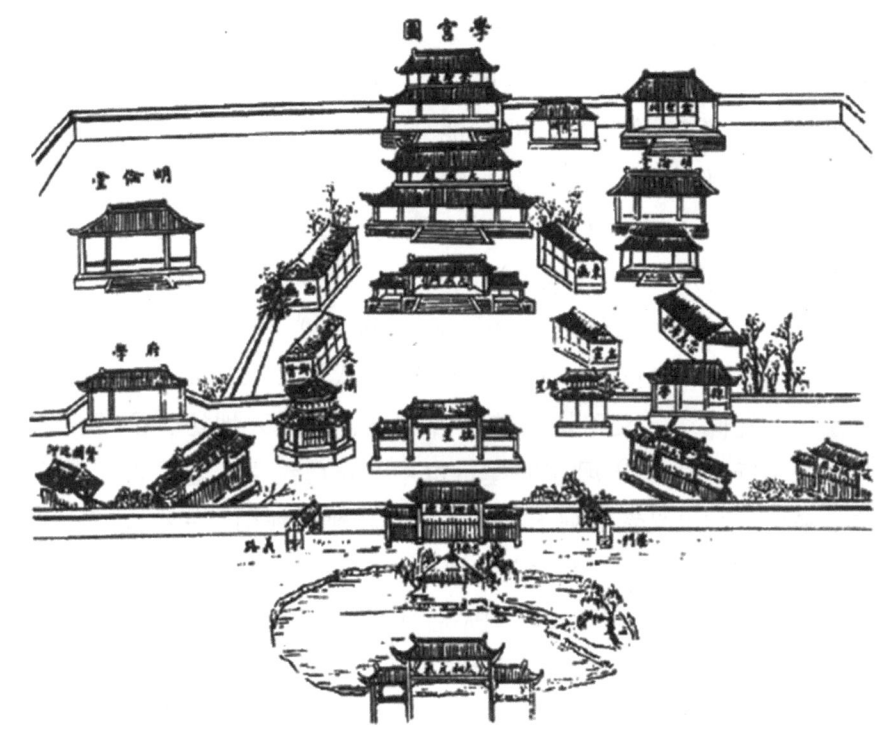

| 第三章 化成天下——文庙的修建与儒学教化的推行 | 135 |

图 3-1 建水文庙学宫图
(图片来源于《续修建水县志稿》，第 45 页)

容。2001 年被国务院公布为全国重点文物保护单位。古城文庙重现辉煌，今更胜昔"①。建水文庙整体上"坐南朝北"分布，主要建筑沿中轴线对称分布，成"六进院落"。这种朝向布局具有"坐北朝南"的特征，虽然很难考证建水文庙在修建时，缘何会采用这种朝向，但将文庙的朝向与皇宫的朝向做对比，可以看到帝王文化和"朝南"为尊的、具有等级制度的文化内涵。通过建筑的布局，文庙在空间景观上呈现出等级制度和礼制观念，用建筑景观进一步诠释儒家伦理内涵。

---

① 2021 年 5 月 19 日，抄录自建水文庙。后文中关于文庙内相关建筑的面积、尺寸、建筑特点等，在建筑旁都有相关简介，我呈现建筑物时，所出数据均系建水文庙内简介。故后文不做注释。

元代始建，历经明清多达50余次的增修和扩建，使建水文庙形成了以大成殿为核心的呈"六进院落"规模的建筑群，沿中轴线和横轴线遍布着37个建筑。即一池（泮池）、一坛（杏坛）、一圃（射圃）、二殿（大成殿、崇圣殿）、二庑（东庑、西庑）、二耳（东耳、西耳）、二堂（东明伦堂、西明伦堂）、三阁（尊经阁、文昌阁、奎星阁）、四门（棂星门、大成门、金声门、玉振门）、五亭（敬一亭、思乐亭、斋宿亭、西碑亭、东碑亭）、六祠（二贤祠、仓圣祠、名宦祠、乡贤祠、忠义孝悌祠）、八坊（太和元气坊、洙泗渊源坊、礼门坊、义路坊、道观古今坊、德配天地坊、圣域由兹坊、贤关近仰坊）。[①] 现存的建筑群中，除尊经阁、魁星阁、敬一亭、斋宿亭和忠义孝悌祠不存在外，其余建筑都相对保存完好。元代建水文庙除始建外，有过3次修缮，明代前后对建水文庙共进行多达27次的扩修，到了清代则先后进行过多达35次的修缮。历朝历代多次的扩修和重修，侧面反映出历代王朝对文庙的重视，这种"重视"的背后，隐含着中央王朝用"儒学教化"固边的内涵。中华人民共和国成立以来，也陆续对文庙进行了修复。这一时期的修复不再具备封建王朝时期的"教化"功能，而是把文庙作为一种"文物"、一种遗产，通过修复的方式加以保护。

虽然中央王朝的重建和扩建有其目的，但最终形成了建水文庙现在的规模。在建筑规制和等级上来看，建水文庙是一种超规制、超礼制的存在，作为县域文庙，其规模大大超出了中央王朝对县域文庙的建制规定。这种超规制的文庙之所以会出现，是与其所处的地理位置分不开的。建水文庙地处边地，在"天高皇帝远"的地方，明清时期一度是王朝国家向红河南岸少数族裔宣化的中心。作为中央王朝向"夷域"宣化的工具，作为推行儒学教化的场域，历代王朝官员在主持增修文庙时，其着重点不在于建水文庙是否符合规制，而是如何去推行教化，如何在原有的基础上做出修缮。虽然

[①] 柯治国主编：《建水文庙——开启滇南文明的圣殿》，云南美术出版社2004年版，第18页。

规制上有"逾越",但这种逾越却是在历代王朝(元、明、清)的默许下生成的,这种"默许"可能只存在于边地。在这一层面上,超规制的边地文庙,便成了王朝国家的隐喻和象征,是王朝在边的具显。

在长期历史发展过程中,建水文庙有建有毁。整体言之,建水文庙始建于元,兴起于明,定型于清,在明、清时期,不断得以重建、扩建。据史料记载,建水历史上发生过许多天灾人祸[①],万历三十四年(1606)十一月三十日发生地震,死数千人,"地震顷圮学宫";清顺治四年(1647),李定国率部攻临安,城破后,"定国怒执城中绅衿兵民,尽戮之于城外白场,所杀七万八千余人,而阵亡与自焚、自缢者不与焉"[②]。嘉庆十七年(1812)鼠疫肆虐,"民多绝户",延续二十余年;道光七年(1827),鼠疫又起,延续十余年,"死者难以数计";道光十三年(1833)地震,房屋损坏,死伤人民甚众;道光二十五年(1845),泸江河大水,决堤二十四处;同治十二年(1873),鼠疫再起,延绵二十余年,"百余家的村庄,死百数十人"。除这些天灾人祸外,咸丰年间的回民起义也对建水地区造成了严重的影响。虽然每次的灾难并不一定波及文庙,但灾难对地方社会的影响是巨大的。在灾难频繁、民不聊生、战乱不断的情况下,人们很难顾及对文庙的修建。这一时期对文庙的修缮陷入低迷。文庙的重建也多半是在"政事修明,百务俱兴,境内号称大治之时"[③]。在这种情况下,到建水地区为官的历代官员,和当地人都会修缮文庙。建水文庙也正是在"安居"的情况下,得以在不断地修复中形成现在的规模。朝廷官员和地方士人之所以如此重视文庙的建设,是因"教化风俗,皆学校所从出也。公之大有功于学

---

① 云南省建水县地方志编纂委员会编:《建水县志:简本》,方志出版社1991年版,参见第12—14页。
② (清)谢圣纶辑,古永继点校,杨庭硕审定:《滇黔志略点校》,贵州人民出版社2008年版,第153页。
③ 杨丰校注:《建水文庙历代碑文选注》,建水文庙管理处编印,2004年1月,内部资料,第33页。

校也，如此则教化之所以成，风俗之所以美，行将次第见之矣"①。因此在灾难之后，抑或在"大治"之时，只要有足够的能力，官员就会协同郡人一起建设文庙。

建水人的这种"建设文庙"、保护文庙的精神一直发扬到现在，即使在"文化大革命"期间，当地人也运用自己的智慧，保护了文庙。1966年11月，山东曲阜孔庙遭受了前所未有的破坏，六千余件文物被毁坏，其中国家一级文物七十余件，珍版书籍一千多册。②这种"浩劫"造成的损失是巨大的，建水文庙却完整地保存了下来。文庙内的一砖一瓦、一树一木等都没有遭到破坏。史载1974年1月在"批林批孔运动"中，建水一中党支部组织全校师生开展革命大批判。主要批孔子的"学而优则仕""生而知之""有教无类"等观点及林彪"克己复礼"的反革命修正主义路线的实质。并组织师生对建水文庙的历史、地产、沿革进行调查，到草海滋新寨访问当年文庙的佃户，写出专题调查报告，对文庙的碑文、匾额进行分析，编印《建水文庙简介》。《简介》中记载由于建水文庙是创建于元泰定二年（1325）的古建筑，规模宏大，保存完好，在批林批孔中成了难得的"反面教材"。一时间全省各地到建水文庙参观的人们络绎不绝，建水一中专门安排了老师、同学进行接待、讲解，先后接待了省内外前来参观的十七万人次。③这种在"批判"中作宣传，在"灾难"中进行考证和保护的举措，在国内无其二。正是因为这些人的"智慧"实践和拯救文物的决心，才使得建水文庙得以在"灾难"中幸免。时至今日，建水文庙得以完好保存，并发展成国家4A级景区。每逢节假日，当地人、游客相继进入其中，观看精美的建筑，聆听每一个意味深远的故事。

---

① 杨丰校注：《建水文庙历代碑文选注》，建水文庙管理处编印，2004年1月，内部资料，第33页。
② 许儒慧：《云南文庙》，民族出版社2004年版，第109页。
③ 建水一中建校75周年纪念文集编辑组编：《建水一中建校75周年纪念文集》，建水县印刷厂1992年10月印，第63页。

二 建筑的隐喻与象征——大成殿、拜台和《孔子弦诵图》

孔子生于公元前551年，公元前479年卒。孔子卒后，鲁哀公于公元前478年设庙祭祀孔子，这就是最早的孔庙。鲁哀公以降，许多君王都为孔子追加谥号，修建庙宇，并把孔子的思想作为统治策略。《左传》有载"国之大事，在祀与戎"，虽然这里的"祀"字面上看是对神灵的祭祀，但其也有"礼"的内涵。王朝国家在完成统一的过程中，"戎"是必不可少的，但在统一大局稳定后，"祀"就显得格外重要，而孔子及其传承者的思想，就为"祀"提供了思想基础。借着这种缘由，历代统治者对孔子先后进行了21次之多的追谥。

（1）鲁哀公于周敬王四十二年时，为孔子立庙，使食邑百户守之；（2）汉高祖过鲁（十二年）以太牢祀孔子；（3）汉平帝元始元年追谥孔子为"褒成宣尼公"；（4）东汉灵帝光和元年，诏置鸿都门学，使画先圣及七十二弟子之像；（5）魏正始二年，齐王始行释奠，以颜回配孔子；（6）（南朝）宋文帝元嘉二十二年释奠，用六佾之舞和轩悬之乐；（7）北魏孝文帝太和十六年，改谥孔子为"文圣尼父"；（8）东魏兴和三年（541年），兖州刺史李仲挺，始作孔子塑像；（9）北齐天保元年，文宣帝始立春秋二仲行释奠之制；（10）北周大象元年，宣帝行释奠，封孔子为"邹国公"；（11）隋文帝诏太学，每年四时仲月上定释奠；（12）唐高祖武德七年，以孔子为"先师"，太宗贞观二年以孔子为"先圣"。贞观十一年尊孔子曰"宣父"；（13）武则天，天授元年封孔子为"隆道公"；（14）唐玄宗开元二十七年追谥孔子为"文宣王"；（15）宋大中祥符元年，真宗加谥孔子为"玄圣文宣王"。五年又改谥"至圣文宣王"；（16）宋高宗绍兴十年，诏释奠为大祀，与社稷之祭同；（17）宋徽宗崇宁四年，诏太常寺，考证文宣王庙像之冠服制度，用王者之冕十二旒，衮服九章。从此孔子像拟天子之服制。(18)元成宗大德十一年，加封孔子为"大成至圣文宣王"；(19)明太祖洪武四年，更定释奠之祭器礼物；(20)明世宗嘉靖九年，改正文庙祀典，去孔子像，代以木主，题为"至圣先师孔子神位"；(21)清顺治二年，定文庙谥号为"大成至圣文宣王先师孔子之位"。同治十年复改"至圣先师孔子神位"。①

在历代王朝统治者不断地追谥、追封中，孔子慢慢走上了"神坛"，"像之冠服制度，用王者之冕十二旒，衮服九章"成为"素王"——即凡而圣。同时在官方的主导下，为孔子塑像立位，通过系列措施，使得"刻有孔子尊号的牌位，具有代表社会价值与激起人们敬畏和尊崇万世师表的重要象征意义，而他的灵魂却未被正式地神化。祭祀仪式、香烛、叩头以及正式的祷文，几乎与其他崇拜对象神灵化的膜拜仪式完全相似"②。这就使得儒学或儒教具备了宗教内涵。在这一过程中，文庙逐渐形成了具体的建造规制和标准。历代统治者在褒奖孔子的同时，实质上是对自身的抬高，统治者通过不断抑扬孔子、对儒家思想进行抬升的同时，强化儒家思想的教化意义。

建水文庙的大成殿（见图3-2）也被称为先师殿，是文庙第五院落的主体建筑，始建于元，是供奉和祭祀孔子的场所，也是整座文庙的核心建筑。明代对大成殿进行修复时，时任督学的邵玉作记详细记载了修复工作，记曰："临安为滇上阃，在胜国时，尝始建学际，我皇明列圣代作，统御寰宇，六诏荒服之外，罩被声教之盛，诚斯文千载，一时之遇也。……同知府事云中刘君文由名进士入翰林，历粉署陟银台，左迁斯任，式观大成殿无像设久欲倾，故而将毁，不足以妥神灵，耸瞻视乃精厥思虑，倡率僚佐各捐己

---

① 周敬节：《儒教流传及其影响》，载于初小荣选编《儒家、儒学与儒教（上下册）》，国家图书馆出版社2011年版，第998—1000页。
② ［美］杨庆堃：《中国社会中的宗教：宗教的现代社会功能及其历史因素之研究》，范丽珠等译，上海人民出版社2007年版，第159页。

第三章 化成天下——文庙的修建与儒学教化的推行 | 141 |

俸，计别区畀，储材以萃工，日省月试，不三时而秩然就绪，殿堂、门庑、圣贤、肖像刻雕，藻绘金碧辉煌，所费不啻于百金……。皇明文教而有功，圣门岂浅浅哉？"①

图3-2 建水文庙大成殿（2021年9月28日摄）

从此记中所述可知明代之前已有大成殿，到了明代，朝廷注重"兴学育才"，于是开始修复文庙。修复后的大成殿"殿堂、门庑、圣贤、肖像刻雕，藻绘金碧辉煌"。到了"明嘉靖间诏易木主"，清嘉庆九年（1804）时，临安知府江濬源再一次重建大成殿。因清代知府王文治题"先师庙"三字，大成殿因此有了"先师殿"称谓。

大成殿是集儒家圣人物质与精神为一体的空间，大殿内正对大门处（正中间）供有孔子圣像的圣龛，龛座用巨石雕凿而成，盘龙

---

① （明）李中溪纂修：《云南通志》卷八《学校二十七》，详见林超民等编《中国西南文献丛书·第一辑·西南稀见方志文献》第二十一卷，兰州大学出版社2003年版，第197页。

贴金，麒麟图案装饰的镂空檀香木阁上放置着孔子塑像和"大成至圣先师孔子神位"的牌位，左右两边柱子上挂着"德冠生民溯地辟天开咸尊首出，道隆群圣统金声玉振共仰大成"的对联，正前方排放着供桌。清人贺宗章在其《临安城文庙小记》中对该石桌进行了描述，记中载"殿中一香案，长一丈，阔五尺，四象足"①。供桌上常年放置着爵等器物以及"太牢"（全牛、全羊、全猪）的模型（见图3-3）。东西两侧以"四配"和"十二哲人"分列左右。"四配"分东西两侧各二、居前，"十二哲人"分东西两侧于"四配"后。每年祭孔仪式中，"四配""十二哲人"一起从祀，但在礼仪、祭具、祭品方面属于第二等级。这种对祭品进行等级的区分，侧面反映出在中国传统社会中，一般信仰者会根据祭祀的对象，使用相应的物品，虽然他们只是将其作为习俗予以践行，并没有深究其间的不同。但事实上，"祭神时用不同的祭品是有相当深的含意的，是用象征的方式来表达祭祀者对神灵的不同'亲疏'关系与感情"②。祭品中也体现着等级秩序，祭祀孔子用"太牢"，这是最高的祭祀品，表达最高崇敬之意，而作为第二等级的"被祀者"，祭品等自然要有所区别。

　　大成殿内除孔子圣像和"四配""十二哲人"像外，还有位于圣像前的供桌和蒲团，用以拜祭。殿内悬挂着清代皇帝御题的八块匾额（见表3-1）。清康熙二十三年（1684），清圣祖玄烨即位后前往"辟雍"讲学，随后在孔庙题写了"万世师表"匾额。此后清代的历代皇帝即位，都要去"辟雍"讲学，后题写匾额"颁天下学官"，建水文庙中的匾额也是在此情况下出现的。清代皇帝作为满族人，是异于"中原"、汉人或汉文化的当权者。作为"少数民族"入主中原建立的政权，入关以后，清朝就特别注重对本群体的多重构建，在继续注重保持满族"旗人"身份、不被中原文化思想侵袭

---

① 杨丰编撰：《建水文庙研究资料汇编》，建水县旅游局、建水县县志办公室、建水县文庙管理处编印，2002年7月，内部书刊，第125页。

② 李亦园：《信仰与文化》，台北县永和市：Airiti Press 2010年版，第111页。

第三章 化成天下——文庙的修建与儒学教化的推行 | 143

图 3-3 建水文庙大成殿内（2021 年 5 月 19 日摄）

的同时，也呈现出一定的"汉化"。皇帝以身作则去"辟雍"讲学，一来表达对孔子毕恭毕敬的态度，皇帝本人作为满族群体的代表，让满族子弟强化对儒家思想的学习。其次反衬自己与"华夏"无疑，从而向以汉族为主体的其他群体表示自己对儒家为代表的传统文化的重视。将匾额颁天下学官，也是一种教化推行的方式，"匾额"作为一种有形地昭示儒学教化的"物"，其背后隐藏着王朝国家的政教风化、教育感化和环境影响等[1]综合性内涵，与牌坊等可见之物，一道成为"教化"的标志。

---

[1] 张中奎：《西南民族研究》，中国社会科学出版社 2016 年版，第 84 页。

表 3-1　　　　　　　　　清代历朝皇帝御题匾额①

时间	御题者	御题内容	语出②
康熙二十三年（1684）	清圣祖玄烨	万世师表	晋葛洪《神仙传》："老子岂非乾坤所定，万世之表哉；故庄周之徒，莫不以老子为宗也。"称赞孔子在道德学问上是人师
雍正三年（1725）	清世宗胤禛	生民未有	《孟子·公孙丑上》："伯夷、伊尹于孔子若是班乎？曰：否，自有生民以来，未有孔子也。"赞誉孔子是前无古人的圣贤
乾隆三年（1738）	清高宗弘历	与天地参	《易·说卦》称："参天两地而倚数"。赞誉孔子品德与天地并参
嘉庆四年（1799）	清仁宗颙琰	圣集大成	《孟子·万章》："伯夷，圣之清者也；伊尹，圣之任者也；柳下惠，圣之和者也；孔子，圣之时者也。孔子之谓集大成。集大成者，金声而玉振之也。"赞颂孔子集古代诸先贤之长于一身
道光元年（1821）	清宣宗旻宁	圣协时中	《尚书·尧典》："协和万邦"。《礼记·中庸》："君子之中庸也，君子而时中"。尊崇孔圣之道，协和万邦
咸丰元年（1851）	清文宗奕詝	德齐帱载	《左传·襄公二十九年》："如天之无不帱也，如地之无不载也。"颂扬孔子品德修养高尚如天地
同治元年（1862）	清穆宗载淳	圣神天纵	《论语·子罕》："固天纵之将至，又多能也。"颂扬孔子是上天赋予人间的品德学识高超的圣人
光绪元年（1875）	清德宗载湉	斯文在兹	《论语·子罕》："文王既没，文不在兹乎天之将丧斯文也，后死者不得与斯文也。"意为世间所有的文化盖源于孔子

资料来源：杨丰编撰：《建水文庙研究资料汇编》和许儒慧《云南文庙》。

建水文庙的这八块匾额，自被悬挂至今，已历百余年。完好保存至今，充分体现了当地人的"智慧"。据当地人讲"'文化大革命'那会，我们就把这些匾额拆了下来，拿到其他地方藏了起来，

---

① 根据杨丰编撰《建水文庙研究资料汇编》，建水县旅游局、建水县县志办公室、建水县文庙管理处编印，2002 年，内部书刊，第 75—77 页，并结合其他史料所制。

② 此部分参见许儒慧《云南文庙》，民族出版社 2004 年版，第 117—119 页。

等'文化大革命'过去后，具体时间记不得了，应该是改革开放以后吧！国家开始重视文庙，认为这些是文物，我们就给它全部拿回来，又重新装回去了，现在还好好的，要不这样做的话，估计早就被砸了，听说山东曲阜的匾额好多都被砸了，还好我们这里的保护了下来。那个年代啊，真不容易。"① 1974年1月在批林批孔运动中，建水一中党支部组织全校师生开展革命大批判，在批判中进行了"智慧"的处理，借助批判活动调查了建水文庙的历史沿革、地产等问题，写出了专题报告，并对文庙的碑文、匾额进行了分析和保护。在这一次保护活动中，建水一中的师生作为中坚力量，发挥了巨大作用。"为了保护大成殿前的石龙抱柱，我们就用报纸先把它包起来，然后再在纸外抹上水泥。然后就鼓励老师学生们，一起在红纸上写毛主席的语录，写了好多哩。把写好的纸条能贴的地方都给它贴上去，每根柱子、每一扇门窗都贴得满满当当的。那哈子人心齐的很，一晚上就干完了。等到第二天红卫兵来的时候，我们已经全部整好了，他们来看了看就走了，啥破坏也没搞着。记得那会，还把文庙作为主要的批斗场所，喊起好多人来这里开会，就坐在大成殿前面的院子里，但开完会就走了，也没破坏着。毕竟我们这的人，祖祖辈辈都有逛文庙、爱护文庙的习惯，大家都觉得文庙是神的地方，是老祖公们辛辛苦苦修好的。里面不仅有建筑，还有人情在里面。现在想想，也是给后代们留了一些东西，也是个好事。"②

这种保护文庙的举措，起初只是作为个人的经验或一代人的记忆而存在，是一种"苦难"记忆③，但这种苦难记忆在不断地讲述中，唤起人们的凝聚力，从而形成共识，演化成一种社会记忆、一种集体记忆。同时这些凝聚于文庙的集体记忆作为"一种共识模

---

① 访谈时间：2020年3月5日；访谈人：马××，85岁，男，在建水一中做过老师；访谈地点：马××家中。
② 访谈时间：2020年3月5日；访谈人：马××，85岁，男，在建水一中做过老师；访谈地点：马××家中。
③ 景军：《神堂记忆：一个中国乡村的历史、权力与道德》，吴飞译，福建教育出版社2013年版。

式、一种文化秩序，甚至是一种社会结构（如社会化和教育过程）"①，又反作用于地方社会和进入文庙的每一位参访者。当地人步入文庙时，当他们看到这些保存完好的匾额以及保存完好的建筑时，尤其是那些历经过苦难记忆的人们，都会把这些"记忆"分享给后人，于是记忆连同这些建筑，一直被保存、传承。记忆也渐变成一种教化的力量，一代一代不断地进行传递，使其成为日常的谈资和生活中的一部分。这种不断地"讲述"和传承，也侧面反映出建水地方人对文庙的重视以及对文庙及其文化的态度。

此外，大成殿建筑精美，空间十分空阔，出檐深远，三面环廊，其支撑屋顶的二十八棵柱子，有二十棵是用整块青石凿磨而成。屋脊上有六条透雕的琉璃金龙和吻兽，显示着文庙的尊贵和显赫威仪。②作为整个文庙的主体建筑，大成殿的规格具有严格限制，皇城的文庙用红墙黄瓦，其余的则是青砖绿瓦，建水文庙作为县级文庙，用的是青砖绿瓦，是"十分特殊的石木承重结构"。大成殿的正面有五个开间，有二十二扇透雕精美的屏门，中间六扇屏门上各刻"云龙"一条，六扇门构成"六龙捧圣"，这六条刻画立体的雕龙，共同环卫着殿内的孔子圣座，象征着孔子的学说和思想在古代意识形态领域内至高无上的地位。③同时六条龙的眼睛都正对着中轴线正中的甬道，在体现建筑艺术之高超外，还为文庙增添了庄严。在六龙之下，还雕刻着"鲤鱼跳龙门"的浮雕，这些浮雕都是对科举中第的美好祈愿，"科举中第"就像"鲤鱼"越过龙门，超越原有的"阶层"，成为人上之人。

六扇透雕门的东西两侧各八扇门④，东面八扇屏门刻着：双狮

---

① 张小军：《让历史有"实践"：历史人类学思想之旅》，清华大学出版社2019年版，第112页。

② 汪致敏、欧孝敏、杨涛编著，建水文庙景区管理有限公司编：《建水文庙：一座名城的文化基石》，云南人民出版社2018年版，第64页。

③ 杨丰编撰：《建水文庙研究资料汇编》，建水县旅游局、建水县县志办公室、建水县文庙管理处编印，2002年，内部书刊，第79页。

④ 这些门上的图画，我是根据田野期间的访谈对象讲述，再结合相关书籍整理出来的。

分水（太师少师）、喜上楣（眉）梢、犀牛望月、三羊（阳）开泰、麟吐玉书、丹凤朝阳、喜鹊闹梅、顶天立地；西面的八扇屏门上则雕刻着：国香双喜、竹报平安、鹿鹿（禄禄）双福、松鹤长春、鱼跃龙门、蜂（封）猴（侯）挂印、一鹭（路）连科、象呈升平。这些精美的雕刻不仅蕴含着美好的祈愿，也承载着郡人对科举、文运以及美好生活的追求。但无论这些雕工还是这些图案，都可能不是兴建文庙时临安地区的本土产物，而是一种"外来"物。文庙的修建过程中，不断有移民进入建水地区，并在"云南之极边"落地生根，融入当地的群体中，移民中一些雕工也随即参与文庙的建设中，于是一幅幅精美的图案便出现在文庙乃至一些人家的门窗中，临安古城中的一些旧民居中依旧保存着这些图案。22扇屏门夹在6根方形的大石柱和5条大石门槛之间，5条大石门槛均取自临安本地。这些石头质量好，"色灰白，中含黑影，多成梅树、竹枝，形坚润，细腻而有光。府城文庙，成于国初矿盛财赋丰盈之日，规模宏阔，工料精致，甲于全省。正殿屏门下，坊长四五丈，厚尺余，即此石，无丝毫裂痕，俨如磨光漆成，乍见不知其石也"①。

在以大成殿为主体的第五院落中，除了主体建筑外，还有大成殿外的拜台。拜台面积约277平方米，用青砖铺就而成，三面围以石栏板，这些石板上刻有"天官赐福""独占鳌头""冠上加官"等与科举和入仕相关的图案。拜台中有1座铜鼎，该铜鼎铸于公元1792年，上部仿重檐歇山顶，4棵铜柱游龙盘旋，4足为4个象头，弯曲的鼻子支撑在莲花座上。②"我们这个铜鼎了嘛，上半部分明显的是中原地区的艺术风格，下半部分则是用4只大象的鼻子和足，大象是我们云南地方的代表了嘛，就像孔雀一样，明显的是我们这点（里）的地方特色。这个铜鼎就很好地体现了中原文化与边地艺

---

① 杨丰编撰：《建水文庙研究资料汇编》，建水县旅游局、建水县县志办公室、建水县文庙管理处编印，2002年，内部书刊，第125页。

② 建水文庙内的建筑多有简介，此处所录系铜鼎简介。

术的结合，用铜鼎把这种融合的文化表现出来，也算是文化融合的一种形式吧。"① 可见，建筑师在修建和重建文庙过程中的每一个环节，都把文化事项纳入了考量，虽不可考这是一种"巧合"还是刻意为之，但这种文化融合于器物之上，却能给人最直白的视觉体验。这种融合型器物的出现，在彰显中原文化与边地文化融合的同时，也体现了铸鼎者的能动性，懂得把地方文化融入其中。虽然这种后来的解释可能带有"附会"和"贴金"之嫌，但作为一种器物，其承载着制造者和当时群体至少是精英群体的意志，是"他们"追求融合和彰显"地方"的一种实践。

拜台正前方中部有浮雕的云龙御路石阶。拜台以下是一个庭院，被青石甬道分成左右两边的拜场，拜场中有用青石镶嵌的拜位，这些拜位有大有小，是历史上临安地区的地方文武官员在祭祀孔子时，按官职大小进行排列的拜位。这些青石拜位左右各不同，右边有9块青石拜位，呈三排分布，前排只有一块镶有花纹的青石拜台，中间6块，后排有2块大小一致的青石拜位；左边有7块青石拜位，与右边对应分成三排，最前排为镶边青石拜位，中间一排和后排各有三个拜位，按照古代以"右"为尊、"右文"等的习惯，右边的拜位属于文官，左边的则是武官拜位，这一点也得到了田野访谈的佐证。"在古代那会，讲究以右为尊，所以就形成了'右文左武'的分布，以前朝堂上好像也是这种排列的，右边一般是文官，武官是在左边的。我们这个拜场里文官的拜位就在右边，有9块了嘛，武官的拜位在左边，只有7块。可能是因为临安府文官较多，文官与文庙更亲密些，也可能是因为我们这里（建水）重视文教的原因吧。"②

其实在历史发展中，清代时期建水文风渐落，出的武将有所增多。史载建水历史上械斗比较频繁，民风相对彪悍，因为这个原因，后期才在文庙南面的拜佛山顶上修建了文笔塔，借以改变风

---

① 2020年9月28日，建水文庙祭孔期间，根据文庙导游介绍记载，该导游35岁左右，为建水本地人。

② 访谈时间：2021年9月28日；访谈人物：吴××，男，61岁；访谈地点：建水文庙拜场内。

水，祈运文路昌盛。文笔塔修建于清道光八年（1828），塔高31.4米，塔基周长和塔高相等。王守愚在《文笔塔》中写道："信笔如巨柱，昂首对天书。点拨群星繁，描画晓月殊。挥来斯文风，荡尽愚顽俗。边城多雅士，化外有洙泗。"① 修建文笔塔目的也在于"以文压武"。通过修建风水塔（文笔塔）以文压武，借以平息古时建水地区的械斗风气，同时也是"尊孔崇文""儒佛归一"的例证。②"以文压武"是建塔的一个方面，但结合建塔时间先后，可知清嘉庆二十二年（1817）前后，建水地区的人们不堪忍受封建土司的压迫，农民起义不断。加之后期建水地区鼠疫严重，造成"民尽绝户"，科举事业衰降——"庠序之士已不及从前之半"，因此建塔也有重振文风的目的。此外有传说提及，"我们这个地方啊，以前古代的时候，建水这里了嘛只出武将，力气很大的那种，强悍得很，但是不出文官，武将力气大的连牛都可以放在手掌上当猴子来耍。但是了嘛，就是不识字，而且憨得出奇（憨就是笨了嘛）。这样时间久了以后，大家都觉得不好，名声也不好。那会人们聪明，就找了风水大师来了嘛，看完后人家建议修个塔。修塔的时候，人们就想着把塔修得像笔一样，造一支很大的笔，笔就是用来写字的，很形象的，通过这种方式，那个文笔塔就修起来了。用这种修塔的方式，祈求神物显灵，让建水地区多出一些文士，后来还真灵，就灵验了。塔一直保留到现在，很雄、很高的"③。借着这种历史原因和人民的祈愿，文笔塔便出现在了拜佛山顶上。但实质上，文笔塔是后修的建筑，早在明代时期，建水地区在科举中已经声名远播。清代修建的文笔塔某种程度上只是

---

① 2021年5月18日，抄于广慈湖围栏碑刻。
② 李世风、龙雨和主编：《建水揽胜》，1991年8月，建水县印刷厂印，内部资料，第21页。
③ 访谈时间：2021年9月30日；访谈人物：田××，男，73岁；访谈地点：建水迎恩路中间亭子。

一种补"风水"之塔①。建成后的塔,"似神笔,挺拔俊秀,笔尖耸指苍穹"。塔建成后,建水地区的科举又出现了转折,而且民风也渐变,械斗之风渐息,人民安居。

可见经过长期的发展后,建水地区由明代时期的"诗书郡",在历经天灾人祸后发生了转变,民风大变使得械斗渐频繁。但文笔塔修建后,在社会渐发生改变时,械斗之风得以平息,人民生活发生了巨大变化,这些变化某种程度上也与文教的兴盛相关。

拜场中除青石拜位外,还有栽种的树木,这些树木在建水文庙的六个院落中普遍存在,主要以桧柏等树木为主。在《建水故事·风物篇》中记录了"弭蚊珠和弭尘珠"②的故事。传说在修建文庙时,建水地区有个叫乌泥潭的地方有两个妖怪从中作梗,想延误大成殿的落成时间,这可急坏了知府老爷,知府老爷走投无路时喝了几杯酒,酒后遇到了两个手持蚊帚钵盂的"孩童"。这两个孩童各有神通,在知府面前显露一番后就消失了,而在他们的立足处留下了两个卵石,卵石上写着"广植绿树降风怪,疏挖泥潭镇蚊妖"。得此神谕后,知府便组织人员填平泥潭,开凿清池,并种植树木。还出告示晓谕百姓,宣称"神仙赐弭蚊、弭尘宝珠"。虽然这是个神话传说,给予文庙内广植绿树一个"神话"背景,使得这些广植绿树、开挖清池富有"神性"。在地方史料③中,记载的规模较大的植树活动就有元至元二十二年(1285)张立道创建文庙时就开始种植桧柏。明洪武二十二年时(1389),临安府通判许莘在扩建文庙时,也植有桂花、柏树、山茶花等。清康熙二十二年至二十八年(1683—1689)临安知府黄明在文庙内种植柏、龙眼、罗汉松等,清嘉庆十七年重建崇圣祠时,又拓地种植柏树林四点四亩。这前后多次大规模的种植,使得文庙内有着历史悠久的古树名木,如元代的古桧,明代的红山茶、桂花和古柏,清代的罗汉松、云南

---

① 在文笔塔未修建以前,白马寺中的"崇文塔"发挥着建水地区"文笔塔"的功能,后文详述。
② 张绍碧主编:《建水故事·风物篇》,光明日报出版社2003年版,第183—187页。
③ 汪致敏:《建水文庙:旅游、祭圣一本通》,西安地图出版社2008年版,第51页。

第三章 化成天下——文庙的修建与儒学教化的推行

松、柏树和白茶花等，还有樟树。樟树木材具有香气，而且耐腐、防虫。这些树木的种植不仅起到绿化的功能，而且还具有驱除蚊虫的功效。对于这种"驱除"蚊虫的功效，民间将其归于"弼蚊珠"，"文庙你去过的吧，里面没有蚊子对吧？就连蜘蛛和其他小虫子都很少，那是因为文庙里面有避蚊珠，有了这个东西，那些蚊子啊，蜘蛛啊，还有其他小虫子就不敢靠近了。避蚊珠把这些小虫子之类的都避开了，所以文庙内就没有这些东西。在文庙里面耍，夏天很凉快，而且没有蚊子咬"①。至于"弼蚊珠"是什么东西，没有人见过，但这种表述却增加了文庙的神圣和神秘感，而这种神圣感来源于民间对孔子的敬仰，以及视孔子为"神"的一种实践。

除了"避蚊珠"的故事外，建水文庙内还有"避水珠"的民间叙事。"文庙里面大成殿那点（那里）是没有明的（可以看见的）下水道之类的，你好好去看看，也没有暗的下水道。但是了嘛，下雨天大成殿前面是不会积水的，一有水一哈哈（会儿）就干了，里面有避水珠了嘛，可以把这些雨水给避开，地面就干爽了嘛，所以就用不到下水道之类的东西。"②民间对文庙大成殿排水系统的说法，就像对树木的说法一样，赋予其神圣性和神秘感。其实如上所述的，因为种植了樟柏和其他植物，这些植物具有驱除蚊虫的功效，所以文庙中蚊虫少见。那么"避水珠"自然也就归功于古人建筑之术的技艺了。事实上建水文庙大成殿内院的排水系统有其自身的奥妙，"地下以卵石层层铺垫，其上分层填以木炭和沙砾，使雨水能迅速渗漏地下，不至于积水成潭"③。这种科学性的解释，虽然缺少民间传说的"神秘感"，但却给这种排水系统技艺之高超给予了说明。

在这些神话赋予之外，孔子本身是智慧的象征。杏坛亭中立有"文宣王及其弟子赞"碑，刻画孔子席地抚琴而坐，神态慈目，两

---

① 访谈时间：2020年8月31日；访谈人物：杨××，80岁，男；访谈地点：迎晖路亭子中。

② 访谈时间：2020年8月24日；访谈人：李××，81岁，男；访谈地点：孔子文化广场。

③ 汪致敏：《建水文庙：旅游、祭圣一本通》，西安地图出版社2008年版，第30页。

旁四弟子身着长袍拱手侍立。新修杏坛碑文载孔子"粤若游咏洙泗之间，坐于杏坛之上，弟子侍侧，圣人弦琴而歌，天下后世至今传诵之"①。碑记与碑刻相呼应。孔子抚琴图上部刻有 12 竖行 48 字，为"大哉宣圣，斯文在兹。帝王之式，古今之师。志则春秋，道由忠恕。贤于尧舜，日月其誉。维时载雍，戢此武功。肃昭盛仪，海宇聿崇"②。图连同这 48 字合称为《孔子弦诵图》，这 48 字系宋高宗御题。公元 1127 年，女真族金兵攻克北宋国都汴梁（开封），北宋皇帝徽宗被俘，北宋亡。赵构携大臣流亡浙江临安，建立南宋王朝，是时孔子第四十八代孙——衍圣公孔端友捧孔子像携家人跟随宋高宗一起流亡。宋高宗特钦定 48 字赞颂孔子，并在浙江衢州为孔子立庙，衢州的孔庙也就成了继曲阜后第二个具有家庙类型的孔庙。虽然碑文内容重在赞扬孔子，但也侧面强调自己的正统，某种程度上也是震慑天下文人。至于该碑为何会到建水，据当地人讲："弦诵（孔子弦诵）碑中的碑文是宋高宗钦定，然后进行碑刻的，以前这块碑在南京应天府，而不知为何到建水。据说建水的这一块是全国唯一一块，也许是元灭宋时，从南京逃窜出来的那些人携带来的。"③ 在这里他们强调"碑"是被带来的，在这种"带"的背后，是对"碑"价值的强调，同时佐证了建水地区的移民特性。但据史料载，该碑是临安知府王佐得到的，重修碑记中载"佐间得圣人弦诵遗像，用劂于丽牲之石，以启后之人瞻仰"。碑文中用"间得"描述弦诵图的由来，未明确提及临安知府是何时从何人之手"间得"，也侧面佐证"移民携带而来"并非空穴来风。

此后，经常去文庙瞻仰的人都会在杏坛处驻足。"有些人就带着小孩去摸孔子的前额，据大人们说，摸了之后就能沾到孔

---

① 杨丰校注：《建水文庙历代碑文选注》，建水文庙管理处编印，2004 年 1 月，内部资料，第 5 页。
② 2020 年 9 月 28 日抄录于建水文庙杏坛亭中。
③ 2020 年 9 月 28 日，建水文庙祭孔期间，根据文庙导游介绍记载，该导游 35 岁左右，为建水本地人。

第三章 化成天下——文庙的修建与儒学教化的推行 | 153

子的智慧,然后就会读书了。我们读书那会也经常去摸,滑亮滑亮的。"① 由于"摸"的人太多,时间久了石碑上孔子像的前额就凹陷（见图3-4）进去了,到后来重修杏坛时,为了保护文物,把原有的碑挪到大成殿内,用玻璃罩保护起来。在杏坛亭中,仿制旧碑规制做出了同样的碑置于杏坛亭中,围以围栏,但去文庙参观的人还是"忍不住"会"摸",新的碑上的孔子像前额又一次被摸的"凹陷"了进去,足见人们对孔子智慧的"崇敬"。田野期间,每次进入文庙,都会看到旅游者和当地人经过杏坛时,除了拍照外,都会去摸孔圣像的前额。无论其缘何"摸",但在地方语境中,可以视为是一种"摸智慧"的举措,这种"摸智慧"不只是古人的一种"迷信",当下人们也充满着对孔子智慧的追寻。

图 3-4 建水文庙孔子弦诵图（2021 年 5 月 19 日摄）

---

① 访谈时间：2021 年 2 月 17 日；访谈对象：李××,女,28 岁；访谈地点：临安路。

三 化"俗"入圣——泮池"灯火"预科名

泮池是源于周代的文庙独有形制,不同行政级别的泮池称呼不同,如天子太学文庙中的泮池,被称为"辟雍"。建水文庙的泮池则是一般礼制上的泮池,按照古学官规制,建水文庙的泮池建在文庙之南,也称为学海。明成化四年(1468)知府周瑛按照古学官规制开挖泮池,"瑛来守是郡,因念夫有宫无池,曷以节讲学,行礼、游观者乎?乃谋诸僚寀,各衷俸余,售工技巧,于杏坛之前,取泮水之法而凿池焉"①。出于对学宫建造礼制的考量,建水文庙在明代便出现了泮池。泮池凿成后,明代曾前后两次扩修,"十二年,副使王一言、知府王资良凿泮池,广二十亩"。"五十一年,知州陈肇奎伐石砌泮池"。到了清代,也先后两次对泮池进行了清理和修复,"十六年学正杨元亨同绅士修泮池","五十七年宗镇定柱清泮池侵占复旧规"。作为王朝统治者的代理人,地方官员在对文庙进行扩修的同时,先后对泮池进行了修理,使其有了现在的规模。清代文士许书屏在游历泮池后,作《郡学泮池》②,在对泮池的景色进行赞扬的同时,把泮池与"鉴泓""文明"相联系,用隐喻的方式,表达了文庙"焕文明"的功能。诗曰:

> 活波源头一鉴泓,分来洙泗焕文明。
> 影垂远岫层层翠,纹绉澄波细细生。
> 晓日光腾芹藻润,春风嘘拂李桃荣。
> 漫云观海难为水,无数蛟龙奋太清。

现在的泮池南北长达二百七十米,东西宽一百一十米,面积三

---

① 杨丰校注:《建水文庙历代碑文选注》,建水文庙管理处编印,2004年1月,内部资料,第6—7页。
② 汪致敏、欧孝敏、杨涛编著,建水文庙景区管理有限公司编:《建水文庙:一座名称的文化基石》,云南人民出版社2018年版,参见第48页。

第三章　化成天下——文庙的修建与儒学教化的推行 | 155 |

万余平方米（合45亩），规模居全国之冠。①泮池边上围以石栏，泮池里养着一些金鱼和乌龟。"之前泮池中还栽种着荷花，挺好看的，后来就铲掉了。听老人们讲，以前泮池中有临安十景中的'焕山倒影'，每年当山上的那些人过年的时候，他们会点起火把了嘛，听说在泮池中都可以看到山上的火把倒影在水里面的'点数'，能看到多少点数，就预示着来年科举中可以考中多少人"②。《重修文庙泮池碑记》中也载有与之类似的说法，"相传昔时逢火把节夜，焕山上的火把星星点点，辉映池中，火星则可预卜来年开科取士中士中榜者亦多"③。黔宁王沐英之子定边伯沐昂在建水任都督同知时，游建水文庙泮池，赋诗一首④，诗曰：

　　　　　　泮宫秋杪晚生凉，明月当空照八荒。
　　　　　　万里清光流紫魄，一株老桂发天香。
　　　　　　研窟殊喜天黄卷，赏玩何妨倒玉觞。
　　　　　　勉而书生勤学业，他年虎榜姓名扬。

清代张汉的《学海观炬》⑤说得更确切，诗曰：

　　　　　　焕文峰影泮池中，几点遥窥野炬红。
　　　　　　陆地已成星宿海，灵槎欲贯斗牛宫。
　　　　　　平生每爱寻幽僻，消息真如问卜翁。
　　　　　　待得明年今夕见，科名有数信先通。

---

① 参见柯治国主编《建水文庙——开启滇南文明的圣殿（古临安的标志）》，云南美术出版社2004年版，第24页。
② 访谈时间：2021年5月19日；访谈对象：林××，65岁，男。访谈地点：建水文庙内，泮池旁边。
③ 杨丰校注：《建水文庙历代碑文选注》，建水文庙管理处编印，2004年1月，内部资料，第150页。
④ 该诗为《学宫秋蟾》，系为（明）沐昂所做，田野期间，我曾于2021年5月18日在建水广慈湖边上的围栏上看到，并对其进行抄录，后经阅读资料考证所得。
⑤ 该诗于2021年5月18日在建水广慈湖边上的围栏上看到，并对其进行抄录，后经阅读资料考证所得。

清代文人王万龄在他的《焕山倒影》（两首）和《携童泮池观炬》①中，在赞扬泮池景观的同时，也对火把节时的"星光"做了生动地表达，诗曰：

> 文峰忽见泮池中，叠翠千层变化同。
> 夜看焰光映水底，先知预兆焕文风。
> 秀峰倒影映深渊，海色澄清光焰临。
> 不许白云铺水面，常邀明月映波心。
>
> 观澜亭上看鱼化，烟柳池边听鸟音。
> 忽见黑云头上起，四方风雨会龙吟。
> 节届星回是古风，泮池观炬携儿童。
> 儿童不识焕山影，笑问火光出水中。

人们把科举中第和泮池星火相联系，既具有神话特点，又反映出泮池景观的壮丽。在这里可以看到，地方人将"夷人"节日中的火把灯光与科举相联系，对泮池中所见灯火和来年科举人数赋予一种地方性解释。原本被视为"迷信"的活动，在纳入正统性的场域后，"迷信"反倒成了一种预言，成为地方人士的渴盼，这种渴盼是精英群体和即将"迈入"精英群体的人一起共构的。

同时与泮池相关联的还有作为临安八景之一的"焕山倒影"。焕山倒影是对焕山映入泮池这一景观的表述。在这里焕山和泮池相映成彰，焕山在解释体系中有着类似于"风水塔"的内涵。古代不少文庙朝南的山上都有修建有文笔塔，塔大约与文庙同时修建，而有些地方的风水塔则是后来"弥补风水不足"修建。建水城南拜佛山上的文笔塔就属于"后补风水之塔"，在真正的文笔塔未修建之前，离建水县城直线距离十七千米，但却清晰地倒映在泮池中的焕

---

① 杨丰编撰：《建水文庙研究资料汇编》，建水县旅游局、建水县县志办公室、建水县文庙管理处编印，2002年7月，内部书刊，第123页。

文山就发挥了文笔塔的功能。在火把节时，焕文山上点起的火把倒影入泮池，而倒入水中的焕山，宛如是一多孔笔架，恰好弥补了无塔的缺陷。① 至于元代修建建水文庙时，是否将焕文山当作"风水朝山"——风水塔，则另当别论。但结合"学海观炬"和文笔塔与文庙并存的建筑规制，从中可窥见古人在修建建筑时，对风水的考量，"风水的选择实则纳入了一种地理美学，规定阴阳宅（墓地和住宅）的选择、建设与自然景观、方位和区位的相关性，其内容除了宇宙观上的'迷信思想'（如阴阳与祸福关系的解释）之外，还包括一定的社会逻辑"②。焕文山作为一座自然景观，在建水历史上有着较为久远的记载。在唐南诏时期被称为"判丈山"，史载该山在"府南五十里，高千余仞，中有三峰竦峙，段思平外舅爨判者，常居其上，因名，后以地拱学宫，改曰判文山。嘉靖中又易为焕文山"③。而焕文则有焕发文风之意，将其视为"风水朝山"，无疑给予自然存在一种文化内涵。加之"焕山倒影"的存在，更坐实了其为风水朝山的内涵。

除了焕山倒影外，泮池中的风景也是备受赞誉的，李灏在建水任知州时，在其《重修文星阁记》中曾描写昔日的泮池"惟临建之泮，秀甲于滇，汪洋里许，焕影卧波，历冬春不竭。亭榭其中，曰'钩鳌亭'，曰'文星阁'。登眺于斯，游艺于斯，壮丽为一景"④。可见当时泮池的壮丽。泮池北端靠近"洙泗渊源坊"处筑有一座小岛，岛和堤由孔桥相连，岛上建有"思乐亭"，也叫钩鳌亭，明万历四十七年（1619）知府林裕旸在泮池中建了一个小岛，岛建成后用堤和桥将其相连，随即便在岛上修建了思乐亭，用以勉励生员发

---

① 许儒慧：《云南文庙》，民族出版社2004年版，第8页。
② 王铭铭：《社会人类学与中国研究》，广西师范大学出版社2005年版，第146页。
③ （清）师范纂：《滇系》卷五之二《山川》，清嘉庆十三年修光绪十二年重刊（影印），《中国方志丛书》第139号，台北：成文出版社1969年版，第249页。
④ 杨丰校注：《建水文庙历代碑文选注》，建水文庙管理处编印，2004年1月，内部资料，第167页。

奋读书。① 在科举兴盛之时，就有着登思乐亭的礼制——凡生员入学、中举或高中进士之后，都必须先到文庙拜孔圣人，然后登"思乐亭"，环游泮池一周，采一把水芹回家，称为"游泮采芹"。科举制度终止后，谒拜文庙的礼制也随之消失，现在每逢高考，也有大量学子拜祭孔子，"游泮采芹"则没于历史长河之中。"听老人们讲，以前那个亭子不是谁都能去的，要考中以后，才能通过孔桥到亭子里去拜拜。以前池子里有芹草，考中后可以去上面采一些。现在了嘛，都可以去了，去哪里拍拍照，我们这些老人就坐在亭子里头聊聊天，坐着也安逸。还听老一辈人讲了嘛，只有聪明的人才能从孔桥上走过去，桥上了嘛，是有机关的，像我们这种笨点尼就过不克（去）。"② 这种说法中虽然赋予了过桥者一种神秘性，潜在的说明只要聪明者才能过桥，从而将"过桥者"与不能过者进行区分。而这种神秘性正是人类学家所要给予关注的，通过这些"神秘"③ 事物和神秘概念，可以更进一步认知和理解地方社会。

四　王朝的谪臣、地方的圣人——王奎、韩宜可与寄贤祠

建水文庙中除规制性建筑外，还有地方祠祀性质的建筑——寄贤祠，用以祭祀王奎和韩宜可。寄贤祠又称"二贤祠"，"寄贤祠者，临安祠吾乡王、韩二公，于学宫之旁而专祀之也"。是一种附在文庙内的乡土祠祀，在全国其他地方的文庙中并不多见。史载"临安郡学有曰寄贤祠，以祀王太原、韩五云两位先生也。洪武中，法用严峻，故太原以山西参政谪，五云以山西布政谪，并戍临安卫，一时乐居绝徼忘中土，相与讲道于学庙东北偏，若将终身焉。当是时，云南始定，临始因元学重修之。两先生虽在军旅，实始俎

---

① 汪致敏、欧孝敏、杨涛编著，建水文庙景区管理有限公司编：《建水文庙：一座名称的文化基石》，云南人民出版社2018年版，第44页。
② 访谈时间：2020年8月26日；访谈对象：王××，67岁，男；访谈地点：文庙思乐亭。
③ ［英］埃文斯—普里查德：《阿赞德人的巫术、神谕和魔法》，覃俐俐译，商务印书馆2006年版，第36页。

第三章　化成天下——文庙的修建与儒学教化的推行

豆为文学倡"①。王奎，字景常，松阳人，洪武初任怀远教论，累擢山西右参政，因上书意见与皇帝相左，被谪戍临安，因其博洽多才，诗文高古，滇士多从之游。后召还，修高庙实录迁翰林侍读。永乐间，升学士，有《南诏玉堂稿》。韩宜可，字伯时，山阴人，洪武间由山西布政，同王奎谪戍。因其行纯笃，能诗文，绅士多使弟子受学，后升都御史。临安立二贤祠以祀。②王奎和韩宜可被谪戍临安后，指挥万中对他们委以重任，委任他们在临安地区开馆讲学，传播儒家思想和文化，"初，临安人不知学，自二公来相与讲论赓唱，郡中子弟翕然从之，于是文教始兴"③。二公先后在临安地区进行了长达近十六年的讲学生涯，为临安地区培养了大批人才，"于是士习始变，人文始著，临子弟始无有不学焉者矣"。一时间"仕者相望于朝"。

由于王、韩二人的推动，文教事业在临安地区得以快速发展。除讲学授徒外，二人还对府学的管理等方面提出了诸多建议，保证了府学教育的正常有序开展。"他们在临安期间，大兴文风，教化乡里，滇人倍加崇礼，他们对促进云南文化尤其是临安文化起过重要作用。由于临安文化发达，时被誉为'小南京'。"④由于王奎和韩宜可对临安地方的文教事业做了贡献，他们升迁离开后，临安郡人在文庙内为他们建祠，并在丁祭祀典中祭祀二公，以示感谢和纪念。寄贤祠修建后，备受地方社会和历代前来临安地区任职官员的重视，其自始建起，历经多次重建重修（见表3-2）。

---

①（明）李中溪纂修：《云南通志》卷八《学校二十七》，详见林超民等编《中国西南文献丛书·第一辑·西南稀见方志文献》第二十一卷，兰州大学出版社2003年版，第197页。

②（清）范承勋、王继文、吴自肃、丁炜编纂：《康熙云南通志》卷之二十四，康熙三十年（1691）刊本，第5页。

③ 杨丰编撰：《建水文庙研究资料汇编》，建水县旅游局、建水县县志办公室、建水县文庙管理处编印，2002年7月，内部书刊，第65页。

④ 郝正冶：《汉族移民入滇史话——南京柳树湾高石坎》，云南大学出版社1998年版，第108页。

表3-2　　　　　　　　　寄贤祠修建及重建表①

时间	主修者	主修/重建内容
明成化二十二年（1486）	训导赵子禧	构祠三间，中为亭，东西为厢房
	副宪包裕	塑二公遗像，并题"寄贤祠"匾额
嘉靖五年（1526）	副使戴书	于祠前广易其地，作前后讲堂，讲堂一额题"聚奎"，一额题"丽泽"，题额"寄贤书院"环以书房四十间
清康熙十二年（1673）	学正鲁大儒	重修寄贤书院三间，追塑二人遗像
清康熙三十二年（1693）	知府王永羲	重修，后书院虽废，但祠址存
雍正九年（1731）	知州夏治源、教授夏冕	复修，改题为"二贤祠"
清宣统二年（1910）	知府李世楷	继修

资料来源：《建水文庙：旅游、祭圣一本通》，并结合其他地方史志资料。

从表3-2可见，寄贤祠自明成化年间修建，后经五次重修扩修得以保留至今。现存建筑为清宣统二年（1910）重修，祠内塑有二公遗像，三面墙体上还覆有浮雕，讲述两人讲学授徒的场景。王奎和韩宜可虽然是戴罪谪戍之身，徙之边徼之地，但他们在边地建学声教，为"军中子弟"培养人才。其实他们所教的并非只有军中子弟，如若没有临安郡人子弟从中受益，临安郡人也不可能为之建祠。祠建好以后，有很多人前后瞻仰，并为之赋诗。明代张绎、濮宗达、徐瀚、王岳、何雄等②都为之赋诗。在此辑录如下：

---

① 根据汪致敏著《建水文庙：旅游、祭圣一本通》，西安地图出版社2008年版，第32页，并结合其他地方史料所制。

② 杨丰编撰：《建水文庙研究资料汇编》，建水县旅游局、建水县县志办公室、建水县文庙管理处编印，2002年7月，内部书刊，参见第120—121页。

景贤祠①

（明）张绎

郡斋犹记列诸生，小径书台南畔行。
旧屋改迁文庙路，新祠重揭寄贤名。
二公余韵叨闻久，十载闲官愧望廷。
偏觅遗文难尽得，空瞻塑像独含情。

景贤祠和张思绍（绎）大令原韵

（明）濮宗达

久怀经济在苍生，直道翻成戍远行。
韩愈潮阳遗谏草，东坡南海擅诗名。
人贫剩月经书富，道重能将利禄轻。
独泻椒浆祠下拜，黄鹂碧草不胜情。

和韵

（明）徐瀚

底事青蝇玉上生，二公真不愧南行。
山川有幸经题品，志义难通不著名。
去国可能忘寝食，趋朝原不恋肥轻。
新祠更勒名公记，唤起衣冠万古情。

和韵

（明）王岳

自分公忠了此生，天成豪杰在南行。
已看枯竹含生意，还见金瓯覆姓名。
志薄宠荣穷困乐，道随用舍去留轻。
吾人远徼知文学，一亩祠堂未尽情。

---

① （清）祝宏修，（清）赵节等纂：《雍正建水州志》卷之十《新增艺文》，《中国方志丛书·华南地方》第257号，台北：成文出版社1975年版，第427页。

前题

(明) 何雄

二老同为万里行,遐荒留得寄贤名。
人怀疏浚诗书泽,祠寓尊崇道义情。
隔院杏花春雨润,闲庭竹影午风清。
俨然并坐儒林处,千载仪型我后生。

这五首诗,从不同的角度对王奎和韩宜可谪戍临安的事迹进行了叙述,对二者的学识、品格进行了高度赞扬,把二公比作韩愈和苏轼,充分肯定了他们对地方文教事业做出的贡献。正是由于他们的长期付出,唤起了地方文风,使得"远徼知文学",因此,临安郡人修祠纪念他们。历经明清至民国,"临人士每过其处,仰瞻遗像,追溯前徽,莫不肃然起敬,景仰不忘,于以见二公之德泽感人至深且远矣!"[①]

王奎和韩宜可作为王朝的谪臣,到达建水地区后,运用自身所学对建水地区产生了巨大影响,开文教之风的同时,促进了儒学在边地的发展。云南的儒学发展,与这些谪流之人的文化传播有着密切关系。[②] 建水郡人为王奎、韩宜可建祠以祀,是对他们功绩的肯定,也侧面反映出临安郡人受"教化"之深,以及临安郡人至少是精英阶层对儒学思想的态度。祠祀的出现,使王朝的谪臣变成了"地方的圣人",这种身份的转变是与文字系统和王朝国家密切相关的。王奎和韩宜可作为众多谪戍文士之中的一员,他们在建水地区推动了儒学的发展,促进了临安地区文教事业的发展。

五 "物"的神圣性——文庙故事的多层内涵

建水文庙的系列建筑,都有许多流传至今的故事,这些故事附

---

① 杨丰编撰:《建水文庙研究资料汇编》,建水县旅游局、建水县县志办公室、建水县文庙管理处编印,2002年7月,内部书刊,第67页。

② 周振鹤:《中国历史文化区域研究》,复旦大学出版社1997年版,第341页。

着在建筑"物"或植物上，反映的却是地方社会中的权力与关系。大成殿前檐左右各有两根角柱，称为"石龙抱柱"。"听我们这一些懂文化的人说，那个石龙抱柱通高五米多，整根柱子都是用我们当地的那种青石雕刻成的，青石还是整块的。柱子的上面一部分是浮雕的'龙腾祥云'图案，是镂空雕刻的，下半部分为基座。传说，当时雕刻文庙里面的那对石柱时，官方曾答应给雕工按每天雕下的石渣重量，给予同等重量的银子。当时的雕刻者是个老倌（老汉，老石工），起初他有些贪心了嘛，想着多雕刻一些石渣出来，刻的时候就整得很慢。整整用了三年时间，花费了很大心思，才刻好一根，结果在整修时，一不小心就把一只龙爪整断了。验收的时候，监工不分青红皂白就打了他二十竹棍，罚了他三年的劳役，还让他重新刻。这个老石工每天还是耐心的雕刻，但我们这点的这种石头了嘛，硬得很，哪有那么容易刻？结果又花费了三年，才把这两根柱子的大概形状刻了出来，老石工已经累得不行了，他就靠在柱子上休息。在他休息的时候，从柏树间飞出一只神鸟，向老石工点头然后在地上一滚，就变成了锋利的斧子和凿子。老石工从梦中惊醒，拿起斧凿，不出几天就雕刻好了。但两根柱子从取材到刻成，整整花费了七年多时间，刻是刻好了，但老石工却积劳成疾，刻成后这个老石工也就死了。虽然人死了，但是留下了这珍贵的雕刻。"①

"石龙抱柱"的传说给文庙增添了神圣性，让人们从中感知，这座庙宇从修建时就已经被"神"所眷顾，是一种神佑的灵性存在物。但传说也侧面反映出修建文庙时，不同阶级之间的一种"对抗"。工匠作为劳苦大众的代表，辛勤地投身建设，虽然起初有贪婪之心，在"酷吏"的逼迫下，任劳任怨地雕刻石柱，最终工匠的行为感动了"神灵"，神与人合作完成了"石柱"，石匠功成身死。

---

① 访谈时间：2020年5月28日；访谈对象：高××，女，76岁；访谈地点：建水文庙"太和元气"坊旁。这个石龙抱柱的故事，也被收录进张绍碧主编的《建水故事·风物篇》中。

在这个传说里，神灵站在了劳苦大众的一边，积劳成疾的工匠之死，则是一种抵抗。这种"抵抗的艺术"①流传于民间，在赋予文庙建筑神性的同时，侧面反映出修建文庙并非一帆风顺。在修建文庙的过程中，也存在着压迫和不同阶层之间的博弈，当地百姓也并不是一呼百应地参与其中，强权的压迫是故事的外音。石工匠作为劳动者的代表，想从中获得高额收入，监工作为官方代表掌握着权力，二者在"建"的场景中碰撞，最后得益于"神"的帮助，石柱得以完成，工匠在积劳成疾后身"死"，某种程度上是对这种"神来之物"的祭典。通过"血"的献祭②，使这种神圣空间场域中，多了一份"神物"，在这里石匠之死也是一种"灵"③的让渡，石匠把生命之灵让渡给"石龙抱柱"，使神来之品显得更加神圣。在这种多重加持（神鸟、血灵、生命）下，文庙的神圣性再度升华。

在建筑故事之外，文庙的树木也衍生出许多凄美的故事，如"万将军抱白小姐"。"你去文庙那么多次，有没有见过'万将军抱白小姐'啊？就在文庙里面。听老人们讲，在很久以前，我们这里泸江河边住着一个白小姐，她父亲死得早，她母亲也在洪水中淹死了，就留下她一个人。这个姑娘很能干，在她的房子周围种了果树，每年到了春天花开的很好看，到了结果的时候了嘛，结的也多，渐渐地很多人都来提亲，要娶她了嘛，可是她不愿意。因为那个时候，泸江上面那点有条搅沙龙，经常发洪灾，白小姐的母亲就是在洪水中死的，所以白小姐就发誓说谁能把泸江水患解决了，就嫁给谁。这个消息就传到了焕文山山脚下的一个姓万的小伙子耳里，小伙子就去求神了嘛，神给了他一把巨斧和宝剑。他拿到巨斧后，就用巨斧把石崖劈开，用宝剑把搅沙龙给杀死了。从此以后泸

---

① ［美］詹姆士·斯科特：《逃避统治的艺术：东南亚高地的无政府主义历史》，王晓毅译，生活·读书·新知三联书店2016年版。
② ［法］马塞尔·莫斯、昂利·于贝利：《巫术的一般理论 献祭的性质与功能》，杨渝东、梁永佳、赵炳祥译，广西师范大学出版社2007年版。
③ ［法］马塞尔·莫斯：《礼物》，汲喆译，商务印书馆2016年版。

江就没有水患了，我们这点就变成良田了。就这样，姓万的小伙子娶了白小姐。但是，白小姐貌美的事情被一个王爷知道了，他想霸占白小姐，就在姓万的小伙子和白小姐结婚时，他就把姓万的小伙子抓去当兵，把白小姐抢回了家，白小姐刚烈得很，死活不愿意就被王爷给杀了。她死后就变成了一棵柏树，等着她的丈夫。这个姓万的小伙出去当兵打仗以后，很是厉害，后面就做了将军，他回来以后知道白小姐被杀的事情，就去把王爷给杀了。报完仇以后他就到白小姐死的那个地方，双手抱住那个柏树，非常痛苦，最后就死了，死后化成了万年青，然后一直抱着白小姐。"①

这个凄美的故事不仅存在人们的记忆中，而且被当地的许多书籍所记载，用以歌颂忠贞爱情的同时，反映出建水历史上洪灾多发，以及人们对统治阶层暴行的反抗。这株树的"原型"是文庙内西明伦堂前的"古榕抱柏"，俗称"万将军抱白小姐"。柏树为明代所种植，清道光年间鸟类饱食榕树浆果后，飞到榕树上栖息，排出带有种子的粪便，粘在柏树基干五点二米分支（西南向横分二主枝）处依附柏树发芽……因此形成了榕抱柏之奇观。②这种史料的解释与传说相比缺乏生动性，但这株"共生"树的存在，也为文庙增添了神圣感。通常情况下，神圣事物和世俗事物是不能完全隔绝的，二者之间存在着微妙的联系，倘若这株榕柏共生树生长在别处，那么这种"神圣性"可能会被削减。但它出现在文庙，正如所有文庙中的树木一般，都被这一神圣领域所笼罩，这些树木本来是世俗所见之物，但它们通过借助文庙和孔子的神性"笼罩"，而转变成神圣的东西。③无论是石龙抱柱抑或"万将军抱白小姐"，这样的民间传说和文庙建筑、景观连接在一起，给物增加神圣性内涵的同时，将文庙这一神圣空间中的"物"，搬运到民间"小传统"中，

---

① 访谈时间：2020年8月31日；访谈人物：杨××，80岁，男；访谈地点：迎晖路亭子中。
② 汪致敏：《建水文庙：旅游、祭圣一本通》，西安地图出版社2008年版，第54页。
③ ［法］爱弥尔·涂尔干：《宗教生活的基本形式》，渠东、汲喆译，商务印书馆2011年版，第50页。

在不断地讲述中，重构错综复杂的关系。

建水文庙的每一个建筑群都有着自己的故事，这些建筑在空间景观上构成了六个院落，沿着中轴线，左右对称分布，在布局上以"右"为尊。同时以大成殿为中心，杏坛、大成门、泮池位于中轴，这些建筑群在空间上本身就是一种"礼"和等级的象征，是文庙文化秩序的系统反应。每个建筑修建的过程中，都有不同的主持者、参与者，这些建筑本身就是官方、地方士绅、郡人共同完成的，因此只有通过这些建筑群的"技艺"和讲述，才有可能回归到当时的历史场景，来看这一"共谋"协作是如何发生的。很显然如果没有地方人士的参与，仅依靠官员，这些建筑群是不可能出现的。同时文庙作为王朝意志的景观，当地士绅和群体要对其进行修复和完善，也必须取得官方的同意，二者缺一不可。在这数次的修复中，屡见地方郡人、绅耆的身影。在修复文庙建筑群的有关记载中，随处可见"绅士咸踊跃称庆""置学田"等，士绅、郡人也出现在捐银、商议中，这也侧面反映出，在王朝国家推行儒学教化的同时，地方人士积极参与其中，作为能动者发挥着自己的能动作用，而非被动地接受。事实上，王朝国家任何一项政策的实施，要在地方发挥作用，仅依靠强权和官方的推行是不可能完成的。地方群体不仅能够通过对利益的考量进行应对，而且还会借用国家的推力，进行最大效益的发挥。

有一个个案很好地说明了地方人士对文庙的态度。在建水文庙的碑刻中，立于康熙六十一年（1722）的一方碑记载着建水住民置田赠予文庙的事迹，碑载"粮名李王，今凭绅士田邻催粮原差，将原佃全世昌所分种之田九亩六分四厘，荒熟共六十三丘，即坐落本冲左边小冲内，实租六石，分粮二十五升，出卖于阎大老爷台前，送入建水文庙名宦祠，以奉香火，勒碑以垂永久"[1]。虽然这只是一个记入碑记的个案，但从中可以看到，建水住民在历经元、明的儒

---

[1] 杨丰校注：《建水文庙历代碑文选注》，建水文庙管理处编印，2004年1月，内部资料，第83页。

学教化,到了清代时,百姓"李王"都自愿为文庙购田置租、奉香火。这种住民的实践不仅反映了当地人对儒学教化的态度,也说明儒学教化推行的成功,使得人们自发地投入文庙的建设中。"李王"只是众多人中的一个,绅耆、士绅、建水外出为官者大都积极参与其中,正是他们的努力,使得建水出现了规模宏大、仅次于山东曲阜的建水文庙——南方最大的文庙。

建水文庙建筑群形成的这一过程中,地方住民、士绅等都参与其中,出资出力。如在对文庙进行扩修时,要占用住民的居住地时,在官方的主导下,通过购买和协商,住民也自愿撤出,为文庙建筑"腾"出空间。在这一过程中,权力话语是肯定存在的,官方的威慑也不容忽视,地方社会中也会有抵抗存在,但不能忽略地方人的"见识",不能抛却地方人士对儒学的接纳,以及儒学思想对他们影响的深刻性。对明清时期的建水而言,如果把任何一种地方自发的行为都视为是"被迫""攀附""附会"的话,或许会曲解历史"真实",会对地方的能动性产生误读。某种程度上人类学的研究应该回归"天真"[1],尽可能地书写"部分的真理"[2],而不是把当地人善意的行为进行过度阐释,不能带着"有色"眼镜,在"中心"观的视角下去看待边地,而非就边地"看"边地。更不能用一种利益眼光和"优越感",去观看本真和善。建水文庙这些建筑群保存相对完好,作为眼之所及的物质遗产,在当下为建水地区的旅游业发挥作用。其背后的无形"遗产",则是对传统的传递,对传统文化的发扬,更是边疆地区儒学发展历程的镜像和缩影。

---

[1] [英]奈吉尔·巴利:《天真的人类学家——小泥屋笔记&重返多瓦悠兰》,何颖怡译,广西师范大学出版社2011年版。
[2] [美]詹姆斯·克利福德、[美]乔治·E.马库斯编:《写文化:民族志的诗学与政治学》,高丙中、吴晓黎、李霞等译,商务印书馆2006年版,第29页。

第二节 国家与社会——"一庙三学"的历史表述

建水为"滇上阃",自古为云南边徼、云南极边之地,元代内附以来,历经明、清,曾一度成为"滇南邹鲁""文献名邦"。在漫长的发展过程中,始建于元至元二十二年(1285)的文庙规制渐宏,形成规模建筑群的同时,在明清时期出现"一庙三学"的盛况。元代建文庙是建水地区庙学的开始,明清的发展则使建水庙学达到了鼎盛时期。明代时,在建水文庙东西明伦堂内设置了建水州学和临安府学,并把元江府学迁至建水文庙内,由此出现了"一庙三学"的盛景。"三学"的出现为建水地区培养了大批科举人才,为"临半榜"的出现奠定了基础。

文庙作为祭祀孔子、开展教育和为国造士的场所,也被称为"庙学"。史载:"古者国家造士之所,皆曰学,又曰学宫,后世以其庙祀孔子,故曰庙学,亦曰儒学。"[①] 因此,庙学是指依附于孔庙、传授儒家理论为宗旨的学校。[②] 在中国历史上,"庙学合一"的雏形最早可能是曹魏黄初二年(221)"议郎孔羡为宗圣侯,邑百户,奉孔子祀,令鲁郡修起旧庙,置百户吏卒以守卫之,又于其外广为室屋以居学者"[③]。自此拉开了孔庙"庙学合一"的序幕。云南地区庙学的发展萌芽于后汉,时任益州太守的王阜在南中地区兴起学校。唐开元十四年(726)盛逻皮建"孔子庙于国中"。元至元十五年(1278),张立道到中庆路做总管时,根据云南当时实况,得出"先是云南虽知尊孔子,而祀逸少焉"的论断,可知元代以前云南地区的"孔子庙"异于内地的"孔子庙",某种程度上不能称之为文庙。元至元十三年(1276)赛典赤被委以云南行省平章,到任后开始在云南创建孔子庙、

---

① 龙云、卢汉监修,周钟嶽等纂:《民国新纂云南通志(四)》,详见《中国地方志集成·云南府县志辑》第6册,凤凰出版社、上海书店、巴蜀书社2009年版,第268页。
② 胡务:《元代庙学:无法割舍的儒学教育链》,巴蜀书社2005年版,第1页。
③ 沈旸:《东方儒光:中国古代城市孔庙研究》,东南大学出版社2015年版,第3页。

明伦堂，购经史，授学田，由是文风稍兴。① 在赛典赤和他的追随者张立道以及他们后继者的推动下，元代先后在云南地区修建庙学十余所。明清时期继续推进，整个云南地区现存的文庙就有 55 座，这些文庙作为王朝国家将"云南内地化"、开展教育、推行儒学教化的场域，为云南地区的文教事业作出了巨大的贡献。这些文庙从始建之初，就发挥着教育的功能，截至当下，仍有许多文庙是"庙学合一"的，如建水一中、鹤庆一中、思茅一中、通海一中、会泽一中、路南一中、保山一中等。② 这些学校有的至今仍在文庙内办学，有的虽然"让出"文庙，但两者却联系在一起，继续发挥着"庙学合一"的教育功能，为国家培养人才。

一 地方的内在差异——"一庙三学"的建立

元代平定云南后，赛典赤·赡思丁出任云南行省第一任平章政事，他上任后，体察民情，考察民俗民风，根据云南地区的实际情况，因势利导地大兴文庙，推广儒学教化，旨在使"云南内地化"。在大兴文庙的趋势下，继中庆路、大理路后建水文庙出现，成为元代在云南地区修建的第三所文庙。元代在云南地区前后共修建文庙 10 所，占路府州县总数（143 所）的 7%。其中临安路元代有庙学 3 所（临安路学、河西县学、石屏州学），都为始建。③ 作为赛典赤的积极支持者和拥护者，升任临安广西道军民宣抚使的张立道一上任就到了边远的建水地区。在张立道来建水之前，建水地区还是一块尚武之地，立于景泰元年（1450）的《重修指林禅寺碑记》载，临安地区"鸟言鬼面之徒，带刀剑弩矢，散处山谷，喜则人，怒则兽，声音气味与华夏迥异"④。在人口结构上，"杂百夷，其民椎髻编发为饰，佩

---

① 龙云、卢汉监修，周钟嶽等纂：《民国新纂云南通志（四）》，详见《中国地方志集成·云南府县志辑》第 6 册，凤凰出版社、上海书店出版社、巴蜀书社 2009 年版，第 268 页。
② 许儒慧：《云南文庙》，民族出版社 2004 年版，第 26 页。
③ 胡务：《元代庙学：无法割舍的儒学教育链》，巴蜀书社 2005 年版，第 85 页。
④ 政协建水县委员会编，许儒慧编著：《遗留在建水碑刻中的文明记忆》，云南人民出版社 2015 年版，第 70 页。

弓刀，战斗、采猎以为生。固不知文字为何事"①。虽然这些记述带有"偏见"，但侧面反映出该地的"民风"。因此张立道一上任，便本着"内地化"的目的，于元至元二十二年（1285）在建水地区创建文庙。从这一时期起，建水文庙便同时兼顾了祭祀孔子和推广儒学教化的双重功能，作为礼制性建筑承担着官方推广儒学教化的职责，又发挥着庙学的教学育才功能——"庙学合一"。庙学的修建，在推行儒学的同时，可以利用"教化"稳定社会，巩固边疆，中央王朝也可以通过科举选拔人才，并通过儒学的大力推行，使国家清明，继而培育社会民风。

到了明代时，大量军屯和移民进入云南地区，这些移民中汉族居多，作为文化的承载者，他们的到来也促进了儒学在云南地区的传播和发展，同时以汉族为主体的中原儒家文化，也随之与边地民族文化相互碰撞和交流，二者相互渗透，在相互吸收的同时进行了融合。加之明初太祖朱元璋就主张在全国范围内推行"治国以教化为先，教化以学校为本"②的治国方略和教化方针，在这种政策的鞭策下，建水这个云南极边、"北抵澄江、西连楚雄""南近交阯"的边地，随之兴起了办学校、办教育的热潮。也正是在这一时期，明代将临安府的府治南移至建水，使建水发展成政治中心，因元代庙学的基础，建水地区渐发展成经济、文化中心，成了"滇南重镇"。明代一改元代的庙学称呼，在元代所建的庙学内增设府学，在未修建庙学的地方建庙修学。《临安府儒学重新庙学记》中提及，"圣朝之有天下，于建学立庙之意，视前代有加焉。虽穷乡下邑，莫不有学。而学莫不有庙，礼乐之备比隆三代矣"③。借着这种缘由，到了明洪武十六年（1383），在朝廷兴建府学的推动下，建水地区的官员主持在文庙内修建了西明伦堂，作为临安府学的所在地，并将建水庙学改为

---

① 杨丰校注：《建水文庙历代碑文选注》，建水文庙管理处印，2004年1月，内部资料，第8页。
② 《明史》卷六九《选举志一》，中华书局1974年版，第3436页。
③ 杨丰校注：《建水文庙历代碑文选注》，建水文庙管理处印，2004年1月，内部资料，第2页。

临安府学。碑文载："临安在滇南，为极边之地，而庙学之建自洪武平定之初。"这里的"庙学之建"显然不是指修建文庙，而是明代时期的"府学、州学、县学"的一种称呼。

到了大明景泰五年（1454）临安知府徐文振见庙学"岁旧圮坏，弗称国家所以化民俗之意"。所以想把庙学"撤而新之"，由于"顾力有所不及，遂谋于郡僚卫帅，相与捐俸，购材鸠工重修焉"①。先后花费两年多的时间将庙学内的建筑"缮葺"。明万历三十六年（1508）又对临安府学进行了新修，由郡人包见捷作记。记曰："临建学在府治西，山秀而水清，盖自我高皇帝平定南荒，首以庠序为务，设郡学于兹已二百余祀，圮者与阙者补盖屡矣。"②明代在文庙修建西明伦堂的同时，还多次对文庙建筑群进行了修复。可见这一时期随着中央王朝对教化的推行和重视，加之元代的奠基作用，燃起了建水郡人对庙学教育的重视，因此在明代，建水庙学得到了快速发展。到了清代，继续沿袭明代的府学制度，本着"教化风俗，皆学校所从出"的宗旨，清康熙六年（1667）对文庙进行了修缮，重建了西明伦堂③，继续为府学所在。

明代在建水文庙内设置临安府学的同时，随之也建立了建水州学。"建水州为临安附郭，尚未设有专学，诸弟子员悉统于庠序焉，滇中科第，惟临安称盛。历科登贤书者，临庠士居半，每试拆卷填榜，他郡或绝无，以为临安中数独多而裁之，有取中而遗者，以是州士子不无遗珠之叹焉。金曰：额于学之故也。嘉、隆间曾有议建

---

① 杨丰校注：《建水文庙历代碑文选注》，建水文庙管理处编印，2004年1月，内部资料，第2页。
② 龙云、卢汉监修，周钟嶽等纂：《民国新纂云南通志（四）》卷一三二《学制考二》，详见《中国地方志集成·云南府县志辑》第6册，凤凰出版社、上海书店出版社、巴蜀书社，2009年版，第284页。《民国新纂云南通志》中收录的包见捷《新修临安府学记》与杨丰校注的碑有出入，通志中的碑记篇幅较大，校注的碑记篇幅有缩减。
③ 2021年5月20日星期四，我进文庙进行田野调研时，玉振门紧闭，西明伦堂与文庙主体院落中间隔着一堵墙，被"隔"在围墙另一侧的建水一中校园内，墙的那边是建水一中，可以看到下课期间学生们的活动。

学,未竟中止。"① 由于建水州学子众多,但受限于名额,有些士子成了"遗珠",虽然嘉靖、隆庆年间也曾"有议建学",但"未竟"。因此到万历四十三年(1615)时,建水知州赵士龙请求增设州学,巡抚吴应琦应允,"题设州学,仍附府庙"。得到允许后,知州赵士龙等在文庙内启圣祠前修建了东明伦堂,作为建水州学所在。州学得以建立,某种程度上也争取了相应的科举名额,打破了"受限于名额"的困境。修建后的东明伦堂与府学所在地西明伦堂,左右对称,东明伦堂修好后,于万历四十四年(1616)正式开办。从此建水文庙西明伦堂为临安府学所在,东明伦堂则为建水州学②所在。自东明伦堂修建以来,历代对文庙进行修缮的同时,东明伦堂与西明伦堂一道被修葺。到了清乾隆三十五年(1770),清朝改建水州学为县学,依旧设置在东明伦堂内,所以东明伦堂又成了"县学"所在。其实县学是对"州学"的延续,是"改州学为县学"的一种结果,不能算是另一种"新学"。

　　明伦堂是文庙建筑中的一种规制和标准。元代赛典赤出任云南平章政事时,在创建文庙的同时,"明伦堂"理应也得到了修建。作为赛典赤的积极拥护者,张立道在建水创建文庙时缘何没有修建明伦堂。从建水文庙明代始建明伦堂中可以看出,文庙的修建是一个"过程",并不是如史料中所载的在创建文庙时,就会修建明伦堂。"明伦堂"之于文庙只是一种建制规格的存在,而不是一种切实的实践,实践是一个过程,受制于具体的历史环境等诸因素。文庙建筑群的逐渐完善的过程,实则反映的是地方社会不断发展的过程。明代建府学和州学,将其所在地称之为"明伦堂",弥补建筑规制上的"空白"的同时,还在于明伦堂本身具有教化功能。建水文庙内《重建明伦堂碑记》载:

---

① 杨丰校注:《建水文庙历代碑文选注》,建水文庙管理处编印,2004年1月,内部资料,第28页。

② 当下的东西明伦堂已经失去了"学"的功能,东明伦堂在文庙景区中为游客提供服务的同时,出售一些紫陶器具和祈福用品。

学之名，昉于三代。而堂必以"明伦"名者，以为礼法之地，讲艺之所。凡乡射饮酒、春秋合乐、养老劳民、尊贤使能、考艺选言之政，受成献馘之事，无不出于学，即无不出于其堂也。其制咸翼文庙而建者盖圣学莫大乎伦，圣教亦莫大乎伦，故堂以提名，所以一学人之趋，明圣人之教也。伦明而后风俗正，教化行，治道于焉备矣。天下不可一日废伦，则不可一日废其堂。其所关者大，其为堂也重，惟赖有人以为之振行耳。①

此段碑记说明"明伦堂"由来的同时，点出了明伦堂的功能。作为一种文庙规制性建筑，明伦堂不仅是一种标志，还是一种象征，是对"明伦"内涵的物质化体现。当其作为府学和州学之所在时，又是集象征和实用为一体的建筑，所以文庙内的建筑群不单只是一种建筑，其建筑本身就是一种象征和隐喻，发挥着"教化"的功能。

明代除了在建水庙学内建府学、州学外，还把元江府学迁至其中。《云南通志》载，"夷中向学者鲜，诸生多以临安府属人充之，教官亦侨寓临城。天启三年（1623）始建元江学署于建水学左，以为师生讲学之所。"② 迁至建水文庙内的元江府学称为北学，元江的学子称为土生，临安府入学的学子称为寄生。其实早在明洪武二十六年（1393），明朝廷就在元江建立了府学——"元江为滇迤东郡，明初始建学"，并以此作为明朝在云南少数地区首次办"学校"的开端。由于元江地区的学子入学人数相对较少，只好招收临安学子，教官也寓居在临安府城中。明天启三年（1623）时，元江府学正式迁至临安，并且将其修建在文庙内，设于东明伦堂（建水州学）的左边。由于元江地区和建水地区存在着地区性差异，迁至建水文庙内的元江府学的生员也存在内在差异，因此，每年岁科考试

---

① 杨丰校注：《建水文庙历代碑文选注》，建水文庙管理处编印，2004年1月，内部资料，第37页。
② （清）鄂尔泰、尹继善修，靖道谟纂：《云南通志》卷七《学校十五》，清乾隆元年（1736）刻本。

和录取廪膳生、增广生，都是土生、寄生轮流递荐。① 元江府学在建水开办了三十六年后，于清顺治十六年（1659）元江地区改土归流后，随着元江地区学子的增多，元江府学②的一部分迁回了元江，部分还留在建水地区，形成了南学和北学两所学校。这样的办学方式延续至康熙二十三年（1684）后，才将未迁回的部分全部搬回元江。从天启三年（1623）到康熙二十三年（1684），元江府学一直在建水庙学内存在了半个世纪之久，与临安府学、建水州学构成了"一庙三学"的办学机构。这一时期，生员、教官都齐聚建水，使建水文庙的庙学得到了长足的发展。全部搬回后，遗址却保存了下来，到了康熙二十三年（1684），时任元江府学教授的施发甲在建水文庙重建元江府署儒学公署，重建后的元江府学"前后为堂各三楹，缭以周垣"。在文庙内，自成一院落。

建水文庙从元代始建，到明清时期，随着儒学教化的大力推行，文庙内出现"一庙三学"的盛况，明代地方官员根据实地情况，将元江府学迁至建水文庙内，解决建水地区缺名额、元江地区多名额少生员的困境，为两地培养人才的同时，把王朝的教化播向土司的领地。元江府内存在着众多土司，区域内人口多以"夷人"为主，因此建学之初"向学者鲜"。随着中央王朝对儒学教化的推行以及庙学教育的发展，到了清代时元江府学得以回迁，这一时期元江地区的改土归流已完成，地方的情况也得到了转变，在向学和"内化"方面都有突破，这就为府学的回迁奠定了基础。建水文庙从始建发展到明清时期的"一庙三学"，祭祀与教化的功能未发生改变，地方之间差异的存在，也促使了"一庙三学"的出现。"一庙三学"在官方的大力支持下，为建水地区和元江地区儒学教化的推行做足了准备，某种程度上也减轻了土司地区改土归流的阻力。

---

① 廪膳生，是对明代时府、州、县按时发银子和粮食补助生活的生员的称呼。增广生，也称增生，若廪膳生有缺，即可依次补充。

② 现在元江府学为子健书屋，出售一些建水地方的史料书籍和文学、社会学等相关书籍。

二 经济与政治——庙学开展的基础

云南地区虽在元代被"以兵服属之",但元代平定后,却采用了"教化"的策略——以"云南内地化"作为主要手段。其实不只是元代,察中国历史,朝代的更迭莫不是以"戎"为先,而后大兴教化,以求大治。云南内附以后,元代开始设路修学,在修建文庙的同时,也注重与庙学相适宜的制度建设。为了保障庙学的持续发展,首先设置了学田制,为庙学的开展提供经济保障。其次教学上在沿袭宋代教官制度的同时,对冗官进行裁撤,做出改进。第三,在云南地区首开科举,在全国取士三百的情况下,给云南配额5名,将云南纳入全国科举行列。这系列政策和举措,使得庙学教育的开展有了制度和经济保障,明清时期继承并改进元代的策略,在这三项制度方面具有延续性。

(一) 经济层面的学田制度

学田作为云南地区庙学主要的经济来源,始于元代。初赛典赤任云南平章时,始设立"授学田"制度,"学田"实质上是以地产作为教育经费,借以保障庙学顺利开展。这种以学田为经费的方式,在云南地区得以推广。除官授学田外,还鼓励热心教育的地方人士和官员进行捐赠。由于元代时云南地区尚未开垦之地较多,所以有一部分学田是开垦的荒地。此外元代也对一些获罪官员的田地进行没收,将其并入学田。由此可见元代的学田来源相对广泛,除官授、捐赠、没收官田以外,有些学田是庙学自主购买或占用一些没有主人的田地,以及用庙学资金购置田地作学田。这些多渠道来源的学田,为庙学的发展提供了经济保障。

建水文庙自创立庙学以来,除官方授予的学田外,庙学管理者还大量购置学田。将购置的土地进行招租或将学田出租给佃户耕种,同时采用放债生息等方法,促进庙学经济的发展,保障庙学运转。建水庙学从元代始建,历经明、清,在不断发展的同时,庙田得以扩大。"文化大革命"期间,建水一中组织师生调查建水庙学的收租情况。根据建初步调查,得知文庙拥有良田熟地一千五百多亩，分布在建水的陈官、漾田、利民、曲江、西庄等公社。每年收租三百多石。据贫下中农的回忆，仅草海滋新寨，从文庙建立到清乾隆年间（约四百年），被刮削的租鱼就达三万多斤；从草海滋新寨农民把海子开垦成田到解放时（约两百年），被刮削的租谷就达一百多万斤。①如此巨大的"收入"充分保障了建水庙学的开展，且这种学田收租一直延续至"临近解放"。"白景寨四十二户佃农，在临近解放的五十年内，因交不起亩田租谷，被迫到个旧当砂丁的三十二人，当长工的二十七人，卖短工的四十三人，冻饿而死的十人。草海滋新寨佃农杨秀琼一家，租种文庙田一亩多，有一年因交不起租，逼得全家背井离乡，一家七口人，大姑被地主抓去当丫头，小姑两筐红薯片就卖给了别人。"②虽然这种记述具有时代背景，但侧面反映在长期历史发展过程中，建水庙学的庙田由于官授、捐赠、购置等途径已成规模，可以以"收租"的方式，获得更多的庙学教育经费。为了方便对这些经费的管理，"阖郡公议，此项租金，每年于诸生中，推择廉能者四人，司其出入"③。在管理学田和经费方面，郡人以公议的方式，选举四个廉能之人加以管理，郡人的此次"公议"还商讨了"租金"的用途。"除完纳钱粮外，上则敬备庙中香火，下则支给祠生口粮。即眼同修补残缺，庶庙中租息得归庙中实用，不致为他人觊觎。"加之"本郡风俗淳厚，敦重儒术，敬礼先师，先后恭送田亩，岁收租金，充庙中公用，则香灯有资，修补有项，故能殿宇辉煌，庭阶整洁，延五百余载而庙貌常新"④。这些记载侧面反映出，学田为文庙的修建和扩修提供了资金，建水文庙内众多建筑群及其规模的形成，某种程度上与学田有

---

① 李明川编写，建水一中革委会、州、县工作组编：《建水文庙简介》，中共红河州委员会"批林批孔"办公室印，1974年，内部资料，第11页。

② 李明川编写，建水一中革委会、州、县工作组编：《建水文庙简介》，中共红河州委员会"批林批孔"办公室印，1974年，内部资料，第13页。

③ 杨丰校注：《建水文庙历代碑文选注》，建水文庙管理处编印，2004年1月，内部资料，第121页。

④ 杨丰校注：《建水文庙历代碑文选注》，建水文庙管理处编印，2004年1月，内部资料，第121页。

着密切关系。

随着建水庙学学田的增多,曾在清朝时期发生过学田归属问题的争议①。史载草海滋原来是学官的公产——学田。草海滋周围五里范围,在州志中记载其为学官公产,每年春秋祭祀的时候,"岁供鱼斤",从明朝开始一直得以延续。后来由于"河流迁移",淤泥变成了可开垦的土地,与"邵伍军田相邻"。这一时期的监生杨开泰便串同"奸民"奚成仁等,想夺得这块田地,他们还请生员赵民瞻等"两造拘讼",最后上宪"蒙批","府州饬令,勘丈查核"。最后经由程近仁等"秉公履亩清丈",除邵伍军田照额划定外,其余"确系草海滋公田"。勘察完毕后,程近仁等上报上宪,并于乾隆十四年(1749)四月内"批准草海田亩悉归学官,永作祭祀修葺之费,以公办公"。为了让觊觎庙田的事情不再发生,所以借此"草海滋学宫田产争讼"之际"勒石垂远"。虽然这场争讼是由"河流迁移"所触发,但从整个事件可以看出,随着庙学田产的不断扩大,心怀不轨之人也有所"觊觎"。面对这种"争夺"庙田之事,郡人有志之士和官员一道为庙学"争田",从中反映出当地人对庙田的重视,以及对庙学财产神圣不可侵犯的决心。

在制定学田管理方法,防止郡人觊觎庙田的同时,对学田租谷使用方面也形成了一套严格的制度,为了使规制更好地运行,于乾隆五十七年(1792)刻石立碑,刊立了《整饬建水乡会试田记》。该碑文除阐明庙学资金来源外,还制定了八条②具体的条规:

  第一,原存田租及本年添购田租各数目,坐落村庄各佃户姓名,每年各完粮若干,均应挨顺年月逐条详细开在册内,其新旧文契簿籍,亦应查明数目,于册内登记,以便稽查,不得遗漏舛错。

---

① 杨丰校注:《建水文庙历代碑文选注》,建水文庙管理处编印,2004年1月,内部资料,第117—118页。

② 柯治国主编:《建水文庙——开启滇南文明的圣殿》,云南美术出版社2004年版,第166—167页。

第二，每年收获租谷若干，完粮及杂支若干，应令司事六人于每年正月齐集公所，会同核算，仿照薛箐山原式分别管收，除在挨年开在册内，另立出流水草册，随时登记，勉致遗漏，以便于正月会同核算。

第三，每年正月公同结账之后，现存羡余如有成数，即公议添置租石，不可延搁。

第四，每遇乡会试年，酌量核计，见存租银多少及应人数，公同商定每人资斧数目，不许动本，于致送资后，声明年分科分数登记总册，不可舛错。

第五，司事六人应以三年为满，另议六人接办，此三年内每年各以二人输司催收。账目尚遇赎买，出纳有宜公商者，仍应六人会同商定。

第六，前此司之人，每有亲友借贷通融逮欠累累司事者，疑于情面易致败，乃公事嗣后，禁绝借贷、通融，违者禀官示罚，隐默同咎。

第七，乡会田资助汉畯，系阖邑义举，除应纳正赋外，一切杂项，如采买、运粮、派夫、派马之事，概以免办，以示优崇。

第八，乡会试田未资助武科，推原其故，缘就武科者多属有力之户，应仍遵守成规，无庸开端滥给。

这八条规则极尽详细，规定中对租谷如何管理及使用，对借贷问题、未资助武科问题等，都有明确说明。从中可见建水文庙庙田从元代的开创、明代的延续，再到清代的不断完善过程，庙学经费的使用和管理逐渐完备，某种程度上雄厚的经济基础推动了文教事业的发展。虽然这些管理条款看似是一种"契约"，呈现的却是边疆地区庙学发展过程中，地方官员和郡绅、郡人对庙学教育的重视，以及经济的发展促使了文教的兴盛。从更深层面上看，社会本身是一个历史发展的过程，同时也是一套互相作用的体系，在社会中各子系统如政治、经济、文化之间是一种功能性整合互动的关系，①彼此之间发生联系，相互作用。庙学作为一种"上层建筑"，在发展推进中需要经济的扶持，随之出现了"学田"这种以地产代替经费的特殊经济现象。在发展中庙学与庙田二者整合互动，推动边地儒学的发展和科举事业的兴盛。

除学田外，临安地区还有"岁科试田"存在。立于清乾隆六十年（1795）的《建水岁科试田碑记》记载了"岁科试田"的由来。岁科试田是郡人张生提议设置，这也是承继他父亲生前的志向，张生之父"念建水文生凡遇岁科之试，备卷填册，其费用当亦有自取给焉，今陆续捐置田，积累以至今日，通计三岁，谷石之入足供两试卷册之需"②。后张生的父亲去世，但张生想"承先人之绪"，于是与知府江浚源商议，得其同意，让张生与"阖邑之善士会同而经理之，则众力之易为功也，而于岁科试田之设"。江浚源为此事书碑勒石。从岁科试田的由来可以窥见，建水地区在清代随着儒学的发展、科举的兴盛，民间善士也开始自发地为参加科举的文生助力，通过"捐置田"的方式为科举文生排忧解难。从碑记中可见，首先发起设置岁科试田的是"邑人"，后通过知府，并在知府的提议和协作下，"阖邑善士"共同参与，最后将岁科试田确定了下来。在此过程中，个人行为上升为以知府为代表的"国家"（王朝）行为，后又由二者"共同"合作加以完成。"国家"的在场与"地方社会"的能动性共同作用于这一事件，通过二者的"互动"和"共谋"得以完成。因此即使在边地——帝国边缘，国家都以其具象的形式（国家机器）和无远弗届的文化观念（象征）而存在。③就像张生一样，作为建水邑人，他要继承父亲的意志，设立"岁科试

---

① 林存光：《儒教中国的形成：早期儒学与中国政治文化的演进》，齐鲁书社2003年版，第74页。

② 杨丰校注：《建水文庙历代碑文选注》，建水文庙管理处编印，2004年1月，内部资料，第135页。

③ 华南研究会编：《学步与超越：华南研究会论文集》，香港：文化创造出版社2004年版，第38页。

田",如果得不到"国家"的认可,也是行不通的。作为地方民众,只能在实践中向"国家"的代言人"知府"寻求帮助,张生的文化实践是一种"自下而上"的实践。

除岁科试田外,《临安府志》和《建水州志》中还有乡会卷金田和附帮贡田的存在。所谓的"乡会卷金田"是指建水乡绅公捐一千五百两银子购置,以田租作为乡会试卷的资金。"附帮贡田"坐落在石屏州蚂蟥湾,明崇祯年间由府学、州学廪生及元江人士捐廪俸银购置,作为建水、石屏、元江三地贡生赴京盘费。① 这些不同类型"田"的存在,共同为建水地区庙学的开展提供了经济保障。临安知府和阖邑善士设置岁科试田的目的,是帮助贫困的文生。同样也有人在岁科考试中谋利,出现了科考收费的乱象。在设置岁科试田的次年[清嘉庆元年(1796)],官府发现科考收费中存在弊端。临安知府江浚源撰书并颁布了"谨遵恪守"的规定,就是取缔在科举考试中乱收费的陋习,后由合邑绅衿童生立石为记。碑文曰:

> 特授临安府正堂加四级记录八次江②,为厘定考试卷紬价值,以除需索积弊事:照得岁科两试,为寒畯登进之阶。……兹查临属除嶍峨一县而外,各处并无议有在郡办考经费。……每卷一本竟索钱至二三百文,每供紬一套索钱六七十文至一百文不等。闻之殊堪愤懑。该士子青灯咕哔,寒苦居多,何可以有限之资漫饱胥役无餍之欲。本府现已查明,向日门斗各项陋规,尽行禁革,合极酌定价值,示谕遵行。为此,示仰府属各州县应试文童,及礼书人等知悉:凡赴买正考试卷,按例每本给价银三分,每公紬一套给银一分二厘。如以钱买取,即照市价给钱,不得稍涉争竞。该礼书等更不得仍藉考棚经费为名,

---

① 汪致敏、欧孝敏、杨涛编著,建水文庙景区管理有限公司编:《建水文庙:一座名城的文化基石》,云南人民出版社2018年版,第114页。
② 此处的"江"指的是临安府知府江浚源。

任意多索。如敢故违,许该童生扭禀本府,以凭究惩。……
特示。①

临安知府江浚源写"记"批判科考收费乱象,并给出科举中相关用品的统一价格以及对收费乱象的惩治措施。作为国家的地方代表,以"法"的形式保护考生、读书人的权益,无疑对地方社会科举文教事业的发展有极大的好处。如果说设置岁科试田是一种"自下而上"的实践行为,临安知府江浚源调查颁布"谨遵恪守"的规定,则是一种为保障庙学文教事业"自上而下"的实践,这两种不同的路径,旨在保障地方教育的开展。某种程度上来看,这两种不同的路径是一种"共主体性"②的政治文化,即一种"国家化"的概念的延伸。这个过程是双向的,一方面国家通过一系列方针策略自上而下地影响着百姓和地方社会;另一方面是百姓能动地根据实际情况,灵活地自下而上地将国家做到他们自己身边。③这种"深层的共谋政治文化"打破了以往的对国家和社会的二分,在具体事件中国家与社会共同发挥作用。建水庙学从元代设置,历经明、清,作为以地产为经费的学田,通过官授、捐赠、购置等方式不断扩大,通过租佃收取租金,从而为文庙的修补和扩建提供了资金,同时还催生了地方诸如"岁科试田""义田"等用于资助文生的田亩,这些"经济"来源推动了边地的儒学教化和文教事业的发展。郡人自发买地为文庙置田,侧面反映出临安郡人对儒学和庙学教育的重视,这种能动性的实践,也是接纳儒学及其文化的正面反映。

(二) 政治层面的教官制度

除以田产作为解决教育经费的经济制度保障外,元代在推行庙

---

① 杨丰校注:《建水文庙历代碑文选注》,建水文庙管理处编印,2004年1月,内部资料,第136—137页。
② 张小军:《让历史有"实践":历史人类学思想之旅》,清华大学出版社2019年版,第160页。
③ 张小军:《让历史有"实践":历史人类学思想之旅》,清华大学出版社2019年版,第185页。

学建设时，继承并改进了宋代时期的教官制度。元世祖时期曾对中书省和江淮地区的官员做过不同的规定，成宗即位后，对世祖时期所设置的机构进行精减，裁汰冗官。大德五年（1301）时，元朝政府对教官制度进行了统一的规定："路设教授、学正、学录各一员，散府上中州设教授一员，下州和书院各设学正一员，县设教谕一员……教授之上，各省设提举二员，正提举从五品，副提举从七品，提举凡学校之事。"① 元代建水地区隶属于临安路，路治在通海，但文庙却修在建水，因此可推断这一时期建水地区庙学的教官制度中，至少也有学正级别的官员。到"元泰定二年（1325）佥宪杨祚题请建学，制可其请，遂为立庙，设教授正录，诸秩即镇，旧廨刱为大成殿，至圣四配十哲皆塑像"②。可见到元泰定二年时，建水庙学内已有"教授正录"存在。在对建水文庙修建时间的叙述中已提及，建水文庙并非修建于元泰定二年（1325），若张立道于元至元二十二年（1285）创建文庙时未设"教授正录"，到元泰定二年（1325）时应该已经有了此官职的设置。张立道在创建文庙以后，相继修建了学舍，"择士之贤者为师"教地方子弟，到了"至正十年（1350）平章王惟勤和教授邵嗣宗继修"。因此可以确定，到了至正十年（1350）时，教官制度中的"教授"一职一定在建水庙学中存在。某种程度上来看，从元至元二十二年（1285）庙学创建于建水后，这里就是临安路的文教中心，尽管府治在通海，但庙学及其体系核心都在建水，这也决定了明代缘何建水会取代通海发展成"滇南重镇"。

明代在制度上继续推行庙学教育，并设置了临安府学和建水州学。洪武十六年（1383）改建水庙学为临安府学，设置教授1人、训导2人，学生被分成廪膳生、增广生和附学生3类。廪膳生是享受每月发给月米，定额40名，增广生和附学生没有定额。学科内容

---

① 《元史》卷八一《选举志一》，中华书局1976年版，第2033页。
② （清）陈肇奎、（清）叶涞纂修：《康熙建水州志》，详见《北京图书馆古籍珍本丛刊》（45），史部·地理类，书目文献出版社1987年版，第671页。

和教材主要以经、史、律令、诏告、习名人发帖、习九章数学等。到了万历四十三年（1615），随着临安地区学子的增多，随之建立了建水州学，州学建立后，学宫设学正1人，此学正是建水知州请裁临安府学训导一人为建水州学学正。① 州学设置中除了学正外，还有训导3人，学生有廪膳生30人，增广生和附学生无定额。② 天启三年（1623）把元江府学迁入建水文庙内，元江府学的迁入不只是"学"的迁移，教官等也有迁移，这些人的"消费"也需要雄厚的经济基础作为支撑。据有关史籍记载，府学教授、训导"合食一俸"，全年的俸银31两5钱2分，喂马的草料银12两，厨师等夫役6名，每名年支银6两，合银36两。三项费用相加，共支银79两5钱2分。府生的廪生40名，每名年支饩粮银2两4钱，共支银96银。建水州学学正、训导"合食一俸"，全年的俸银31两5钱2分，喂马的草料银12两，厨师等夫役6名，每名年支银6两，合银36银。三项费用相加，共支银79两5钱2分。州学的廪生30名，每名年支饩粮银2两4钱，共支银72两。清代延续了明代的府学和州学庙学，设置训导、教谕每员俸银40两，斋夫、膳夫6名，合银36两，马料银12两，廪生20名，每名支饩粮银2.4两，共计48两。③ 从明洪武元年（1368）至清康熙十二年（1673）前，在这305年中，明王朝先后派往建水庙学内共有教授40人，训导50人，教谕6人，共计教官96人，加上府学和州学生员每年定额70人以及无定额的增广生和附学生。清代时，从康熙十二年（1673）至光绪三十四年（1908）的235年间，清朝先后派往建水庙学内的教授有20人，训导35人，教谕12人，学正11人，共计教官78人。④

---

① （明）刘文征撰，古永继点校，王云、尤中审订：《滇志》，云南教育出版社1991年版，第305页。

② 参见汪致敏《建水文庙：旅游、祭圣一本通》，西安地图出版社2008年版，第85页。

③ 汪致敏、欧孝敏、杨涛编著，建水文庙景区管理有限公司编：《建水文庙：一座名城的文化基石》，云南人民出版社2018年版，第107—108页。

④ 根据胡保华主编《建水县教育志》，云南民族出版社2007年版，第65—68页。

明、清时代的教官和生员方面的支出相对是固定的，除了官方统一支付外，还有学田和租金的辅助，二者共同为这一时期的庙学发展提供了保障。

经济保障和制度保障共同促进了庙学的发展，始于元代的建水庙学，在明清时期得以不断发展。在学田制度和政治制度方面都有极大改进①。在政治制度方面，清圣祖康熙二十四年（1685），以临安府知府黄明为首，与同知王俊、建水知州刘挺、临安府儒学训导王鸿统、建水州儒学学正蔡珩、临安府经历司经历陈士铨、临安府建水州吏目胡纶一道立卧碑，以顺治皇帝颁布的八条行令②作为文武生员的训令，卧碑如下：

第一，生员之家，父母贤智者，子当受教；父母愚鲁或有非为者，子既读书明理，当再三恳告，使父母不陷于危亡；

第二，生员立志，当学为忠臣清官。书史所载忠清事迹，务须互相讲究。凡利国爱民之事，更宜留心；

第三，生员居心忠厚正直，读书方有实用，出仕必作良吏；若心术邪刻，读书必无成就，为官必取祸患。行害人之事，往往自杀其身。常宜思省；

第四，生员不可干求官长，交结势要，希图进身。若果心善德全，上天知之，必加以福；

第五，生员必爱身忍性，凡有官衙门不可轻入。如有切己之事，止许家人代告，不许干与他人词讼，他人亦不许牵连生员作证；

第六，生员当尊敬先生。若讲说，皆须诚心听受。如有不明，从容再问，毋妄行辩难。为师者亦当尽心教训，勿致怠惰；

第七，军民一切利病，不许生员上书陈言。如有一言建白，

---

① 对于学田及其租金方面的举措在上一节中，已做过陈述，在此不做赘述。
② 汪致敏、欧孝敏、杨涛编著，建水文庙景区管理有限公司编：《建水文庙：一座名城的文化基石》，云南人民出版社2018年版，第101页。

以违志论,黜革治罪;

第八,生员不许纠党,多人立盟结社,把持官府,武断乡曲。所作文字,不许妄行刊刻,违者听提调官治罪。

这八条规定对生员的职责、处事、行为规范等都做出了明确的指示,告诫文武生员理应遵守的行为准则。这种以皇帝行令勒石晓示生员的方式,作为一种制度性建设,规训文武生员的同时,在制度层面对文武生员进行约束和教导,使他们明确自身的职责,从而"上报国恩,下立人品"。

得益于经济和政治制度的保障,建水庙学从元代始建起,得以长期发挥庙学合一的功能,建筑群和规模历经明、清不断发展壮大。在这一过程中,文庙建筑规制得到扩大的同时,其对地方社会的教化功能也达到了巅峰,出现"一庙三学"的盛况。在以学田和租金为基础的经济保障、以王朝国家政策政令的推动和学官制度的保障下,儒学教化得以迅速发展,为建水地区培养人才的同时,在科举中为建水赢得了"临半榜"的美誉。发展过程中,学田制度不断得到完善,催生出乡会试田、岁科试田以及乡会卷金田和附帮贡田等以"地产"作为经费的独特经济类型。这些田大都被外租,从中收取租金,为庙学的修缮和生员提供经费。教官制度作为政治层面的制度,从元沿袭至清,虽在职称和设置方面有过改动和调整,但却保障了庙学的顺利开展。元代整个云南科举配额5名,到了明代以降,建水地区随着州学、县学的出现,名额从40名上升到70名,还有增广生和无定额的附学生,这就为"临半榜"的到来做了铺垫。同时地方政府官员根据实地情况,相应设置一些规训制度,为地方庙学的有序推进做出制度层面的保障。庙学的发展不能脱离经济基础和制度层面的保障,以学田为主导的庙田制度和学官制度,为儒学在边地的发展奠定了基础。儒学作为王朝国家"化边"的一种手段和策略,在不断地推行中,逐渐融入人们的日常生活中,并为不同群体之间的交流交往奠定了基础。

第三节 场域、象征与仪式——
　　　　文庙的"儒学教化"

庙学作为一种教育制度，在王朝统治时期是一种统治的策略和手段，文庙作为官方修建的建筑物，本身是国家的隐喻和象征。作为特定的场域，中央王朝在文庙中推行儒学教化，为王朝培养人才。地方官员每年定期在文庙中举行祭典，通过仪式把礼制秩序推向普罗大众，文庙则成为中央王朝向地方社会传播儒学、进行教化的重地。儒学的核心内涵离不开教化，儒学教化在国家治理层面上具有"教化天下"的内在，在个体层面上具有形塑个体的"化"的内涵。在人类学的研究中，这种"儒学教化"是一种"文化"，而文化是可以习得的。因此，在王朝统治时期，"化外"之人只要吸收和学习儒家经典文化和道德准则，就可以变成有文化教养的文明人。[1] 这种学习的过程伴随着文化的变迁和"涵化"。虽然儒学教化并不一定意味着"汉化"[2]，但在儒学传播的过程中，"教化"的过程加快了边地的历史化进程，使得儒学在文化层面上融入边地，这一过程是与王朝国家的制度推行和广大汉族移民的进入分不开的。同时"儒学教化"在文化层面上，作为边地不同群体共同习得的文化，渐成为不同群体之间的"共识"，某种程度上为边疆地区民族文化"多元一体"格局的形成奠定了基础。

儒学教化作为中央王朝的一种行政手段，在实行的过程中，为地方社会培育了人才，对地方社会习俗的改变发挥了巨大的作用。从儒学发展来看，孔子及孔子以降时代所形成的儒家思想，都特别注重"教育"。孔子时就已有"贤者七十，弟子三千"，但这一时期

---

[1] Stevan Harrell, "*Introduction: Civilizing prejects and the Reaction to Them*", in Steven Harrell ed., *Cultural Encounters on China's Ethnic Frontiers*, Seattle and London: University of Washington Press, 1995.

[2] 如文献综述中提及的人类学家郝瑞、华琛等人的研究，史学家何炳棣、罗友枝等人的研究。

的"教"并非当下学科意义上的学校教育,更多的是侧重于对个体的"教化",通过教化个体推至集体。董仲舒曾明确指出:"凡以教化不立而万民不正也。夫万民之从利也,如水之走下,不以教化堤防之,不能止也。是故教化立而奸邪皆止者,其堤防完也。教化废而奸邪并出,刑罚不能胜者,其堤防坏也。古之王者明于此,是故南面而治天下,莫不以教化为大务。立太学以教于国,设庠序以化于邑,渐民以仁,摩民以谊,节民以礼,故其刑罚甚轻而禁不犯者,教化行而习俗美也。"① 汉武帝采纳后予以推广。汉武帝以降,这种儒学教化的学说便被历代王朝所使用,成为王朝行政的基本根据。董仲舒以降对儒学教化的论述,大抵没有超过董仲舒所论述的范围。② 因此,"教化"便成了儒学的核心概念,作为"哲学"的儒学,则以"教化"为其宗旨。③

在历史叙事中,中央王朝对云南地区的"教化"开展相对较早。秦朝时,云南地区就纳入了帝国版图。到了两汉时期,在此设郡辖制,益州太守王阜也响应王朝的号召"建学迁其俗"。东汉永平十二年(69),中央王朝在云南西部设置了永昌郡,对云南进行管理,随即以吏卒、徙民、罪犯、商人等方式,移入一些汉族人口。这些人口进入云南地区后,形成了汉族人口居住区,但在后期的发展过程中,融进了云南地区的其他群体中。④ 蜀汉时期,诸葛亮南征,带来了一些滇外文化,但这些外来文化对云南地区的影响并不深,儒学的传播也相当有限。隋、唐、宋时期,王朝对云南边疆的管辖"时有时无",云南地区基本处在地方政权中,如唐时的南诏、宋时的大理国,虽然这些"地方政权"也有自己的一套管理方式,但对儒学的推行和教化,与王朝国家存在差距,地方政权主

---

① 《汉书》卷五六《董仲舒列传》,中华书局1962年版,第2503—2504页。
② 张廷昭:《元代儒学教化研究》,中国社会科学出版社2015年版,第35页。
③ 李景林:《教化儒学论:李景林说儒》,孔学堂书局有限公司2014年版,第5页。
④ 蔡寿福、陶天麟主编:《云南教育史》,云南教育出版社2001年版,第127—129页。

要还是以地方主体文化为主。虽然南诏时盛逻皮在大理"立孔子庙",但根据元代时期的史料描述,孔子庙中祭祀的是"王少逸",而且"未知孔子"。由此可见,在教化实践层面上,元以前中央王朝对云南地区的"教化",某种程度上说只是一种"羁縻"、一种"象征",云南地区更多的只是在"朝贡体系"内,并没有完全纳入中央王朝的有效管理机制中,也没有切实地推行儒学教化。

元代平定云南后,开始大兴文庙推行儒学教化,并将儒学教化作为治边的一种策略,明代和清代不断沿袭和改进元代的策略,继续推行儒学教化。整体言之,儒学教化在云南地区的推行肇始于元,兴盛于明、清。在整个云南地区,元、明、清时期中央王朝在云南地区推行儒学教化的过程,是伴随着文庙的修建、府学、州学、书院等的开办和大量移民的进入加以实践的。文庙作为推广儒学教化的场域,教化具象于文庙中。

一 作为教化场域的"文庙"

中国古代建筑具有方向性,建筑中都蕴含着一种等级和礼制,其中帝王宫殿大都有着"南面文化"的传统。建筑受"礼制"的规制约束,礼制的核心就是等级制度,反映在建设上是一种建设的规范。[①] 文庙作为官方主导修建的建筑,有着严格的等级制度和规制。作为一种除帝王宫殿外的,具有建筑规制性的"支配性"建筑,文庙建筑本身就具有一定的"教化"功能,这种教化内在于儒学体系,外化于建筑本身。作为建水地区最早的教育机构,张立道于元至元二十二年(1285)在建水创立了庙学,开始置学舍,聘请"蜀士之贤者"作老师,并教建水地区的学子"行释菜礼"。在张立道的推动下,建水文庙从元代修建之初,就具备了祭祀孔子和推广儒学教化的双重功能,文庙成为礼制性建筑的同时,发挥着学校教育的功能。[②] 促使"人习礼仪,风俗稍变"。基于此,元代除始建外,

---

① 许儒慧:《云南文庙》,民族出版社2004年版,第111页。
② 宾慧中、张婕:《云南建水》,中国旅游出版社2015年版,第30页。

曾先后3次重修建水文庙。

明代时，前后对建水文庙共进行多达27次的修缮，在建水文庙内修建了东西明伦堂，作为州学和府学的场地。明洪武二十八年（1395）户部张永清上书建言："云南四川诸处，边夷之地，民皆啰啰，朝廷兴，以世袭土官于三纲五常之道，懵焉莫知，宜设学校以教其子弟。"明太祖朱元璋对上书进行了答复，指出"边夷土官皆世袭其职，鲜知礼义，治之则激，纵之则玩，不预教之，何由能化其？云南、四川边夷土官，皆设儒学，选其子孙弟侄之俊秀者以教之，使之知君臣父子之义，而无悖理争斗之事，亦安边之道也"①。在朱元璋看来，设儒学便是"安边之道"，虽然建水文庙早在明洪武十六年（1383）被改为庙学，但户部的建议被采纳后，更加强化了明代地方官员对建水文庙的重视。到了明万历四十三年（1615）时，在文庙内设了建水州学，并于天启三年（1623）把元江府学迁至建水文庙内，建水文庙内随即出现了"一庙三学"，"由兹风气日聚，人文蔚起，元魁接踵，偕庠济美，人不得以一学独多为辞矣"②。同时在成化三年（1467）至嘉靖十三年（1534）的67年中，建水文庙作为对内地民众实施教化的中心和向江外土司区域输出汉文化的堡垒，地位日益提升，扩建和维修也成为地方官府的重要日程。③

到了清代，继续明代府学和州学的"教化"传统，对庙学的重视与明代无疑，先后对建水文庙进行过多达35次的修缮。如此频繁的扩修和修建是与建水文庙的教化功能密切相关的，但也与为官者对"政绩"的追求有一定的关系。在建水为官者大多在文庙的维修中"捐俸捐资"，以身作则募捐倡修，这种"修"在建水文庙，却

---

① 《明太祖实录》卷二三九，"中央"研究院历史语言研究所1962年校印本，第3467页。
② 杨丰校注：《建水文庙历代碑文选注》，建水文庙管理处编印，2004年1月，内部资料，第28页。
③ 汪致敏：《建水文庙：旅游、祭圣一本通》，西安地图出版社2008年版，第11页。

也"利"在自身，做出贡献的官员则被纳入文庙中的名宦祠享祀，如张立道、万中等。到了明清时期，建水文庙显然已成为一种支配性建筑，某种程度上等同于统治阶级所有的建筑，可以在整个文化圈内，在多种活动领域产生某种共识，借以持续地施展强大的支配力量。① 文庙对地方官员或普罗大众而言，都是"教化"中心。通过元、明两朝代的发展，到了清代时，作为东迤上郡的临安"诗书礼乐之风甲于全滇。每与宾兴，有一榜半临阳之称"。而且"临之人士光被圣化，而抡元掇魁曾不多让焉。……风气韶秀类江南，科甲繁盛与中州垺，盖人文一奥区也"②。可见建水地区的文教科举已经相当兴盛，随着教化的不断深化，风气也得到了极大的变化，由以前的彪悍、未识文，变成了诗书礼乐郡。

不仅如此，文庙作为建筑，其本身也具有教化意义。建水文庙有系列建筑群，历元、明、清三代不同时期修建而成。从历朝历代的重建、不断地修缮中，可以看到王朝国家对文庙建筑本身的重视，在这"重视"的背后，体现的是一套王朝国家的治理逻辑。在王朝国家看来，修建文庙或重建文庙，体现的是对"文教"的重视。而文教是以儒学为基础的，儒学则是以"仁"为核心的一套思想体系。王朝国家通过对儒学的推行，来"化俗"，从而巩固统治，要实现这种策略，庙学无疑成为最好的基地。因此，在王朝的推动下，文庙便成了国家在地的"象征"，与府衙一样，本身是"帝国的隐喻"，每一座建筑背后都有一套"教化"体系。文庙以大成殿为核心，坐北朝南，在体现"南面文化"的同时，沿着中轴线，左右两侧对称分布，在建制规格上本身呈现出一种"礼"制，一种等级秩序。从大门走向大成殿要进四个院落，进"二坊""二门"，大成殿则是文庙中最高等级的体现。当然为了体现"伦理"和"孝"，大成殿后面（往北）是"启圣祠"，因此，在等级上，建水文庙内

---

① ［日］原广司：《空间：从功能到形态》，张伦译，江苏凤凰科学技术出版社2017年版，第23页。

② 杨丰校注：《建水文庙历代碑文选注》，建水文庙管理处编印，2004年1月，内部资料，第104页。

的建筑群也呈现了"礼"的等级。从享祀者看,以孔子为核心,后为四配,接着是"十二哲"、先贤、先儒、名宦、乡贤等,都体现着这种"礼"的等级秩序,这些反映在建筑本身中的文化内涵,对地方社会也有着极其重要的教化意义。至于启圣祠中的五世祖、仓圣祠中的"仓圣"和文昌,则是一种伦理和功能性祭祀的体现,寄贤祠则是一种乡土祭祀,以示纪念,但也侧面反映出,中央王朝对边地教化的深刻性和彻底性。

此外,建水文庙从修建之始,就发挥着"庙学合一"的作用,本身是集祭祀与学校为一体,而"祀"与"学"都具备教化的功能。明、清时期随着府学、州学(县学)的兴起,文庙也就成了主要的"教育场所",这一时期的文庙"学"占据主导地位,成为王朝培养人才的场域,但"祀"的功能仍在继续。同时文庙与科举制度进行结合,在教化民风的同时,促进边疆的稳定,在人心向化的层面上,给移民和当地人提供了慰藉。因此,无论是对学子还是建水地区的郡人而言,文庙本身就是一种"教化",且教与化是同时进行并发挥作用的。在历代王朝不断地"修缮"中,文庙这一礼制的建筑在建水规模渐宏,不同历史时期的临安郡人见证了这一过程。在多次"修"的过程中,临安郡人不同群体或为工人或为出资者,用自己的行动和实践,与王朝官员共同建设文庙,在这一过程中既有他们对儒学和文庙的物质贡献,也体现出临安郡人对文庙的态度。同时儒学的传播是伴随着文庙的修建,府学、州学和书院的兴办,以及大量移民的进入发生的,文庙既是儒学传播的场域,也是一种载体,作为儒学传播和儒学教化的阵营,在此意义上,文庙就是作为教化的"文庙"。

二 标准化的仪式——文庙祭孔仪式的深层内涵

文庙除"学"的功能外,还有祭祀孔子的功能。鲁哀公于周敬王四十二年(前478)时,为孔子建庙祭祀。鲁哀公以降的长时间里,对孔子的祭祀还一直未能出"阙里"。汉代时,虽然一些儒者倡导立学释奠,但"先圣""先师"仍然没有明确指定。唐代时,从唐初开始孔教成为官学变得越来越重要,在唐朝帝王的推动下,筹组孔庙,建立从祀制,致孔庙遍设天下州县。① 唐代的这一举措,将文庙作为"官学"进行推广,从而使"百姓得以崇祀",在州县设孔庙使祭祀孔子的范围不断扩大化,最终出阙里。唐以降,宋代创建的文庙在数量上超过宋代之前的唐代及其后的元明清,成为中国历史上创建庙学数量最多的一个朝代,其中北宋创建庙学数量大大超过南宋。② 在创建文庙的过程中,孔子不断得到历代王朝的追谥、加封,祭祀制度、从祀制度逐步完善,孔庙祭祀也成为国家祭祀,成为一种由王朝国家所主导的具有严格规制的、标准化的祭祀仪式。

随着王朝国家对孔子的加封③,孔氏家族的地位也逐渐上升,王朝国家也对孔子后裔进行了册封。汉元帝时,就开始给孔子后人赐爵,汉元帝时(前43)册封孔子十二代孙孔霸为关内侯,第十四代、十五代世袭。到汉平帝元始元年(1)六月,晋封孔子第十六代孙孔均为褒成侯,这种被赐封的"侯爵"先后有关内侯、褒成侯、褒亭侯、宗圣侯、圣亭侯、崇圣侯、绍圣侯(隋文帝赐封),唐高祖时"立孔子后为褒圣侯"并世袭。唐玄宗开元二十七年(739)封孔子为文宣王时,将孔子第三十五代孙孔璲封为文宣公并世袭。到了宋仁宗至和二年(1055),在官员的提议下,仁宗采纳意见,诏封孔子后裔四十六代孙宗愿为衍圣公。诏曰:"孔子之后,以爵号褒显,世世不绝,其来远矣。……至唐开元间,始追谥孔子为文宣而尊以王爵,封其嗣褒圣侯为文宣公,孔氏子孙去国名而袭谥号,礼之失也……朕念先帝崇尚儒术,亲祠阙里,而始加至圣之号,务极尊显之意。肆朕纂临,继奉先志,尊儒重道,不敢失

---

① 黄进兴:《优入圣域:权力、信仰与正当性》,中华书局2010年版,第133页。
② 胡务:《元代庙学:无法割舍的儒学教育链》,巴蜀书社2005年版,第45页。
③ 从鲁哀公至清顺治二年,一共有21次加封,在本章第一节中,已作过详述,在此不再赘述。

坠……宜改至圣文宣王四十六代孙宗愿为衍圣公。"① 宋仁宗追溯了赐封孔子后裔的历史，并对唐朝的"失礼"进行了批判。宋仁宗册封后，衍圣公的世袭爵位一直延续至孔子第七十七代孙孔德成，共沿用了三十二代。这些王朝的封爵以嫡长子制加以世袭，体现的也是一种礼制。爵号的世袭不仅将孔氏家族从寻常百姓中加以区分，给予他们"免税免役"等待遇，从而彰显王朝国家对孔子的尊崇。

在追谥孔子、封爵孔子后裔的同时，文庙祭祀制度也日益完善，形成了特定的祭祀规制。加之文庙广布全国，旨在推行朝廷的教化政策，从孔子的祭祀中也可以发现，自始至终文庙实为官方由上而下所极力推行的祭祀制度。② 这种祭祀制度及其仪式，同样具有教化功能。同时文庙的祭孔乐舞，在颂扬孔子生平事迹的同时，也具有教化的功能。而且儒学作为一种社会政治教化手段，本身具有宗教的特质，作为一种思想和实用的学说，儒学得到了祭祀仪式和众多与儒学传统的功能相关的超自然观念和仪式的支持。③ 在这里，祭祀仪式也是一种教化的外在表征。对王朝国家而言，祭孔仪式对于国家也有着重大意义。至大元年（1308）的《大元统天继圣钦文英武大章碑》（也称《追封圣诏碑》）载：

> 盖闻先孔子而圣者，非孔子无以明；后孔子而圣者，非孔子无以法。所谓祖述尧舜，宪章文武，仪范百王，师表万世者也。朕纂承丕绪，敬仰休风，循治古之良规，举追封之盛典，加号大成至圣文宣王，遣使阙里，祀以太牢。于戏！父子之亲，君臣之义，永惟圣教之尊。天地之大，日月之明，奚馨名之妙。

---

① （清）孔继汾撰，周海生点校：《阙里文献考》，上海古籍出版社2019年版，第46页。
② 黄进兴：《优入圣域：权力、信仰与正当性》，中华书局2010年版，第142页。
③ 杨庆堃：《中国社会中的宗教：宗教的现代社会功能及其历史因素之研究》，范丽珠译，上海人民出版社2007年版，第39—40页。

尚资神化，祚我皇元主施行。①

元武宗追封孔子，并遣使以太牢祀，其目的就在于以加封的方式使人们尊孔子。通过尊孔子而习儒学明伦，使儒学成为"永惟圣教之尊"，通过祭祀的方式"尚资神化"，从而达到长治久安的目的。王朝国家通过册封和祭祀活动，在国家层面上，借以进行广泛的社会教化活动。在这种政策的推动下，不同阶层的社会成员进入文庙参观、观看祭祀仪式，实际上就是受到了一次儒学的教育、教化和洗礼，文庙祭祀中所倡扬的价值观念也便有了更为广泛的受众面。②

文庙的祭祀有其固定的时间、礼器和乐舞仪式，是一种包含仪注、音乐、歌章、舞蹈等要素在内的完整而庞大的官方祭祀仪式，是一套标准化的仪式，与政治和国家信仰密切联系。建水文庙的祭祀活动，在长期的发展过程中，逐渐演变完善，形成一套完整的祭祀系统，其中就包括主祭孔子、从祀四配十二哲，配祀七十九位先贤、七十七位先儒以及袝祀的名宦和乡贤祭祀制度。③ 祭孔的时间基本上是固定的，据嘉庆《临安府志》载"每岁仲春（农历二月）、秋月（农历八月），文武官以上丁之日致祭先师孔子"。由此可见官员作为国家在地方的代理人，两次祭祀中都要参与，并以"引导"者身份带领地方郡人参与其中，通过系列仪式的展演，在祭祀孔子的同时，对地方社会进行教化。官府特别注重这两次祭祀，祭祀的费用都要按照祭祀规制。每年支银四十两，用于购买牛、羊、豕、兔、鹿、鱼、稻、黍、稷、粱、枣、栗、榛、菱、

---

① 2019 年 9 月 28 日抄录于建水文庙东碑厅，结合史志资料进行了断句处理，并增加了标点符号。

② 肖永明：《儒学·书院·社会：社会文化史视野中的书院》，商务印书馆 2012 年版，第 366 页。在肖永明的原著中，是对书院祭祀功能的说明，我将"书院"改成了"文庙"，实质是一致的。

③ 汪致敏、欧孝敏、杨涛编著，建水文庙景区管理有限公司编：《建水文庙：一座名城的文化基石》，云南人民出版社 2018 年版，第 119 页。

芡、笋、芹、韭、帛、香烛等。① 祭祀孔子用的是"三大牲",现在祭祀中使用的是"大牲"的模型,献祭于大成殿外正对孔子像处(见图3-5)。

图3-5 建水文庙祭孔仪式中的"三牲"(2020年9月28日摄)

在大成殿外的拜台铜炉处——正对孔子塑像的位置设置三个高度不一的供桌,供桌正中间摆放着五个书写着"非礼勿动""非礼勿言""天地同仁""非礼勿听""非礼勿视"的红色木制牌,前方放置着一个香炉和两个烛台,左右两侧各有十二个小的形同签卦的木制牌(见图3-6)。在紧挨着的较矮的供桌上,摆放着铜制祭器如爵、俎等祭祀器物,以及苹果、石榴、蒸糕、韭菜、葱等祭品。正前方则有一个更矮的供桌,上面摆放着香炉、铜牛、铜象。这种置于中轴线处,呈"阶序"放置的供桌及其摆放的物件,既有传统

---

① 汪致敏、欧孝敏、杨涛编著,建水文庙景区管理有限公司编:《建水文庙:一座名城的文化基石》,云南人民出版社2018年版,第126页。

礼制中的祭器，也有具有地方特色的如"铜象""石榴"的祭器和祭品，是融儒学与地方文化为一体的一种体现。在祭祀当天，按照传统的祀典方式，依照程序进行。①

图 3-6　建水文庙祭孔仪式中的拜台供桌（2020 年 9 月 28 日摄）

史载，建水文庙的祭孔乐舞起始于明代中期，是随着政治、经济和文化的发展而兴起的。在进行祭孔之前，必须要有规制性的祭器，演奏祭孔乐舞也需要礼乐诸器。明弘治八年（1495）时任云南按察副使的李孟晫和临安知府王济倡为建水文庙置办礼乐诸器，"诸生以时肄习，每逢上丁陈献，辉煌霅煜"。这是地方史料有关建水文庙祭孔的首次记载。到了万历三十年（1602）时，教授胡金耀又重造礼器，后来因为兵燹被毁坏。清康熙二十二年（1683）黄明任临安知府，在修缮文庙的时候，从廊庑沙砾中发现了圣像，随即移至尊经阁，并捐俸修葺了学宫。后黄明到昆明，"瞻仰及往见会城，见制府范公（范承勋）、抚军王公（王继文）所倡置云南郡学

---

① 我将在祭祀程序中予以陈述。

礼乐诸器，诸生以时肄习"。在观看了这种祭孔乐舞后，黄明有感"云南于滇为首善，而人物之盛则首数临安。今制、抚两台首倡于前，而余不能踵而创焉，其无奈于崇圣兴贤"。虽然黄明想着为建水文庙置办礼乐诸器，但因升迁，未能马上实现。黄明调任后，并未放弃给建水文庙置办礼乐诸器的想法，到了任职地方后，又遭母丧，所以这件事就暂时搁置了。到了康熙三十九年（1700）黄明多次写信询问已卸任临安知府的丁炜，后丁炜按"滇乘所载吾乡王慕蓼先生厘定三品考条，悉以报。公（黄明）遂出橐囊，鸠工庀材，募诸冶氏匠氏、漆人缋人，各以其职供事，制为祭器计若干。事以迨，庙中所需，罔不必备。费之以锱计者，凡八百九十有奇"[1]。收到丁炜的祭器数据后，黄明花费八百九十多两，为建水文庙"计铸铜器二百一十件，共重四千五百六十觔"。这些祭器被运到建水文庙后，文庙祭祀所用的祭器已经齐备了，随之祭祀规模也进一步扩大。

雍正四年（1726）鄂尔泰时任云南总督，他竭力倡修文庙，且命令各州县设儒学，让民族弟子接受儒学，接受礼乐教化。同时他还亲自到文庙内拜谒，询问祭孔的事宜，并对祭孔礼仪提出具体的明示，使得孔庙祭祀更加规范化，建水文庙的祭祀也是在鄂尔泰的倡导下，逐渐兴盛并发展成体系。两年后，即雍正六年（1728），建水籍举人萧大成时任广东龙门县知县，他在广东置办了琴、埙、篪、磬、笛、笙、箫、节等，如数补全祭孔乐器，从广东运送到建水文庙内。至此，祭孔祭器、乐器得以完备，祭孔仪式也步入正轨。在此社会氛围中，祭孔活动日趋频繁，规模日益扩大，达到了登峰造极的境地。[2]

（一）建水文庙丁祭祀典（祭孔）的程序

随着建水文庙内祭器、乐器的不断完备，祭孔乐舞也在雍正四

---

[1] 杨丰校注：《建水文庙历代碑文选注》，建水文庙管理处编印，2004年1月，内部资料，第165页。

[2] 柯治国主编：《建水文庙——开启滇南文明的圣殿》，云南美术出版社2004年版，第129页。

年（1726）鄂尔泰明示后，得以完备。鄂尔泰对祭孔乐舞的具体明示，详细记载在《丁祭严饬碑文》①中，碑载：

> 云南巡抚管云贵总督事、兵部侍郎兼督察院右副都御史加二级记录三次鄂，为恭逢丁祭大典，……天子有临雍之典，春秋届仲月上丁修释菜之仪，内则命夫胄子三公，外则寄于有司群牧。……恭逢丁祭，秦沐而宿黉宫，先命儒官教簿书，正祭品。乃知牲或已经宰杀，既失告致洁之心；物岂尽属肥鲜，更乘博硕蕃滋之义。且或常供不充夫额数，任先后以挪移，珍品不给于豆笾，致菹盐之双叠。……于是饬郡守、州牧、县令等职，兼以诚教授、学正、谕导诸员，各矢乃心，以襄大典。预期三日，牲牷皆供乎饬氝牵，先事一朝品物，尽陈于泮璧。斋戒沐浴来观习乐，试歌舞于明伦堂前。料量洁清，退服寝衣，敛精神于尊经阁泮。庶几必诚必信，斯夙夜之惟寅。无怠无愆，知神人之感格。……今将条约开列于左：
>
> ——既奉肇圣五王，不惟簋簠豆笾照数增设，即牲牷亦应各增其四。……各照数增为五可也。
>
> ——祭牲祭品皆有定额，一豆一笾，罔可缺遗。况牲取亲割以告虔也，取其血毛以告全也，可既宰而入学门乎？豕曰"刚鬣"，注谓"其豕肥则鬣刚"。……
>
> ——丁祭先数日，集乐舞生演习精熟。先一日与祭官亲同往观，不得草率从事；
>
> ——丁祭先一夕，凡与祭官齐集学官斋宿，不得有一员私宿本署；
>
> ——丁祭之日，庭燎灯烛，务须光明如昼，以俟祭毕，后已，除神前灯烛之外，即官员不得各自张灯
>
> ——丁祭之日，棂星门内不得容一闲杂人。所有事宜，止

---

① 杨丰校注：《建水文庙历代碑文选注》，建水文庙管理处编印，2004年1月，内部资料，第91—93页。

第三章 化成天下——文庙的修建与儒学教化的推行 | 199

许学书干办，及小心谨慎。门斗二人或四人，照管灯烛。其官员、仆从人等，一概于门外伺候。万无使仆从人持灯夹垫相随。上殿及上两庑之礼，君师一体。幸勿自取罪戾，以贻失礼之讥也；

——丁祭之日，既不许容一闲杂人，自无有抢夺祭烛及祭品之人。倘或仍有潜匿门内，乘空抢夺者，以盗贼论，即时擒获解报，以凭尽法重究；

——学官之地，圣贤灵爽所依，不惟丁祭宜修治肃清，即平时尤宜扫洒洁净。……学官之内，不得容一毫尘垢。庶亦无忝厥司也。慎哉，勿惑！

《丁祭严饬碑文》详细地对祭孔的"牲牷"、祭品以及祭祀期间的仪式仪轨做出了明确指示和规定，为祭孔乐舞步入正轨做了方向性指导。根据《丁祭严饬碑文》的指示，结合建水文庙祭孔的实际情况，我们可以将祭孔仪式分为三个部分，即祭前准备，祭礼程序和儒学三礼的展演。

所谓祭前准备，就是在进行祭孔仪式之前要做的准备。在丁祭日前数日，祭祀负责人首先要召集乐舞生进行相关仪式的排练，要确保"演习精熟"，且要在丁祭日前一天进行彩排，由主祭官亲自检查，以确保万无一失。当下在建水文庙的祭孔中，由当地政府和文庙管理处共同操办。在祭前第二日，各官和执事人等要严格按照"丁祭严饬"的要求，进行散斋、沐浴更衣，虽然现在并不住在文庙内，但在这一神圣仪式中，任何人都不得懈怠，因此还是需要宿别室。祭前一日，有司用鼓乐迎祭品及榜文陈设张挂，后至明伦堂演乐习艺。[①] 在这一天里，要将文庙"修治肃清"，虽然文庙每天都保持着"洁净"，但在祭前一日，更为重视"肃清"。到了夜间各官及执事人等同宿斋所，不饮酒，不茹荤，不吊丧，不问疾，不听

---

① 参见柯治国主编《建水文庙——开启滇南文明的圣殿》，云南美术出版社2004年版。

乐，行刑不判署刑杀文字，一心专治祀事。① 现在的各官及执事人都与明清时期的人员有别，当下负责的各官和执事，都是一些对祭孔仪式熟练、并长期参与祭祀活动的当地人，因此在祭祀期间他们都会全身心地投入其中。在丁祭日当天，各官和执事人位列其规定的位置（见图3-7），执行不同的祭祀任务。

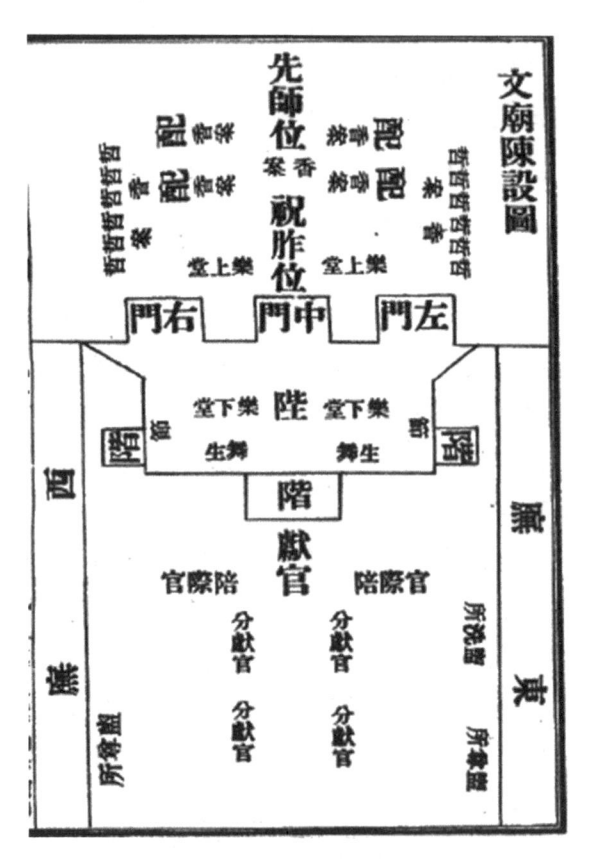

图3-7　建水文庙丁祭日文庙陈设图
（图片来源于《雍正建水州志》，第527页）

---

① 参见杨丰编撰《建水文庙研究资料汇编》，建水县旅游局、建水县县志办公室、建水县文庙管理处编印，2002年7月，内部书刊，第84页。

丁祭日当天，祭祀仪式①按照严格规定被逐一举行。在丁祭日凌晨，祭祀仪式开始前，当鼓声敲响时，相关负责人员要点燃文庙庭院内的香烛，等到鼓声再度响起时，乐舞生和执事者要在指定位置站立，为即将开展的仪式做准备；随着后续鼓声响起，引赞引各献官至大成门下站立；后通赞高呼"乐舞生各就位！"司节者分引乐舞生至丹墀东西两旁，各序立于舞佾（分成六列，每列八人，共有舞生四十八人）；通赞又呼"执事者各司其事！"各执事亦各按顺序就位；继呼"正献官就位！分献官就位！陪献官就位！"引赞引各官至拜位站立，祭祀正式开始。② 在祭祀正式开始后，整个祭祀过程被分成九个部分，分为瘗毛血、迎神、初献、亚献、终献、饮福受胙、撤馔、送神、望瘗，③ 这九个部分进行的过程中，伴随着乐章，乐章内容主要以颂扬孔子功德位置为主要内容，歌词为四言八句，从格律上承袭了周代雅颂乐歌诗体。这九个部分依次完成以后，祭礼就结束了。

明代以来，丁祭祀典逐渐被固定为六项，即"迎神""初献""亚献""终献""撤馔""送神"六个部分。在祀典被固定的同时，乐章也固定为六个，即迎神奏《昭平》之章，初献奏《宣平》之章，亚献奏《秩平》之章，终献奏《徐平》之章，撤馔奏《懿平》之章，送神奏《德平》之章，④ 这些乐章由洞经会人员演奏完成。1911年辛亥革命推翻了清王朝后，祭孔活动随之在全国衰降，但建水文庙的祭孔活动仍在持续，而且学校师生都参与其中。仅在祭仪

---

① 建水文庙的丁祭日祭祀程序，当地学者已做过充分的考证和梳理，杨丰编撰的《建水文庙研究资料汇编》、柯治国主编的《建水文庙》，汪致敏编的《建水文庙：旅游、祭祀一本通》和汪致敏主编的《建水文庙——一座名城的文化基石》等书本中都有叙述，内容几乎相同。为了更好地对建水文庙丁祭程序进行说明，我在书写中，结合田野资料，参照阅读了这几本书，并对仪式程式进行了引用，特此说明。
② 参见柯治国主编《建水文庙——开启滇南文明的圣殿（古临安的标志）》，云南美术出版社2004年版，第133页。
③ 参见杨丰编撰《建水文庙研究资料汇编》，建水县旅游局、建水县县志办公室、建水县文庙管理处编印，内部资料，2002年7月。
④ 参见杨丰编撰《建水文庙研究资料汇编》，建水县旅游局、建水县县志办公室、建水县文庙管理处编印，内部资料，2002年7月。

上，把原来的祭孔乐舞改为全用舞蹈表演，这一时期，参加祭孔活动的人多达数千人，而且把祭孔的颂歌传达了"穷乡僻壤"，使得孔子的名字妇孺皆知，民国末期以后，祭孔乐舞活动一度中断。①但祭孔的仪式一直在进行，只是随着洞经会在天君庙中进行。"我们那会儿还小，我是后来听大人们讲的，只记得一点点。时间了嘛，应该是打仗那会了，和日本人打，那会我们这点（里）的文庙里面已经有学校了，建水一中了嘛。那哈子（那会）还在祭祀孔子，每年都有那么个活动。成为学校以后，祭孔的活动就和洞经音乐一起搬到了天君庙里，在天君庙里还举办过好多次。后来打仗打赢了，新中国成立后一直都有，就是'文化大革命'那会，就不敢再整了，一直到改革开放以后，就又恢复了。"②

据地方史料记载，1917 年建水县就成立了县立中学（建水一中的前身），到了 1931 年下半年，学校迁入后，将文庙的两庑四角改建成了六个教室，岳鄂王庙的第一进院落改为校长办公室、会议室、教职工作室，两庑辟为学生宿舍。③ 学校迁入后，虽然保留了大成殿以及其他各殿的牌位，但丁祭活动却随洞经会迁至天君庙内举行。中华人民共和国成立以后，这种祭祀活动仍以小规模在小的范围内举行，直到"文化大革命"时期中断。

到了 20 世纪 80 年代，改革开放再度唤醒了沉睡的传统文化。建水文化局的张述孔先生借着工作缘由，在云南省图书馆查阅资料时，发现了三个不同版本的祭孔《舞颂图》。经过对比以及他自己的回忆，从中选取了与记忆相近的一种祭孔舞颂图，用相机拍摄成相片，在与灶君寺洞经会成员反复校对后，亲自传授，将"消失"了一段时间的祭孔乐舞予以拯救。同时根据时代要求，增添了一些

---

① 汪致敏、欧孝敏、杨涛编著，建水文庙景区管理有限公司编：《建水文庙：一座名城的文化基石》，云南人民出版社 2018 年版，第 123 页。
② 访谈时间：2020 年 8 月 27 日；访谈人物：李××，92 岁，男；访谈地点：孔子文化广场。
③ 云南省建水第一中学校志编纂委员会编纂：《云南省建水第一中学校志》，云南人民出版社 2007 年版，第 37 页。

表演性的内容。从张述孔先生亲授以后，这种乐舞便一直传承到现在。到了2005年9月28日即孔子诞生2556周年时，全球首次联合祭孔活动在联合国教科文组织的推动下得以实现，在这场声势浩大的活动中，建水文庙的祭孔有幸跻身其中。在这场盛大的祭孔祀典中，通过直播的方式，建水文庙的祭孔祀典向全国和全球呈现这个地处边地的"小城文庙"所积淀的深厚文化底蕴，也正是通过这次活动，把建水推向了全球，形成了全球互动、共同祭孔的盛典。[1]在这次活动中建水作为全球联合祭孔的分祭点之一，首次举行官方主导的公祭孔子仪式，[2] 促使沉寂半个多世纪的祭孔大典再次重生，建水文庙官方主导祭孔的也由此每年得以进行。

当下建水文庙的丁祭祭祀，主要沿袭的是明代确定下来的六个部分的祀典内容，即"迎圣"[3]、"初献"、"亚献"、"终献"、"撤馔"和"送圣"六部分，由总提调负责，以乐歌贯穿始终。在总提调高呼"祭孔大典"开始后，乐章响起，这种类似于开幕式的"表演"在"洙泗渊源"坊下进行，2019年、2020年、2021年的丁祭日时间都在上午9时开始。在"迎圣"环节，先把孔子画像从大成殿"迎"至"洙泗渊源"坊进行祭拜。"迎圣"结束后，沿着中轴线返回大成殿，在大成殿内拜台处，由政府代表[4]读孔子祭文。这种"祭文"内容是与时俱进的，在称赞孔子的同时，也赞颂现代国家的治理和地方社会的历史底蕴。2021年建水文庙以"祭万世先师，展上善建水"为主题，在读祭文这一环节，由中共建水县委常委、县委宣传部部长宣读"祭文"。"祭文"首先对孔子进行赞扬，其次是对国家大政方针和取得的成果进行肯定和宣传，特别提及了

---

[1] 汪致敏、欧孝敏、杨涛编著，建水文庙景区管理有限公司编：《建水文庙：一座名城的文化基石》，云南人民出版社2018年版，第123页。

[2] 曾黎：《仪式的建构与表达——滇南建水祭孔仪式的文化与记忆》，巴蜀书社2012年版，第3页。

[3] 与明清时期不同的是，当下的丁祭祀典中，"迎神""送神"被书为"迎圣"、"送圣"。

[4] 一般是县委书记、县长、副县长或宣传部人员诵读祭文。

"脱贫攻坚"以及 2021 年一些主要的成就，祭文的第三部分则是对建水地方社会的赞美，以及颂扬儒学对建水地区的影响。2022 年 9 月 28 日，在丁祭祀典中，建水县委书记赵雄诵读了祭文，祭文共 639 字，祭文曰：

公元二〇二二年九月二十八日，岁在壬寅，时维季秋，恰逢先师孔子诞辰二千五百七十三年大吉，各界嘉宾人士，秉至诚之忱，怀敬仰之情，谨备鲜花时果，雅乐佾舞，恭祭至圣先师，其辞曰：

县象著明，夫子肇旦。玉振金声，天地回响。立仁道义，义利相彰。

礼序乾坤，和谐万邦。民为邦本，惟民是瞻。为政以德，北辰拥望。

有教无类，化雨杏坛。删述六经，褒德流芳。筚路蓝缕，光披遐荒。

道冠古今，泽被流长。洙泗汤汤，泽润滇南。泮池黉宫，庙学煌煌。

杏坛春雨，化育僻壤。科举蜚声，秀滇半榜。商贾辐辏，金誉临安。

物阜民丰，社稷隆昌。时和景丽，泰和吉祥。睦邻亲善，礼义之乡。

三迤翘首，雄镇东南。是比邹鲁，文献名邦。岁月滔滔，儒韵绵长。

景运维新，介福延祥。两个确立，掌舵领航。两个维护，忠诚担当。

承仁继德，人民至上。擘画蓝图，续写华章。三年防疫，众志成城。

道冠古今，仁泽兴乡。多维融入，双城同靓。三产融合，城乡共襄。

千年古城，气韵流芳。新城如画，古城墨香。脱贫攻坚，

第三章　化成天下——文庙的修建与儒学教化的推行

普惠民安。

　　文明创建，百姓和康。紫陶之都，生机盎然。紫玉玲珑，文旅齐昌。

　　乡愁建水，追忆情浓。乡村振兴，蓬莱可望。俊彦济济，桃李芬芳。

　　幼学老养，晨歌晚唱。交通畅达，翠锁四方。青山绿水，烟柳泸江。

　　百业葳蕤，蒸蒸日上。河清海晏，宜居之乡。圣辰之日，俎豆馨香。

　　紫气东来，学海呈祥。佾舞雍雍，笙镛皇皇。恭祭先师，大道弘扬。

　　盛蒙遗徽，儒耀隆光。守正创新，自信自强。奋蹄争先，实干兴邦。

　　凤鹏正举，壮歌朝阳。十年追梦，再创辉煌。翼佑盛昌，伏惟尚飨。

全县各族人民不甚欢欣之致

谨祝①

　　这则祭文既有对历史的回述，也对当下的功业进行了总结，几乎每年的祭文都有着类似的结构。祭文读完后，开幕式结束。从"三献"开始，总提调就让位于以洞经会成员为主体的"各官和执事人"，从"初献"开始至"送圣"都是他们负责，统一调度乐舞生（见图3-8）和乐章的演奏，这些乐舞生之前都有建水一中的学生参与。"我从2006年开始就在建水一中读书，那会初中部和高中部是在一起的，读完初中后就在里面接着读高中。记得读书那会，每年祭祀孔子的时候，班主任都会抽一些学生去参加，都是自愿报名参加的。我们班那会有很多同学，有汉族、回族、彝族、哈尼族

---

① 2022年9月28日在建水文庙内拍照后转录。2019年、2020年和2021年丁祭祀典我都有参加，并对祭文有所收集，在此特引述2022年祭文。

还有苗族的同学，每到祭孔的时候都积极报名参加。但好像也对身高和相貌有些要求，太矮的肯定不行，长得不好看的也不能参加，毕竟祭孔是件大事，这边是很重视的。"① 在2018年的祭孔祀典中，我也见到并访谈了建水一中的学生。2019年的祀典中，只有组织参加祭拜的学生，乐舞生中已经没有学生参与。2020年由于"新型冠状病毒"的影响，丁祭规模缩减，没有学生参与其中。

据当地人介绍，在丁祭祀典中，从"三献"到"送圣"的这一部分祀典接近传统，是对"明清时期丁祭的完美体现"。"就像你今早看到的一样，整个祭孔其实可以分成两部分，初献之前是开幕式，其实就相当于一种表演了，从'洙泗渊源'坊到大成殿的拜台这个读祭文，都是开幕式，表演性是很强的。从'三献'开始直到'送圣'，是很正规的，特别正统的那种，是明清时期丁祭的完美体现，每一个环节都是严革按照规制进行的。乐舞也是一种传统，乐章也是了嘛。我们这里的祭孔活动，就今天了嘛，每年都有很多人来参加，周边的村子，还有一些游客。还有很多都是少数民族，像彝族、哈尼族、回族、苗族等都会来，有的是作为民族代表参加，有的是自愿来的。还有的是专门来玩，今天不要门票嘛，文庙也很美，环境好，还有文运，来拜拜总是好的。"② 在此叙述中可以看到，丁祭祀典中不同群体参与其中，共同参与这一庆典活动，某种程度上丁祭祀典超越了个体和民族，成为一种地域性活动。

在明清时期，这一祭祀程序被严格的执行，每一个环节都在王朝礼制的"监督"下，不得有任何失误。这种丁祭仪式保留至今，虽然在形式上出现了简化和表演化，但仪式中依旧重要的祀却完整地保留至今。2019年、2020年、2021年、2022年的建水文庙祭祀中，站立在"拜位"上的各官有别于古代文武官员，是由专门的人员扮演的，虽然政府官员也参与其中，但在这种拜位上的是一种

---

① 访谈时间：2020年9月28日下午；访谈人物：沙××，女，28岁；访谈地点：沙××家中。
② 访谈时间：2021年9月28日中午；访谈对象：杨××，女，29岁，建水文庙人员；访谈地点：建水文庙内。

"替代"。在三献时地方政府官员代表、各企事业单位、民族代表都会行进至拜场处。在祭拜孔子环节，先是政府官员，后是一些民族、企事业单位等的代表，最后是游客。在这种祭拜先后的安排中存在着"差序"①，政府官员作为一种地方代表，是整个地域的象征，因而享有最先祭拜的权利。企事业单位、民族代表等作为一种"代表"，也可以"含括"②其所代表的群体，因而处在第二祭拜群体中。游客则是"外来者"，对本地而言，只是一种"他者"③，放在最后。这种安排更好的说明，虽然在当下的祀典中，原有的帝国礼制不再被重提，但丁祭仪式中，又形成了新的"差序格局"，虽然有别于鄂尔泰所提及的"不许容一闲杂人"及仆从的内容，但在当下这种丁祭仪式依旧体现着一种"礼制"。

丁祭祀典当日，祀典活动在早上10点左右结束，建水文庙管理处和建水县旅游局根据祀典活动，会举行诸如"儒家三礼"的大型活动。2019年9月28日，丁祭祀典结束后，上午10：30左右，总提调官协同祭祀各官和执事人，乐队经由"圣域由兹"坊到"建水孔子文化广场"，在此举行"千人儒学三礼"。参加活动的主要有政府及各企事业单位、民族代表，学生及家长和一些外围观礼的本地人和游客，其人数在1000人次左右。参加活动的学生和家长身着汉服，学生被分成5—9岁、10—14岁、15—18岁三组，依次进行开笔礼、成童礼和成年礼，活动进行期间，依照总提调官的指令，学生们对父母表示感谢行叩礼，然后开笔礼、成童礼等依次进行。这种依托于丁祭祀典，把"教化"以"剧场"的形式进行展演④，在活动中也不乏感动落泪的父母和学生。在这一仪式中，接受"教

---

① 费孝通：《乡土中国　生育制度》，北京大学出版社1998年版。
② Joel Robbins, "Monism, Pluralism and the Structure of Value Relations: A Dumontian Contribution to the Contemporary Study of Value", *Journal of Contemporary Theory*, No. 1, 2013, pp. 99–115.
③ ［德］约翰尼斯·费边：《时间与他者：人类学如何制作其对象》，马健雄、林珠云译，北京师范大学出版社2018年版。
④ ［美］欧文·戈夫曼：《日常生活中的自我呈现》，冯钢译，北京大学出版社2008年版。

图 3-8　建水文庙祭孔中的乐舞生（2021 年 9 月 28 日摄）

化"的不仅只有学生和家长，外围的围观者、游客等也都接受了这种仪式的教化。听参加活动的人讲，"这种活动是很好的，每年了嘛举行一次，机会很难得，让小孩参加下也没什么坏处，反倒会增加她的认识。恰好今天星期六，小孩放假，我就是特意带她来参加这个活动。让她参加下，感受一下。刚才你也听到了，主持人讲的都是一些大道理，给孩子们听下，让她知道感恩，让她懂礼数，讲仁义，大人们也应该听一下。像刚才的那个开笔礼啊、成年礼了嘛，都很有纪念意义。虽然我是彝族，但我上过学，以前也听大人们讲过祭孔的事情，我自己当学生的那哈子（会）倒是没有参加过。我们这里的人，祖祖辈辈对这个活动都很热爱，你看那些穿着少数民族服装的外面观看的那些人，戴头巾的回族妇女还有哈尼族，大家都会来。这个广场上的学生，自然就有各个民族的。像这种节日了嘛，它不是哪个民族的，是我们这个地方的祭孔活动，好像每年其他地方也搞。我基本每年都来"①。在这里祭孔活动超过了以往的界限，作为地域性的庆典，通过邀请民族代表和各阶层人士的方式，将地域内的所有人含括其中。并通过自愿参与的方式，通过节日进行教化。当下的祭孔活动有时也会宣传一些党和国家的政策，从而加深人们的理解。

其实"儒家三礼"的仪式已经在旅游业的推动下，每年大的节假日（见表3-3）和学生寒暑期期间都有举行，2020年、2021年由于疫情防控的持续影响，建水文庙的丁祭祀典活动只在文庙内举行，孔子文化广场上未举行任何活动，祭祀活动结束后，只有少部分参与了儒家三礼活动。

表3-3　　　　　2020年建水文庙元旦活动一览②

活动时间		活动内容	活动费用标准
2020年1月1日	9:00—11:30	亲子"学国学　传非遗"+简餐	90元/家庭（一大一小）黑色布鞋15元/双
	14:30	儒家三礼——开笔礼	180元/家庭（一大一小）黑色布鞋15元/双
	9:00—11:00　14:00—16:00	《礼教文庙》实景演出崇圣礼乐	支付以上任一活动费用，即可体验9:00—17:00期间除需要特定支付费用的任一体验。
	9:00—17:00	拓片体验、编钟、古琴演奏、射艺、投壶、紫陶制作和糖画等的制作。	

资料来源：田野实际调查结合相关资料绘制而成。

2021年的丁祭祀典在9:40左右结束，上午11点左右时文庙只有三三两两的游客和当地人，疫情防控对各行业的影响是巨大

---

① 访谈时间：2019年9月28日中午；访谈对象：普××，男，39岁，建水人；访谈地点：建水孔子文化广场。
② 表格的内容，系结合田野实际调查和建水文庙微信公众平台2019年12月18日、2019年12月19日、2019年12月31日的推送内容绘制而成，特此说明。

的,自2019年以来,建水地区的旅游人数减少了很多,2020年6月25—27日,正值端午假期,在疫情防控将人们"堵"在家中三月之余后,全国人民迎来了第一个可以出门的假期。在这短暂的假期里,据建水县文化和旅游局公布的数据显示,6月25—27日,建水县累积接待国内游客315581人次,同比下降20%,累计实现旅游收入20022.18万元,同比下降22%。[1] 三个月后的国庆长假到来,这次的国庆节和中秋节是重叠在一起的。2020年10月1日至8日,建水县又迎来了一波游客。据建水县文化和旅游局公布的统计数据显示,建水县共接待游客44.84万人次,同比减少70.95%,其中一日游游客28.92万次,过夜游客人数15.93万人次;实现旅游收入51270.60万元,同比减少68.80%。游客接待人数最高位10月4日,全县共接待游客6.45万人次。自驾游流入152356辆,同比减少51.58%,流出170222辆,同比减少43.20%。[2] 旅游人数减少了很多,我对建水地区近六年来主要节假日的游客接待量进行了统计(见表3-4),从对比中我们可以看到疫情的影响之深。建水县目前正在极力推动旅游业的发展,借助古建筑和丰厚的文化底蕴带动旅游业,其中文庙也是一种主要的依托资源,这种"古老的遗存"在教化古人的同时,也在教化着当代人,并把这种教化推向远方。

表3-4　　　　　建水县近六年(2016—2021年)
　　　　　　　　主要节假日期间游客接待情况[3]

节日名称	时间	游客接待量(人次)	收入(元)
春节	2016	49.37万	2亿
	2017	61.42万	5.57亿

---

[1] 该数据系建水县文化和旅游局官方统计所得,该数据在以"建水县旅游发展委员会"为账号主体的"上善建水"微信公众平台上,于2020年6月28日公布。
[2] 该数据系建水县文化和旅游局官方统计所得,该数据在以"建水县旅游发展委员会"为账号主体的"上善建水"微信公众平台上,于2020年10月9日公布。
[3] 数据均来自建水县文化和旅游局官方统计数据。

续表

节日名称	时间	游客接待量（人次）	收入（元）
春节	2018	93.67 万	9.68 亿
	2019	121.61 万	12.77 亿
	2020	53354	3682.44 万
	2021	48.7 万	4.3 亿
	2022	42.56 万	4.27 亿
端午节	2016	—	—
	2017	188414	9862.03 万
	2018	26.38 万	1.6 亿
	2019	537334	36649.74 万
	2020	315581	20022.18 万
	2021	36.0179 万	21913.93 万
国庆节	2016	—	—
	2017	77.60 万	59556.75 万
	2018	93.12 万	94146.63 万
	2019	154.36 万	164355.40 万
	2020	44.84 万	51270.60 万
	2021	92.1281 万	78390.9 万

除丁祭当日的系列活动外，还有每年除夕夜的上香和大年初一的游文庙活动。每年除夕夜建水文庙都会免费对外开放，一直持续到初一下午一点钟。作为旅游景点，建水文庙是收门票的，除了当地65岁以上持老年卡的人进入文庙不收门票外，除特殊时间向本地人免费开放外，其余时间都要买票进入。2018年、2019门票为60元/人，2020年由于疫情防控的影响下调到40元/人，2021年继续保持40元/人。2022年建水旅投公司结合景区的实际推出红河州人10元游景区的优惠活动，文庙景区对红河州人收费10元。活动期间，建水文庙推出了系列活动（见表3-5），除夕夜的活动和初一游孔庙免费对外开放除外。

表 3-5　　　　　　2022 年建水文庙春节系列活动情况①

时间	地点	内容	收费情况
1月31日—2月1日 （19：00—01：00）	先师殿	拜孔子，敬香祈福	免费开放
2月1日—6日 （10：00—10：40）	先师殿	祭孔祀典	门票40元
2月1日—6日 （9：00—11：30） （14：00—16：30）	先师殿	祭孔礼乐演奏	门票40元②
2月1日—6日 上午9：00 下午14：00	圣域由兹坊 （1号、3号、5号） 太和元气坊 （2号、4号、6号）	实景演出——迎状元	门票40元
2月1日—6日 上午9：30 下午14：00	洙泗渊源坊	实景演出——礼教文庙	门票40元
2月1日—6日 9：00—17：00	州学大门	喜迎新春，乐猜灯谜	门票40元
2月1日—6日 上午10：00 下午2：30	府学大堂	茶趣、游令课堂	门票40元

资料来源：2022年2月1—6日期间，我在建水文庙的调查，并结合建水文庙景区管理有限公司微信公众平台推送绘制。

2022 年 1 月 31 日农历除夕夜，晚上 7：00 至凌晨 1：00 都是对外免费开放的，从下午 5：00 时许，就陆续有人来文庙烧香。按

---

① 根据2022年2月1日—6日期间，我在建水文庙的调查，并结合建水文庙景区管理有限公司微信公众平台推送绘制。
② 红河州人可以参与10元每人次的优惠活动购票，其余人员每人40元购票进入后，可观看演出。

照文庙给出的"香"的类型①,"虔诚愿心"每炷699元,"状元及第"每炷499元,"金榜题名"每炷399元,"步步登高"每炷299元,"九九如意"每炷199元,"六六大顺"每炷66元,"一帆风顺"每炷39元,心愿牌每块19元,普通祈愿的香每把9.9元,依照不同的价位,在烧香祭拜时,售香的负责人都会对其进行讲解。购买"虔诚愿心"香的,可以在四个负责人的陪同下,奏乐进入大成殿宣读祈文,然后到中轴线的大香炉处焚香,祈文的大致意思为祈求大成至圣文宣王给予知识、学问和智慧,保佑×××学子高考中第,考个好成绩。②"今年六月份我就要参加高考了,就来虔诚拜祭孔子,买香的钱都是我平时积攒下来的。我想只要诚心,我自己再好好努力,高考就一定能考好。这些钱也不贵,平时少吃点零食,就省下来了。之前也有很多人来参拜,我家亲戚们说,他们的孩子都在这个时候(除夕夜)来拜过,后来都考上了。等六月份高考之前,我还要再来拜一次,希望能考个好学校。"③ 可见无论是王朝时期,还是当下的学子,在自己努力的同时,也把自己的文运寄托于孔子,通过焚香祈求的方式,以期考个好学校。这种"祭拜",也使得儒家文化具备了"宗教"内涵,所面向的是"今世"的生活,④ 就像高中生祈愿高考成绩,其本身就是"当下"之事。

"每年的除夕夜,文庙里面都会有人来上香,我就是专门负责帮他们点香、插香,做这个已经八九年了,前年(2019年)、去年(2020年)人都少,往年就人多了,今年看着人也不多。疫情影响了嘛。除了今天晚上外,其余时间也有,等到了五六月份,高考、中考那会,人就会更多,大人带着小孩,都是为了能考个好成绩

---

① 2022年1月31日在建水文庙中,根据文庙标价的公示牌抄录。
② 2022年1月31日在建水文庙中,根据大成殿内所读祈文记录。
③ 访谈时间:2022年1月31日晚20:30;访谈人物:杨××,17岁,女,高中生;访谈地点:建水文庙内。
④ [德]马克斯·韦伯:《儒教与道教》,洪天富译,江苏人民出版社2003年版,第153页。

嘛。"① 这种祈福活动无论是在封建王朝时期,还是当下,依旧在发挥着作用。儒学和中国的传统政治社会制度一直是连接在一起的,科举制度被废除后,学校发生了改变,但这种传统并不是只有"儒家学者"在延续,而是已经融入民间社会生活中,成为民间生活中的一部分。至少在文庙中是这样,其以一种宗教的实践方式处于"宗教"之外。

除除夕夜可以免费进入外,参加春节期间的其他活动,进入文庙都要购买门票。像祭孔祀典这种在具体日期举办的活动,在旅游业的推动下,也变成了实景"演出"。这种演出在端午节、国庆节等节日期间也会进行展演,但庄严程度、排场、规格不及丁祭祀典。在大力发展旅游业的当下,这种"神圣"的祀典走上了舞台进行展演。这种把祭孔仪式与经济发展相联系在一起,集中呈现了在旅游业日益兴盛的当下,神圣资源与世俗的交织。但在表演中,建水文庙的祭孔祀典与春秋祀典做了区分。

在节假日活动中的整个"展演"中,乐舞生只有16人,只有丁祭祀典的三分之一。在初献、亚献环节,都只是简单地走一遍程序,整个环节都没有丁祭祀典的那种"庄严",亚献结束后,就跨越到"终献",其他的环节都被省略。与此同时,摆有"天地同仁"②的供桌在丁祭祀典中是摆放在大成殿拜台处的,在这种初一至初六以及其他节假日的"展演"中,该供桌被放置在拜场的中轴线处,在空间位置上比丁祭祀典的摆放"矮"了一截。因为拜台比拜场高,二者之间用围栏和台阶将其区分,这种"矮"某种程度上是一种降格的"区分"和处理。这种"有别"的展演无疑是旅游业催生的产物,同时这种"展演"性质的祀典,也具有教化功能。当地人会带着孩子去体验,也有外地人慕名而来,带着家人和孩子体验这种祭孔祀典,在文庙这种场域氛围中,感受孔子和儒家文化的

---

① 访谈时间:2022年1月31日晚20:30;访谈人物:王××,48岁;访谈地点:建水文庙内。

② 在丁祭祀典部分已有详细介绍。

博大精深。"我来这之前,听朋友们说这里的文庙很大,保存得也很完整,还有祭孔活动啥的,感觉很有意思。这不放假了嘛,也有时间,孩子们也都放假了,就带着一起来转转看看。顺便给小孩体验体验,让他们感受一下这种传统文化,反正也不贵。这个文庙真心不错,修的大,看着保存的也好。而且这些活动挺有意思的,孩子们之前都没参加过,很有新鲜感,带他们来也可以学习一些东西。这些都是我们的传统文化了嘛,是要学习的。"① 这种祭孔仪式的教化功能,不仅在当下发挥着作用,而且还从建水本地,随着旅游业和现代传媒手段的推广声被远方。

(二) 民间权威与传统的延续——"洞经会"与丁祭乐章

在建水文庙的丁祭祀典中,乐章是贯彻始终的,在丁祭祀典这种"神圣"的仪式中奏乐是与孔子本身对乐的赞赏分不开的,"子在齐闻《韶》乐,三月不知肉味"。孔子对雅乐产生了浓厚的兴趣,并进行高度的赞扬,就连《孔子弦诵图》中,孔子本人都是"抚琴"的。因此在祀典中奏乐伴之以舞,既是对孔子业绩的赞誉,也是一种对雅乐舞的传承。建水文庙祀典中,演奏乐章的是洞经会人员。建水地区的洞经音乐在民间被分为"谈洞经"和"谈黄经",所谓的"谈洞经"是指使用经籍为道、释经典,而"谈黄经"所用的经典则以儒家经典为主。

建水洞经会肇始于明末清初,因在当时的社会背景下儒门士子参加佛道活动受限,所以儒门子弟结合实况创立"朝元会"组织,主祀道教的"文昌梓潼帝君",并以洞经音乐的活动形式,祈神保佑功名成就。② 洞经会的洞经音乐、经籍、崇拜主神和仪式活动都受到了道教的影响,从性质上说,洞经会组织是一种道教组织,这种由"儒生"组织成的"道教"崇祀的做法与文庙中建文昌阁如出一辙。到了清代中叶以后,参加洞经会的人数逐渐增多,"新文学"

---

① 访谈时间:2022年1月26日;访谈对象:李××,36岁,云南文山人;访谈地点:建水文庙内。
② 参见建水县志编纂委员会编《建水古今(第三辑)》,1993年10月,内部书刊,第14—19页。

"明圣学""林文学""冲文学"等较有影响的洞经组织在县城和城郊成立,并选举声望高且精通经文的长者担任会长,管理内外事务,同时设"引赞""陪赞""纠仪"等司职人员,负责组织和联络各乐队。① 明、清时期的洞经会成员多数是进士、举人或翰林的后代,他们能歌善文,精通音律,由于洞经会长期为这些人所把持,会员通常都是儒生,不是儒生不能入坛。② 所以,某种程度上说,洞经会的成员实际上是一种知识分子群体,一种类似于"士绅"的存在,他们通过研习儒家经典,接受庙学教育成为儒生,在地方社会中扮演着重要角色。

洞经会成立后,先后依托于城内的武庙和城外的灶君寺存在,现主要以灶君寺为主要活动场所,每年定期举行活动。一年中除每月初一、十五两日坐坛诵经外,还有许多大型的音乐活动,如正月初五至初九的上九会,二月初三的文昌会,二月十九的观音会,三月十五的龙华会,六月十九的观音会,六月二十四的关圣会,八月二十七日的孔子会以及九月十九的观音会。③ 在一年中洞经会参与如此众多的节日活动,可见其并不只是"崇祀"文昌帝君的组织。在这种多元性的参与中,实际上体现出洞经会的民间信仰色彩,其游走于各个不同的信仰之间,如文庙、观音会、关圣会等,侧面印证了中国民间信仰的灵活性。中国的民间信仰不仅仅是调和主义(syncretistic)的,它没有独一权威、没有教会,也没有神权国家(theocratic state)来确立教义并决定信仰,然而在此意义上,它也是灵活可变的和个人主义的。④ 借着这种缘由,洞经会出现在多个祭祀场所,以"自己"灵活的方式,将其他活动内化于本身,其中

---

① 汪致敏:《建水洞经音乐初探》,《民族艺术研究》1994年第5期。
② 建水县志编纂委员会编:《建水古今(第三辑)》,1993年10月,内部书刊,第14—19页。
③ 建水县志编纂委员会编:《建水古今(第三辑)》,1993年10月,内部书刊,第16页。
④ [美]武雅士:《中国社会中的宗教与仪式》,彭泽安、邵铁峰译,江苏人民出版社2014年版,第208页。

第三章　化成天下——文庙的修建与儒学教化的推行 | 217

文庙丁祭祀典就是典型。

洞经会产生之初，就参与到孔庙丁祭祀典中。在中央王朝时代，孔庙丁祭祀典作为国之大事，由官方主导的，地方官员亲自主持，这也是孔子祭祀从家祭向国祭的一种转变的延续。在这一时期洞经会的人员只是按照祀典章程奏乐。清末民初时期，祭孔仪式在国家政治地位中衰降，这并没有影响到建水地区的祭孔祀典，仪式依旧在举办，但祭孔的仪式发生了变化，祭孔仪式的影响深入民间，并与民间宗教生活相整合。民国五年（1916），有士绅在文庙庙祀尊亲，他们以洞经会为组织形式主办祭孔仪式的典礼，延续了祭孔的传统，从这一时期以后，建水祭孔仪式便不由官方主办，而是由地方士绅把持。① 这种状况一直维持到 2005 年的全球祭孔活动的举行，此次活动以后，建水文庙丁祭祀典又由官方主导，洞经会参与其中。洞经会参与奏乐，把洞经音乐融入丁祭祀典中，替代了原来的祭孔雅乐，改用具有"民间"特征的洞经音乐。实质上是用"民间"替代了"正统"，这种替代之所以能够发生，是与中国历史上王朝帝制时代的终结相联系的。清代在国家内忧外患中画上了句号，民国短暂的存留，在遭受外患的同时，中国传统文化也遭到了前所未有的挑战和重创。丁祭祀典仪式也在明清时期的礼制上进行了调整，逐渐失去"正统"性，建水文庙丁祭祀典的变化也是这一历史时期的产物。

洞经音乐融入丁祭祀典后，洞经会在严格遵循仪式核心结构不变、引入功能"类似"的要素和保持孔子圣人形象神性色彩的原则，对仪式进行了继承和改造，形成了独具地方特色的《崇圣礼乐》，演奏的整个过程以"礼"和"乐"贯穿始终。② 这种《崇圣礼乐》可以说是洞经会在乐的方面的创新和"融合"，他们用民间洞经音乐"代替"了正统祭孔雅乐，把民间融入了正统，使二者完

---

① 曾黎：《仪式的建构与表达——滇南建水祭孔仪式的文化与记忆》，巴蜀书社 2012 年版，第 116—117 页。

② 曾黎：《仪式的建构与表达——滇南建水祭孔仪式的文化与记忆》，巴蜀书社 2012 年版，第 262 页。

美地呈现在仪式中。建水地方志中记载了两种不同版本的《大成乐》，即康熙《大成乐》和嘉靖《大成乐》（见表3-6），这两种《大成乐》都是清朝礼部钦定照准的版本，以"乐之主"贯穿整个祭孔祀典活动，两种版本都以赞扬孔子的业绩为主，但乐曲名称和内容却有所不同。

表3-6　　康熙《大成乐》[①] 与嘉靖《大成乐》[②] 对照[③]

年代 乐章名称	康熙《大成乐》	年代 乐章名称	嘉靖《大成乐》
迎神乐 奏咸平之曲	大哉至圣，道德尊崇。 维持王化，期民是宗。 典祀有常，精纯并隆。 神其之格，于昭圣荣。	迎神奏 昭平之曲	大哉孔子，先觉先知。 与天地参，万世之师。 祥征麟绂，韵答金丝。 日月既揭，乾坤清夷。
奠帛初献乐 奏宁平之曲	自生民来，谁底其盛。 惟师神明，度越全圣。 粢帛俱成，礼容斯称。 黍稷非馨，惟神之听。	初献奏 宜平之章	予怀明德，玉振金声。 生民未有，展也大成。 俎豆千古，春秋上丁。 清酒既载，其香始升。
亚献乐 奏安平之曲	大哉圣师，实天生德。 作乐以崇，时祀无斁。 清酤惟馨，嘉牲孔硕。 荐羞神明，庶几昭格。	亚献奏 秩平之章	式礼莫愆，升堂再献。 响协鼖镛，诚孚罍甗。 肃肃雍雍，誉髦斯彦。 礼陶乐淑，相观而善。
终献乐 奏景平之曲	百王宗师，生民物轨。 瞻之洋洋，神其宁止。 酌彼金罍，惟清且旨。 登献惟三，于嘻成礼。	终献奏 叙平之章	自古在昔，先民有作。 皮弁祭菜，于论思月。 惟天牖民，惟圣时若。 彝伦攸叙，至今木铎。

[①] 康熙《大成乐》普定于清康熙五十五年（1716），由浙江学臣汪疏请定并奉旨后，准定乐谱照《大清会典》。

[②] 该谱系乾隆八年（1743）颁布，并根据《大清会典》重新修订。

[③] 根据杨丰编撰《建水文庙研究资料汇编》，建水县旅游局、建水县县志办公室、建水县文庙管理处编印，2002年7月，内部书刊，第89—90页。

续表

年代 乐章名称	康熙《大成乐》	年代 乐章名称	嘉靖《大成乐》
撤馔乐 奏咸平之曲	牺象在前，豆笾在列。 以享以荐，既芬既洁。 礼成乐备，人和神悦。 祭则受福，率遵无越。	撤馔奏 懿平之章	先师有言，祭则受福。 四海黉宫，畴敢不肃。 礼成告撤，毋疏毋渎。 乐所自生，中原有菽。
送神乐 奏咸平之曲	有严学宫，四方来宗。 恪恭祀事，威仪雍雍。 歆兹惟馨，神驭还复。 明禋斯毕，咸膺百神。	送神奏 德平之章	凫绎峨峨，洙泗洋洋。 景行行止，流泽无疆。 聿昭祀事，祀事孔明。 化我蒸民，育我胶庠。

当下在祭孔祀典中，演奏的《崇圣礼乐》中所采用的是嘉靖《大成乐》中的六个乐章，由洞经会成员演奏完成。在整个丁祭祀典中，总提调官负责迎神环节和开幕式环节，亚献到送圣的五个环节都是由洞经会接手完成的。就像在民国时期的祭孔一样，这些由"儒生"所组成的团体，在文庙祭祀和修缮中都积极参与其中，他们在官员和地方群众之间起到了类似"桥梁"的沟通作用。在这一过程中，他们自身的地位得到提高，祭孔仪式和文昌信仰为士绅群体维持其统治阶级地位提供了道德和社会结构上的有力保障。[①] 洞经会成员主导着丁祭祀典仪式，而仪式作为一种特殊的情境和事件，有助于权威正当化。[②] 洞经会成员正是在不断地参与祭孔仪式中，使其权威性得以稳固和延续，这种"权威正当化"使这一群体（洞经会成员）以其自身的社会结构影响着地方社会。这些人群作为知识分子、士绅阶层，在中国社会结构中，占有很重要的地位。

---

① 杨庆堃：《中国社会中的宗教：宗教的现代社会功能及其历史因素之研究》，范丽珠译，上海人民出版社2007年版，第28页。

② [英]马修·恩格尔克：《如何像人类学家一样思考》，陶安丽译，山海文艺出版社2021年版，第219页。

在中国历史上，士绅对于朝廷忠贞不贰，而且他们在地方社会中有着重要影响，是我们理解中国社会的一个"窗口"，士绅对于朝廷的效忠与士绅对于地方社会的领导性质本身是结合在一起的。[1] 在建水文庙的祭祀仪式中，洞经会成员由起初的参与一度发展成为主导者，这期间他们的权威性生成是不言而喻的。洞经会的出现和发展是伴随着儒学的传播发展而产生的，与庙学的修建和教化的推行密切关联，其产生后，作为一种绅士阶层[2]的集合体，反过来又作用于庙学和祭孔祀典，这种相互作用，使建水文庙祀典有了很好的组织基础，在长期的积淀中传承发展至今。

三 渐迁其俗——礼俗教化

文庙作为儒学教化的具象表征，除建筑本身和仪式教化外，儒家思想也随着移民的进入、儒学的传播和发展，渗入人们的日常生活中。伴随着中央王朝对儒学教化的推行，儒家的人伦道德和礼仪纲常成为家庭和社会所崇尚的标准，作为一种准则规训着人们的生活。儒家伦理和道德成为地方社会中衡量个人品行的标准，对孝悌之道的追求和赞扬，对妇女贞洁、妇道的形塑，都被载入地方史志中，地方官员和士绅正是通过对这些人物的塑造和文字记述，从而使地方文化中具有一些"标准化"仪式。[3] 在这一过程中，地方礼俗也受到了儒学的影响。在历代官方修纂的地方志中，风俗成为必不可少的一部分，王朝国家通过对"风俗"的比较，来看自己的功绩以及对化外之地的开化和影响。

汉代时益州太守王阜就想通过学校教育"渐迁其俗"，元代时云南内附，统治者注重对儒学教化的推行，在加封孔子的同时，言明对儒学的崇尚。赛典赤到云南任平章政事时，便将王朝的理念带

---

[1] ［英］科大卫：《皇帝和祖宗：华南的国家与宗族》，卜永坚译，江苏人民出版社2010年版，第180页。

[2] 费孝通：《中国绅士》，惠海鸣译，中国社会科学出版社2006年版。

[3] James L. Watson, Evelyn Sakakida Rawski, *Death Ritual in Late Imperial and Modern China*, Berkeley·Los Angeles·London: Univeristy of Califomia Press, 1988.

第三章 化成天下——文庙的修建与儒学教化的推行 | 221

入边疆。赛典赤初到云南时，"闻男女婚嫁，多从夷俗，间有亲死，则火之，不为丧者，子弟鲜知书，赛典赤教之，跪拜之节，婚姻行媒，死者为之棺椁……创建孔子庙、明伦堂，购经史，授学田，由是文风稍兴。十五年，张立道除中庆路总管，先是云南虽知尊孔子，而祀逸少焉。先师立道广建孔子庙，置学舍，劝士人子弟以学择蜀，士之贤者迎以为弟子师，岁时率诸生行释菜礼，风俗稍变矣。"① 通过赛典赤的"教"和宣化，云南地区的"风俗稍变"，正是在这一时期，临安府出现了第一位列女——张友值妻杜氏②，这位列女系通海人士。史载："张友直母杜氏，通海人，年十八夫卒，誓不改适，教子成名，守节六十四年。至正间旌。"③ 从中可见，这一时期地方社会开始出现对忠贞守节的强调，官方也会以"旌"的方式公开表彰这一行为，以此产生社会效应。列女的出现某种程度上是儒学教化的产物，也侧面反映出地方社会对儒家思想中的忠贞和伦理观念的接纳，并在此基础上做出反应。元以降云南地区的史志中列女单列出现，成为地方史志中的一部分。

建水地区风俗习惯的改变，始于元代，"临安内附自元始，方总管张立道之迁军民宣抚使也，创庙学于建水，自是人习礼让，风化大行"④。庙学的创建对文风产生影响的同时，随着儒学教化的推行，对地方礼俗也同样产生重要影响。明朝时，继续推进儒学教化

---

① 龙云、卢汉监修，周钟嶽等纂：《民国新纂云南通志（四）》卷一三一《学制考一》，详见《中国地方志集成·云南府县志辑》第 6 册，凤凰出版社、上海书店出版社、巴蜀书社 2009 年版，第 266 页。
② （明）刘文征撰，古永继点校，王云、尤中审订：《滇志》，云南教育出版社 1991 年版，第 521 页。
③ 龙云、卢汉监修，周钟嶽等纂：《民国新纂云南通志（六）》卷二四四《列女传六·临安府一·元朝一》，详见《中国地方志集成·云南府县志辑》第 8 册，凤凰出版社、上海书店出版社、巴蜀书社 2009 年版，第 366 页。
④ （清）江濬源修，（清）罗惠恩等纂：《嘉庆临安府志》卷七《风俗六》，详见《中国地方志集成·云南府县志辑》第 47 册，凤凰出版社、上海书店出版社、巴蜀书社 2009 年版，第 74 页。

的同时,"置临安卫,以秣陵人实其地,故冠婚丧祭与江南同"①。明代时随着临安府的南移以及大量"秣陵人"迁至建水,使得建水地区的婚丧祭祀与江南地区无疑。明代对儒学教化的推行尤胜于元代,从太祖朱元璋始,就主张用儒学教化使"边夷"子弟识礼仪、懂孝悌,从而重铸人伦道德观念,在礼仪人伦、道德层面对夷地进行规训。临安地方人士在儒学教化的长期熏陶下,对儒家思想、人伦观念等都有了不同的认识,除踊跃参与科举、尚诗书外,也对习俗和风化进行了革新。在整个明代建水地区就出现列女74人②之多。这一时期建水地区出现的第一位列女系军属,史载"邢奎妻江氏,建水人。正德中随夫戍广西南丹卫,夫亡,氏年二十七。广人留之,不听。携子五,负骨归葬。安贫教子,后子干贵,封安人"③。戍守期间丧夫,江氏携子负丈夫"骨"归葬故里,后把孩子抚养长大,后被封为"安人"。从中可见,江氏已经在践行儒家伦理中妇道和忠贞的理念,作为军屯类的列女或移民类列女,在这一时期的列女人数中占多数。但这一时期建水地区在土著群体中也出现了列女,首位土著群体中的列女系土官群体中的列女,史载"陆华妻薛氏,建水人,夫为临安土官氏,年二十夫卒,景泰间旌"④。可见,这一时期儒学教化已经渗入土著群体中,作为土著之首的"土官"家属也开始遵守节孝之礼。虽然史料中未明确提及薛氏的事迹,但官府以"旌"表彰,某种程度上也可视为是王朝国家通过薛氏事件向土著的宣化。

---

① (清)陈肇奎、(清)叶涞纂修:《康熙建水州志》,详见《北京图书馆古籍珍本丛刊》(45),史部·地理类,书目文献出版社1987年版,第677页。
② (明)刘文征撰,古永继点校,王云、尤中审订:《滇志》,云南教育出版社1991年版,第521—522页。
③ 龙云、卢汉监修,周钟嶽等纂:《民国新纂云南通志(六)》卷二四四《列女传六·临安府一·元朝一》,详见《中国地方志集成·云南府县志辑》第8册,凤凰出版社、上海书店出版社、巴蜀书社2009年版,第366页。
④ 龙云、卢汉监修,周钟嶽等纂:《民国新纂云南通志(六)》卷二四四《列女传六·临安府一·元朝一》,详见《中国地方志集成·云南府县志辑》第8册,凤凰出版社、上海书店出版社、巴蜀书社2009年版,第366页。

第三章　化成天下——文庙的修建与儒学教化的推行

到了清代时，中央王朝本着"敦崇礼教"的目的，在全国范围内推行"乡饮酒礼"，每年正月十五日在文庙明伦堂举行。乡饮酒礼有着严格的规定和程序，在乡饮酒礼仪式中，"各相劝勉，为臣尽忠，为子尽孝，长幼有序，兄友弟恭，内睦宗族，外合乡里"①。在这种有着严格等级和规制的乡饮酒礼中，普罗大众参与其中，接受伦理等级的教化和洗礼。这一时期建水地区"教化聿兴，风俗丕变"，一时间发展成为"诗书郡"，民风朴实，"道不拾遗，夜不闭户"，在婚丧嫁娶方面遵从"礼"。普罗大众在儒学教化的推行中，在效仿士大夫的过程中改变了往日的风俗习惯，整个临安地区"士秀而文，崇尚气节，民专稼穑，衣冠礼度与中州埒"②。礼俗的改变促使建水发生巨变，改变了以往的"被表述"——"鸟语鬼面之徒带刀剑弩矢散处山谷，喜则人，怒则兽，声音气味与华夏迥异。抚之以恩，顽冥而不知怀；临之以威，愚駾而不知畏，此所以号称难理者也"③。一度发展成远近闻名的"诗书郡"。

元、明、清时期，在中央王朝对儒学教化的大力推行下，建水地区发生了巨大变化，庙学系统得以不断完善。随着大量来自不同地区的移民的进入，临安地区在人口结构、礼俗方面发生了巨变，从"与中华迥异""顽冥"以及《大明一统志》所载的"士俗质野，民性愚傲，僰爨二种为最盛者"④转变成"与中州同"，变成"诗书郡"，这种改变是在王朝治理中得以实现的，也是临安各群体在不断地交流和融合中得以实践的。儒学教化的推行和移民对地方社会产生了重大影响，以列女为例，从元代时的1人、明代74人，

---

① （清）江濬源修，（清）罗惠恩等纂：《嘉庆临安府志》卷九《典礼二十》，详见《中国地方志集成·云南府县志辑》第47册，凤凰出版社、上海书店出版社、巴蜀书社2009年版，第99—100页。

② （清）陈肇奎、（清）叶涞纂修：《康熙建水州志》卷六《风俗一》，详见《北京图书馆古籍珍本丛刊》（45），史部·地理类，书目文献出版社1987年版，第677页。

③ 赵晓凌主编，汪致敏、张建农编著：《古老寺庙——神灵殿堂》，云南美术出版社2007年版，第196页。

④ （明）李贤等撰：《大明一统志》卷八六，三秦出版社1990年版，第1320页。

到了清代则有"二百有五十人"①,这个数字一直在增长。根据这些列女的身份和家世,她们来自平民、土官、官吏和儒士阶层,并非只局限于某一阶层,这也侧面反映出临安地区礼俗的改变涉及面相对较广,平民阶层在受到影响后,也出现了列女。这些数字的背后,反映的是临安地区的群体对儒学的接纳。

就礼俗而言,随着儒学教化的推行,士大夫和士绅、儒生等的实践,都会对地方社会产生影响,在节令方面,建水地区从一月到十二月都有相应的节日,康熙《建水州志》、嘉庆《临安府志》和《民国续修建水县志稿》中都有详尽的记载。杨慎寓居建水时,曾赋诗一首,描写了临安二月时的节庆活动,在称赞临安节庆的同时,也反映出这一时期临安地区的盛况。诗②曰:

> 临安二月天气暄,满城靓妆春服妍。
> 花簇旗亭锦围巷,佛游人嬉车马阗。
> 少年社火燃灯寺,埒材角妙纷纷至。
> 公孙舞剑骇张筵,宜僚弄丸惊楚市。
> 杨柳藏鸦白门晚,梅梁栖燕红楼远。
> 青山白日感羁游,翠罍清樽讵消遣。
> 宛洛风光似梦中,故园兄弟复西东。
> 醉歌芋月中去,请君莫唱思悲翁。

在家礼方面,临安地区存在着冠、婚、丧、祭四礼,"冠礼将责以成人,虽众著其义,而能行者鲜,惟临安人亦然。婚嫁先通媒妁求庚帖,继请亲友之尊贵者,诣女家致主人,意既诺,则二姓相酬拜,具启下定仪,将娶请,期纳币,而后亲迎,礼物之丰俭,各称其力。旧志谓:婚礼近古有以也。……综而论之,士事诗书农安

---

① 根据嘉庆《临安府志》计算得到。
② (清)陈肇奎、(清)叶涞纂修:《康熙建水州志》,详见《北京图书馆古籍珍本丛刊》(45),史部·地理类,书目文献出版社1987年版,第853—854页。

第三章　化成天下——文庙的修建与儒学教化的推行

耕，凿工不尚奇淫之技，贾不争绚烂之营，男无舍业以嬉，女以习劳为事。而吉凶宾嘉之礼数，又斌斌乎？"[1] 对冠、婚等地方礼俗的描述，地方志中难免有溢美之词，但侧面反映出诸多细节的变化，如婚礼的大致流程，这些都与"中州同"，已趋于标准化。此外在丧葬中易出现标准化的仪式[2]，元代以前，云南地区"多从夷俗，间有亲死，则火之，不为丧者"，赛典赤入滇后，就开始"教之"，土葬开始出现。

《红河彝族辞典》载红河地区的彝族历史上盛行火葬，明代以后改为了棺木土葬。在丧葬仪式中，出殡时孝男孝女立于前，抬棺在后，披麻戴孝祭帐，到村口时，让灵柩从头上抬过，在坟前或村外烧毁死者生前使用过的用具等，至今丧葬仪式包括守候节气、净尸停灵、装殓守灵、开丧祭奠、出殡下葬、驱死邪、招活魂等程序。[3] 除丧葬仪式有所改变外，明代建水地区产出的粗陶中，就有部分是用来盛装骨灰的，人死后先焚烧再将骨灰罐埋葬。"我们这点以前人死了以后，可能是拿去烧掉了，那哈子具体的不知道。但到了后来，在北山那点挖出来好多坟，里面都有骨灰罐，应该是人死了以后，烧掉后，再用罐子装了埋了，里面还有许多陪葬品。我听人说，那些坟了嘛，大都是明代的，元代的好像就那么一两个，明代清代的多点。"[4] 在使用陶罐盛骨灰埋葬的同时，陪葬品也相继出现。清代时建水地区的"丧事殡殓如礼"，民众中已有人效仿士大夫，有的则"建斋"治丧。[5] 为逝者造坟立碑更是不胜枚举，散

---

[1] 丁国梁修，梁家荣纂：《民国续修建水县志稿（一）》卷二《风俗四十二》，详见《中国地方志集成·云南府县志辑》第56册，凤凰出版社、上海书店、巴蜀书社2009年版，第166页。

[2] James L. Watson, Evelyn Sakakida Rawski, *Death Ritual in Late Imperial and Modern China*, Berkeley·Los Angeles·London: Universiry of Califomia Press, 1988.

[3] 师有福主编，《红河彝族辞典》编纂委员会编：《红河彝族辞典》，云南民族出版社2002年版，第398页。

[4] 访谈时间：2020年6月17日；访谈对象：纳××，76，男；访谈地点：临安路。

[5] 参见《康熙建水州志》和《嘉庆临安府志》中的风俗。

落在一些街道下水道上的墓碑就足以说明这一点。

无论是婚礼还是人生礼、丧礼,建水民众都受到儒学的影响,儒学教化的影响是方方面面的。对地方而言,移民的进入,儒学教化的推行,某种程度上也是地方文化的变迁史,这种变迁体现在方方面面,礼俗也不例外。在这一过程中,得益于王朝推行儒学教化的同时,各群体之间的相互影响和交流,也成为地方风俗改变的又一因素。

第四节 小结

建水文庙从元至元二十二年(1285)始建至今,一直兼顾祭祀和教化功能。元代虽然以武力的方式平定了云南,蒙古族作为元代时期的统治阶级,在统一后首要处理的就是获得政治合法性。因此在思想和意识方面,元代统治者接纳儒士的意见,加封孔子,推行儒学教化,并将其作为一种治理术来维护统治。事实上,在中国历史上没有任何一个统治阶级能够永远依靠暴力来维护其统治,虽然暴力在社会危机和动乱时刻完全是必需的。[①] 但当社会趋于稳定后,儒学教化作为治理术就显得格外重要。在治理策略方面,元代始终本着"云南内地化",用修庙建学的方式,巩固云南边疆。

明代时,中央王朝更是推行"治国以教化为先,教学以学校为本"的治国方略,通过用圣人之道教化民众的方式,以求国家大治。明代在元代的基础上,在云南大兴文庙,推广府学和州学等学校教育。在建水地区,明代"接过"元代的接力棒后,扩大并不断完善建水文庙的规制,促使建水文庙内出现了"一庙三学"的盛况,在明代的大力扶持下,建水文庙建筑群渐成规模,教学能力大为增强,科举名额渐多,为建水地区科举开创了"临半榜"的局面。临安府儒学的发展速度较快,明初尚有"民夷杂处,号难治"

---

① [美]弗雷德里克·杰姆逊:《后现代主义与文化理论》,唐小兵译,陕西师范大学出版社1987年版,第209页。

之说，到洪武后期"士习始变，人文始著，临弟子始无有不学焉矣"。永乐时临安开始出进士，以后各朝均有中第者，"仕者相望于朝"。临安所辖七个州县除嶍峨一县外，均有进士产生。[①] 通过元、明两代的教化推进，建水地区的民风也发生了极大变化，号"诗书郡"，民间也开始尚文，地方人士不仅主动为文庙的修缮捐资，还购地置田给文庙作为学田。

到了清代，在承袭明代的治边策略时，在明代的基础上又有新的突破，除继续扩建维修文庙，在文庙内办学外，清代还大力推广书院的建设。清乾隆三十五年（1770），将建水州改为建水县，在城内建崇正书院，改城外崇正书院为崇文书院，并先后增办了焕文、慈云等书院五所。明清共修书院七所，设义学十所，办私塾百余所。[②] 清代还对建水文庙内的祭器和礼乐诸器进行了修缮和完备，加之鄂尔泰对祭孔仪式的明示，建水地区的祭孔仪式也得以进行。随着清代不断地推进，这一时期建水地区也成为滇南政治和文教中心，清代时期立于建水文庙内的《临安府建水州儒学为申请立卧碑以禀国典以重斯文事》载："窃惟学校为人材之本，朝廷培养士气，立教起化，无不由此而兴也。滇省处西南极边，自平定逆孽以后，将军部院、抚都院首重文教，以赞我皇上右文求治至意，特疏请旨修学庙、学宫。"[③] 在清王朝看来，学校的存在就是为了给"朝廷培养士气"，进言之文庙的修复也是"立教起化"，从而达到"右文求治"即用儒学教化边疆，从而稳固边疆。因此建水文庙无论是元代始建，抑或明清两代的不断修复和扩建，都是为了推行儒学，用儒学"立教起化"，从而达到"文治兴边"的目的。在稳固边疆的同时，在文化结构上影响边地文化，逐渐消弭边地文化与中原文化的隔阂，使得边地文化出现了大融合。随着王朝国家对儒学教化的不断推进，建水地区渐发展成为"尚诗书""诗礼衣冠"与"中州

---

① 周振鹤：《中国历史文化区域研究》，复旦大学出版社1997年版，第330页。
② 建水县志编纂委员会编：《建水县志》，中华书局1994年版，第567—569页。
③ 杨丰校注：《建水文庙历代碑文选注》，建水文庙管理处编印，2004年1月，内部资料，第40页。

同"。正是在这种不断推进中,建水文庙才在建制上出现了规模建筑群,在影响上深入人心,作为一种教化中心,一直发挥着作用。

在这一章中,笔以建水文庙为例,从三个方面对儒学教化进行叙述,以个案的方式呈现儒学教化在建水地区的传播和实践的历史进程,并就儒学教化结合建水文庙作了解析。这种教化是一种附诸文庙之上,内涵于庙学之内的具有复合性[①]特征的文化策略。教化附诸文庙之上,是因为文庙是教化之场所,文庙内的每一个建筑群并不是单纯的"建筑",其背后是一系列礼制,而礼则是教化的一个面向。此外,教化又内化于庙学之内,修建文庙本就是为了推行教化,二者是密不可分的。边地的儒学教化实则是一个复合性过程,这种"复合"不只体现在边地文化层面上,也体现在人群结构上。建水地区历史上有大量移民进入,移民本身就是文化载体,因此,这就为文化的复合性奠定了人口基础。其次在王朝国家推行儒学教化时,儒学其自身也具有吸纳性、包容性和外放性,比如文庙中建文昌阁,祭孔仪式中由道教洞经会奏乐章等,从而使得儒学教化本身也具有复合性,而这种复合性使文化呈杂糅状态。中央王朝通过在边地推行儒学教化,促使边地的礼俗发生改变,从而影响人们的生活,使儒家伦理、道德理念下沉至普罗大众,使得教化渗入每一个层面。

---

① 王铭铭、舒瑜主编:《文化复合性——西南地区的仪式、人物与交换》,北京联合出版公司 2015 年版。

第四章

向化而生——书院、科举与儒学教化

书院是中国历史上一种特殊的文化教育场所。书院的起源时间，学界有几种不同的说法。一种认为书院起源于唐代，宋代朱熹所撰的《衡州石鼓书院记》载"故有书院，起唐元和间，州人李宽之所为"①。可见朱熹认为，最早的书院应出现在唐元和年间。蒙文通认为，"书院之制，创始于唐，以遂宁县张九宗书院最为古，盖贞观九年（公元635年）所建也。唐末五代，学校废坠，士大夫往往建书院以为聚书待士之所，至胡安定之经义治事斋，而风靡一代"②。虽然蒙文通考证的"贞观九年（公元635年）"比朱熹的"唐元和间（806年—820年）"早百余年，但二者都认为书院"起于唐"。在近现代以来的学者中，柳诒徵、陈东原等都持此观点。第二种认为书院产生于五代，并认为"书院以白鹿洞为最早"，盛朗西、章柳泉等持此观点。第三种则认为书院产生于北宋时期。宋人洪迈、明清之际的王夫之认同这种观点。虽然持不同观点者，都从不同史料中进行了详尽考证，但书院起源于唐却被学界大多数人认同。起自唐至清代书院发展到鼎盛时期，全国各地的书院总数达4365所③，这些书院在为国造士的同时，推动了儒学的传播和发展。书院作为一种文化教育机构，对我国历史上文教事业的发展、儒学的

---

① （明）李安仁、王大韶等撰，邓洪波、刘文莉辑校：《石鼓书院志》，岳麓书社2009年版，第163页。
② 蒙文通：《儒学五论》，广西师范大学出版社2007年版，第139页。
③ 白新良：《中国古代书院发展史》，天津大学出版社1995年版，第271页。

传播和儒学教化的推行,有着不可替代的作用。

书院在唐代出现时,地处"边徼"的云南地区还处在地方割据势力之下。唐南诏时期,云南地区才出现"祀王少逸"的"孔子庙"。元代时云南地区内附,在有元近百年的治理中,修建了十座庙学,开科取士,为云南地区培养人才,教化边地群体。但在云南之外的地区,书院的修建仍在继续。元代时期,全国范围内的书院总数达406所,其中新建的书院就有282所,还修复了124所书院;明代时期全国的书院总数已达1962所,其中新建书院1707所,修复书院255所;清代新建的书院多达到3700余所,加上修复的600多所,在数量上已是清前书院总数的两倍。[①] 鉴于云南地区的实际情况,元代在云南修建的只是"庙学",显然这一时期云南地区是滞后于其他地区的。到了明清时期,庙学的发展达到了鼎盛,并催生了书院在云南地区的修建。

书院在云南地区的出现相对较晚,史载龙华书院为云南最早建立的书院。弘治十一年（1498）时任浪穹知县的蔡肖杰在浪穹县县北建立龙华书院,此为云南地区的第一座书院,此后不断有书院出现,到天启年间（1621—1627）时,云南全省的书院已经发展到56所。[②] 可见明代在承袭元代的庙学教化的同时,加大了对诸如书院类的教育机构的建设。清代平定云南后,继续推进明代的庙学和书院制度,并发展至鼎盛。作为边疆地区,明、清时期在注重屯兵的同时,把"文治"作为治边的主要手段,在边地开展儒学教化。清康熙初年时,义学在云南出现,儒学、书院广布全省,这一时期,云南省共建书院212所,义学达638馆。[③] 除了庙学、书院外,清代又推动了"社学"和"义学"的发展。在清代时,随着中央王朝的推动,地方社会也发生了极大的转变,在朝廷推进庙学和书院

[①] 白新良:《中国古代书院发展史》,天津大学出版社1995年版,第36—37、56、122页。

[②] 陆韧:《变迁与交融:明代云南汉族移民研究》,云南教育出版社2001年版,第292—293页。

[③] 蔡寿福、陶天麟主编:《云南教育史》,云南教育出版社2001年版,绪论,第5页。

建设的同时，地方官员和士绅开始兴办具有"公益性"的社学和义学，与官办的庙学和书院共同为地方培养人才，这也侧面反映出地方郡人的"自我觉醒"以及对文教的重视。

"社学"和"义学"肇始于元代和明代，在云南的发展也相对滞后，到了清代时，云南的每一个县（或州、府）一般只有一座学宫，1—2所书院，全省共有92座学宫、296所书院，义学达683所。① 从这些数字中可以看到，虽然云南地区的庙学、书院、社学和义学的发展较"中州"地区起步较晚，但发展速度相对较快，在王朝国家儒学教化的大力推广以及大量移民进入后，云南地区社会文教事业得以长足发展。明清时期，在云南地区修建了296座书院，但分布（见表4-1）不均匀，地区之间存在较大的差异。其实这种差异不只局限在书院的建设方面，云南地区的儒学发展也不平衡，在发展过程中也呈现出"中心"和"边缘"之别，比如大理府、临安府无论是在庙学的修建还是书院的建设中，都处于"中心"位置，在数量上占有绝对优势，这种优势则进一步反作用于科举考试和地方文风的发展。

表4-1　　明、清时期云南地区的书院建立及其分布②

年代	时间段	修建数量（所）	分布地区	数量（所）
明代（共建70所）	弘治年间（1488—1505）	5	大理府	17
	正德年间（1506—1521）	5	云南府	13
	嘉靖年间（1522—1566）	24	临安府	9
	隆庆年间（1567—1572）	12	楚雄府	7
	万历年间（1573—1620）	13	曲靖府	5
	天启年间（1621—1627）	1	丽江府	3

---

① 蔡寿福、陶天麟主编：《云南教育史》，云南教育出版社2001年版，第279页。

② 根据蔡寿福、陶天麟主编《云南教育史》，云南教育出版社2001年版，第268—270页制作。

续表

年代	时间段	修建数量（所）	分布地区	数量（所）
明代（共建70所）	崇祯年间（1628—1643）	2	永昌府	5
	创建时间不详	7	各直隶厅、州	5
	—	—	省会	1
清代（共建226所）	顺治年间（1644—1661）	2	大理府	27
	康熙年间（1662—1722）	39	云南府	16
	雍正年间（1723—1735）	29	临安府	25
	乾隆年间（1736—1795）	37	曲靖府	19
	嘉庆年间（1796—1820）	13	永昌府	6
	道光年间（1821—1850）	12	澄江府	16
	咸丰年间（1851—1862）	27	楚雄府	16
	年代不详者	57	丽江府	7
	—	—	昭通府	10
	—	—	开化府	8
	—	—	东川府	2
	—	—	普洱府	6
	—	—	顺宁府	13
	—	—	广南府	4
	—	—	各直隶厅、州	41
	—	—	各盐井	7
	—	—	省会	1

在前文中已提及，中央王朝在其统治范围内，通常会大力推进庙学和书院的建设，其目的在于用"戎"的方式征服后，用"文教"加以治理。基于此，历代王朝在平定地方后，尤其在边疆地区，便大力倡导儒学，推行儒学教化。"自上而下"的把儒家思想和文化传递到"地方"，把儒学引入人们的日常，把儒学教化推行至帝国统治的每一个角落。并借助"学而优则仕"的科举制度，在为王朝选取官吏的同时，为地方社会培育人才，促进地方社会文教事业的发展、"渐迁其俗"，从而达到稳固统治的目的。

第一节 教化的场所——建水地区的书院修建史

中央王朝在云南地区修建书院之际，建水地区也相继出现了书院。天启《滇志》中载云南全省有17个府、州，共有书院47所，临安府有龙泉、崇正和景贤书院等3所，占全省6.3%左右；雍正《云南通志》中载全省18府共有书院108所，临安府有景贤书院、崇文书院、焕文书院、崇正书院和曲江书院等5所，占全省4.6%左右；民国《新纂云南通志》中载全省24府、直隶厅、直隶提举司共有书院233所，其中临安府有景贤书院等27所，[①]占全省的11.5%左右，这27所应当是临安府所辖州县的总数，并不是指建水地区就有27所，但足以说明在明清时期，临安地区有着数量较为乐观的书院存在。正因如此众多的书院存在，加之地方社会对儒学教化的重视，才使得临安在科举中脱颖而出。

从史料记载中可窥见，修建在建水古城范围内的书院（见表4-2）大致有4所，即景贤书院、崇文书院、焕文书院和崇正书院。在整个建水地区，明代时先后创建了景贤书院和崇正书院，清代时又增设焕文书院、崇文书院、桂香书院、曲江书院等。[②]目前崇正、焕文两所书院保存相对完好，崇文书院大部分完好。这些书院作为继庙学后的教育机构，发挥着为帝国培育官员、为地方培养人才的作用。书院与庙学一道，为建水地区科举事业的兴盛，作了突出贡献。为了进一步呈现这些书院的具体历史沿革，我将对修建在建水古城范围内的崇正书院、景贤书院、崇文书院和焕文书院做一简单呈现。

[①] 参见海淞主编《云南考试史》，云南人民出版社2012年版，第111—112页。海淞等并未具体罗列书院名称，书院名称均系我从史志资料中查询所得。

[②] 杨丰编著：《建水》，中国文史出版社2005年版，第72页。

表4-2　　　　　　　　　临安地区书院一览①

书院名称	创办时间	创办人	地址	备注
崇正书院	明嘉靖二年（1523）	副使王忠	城西门外	又名"崇文书院"
景贤书院	明嘉靖五年（1526）	副宪戴书	学宫东侧	又名"寄贤书院"
焕文书院	康熙五十五年（1716）	知州陈肇奎	城东门外小石桥	现存，在修复中
建蒙书院	乾隆五十七年（1792）	士庶王铭、何尔宽	乍甸文昌阁	民国二年（1913）划归个旧
崇正书院	道光十七年（1837）	知府郑绍谦	城内东北隅	移建
慈云书院	光绪五年（1879）	知县章于锦	曲江慈云山脚	—
文昌书院	清代	—	城西门外万明寺下桂香阁	—

资料来源：虎保华主编：《建水县教育志》，第156页。

一　崇正书院

建水在元代时期就创建了庙学，成为云南地区继昆明和大理后，优先修建庙学、开展儒学教化的地方。到了明代平定云南后，明代通过南移府治、屯兵、迁徙"江南大姓"等方式，促使建水地区发展日盛。在承袭元代庙学发展的同时，修建了临安府学、建水州学，并把元江府学迁至庙学内，与此同时，于嘉靖二年（1523）和嘉靖六年（1527）修建了崇正和景贤两所书院。史载崇正书院，"在府西城外，明嘉靖二年（1523）副使王忠建，万历八年巡抚按刘维改作表忠祠，丁亥毁于兵。清康熙三十九年知府董宏毅、同知郑功勋同绅士曾龄、赵节、萧大成等捐建。乾隆二十二年知府方桂

---

① 虎保华主编：《建水县教育志》，云南民族出版社2007年版，第156页。

增建书舍改今（崇文书院）名，每年束修银一十九两一钱六分京斗谷四石。道光十七年郑绍谦别建书院于城内，此院遂无人主讲。咸丰七年后，倾圮过半。光绪四年，署知府孙逢源同邑绅高永和、何秉贤、王图选倡捐重修，改讲堂为五间及两厢书舍至书籍租石，今已无存"[1]。根据这段记载，可以看到崇正书院的历史沿革（见表4-3），其前后有两个名称——崇正和崇文，位置也发生了相应的改变。

表4-3　　　　　　　　　　崇正书院历史沿革[2]

名称	修建时间	地点	主修人	主修内容
崇正书院	明嘉靖二年（1523）	城西门外	分巡副使王忠	讲堂、退省堂、大魁阁、五夫子祠
	清康熙四十一年（1702）	城西门外	知府董宏毅	重修，增二斋房，新修讲堂三楹，建"宣谕亭"
	乾隆二十二年（1757）	城西门外	知府方桂	加房舍，改为"崇文书院"
	道光年间（1837年左右）	城西门外	郡人士	因"历年既久，半就倾圮，肆业者难居，郡人士夙有移建城中之议"。1938年于此创办建水县立师范学校，以后改为私立建民中学
	道光十七年（1837）	城中（书院街）	郡人	三进院，右为乡绅公社，左为监院公馆，中为讲堂，讲堂东西两侧为学舍30间
	光绪三十一年（1905）	城中（书院街）	—	停科举，改为高等小学，后改为师范传习所

---

[1] 龙云、卢汉监修，周钟嶽等纂：《民国新纂云南通志（四）》卷一三五《学制考五》，详见《中国地方志集成·云南府县志辑》，凤凰出版社、上海书店、巴蜀书社2009年版，第335页。

[2] 根据杨丰编著《建水》，中国文史出版社2005年版，第72—73页，结合所读史料文献综合制。

续表

名称	修建时间	地点	主修人	主修内容
崇正书院	民国十七年（1928）	城中（书院街）	—	建水县立小学由城东门外的焕文书院迁移于内，今为建水第一小学校址

从表4-3中可以看到，明嘉靖二年（1523）崇正书院得以始建，起初修建在城西外。史载王忠至临安时，见临安郡人"好学"，且临安地区还未建书院，所以王忠就主持修建了书院，并取名为"崇正书院"，即"辟邪崇正，外置有方，宜在亟成，于时公躬画条规，择任能官，俾撤寺而更置焉。逐揭崇正为名，盖以圣贤正学端习尚也"①。修建后，"郡人张绎譔记载艺文，堂斋楼坊房舍若干"。修建之初崇正书院已具有一定的规模，并具有了"正学端习尚"的教化内涵。到了明万历年间，由于书院在全国范围内修建的比较多，渐出现"倡其邪学，广收无赖，私创书院"的乱象，在这种趋势下，明代前后出现了嘉靖十六年（1537）、嘉靖十七年（1538）、万历七年（1579）和天启五年（1625）四次大规模②的"禁毁"书院的活动，加以抑制和打击书院的"乱象"。在这种时代背景下，临安的崇正书院也于万历八年（1580）被改成了表忠祠，用于祭祀永乐时率军征战交趾、平定叛乱的兵部尚书刘俊等死难者。当时著名思想家李贽在姚州任知府，辞官寓滇时写了一副对联悬挂在祠内，联曰："泪湿泸烟，今古谁非，臣子魂来格庙，春秋简在；帝心公寓，临将累朝，诏刺悉次第者，碑在城西。"③ 自嘉靖二年（1523）修建后，一直到"丁亥毁，仅存大魁阁、五贤祠将圮"，

---

① 徐永寿：《古校沿革与时俱进谱新篇崇正引领文化育人养德行——访建水县第一小学校长高莉莉》，《云南教育（小学教师）》2018年第10期，第46—48页。转引自第46页。

② 肖永明：《儒学·书院·社会：社会文化史视野中的书院》，商务印书馆2012年版，第318页。

③ 杨丰编著：《建水》，中国文史出版社2005年版，第72页。

明末流寇李定国攻陷临安地区，一时间很多建筑都遭到了破坏，除了临安城池遭到毁坏外，庙学、书院也无一幸免。

到了清代"康熙三十九年（1700），举人萧大成请于知府董宏毅、同知郑功勋，同郡绅士捐金修理重建祠，前建讲堂宣谕亭大门，贡生王永誉、生员拜臣禹董其成，规制宏敞、栋宇辉煌。知府董宏毅设义学，其中延师训课，文教聿兴"[①]。清代对书院进行修复时，在崇正书院内修建了六角形的"讲堂宣谕亭"，用以宣讲圣谕。"宣讲圣谕"是清代统治者教化民众的一种手段，从清顺治皇帝开始，一直得以延续。清代开国伊始，顺治皇帝就"承袭"明太祖朱元璋颁布的六条圣谕，基本未做修改加以"照搬"，以此来教化官员和民众。康熙时期，清朝的统治已经日渐稳固，文治得到极大发展，于是康熙皇帝将圣谕六条发展成"圣谕十六条"，作为军民共同遵守的道德和行为规范。为了方便百姓们能够准确理解，康熙年间还建立了朔望"宣讲圣谕"的制度。到了雍正二年（1724）时，"圣谕十六条"已经发展成了《圣谕广训》[②]，洋洋万言，并且要求在全国范围内宣讲，并把宣讲圣谕和地方官员的政绩挂钩，这种制度一直延续至清末。随着这种宣讲圣谕的推进，在云南地区形成了"圣谕坛"，这种"圣谕坛"融入民间信仰中，在祭祀活动和举行仪式时，作为"宣讲"场所，教化当地群众。当这种圣谕融入民间信仰时，"坛"作为一种集国家象征和民间信仰的物质外显，在扮演举办民间信仰场所的同时，彰显国家意志，某种程度上体现出国家对民间信仰的"教化"和规制。清代在重新修复崇正书院时，修建的"宣谕亭"也是在宣讲圣谕的制度和背景下催生的产物，并且"圣谕亭"发挥了圣谕坛的作用，这也侧面反映出清代时期西门外的崇正书院也是宣讲圣谕之地。

到了乾隆二十二年（1757）知府方桂把"崇正书院"改为"崇

[①] （清）陈肇奎、（清）叶涞纂修：《康熙建水州志》，详见《北京图书馆古籍珍本丛刊》（45），史部·地理类，书目文献出版社1987年版，第674页。

[②] 周振鹤撰集，顾美华点校：《圣谕广训：集解与研究》，上海书店出版社2006年版，前言。

文书院",悬楹联一副:"堂壁焕前规,八郡人才今复萃;湖山钟闲气,三迤文教此为宗。"并在书院内增书舍。临安八属绅士捐银,置田租 279 石 3 斗为书院经费,自此至嘉庆二年(1797)止,历任知府共增入经费田租 106 石 1 斗。[①] 嘉庆四年(1799)时,官至内阁学士的蒙自人尹壮图致仕还乡,被聘为崇正书院的主讲,他到书院后,手书"藏书楼",并在其内收藏了很多书籍。到了道光年间(1836 年左右时),由于自然灾害和鼠疫等缘由,临安地区遭到了重创,庙学的发展受挫,学子的科举也受到了严重影响,书院逐渐衰落。城西外的崇文书院[②]因"历年既久,半就倾圮,肄业者难居,郡人士夙有移建城中之议"。于是到道光十七年(1837),书院被移建至城中书院街。史载移至城内的崇正书院,"在城内东北隅,清道光十七年(1837)知府郑绍谦同邑绅前湖北监法道廖敦行,倡捐新建,规制弘敞,移崇文书院田租作膏火,并买阿迷州田一份,每年由知府经收,每年送山长银一百十金,兵燹后,田租多半淹没。同治十二年(1873)知府李衍绶详准于个旧锡课外,每锡一张抽银一两六钱,添作府书院及八属书院膏火之费。光绪四年(1878),邑绅佴永苞、何秉贤、段思礼、钱正图、刘家祥、高永和等,清查书院膏火及乡会试,岁科考试卷,田租复旧,设生员膏火二十分,童生膏火十八分"[③]。崇正书院由"城西外"移建至"城内东北隅",重建后"规制宏敞"。在经济保障方面,把原来崇文书院的田租作为"膏火",并买了阿迷州(今开远)田一份,作为书院的田产。

经过移建,崇正书院又一次获得了新生,原来城西外的遗址上于 1938 年创办了建水县立师范学校,后改为私立建民中学,并发展至今,校内仍有"宣谕亭"得以保存。在城内东北隅新建的崇正

[①] 虎保华主编:《建水县教育志》,云南民族出版社 2007 年版,第 157 页。
[②] 这一时期,已经被改名为崇文书院。
[③] 龙云、卢汉监修,周钟嶽等纂:《民国新纂云南通志(四)》卷一三五《学制考五》,详见《中国地方志集成·云南府县志辑》第 6 册,凤凰出版社、上海书店、巴蜀书社 2009 年版,第 335 页。

书院改回了"崇正"之名,一直保存至今。移至城内的崇正书院,具有典型的清代建筑特征,有三进院落,进大门为第一院落,院落内左侧为监院公馆,右侧为乡绅公社。第二院落以讲学堂和东西三十间学舍为主。第三院落以藏书楼、底层的礼堂,左院山长住居的耳楼和右院管事绅衿办公之所的耳楼为主,"洞达周通,整齐端直"。院内悬有楹联一副:"广夏构群材,趁此日风雨晦明,砥砺廉隅,经术即勘为治术;秋闱分半榜,想当年衣冠文物,驰驱皇路,后贤何边让前贤。"① 这副楹联不仅是对书院的真实写照,还赞誉了临安地区"衣冠文物"、临半榜,对中央王朝"经术即勘为治术"的治国方略更是颇具赞扬。书院的再后面还有大片的空地、广场、水塘和树木竹丛。② 当下这些空地、广场和水塘已不复存在,作为历史记忆,可见当时书院的规模和选址位置的优越性。

新建后的崇正书院一直发挥着教化的作用,到了光绪三十一年(1905),停科举,在崇正书院内办了高初两等小学堂,后改为师范传习所。民国十七年(1928)建水一中和建水县立小学先后迁入其中办学,建水县立小学由城东门外的焕文书院迁移于内,今为建水第一小学校址(见图4-1)。民国十七年以降,崇正书院作为近代教育机构场所,再一次发挥"教学"的功能,作为一种"生命"的延续,为新的时代继续培养人才。在当地人的记忆里,崇正书院就是"一小"。"以前这个地方是一小(建水县第一小学),学生老师都在里面上课,直到2012年左右才搬出去。可能是为了搞旅游吧,毕竟这个是古迹了嘛。我们这个地方很多学校都在这种古迹中,像之前的建水一中在文庙中,建水三小在东林寺里面。还有就是这个地方有些小,施展不开,不太适合继续做学校了。"③ 借着各种契机,建水第一小学于2012年新建了新的校区,师生从崇正书院

---

① 虎保华主编:《建水县教育志》,云南民族出版社2007年版,第158页。
② 李世风、龙雨和主编:《建水揽胜》,建水县印刷厂,内部资料,1991年8月,第21页。
③ 访谈时间:2020年7月29日;访谈对象:马××,37,女;访谈地点:书院街,崇正书院旁。

搬离。

图 4-1 现存的崇正书院大门（2020 年 7 月 29 日摄）

二 景贤书院

与崇正书院相比，史料中对景贤书院的记载并不多，景贤书院的存在时间也相对较短。史载景贤书院修建于嘉靖六年（1527），比崇正书院（1523）晚四年，由兵备副使戴书在文庙内韩宜可、王奎讲学处主建寄贤书院（也称景贤书院），有前后讲堂 2 间，环以书房，总 40 间。① 《修复寄贤祠》碑记中载：

> 嘉靖丙戌，副宪戴君鲁溪奉制命来镇是邦，武备既修，文事聿举，顾瞻祠宇，以其地临街，喧阗而弗静，亡以称祀典。人士乃亦以非其旧为言者。君极谋修复之，披志图，求遗址，即庙东北偏，撤祠为新，仍其故处，遗容有俨，行迹若存，而于所谓读

---

① 汪致敏：《建水文庙：旅游、祭圣一本通》，西安地图出版社 2008 年版，第 86 页。

书台者，亦不失其旧，于祠前易广其地，作前后讲堂者二。堂自为门，各环以书房，总四十间。其外作大门者一，凡以用祠事也。……又得鲁溪修复其祠，增筑其学舍，以终其教，俾临子弟藏修于兹，游息于兹入口门，仰当时始教之在兹也。……祠曰："寄贤"，仍旧名也。讲堂曰"聚奎"，曰"丽泽"。门曰"景贤书院"，则余视学之忝幸鲁溪之籍，扁而书之也。[①]

从该碑记中可知，景贤书院是在明嘉靖六年（1527）重新修复"寄贤祠"时，在"祠"的基础上予以拓新，并通过"易广其地"的方式，将祠前的居民迁出，从空间上扩大了书院和"祠"，在祠前修建两个讲堂，并增设学舍，用于教学。当下文庙内只有寄贤祠存在，"前后讲堂者二，堂自为门，各环以书房，总四十间"的景贤（寄贤）书院已不复存在，但在寄贤祠内的墙壁上，刻有王奎和韩宜可二人在临安地区讲学的盛况。因此某种程度上来说，寄贤祠也是景贤书院存在的一种象征性延续。虽然史料中并未详细记载景贤书院毁于何时，但根据明丁亥年间李定国等"流寇"的破坏以及历代对文庙的扩修，景贤书院可能是在这一过程中"没于"历史浪潮中，只留下了祠，书院则成为"历史"。但从修建始到其毁坏其间，景贤书院也为临安地区培养了人才，对地方文教事业的发展也有一定的推动作用。

三　焕文书院

焕文书院始建于清康熙五十五年（1716）。史载焕文书院"在城东小石桥，清康熙五十五年，知州陈肇奎建，每年束修银一十九两一钱六分京斗谷四石。咸丰六年毁于兵，并知县杨镐所置聚珍版书四十种亦成灰烬。同治十二年，军务肃清，所有租石仍照旧守，巡抚岑毓英每年又拨个旧锡矿银一百余金，加增膏火。光绪四年，

[①] 杨丰校注：《建水文庙历代碑文选注》，建水文庙管理处编印，2004年1月，内部资料，第19页。

邑绅段思礼、王永年、苏保国、宗学孔等，又清查田租，复旧设生员膏火二十分，童生膏火十八分，分就崇正书院，延山长主讲"①。从记载可见，书院修建后，就建立了配套的经济制度，以保证书院的正常开展。到了乾隆四十七年（1782），知府常德及郡绅士捐银600余两，用来置田租71石4斗增作经费。咸丰丙辰年间（1856）毁于兵，书院和藏书都成"灰烬"。光绪二十三年（1897）建水县知县史建中重建，重建后的书院占地7920平方米，进入大门后为讲堂，堂内两旁均设有石几案，二进院落为藏书楼，两廊有斋室50余间。光绪三十一年（1905）时，改成了高初两等小学堂。②民国六年（1917）在焕文书院内创办了建水一中前身"县立中学"，后因匪患问题，县立中学内迁至崇正书院，后搬迁至文庙内。焕文书院则成了建水第二小学的校址。

　　焕文书院坐落在建水古城外的迎晖路上，迎晖路因东门上的"迎晖门"命名，书院位于路的北面，目前书院尚在修复当中。对于焕文书院的史料，比景贤书院更为简洁，地方史志中除笼统的介绍沿革外，再无更多的说明。在当地人的记忆中，焕文书院是二小的遗址，"以前这点（焕文书院）是个小学，应该是二小在里面的，后来嘛就搬走了，现在里面正在修。听说，以前是个书院，叫焕文书院，为什么会叫这个名字呢？以前我们这个地方有个山叫判丈山，那哈子（那会）当官的觉得'判'字不好，就给山改了个名字，叫焕文山，以后都叫这个名字了。估计这个书院也是因为这个山的名字的缘故，就叫了焕文书院"③。在这个叙述中，可以看到民间的记忆也有一定的历史根据，虽然二者之间可能并不完全相符，但也不一定截然不同。某种程度上记忆和历史交织在一起，"记忆"

---

① 龙云、卢汉监修，周钟嶽等纂：《民国新纂云南通志（四）》卷一三五《学制考五》，详见《中国地方志集成·云南府县志辑》第6册，凤凰出版社、上海书店、巴蜀书社2009年版，第334页。
② 虎保华主编：《建水县教育志》，云南民族出版社2007年版，第158页。
③ 访谈时间：2020年8月7日；访谈人物：王××，87岁，男；访谈地点：迎晖路中间亭子。

可以增补"历史"的空白，历史则进一步推进记忆的传承。目前焕文书院正在大力修缮当中，部分建筑已经修缮完成，按照"修旧如旧"的修缮方式，在不久后焕文书院又会以新的姿态出现。田野期间，进入焕文书院时，还有一些师生在书院内进行交流和学习，内容主要以中国传统文化为主，讲礼仪孝道。虽然学校已经从中搬出，但作为一种"交流"的场所，偶尔会有组织者与学员一同进入其中，在古代的书院中，接受具有时代特征的思想和文化。书院中已修缮好的大堂有对联写道："翰墨溯家声乡书已遂文艳，辟雍肃典礼国学升品第崇。"① 对联把书院和辟雍（学宫）相提并论，指出二者都可以使乡书文艳，升品第崇。

四 制造权威——学政考棚

明代随着临安府治的南移，建水地区一度发展成为滇南重镇，集经济、文化、军事和政治于一处，既是临安府的府治所在，又有临安卫所。作为附郭，在这种情况下，建水州无论是在人口还是在文化方面，都彰显其优势，一时间成为"金临安""商贾辐辏"。随着明代对儒学教化的大力推进，建水地区的学子在科举中也取得了很好的成绩，几度科考中，临安府学子占"半榜"，建水籍的就占临安府学子的一半。加之建水地区优越的地理位置，明代官方于洪武二十二年（1389）在府城西北——后来成为兵备道署的位置修建了建水的云南提督学政考棚，考棚建成以后，成为临安、元江、普洱和开化四府生员参加院试之所。② 史载明代在立国之初，就有"中外文臣皆由科举而进，非科举者勿得与官"的规定。在此情况下，凡要为官者，必须得参加科举，而要参加科举就得取得生员的资格，参加院试选拔则成为进入学校、成为生员的预备性考试。学政考棚就是四府学子进行生员选拔考试之处，处于明清科举考试程

---

① 2020 年 8 月 7 日抄录于焕文书院。
② 杨丰、汪致敏：《学政考棚：滇南科举历史的记忆》，云南人民出版社 2013 年版，第 39 页。

序中的"地方性考试"。

明清科举考试有其固定的程序,按照层次可以分为地方性考试、省级考试和中央考试。地方性的考试也可以称为"院试",首次考中的始称秀才,在此录取的才能参加省级的考试。省级考试称为"乡试",一般在省府举行,考中的即成举人,乡试中第者才能参加中央考试。中央考试也被称为"会试",再经"殿试",合格者成为进士。从这种划分上来看,建水的云南提督学政考棚是地方性的考试之所,即院试之所,因其覆盖范围广,所以影响力较大。在明代时期,学政是省级最高级别的教育行政长官,称为提学。到了清雍正年间统称为提督学院学政,官名称为"钦命提督某省学政",因有武科考试参与其中,所以加提督衔,充任学政者一般由翰林官即进士出身的院部官中选派,三年一任。[①] 明代修建学政考棚以后,考棚一直作为地方性院试之所,到了康熙三十二年(1693)时,由于学子的增多,考棚已不能容纳众多的考生,因此建水知州张鼎昌向准督学道详明原因,将原来的建水州署和学政考棚进行"互易",获准后,随即将学政考棚由原来的府城西北移至城东南隅,与天君庙相邻(见图4-2)。

图4-2 建水学政考棚(2020年8月29日摄)

---

① 赵晓凌主编,杨丰编著:《教育圣地——滇南邹鲁》,云南美术出版社2007年版,第36页。

第四章　向化而生——书院、科举与儒学教化 ┃245┃

重修后的学政考棚坐北朝南，面宽40余米，纵深150米，占地6000平方米，由百余间房舍构成整个建筑群，房舍沿甬道呈左右对称分布，并形成六进院落。"第一进院落鼓厅居东，号门居西，有房舍供考生居住和圈马之用。二进院落两厢对称，各有房三间，为考官阅卷和随侍人员值班的场所。三进院落较为宽敞，正中间位置为座堂，院内东西各设文场九间，里面有供考生进行考试的号桌。四进院落为考官的办公房。五进院落为考官的住房和厨房。六进院落为学政公署。"① 从明代修建，到清康熙年间的移建，学政考棚作为院试之地的使命一直延续至清光绪二十九年（1903），也就是在这一年，建水学政考棚内举行了最后一次科举考试，从此完成了它神圣的历史使命。② 现存的学政考棚作为旅游景点，虽然保留了完整的六进院落，但内部布局发生了改变，在其内设置了蒙学馆、建水庙学书院义学馆、综合馆和乡土馆等主要展馆，较为具体地呈现了古代的科举制度和临安地区地方性科举文化相关的内容。

值得一提的是，建水的学政考棚在为中央王朝选拔人才的同时，也结合地方特色，成为滇南彝族毕摩会考地。彝族民间文学作品《诺宇·古歌》中记载了在学政考棚中举办毕摩考试的历史。"阿额尼格托（在很早以前），赫埃罗莫阔（建水大城里），罗阔苏海扎（城里有书院）。堤俄伲苏思（一处考彝文），堤俄厦苏思（一处考汉文）。"③ 据当地人介绍，"我们这点的考棚，和其他地方的一样，都是古代那会进行考试的地方，你只有通过这里的考试，才能进入官府办的那种学校学习，有那么一个资格，然后才能到省上去考。和其他地方不一样的是，我们这里的考棚，历史上还举行过彝族毕摩的那种考试，（毕摩你知道的吧？）毕摩就是彝族里面的那种懂文化的，会做法事的那种人了嘛，他们的地位是很高的。以前那会，就在这里

---

① 赵晓凌主编，杨丰编著：《教育圣地——滇南邹鲁》，云南美术出版社2007年版，第69页。
② 宾慧中、张婕：《云南建水》，中国旅游出版社2015年版，第35页。
③ 建水县民族事务委员会、建水县彝学研究会编：《建水彝学研究》，1997年11月，内部资料，第39页。

考试，官府还给他们文凭哩"①。可见在为王朝取士外，学政考棚还因地制宜，为滇南地区的彝族毕摩举行考试。

彝族古籍《笃母棉》（君王篇）的卷首提及，"资董诺纳铁，蛮董诺谷窝，奔董诺赫耳"。在这里，"资、蛮、奔"对应的是"君、臣、师"，即古代彝族社会中三位一体的政权模式，后面的"纳铁""谷窝""赫埃"或"赫耳"就是地名，分别对应当下的晋宁、昆明和建水。按照字面意思，这三句话可以理解为：手握国家权力的君王在京城（晋宁），统治国家机关的大臣们在谷窝（昆明），掌握彝族文字的老师在赫埃（建水），而在彝族社会中，毕摩是具有一定社会地位的群体，"资领奔马夺"（君来毕摩不必起立）、"奔领资作松"（毕摩来了君要去迎接）、"奔领蛮摸舍"（毕摩到时大臣要去牵马）。②正是由于这种原因，建水地区的毕摩，曾经一度在彝族社会中具有极大的影响。在彝文典籍中，彝人们认为惠历城是由他们的祖先修建的，在《指路经》中也强调建水是彝族先民迁往江（元江）外的起点。加之明代时期，临安府下辖4州5县9长官司，其中就有彝族土司，纳楼彝族土司在得到官方的认可和支持下，曾在建水举办多次毕摩考试，因此滇南一带的彝族民间才普遍流传着，以前毕摩必须到临安府城建水考试，考中后才能回去当毕摩的事。③

纳楼土司将王朝国家用来"选士"之地，作为对彝族神职人员进行考试的场所，事件本身反映出彝族土司对儒家文化的接纳和吸收。纳楼土司在借助王朝之力的同时制造权威，这种权威的制造是双向的。一方面借助象征国家权威的学政考棚，以考试的方式给彝族毕摩授予"文凭"，提升神职人员（毕摩）的声望和权威性。另

---

① 访谈时间：2020年8月29日；访谈对象：王××，77岁，男；地点：临安路学政考棚外的座椅处。
② 政协建水县委员会编，汪致敏编著：《千年建水古城》，云南人民出版社2014年版，第111页。
③ 访谈时间：2020年8月29日；访谈对象：王××，77岁，男；地点：临安路学政考棚外的座椅处。

一方面，纳楼土司通过举办考试，进一步"制造"了自己的威望，牢固树立了其在彝族群体中的地位，并将神职人员纳入治理体系中。虽然这种组织和发起人是纳楼土司，但从中可见王朝和地方的"共谋"。纳楼土司利用自己的身份向王朝"借用"考场制造权威，并用与王朝取士相类似的"考试"方式，对神祇人员进行考试。这种实践在打破原有文化秩序的同时，极大地提高了土司本身的威望，以官方认可的方式，赋予神职人员特定的社会地位，在考试中获得地位的毕摩自然也更认同纳楼土司，不同利益主体在这种文化实践中，各取所需，在共同的推动中完成这一"实践"。虽然学政考棚内举办毕摩考试的次数不可考，但影响却是深远的。通过这种方式，无疑推广了中央王朝对边地的少数民族的治理，扩大了儒学教化在少数民族群体中的影响力度。在这一过程中，少数民族群体参与其中，在实践中接纳，通过把国家做到身边的方式，主动融入其中。

《红河彝族辞典》"毕摩会考"条记载，彝族传统文化传播的组织方式主要有三种，即官府统考、半官半民应试和民间自觉组织。官府统考通常在规定的时间内举行，给合格者毕摩荣誉。明清时期临安府的毕摩会考通常将合格者分成三个等级，获一等奖的被称为"白芒先主"（意为大毕摩），获二等奖的称为"白芒"（意为毕摩），三等奖的称为"白芒",[1] 因其等级不同，所以在彝族社会中的地位也有差异。根据不同的等级，官方授予具有标志性的物品（见图4-3），如获得一等奖者，奖励法帽、龙头手杖、大小铜铃各一件；二等奖获得者奖励龙头手杖、小铜铃各一件；三等奖获得者奖小铜铃一只。这些奖品作为毕摩官授身份的象征，具有一定的权威性。同时官方还给合格者所携带的经文全套加盖府印，并允许他们在规定区域内作掌事。[2] 作为彝族宗教的祭司——毕摩是彝族社

---

[1] 赵晓凌主编，杨丰编著：《教育圣地——滇南邹鲁》，云南美术出版社2007年版，第33页。

[2] 师有福主编，《红河彝族辞典》编纂委员会编：《红河彝族辞典》，云南民族出版社2002年版。

会中宗教活动的主持者，是彝族传统文化的继承者和传播者。他们知晓彝文、神话传说、占卜、历史等各项事业，因此是彝族社会中的"知识分子"或"精英"。他们之所以会前来建水学政考棚参加考试，某种程度上也是他们主动融入帝国统治的过程。这些考试合格者在返回地区后，在彝族传统文化的传播和彝文经书的翻译方面，都发挥过很大的作用。

图 4-3　彝族毕摩的经书和法器
（2020 年 8 月 27 日拍摄于建水学政考棚）

建水学政考棚进行毕摩会试，可能在中国科举史上是一种极具地方性的特例。以考试的方式，将神职人员（毕摩）纳入国家科举体系——纳入科举考试中，一方面反映了当时彝族在临安府所辖地区的影响力很大，即他们是临安地区不容忽视的群体，国家和官府必须给予他们足够的重视，通过授予神职人员以合法身份，从而将他们纳入管理体系中。另一方面也体现出，元明以降庙学的兴盛和科举的多元化倾向，作为神职人员的毕摩进入考场，用特定的方式进行考试，无疑是对科举类型的一种补充，是一种多元共存和包容的体现。毕摩进入学政考棚本身是一种文化复合性的塑造，是王朝文化和本土文化在并接结构①下生发的结果，二者糅合并存，共同制造权威。学政考棚作为王朝国家的"考场"，本身就是制造权威的空间，儒生们通过考棚进入更高级别的考试，步入仕途，获得王朝国家的加持，荣获权威。建水学政考棚为王朝国家和儒生制造权威时，也将地方性的彝族神职人员纳入其中，这种多重"制造"背后，权威的主体是多元的，但实质性的主体却只有一个——中央王朝（国家）。

第二节 教育空间的地方性叙事——儒学教化的普及

文庙、书院、社学和义学，是在不同时期出现的教育机构。元代在全国大力修建庙学，推广儒学教化的同时，要求在地方建立社学。史载元世祖至元二十三年（1286）开始创设社学，将其作为一种普及教育的机构，与庙学一道实施教化。《元史·食货志》中首先将"社"作为农桑制度予以规定，"县邑所属村疃，五十家为一社，择高年晓农事者一人为之长"②。在农桑制度的基础上，元代将其推广至学校，"每社立学校一，择通晓经书者为师，农隙使子弟入学。如学问有成者，申复官司照检"③。尽管有这样的政策存在，但从云南地区的发展来看，元代时社学并未在云南地区出现，庙学作为这一时期的主导，也只是在一些"核心"地区出现，并未广布云南省各地区，直到明代时期社学才开始出现。在历史发展进程中，明后期在文教发展相对繁盛的东南、华南地区，社学曾一度发展成为反明的场所，但发展相对滞后的云南地区，社学在明后期发

---

① ［美］马歇尔·萨林斯：《历史之岛》，蓝达居、张宏明、黄向春、刘永华译，上海人民出版社2003年版。
② 《元史》卷九三《食货志一》，中华书局1976年版，第2354—2355页。
③ 柯劭忞：《元史二种·新元史》卷六九《食货志》，上海古籍出版社1989年版，第342页。

展也不充分。史载云南地区的社学最早是在成化年间（公元1465—1487）开始建立的，此后各府州相继修建社学，在经济比较发达的地区——云南府、大理府、临安府等，建立的社学也相对较多。整个明代前后在云南地区修建了165所社学。① 虽然在社学作为"反明"基地的趋势中，云南地区的社学并未出现"反明"的趋势，却受到了波及，有些社学被相继取消或者改为他用，但整体上云南地区的社学自始至终都发挥着教化的作用。

明代除了在云南地区大量修建社学外，继续推进元代庙学的建设，使云南地区的庙学广布至全省的正规府、州、县、卫学，数量上达60所有余，同时还主持修建书院，因此在明代时云南就已经有庙学、书院和社学等教育机构。据统计自明初云南巡抚王启文创办五华书院至明末，明代先后在云南全省共建了56所书院。清代统一云南后，承袭了明代庙学、社学、书院的发展，对其进行修复和扩建，全省共有92座学宫、296所书院。在建设这些教育机构的同时，还开始修建义学。与庙学、书院相比，社学和义学是在历史不同时期由地方官或士绅所办的具有公益性质的学校，虽然有地方官的参与，但这种"学校"仍以"公益性"为主导，某种程度上来看，是一种官民共构的产物。在中原和江浙文教兴盛的地区，义学在宋代时就兴起了，社学从元朝开始。与这些地区相比，云南的社学最早见于明代地方文献，义学则早见于清初地方文献。② 清康熙初年，云南地区始建义学，有清一代，在云南省先后修建了638所义学。③ 这种发展已经赶上内地。

从元经明至清，云南地区的庙学、书院、社学和义学已高度发展，随着这些教育机构的出现，云南地区的科举事业也得以发展。庙学、书院、社学和义学等教育机构，对儒学的发展和儒学教化的

---

① 陆韧：《变迁与交融：明代云南汉族移民研究》，云南教育出版社2001年版，第293页。
② 海淞主编：《云南考试史》，云南人民出版社2012年版，第45页。
③ 蔡寿福、陶天麟主编：《云南教育史》，云南教育出版社2001年版，绪论，第5页。

推行、对教化的普及,发挥了极大的作用。陈宏谋在云南为官时,就大力推行义学建设,他在《查设义学檄》文中指出,"为查设义学,以兴文教,以变夷俗风事,滇南越在遐荒,夷多汉少,土田浇济,居民穷苦,多有俊秀子弟,苦于无力延师,又夷俗不事诗书,周知礼法急"①。设立义学在兴文教的同时,变夷俗,也是推行儒学教化的一种方式。建水地区的发展,也是随着历史进程发展的。

建水地区元代(1285)有庙学,明代建书院和社学,到了清代义学也得到了发展。整个建水地区到了清代时,开始广建义学,学生免费入学,多招收一些寒门子弟。雍正六年(1728)时建水知州祝宏建曲江义学,在蛇街子置学租田,租谷五十石做经费。雍正十三年(1735)知州夏治源建普雄、西庄、乍甸三所义学,每所租谷三十石作教师束修(酬金)。乾隆二年(1737)教授夏冕建新站义学,教师束修租谷十六石又低租银五两。乾隆二十八年(1763)知州吴元念建南屯义学,教师束修租谷二十一石。②清代在建水创建十所义学(见表4-4),这些义学招收清寒子弟入学就读,与庙学、书院、社学相比,义学属于启蒙教育阶段。

表4-4　　　　　　　　临安地区义学一览③

义学名称	创办时间	创办人	地址
晏公庙义学	清雍正六年(1728)	知州祝宏	曲江蛇街
关圣庙义学	清雍正九年(1731)	知州陈如户	旷野
观音寺义学	清雍正十三年(1735)	知州夏治源	普雄
双庙义学	清雍正十三年(1735)	知州夏治源	西庄
毗卢寺义学	清雍正十三年(1735)	知州夏治源	乍甸

---

① (清)陈燕、(清)韩宝琛修,(清)李景贤纂:《光绪霑益州志(二)·雍正师宗州志》,《中国地方志集成·云南府县志辑》第18册,凤凰出版社、上海书店、巴蜀书社2009年版,第221页。

② 杨丰、汪致敏:《学政考棚:滇南科举历史的记忆》,云南人民出版社2013年版,第12页。

③ 虎保华主编:《建水县教育志》,云南民族出版社2007年版,第159—160页。

续表

义学名称	创办时间	创办人	地址
新站义学	清乾隆二年（1737）	知州夏治源	扳枝花
南屯义学	清乾隆二十八年（1763）	知州吴元念	南屯
官厅义学	清乾隆二十八年（1763）	纳楼茶甸副长官司	官厅
大成寺义学	前清时期	—	团山
三义庙义学	清光绪二十六年（1900）	—	湾塘

从表4-4中可以看到，清代前后在临安地区修建了很多义学，根据乾隆年间江浚源的札，此表中所罗列的只是五分之一。江浚源提及"通省州县义学记六百五十有余所，而临安一郡设至五十有九所之多"。可见数目之盛。当然这些书院并不都建在建水古城及其周边内，所辖州、县，诸如蒙自、开元、个旧、石屏等地区应当都有。义学较庙学、社学、书院出现的较晚些，但作为一种"教化"之所，其与之前所出现的教育机构一道，成为中央王朝推行教化之所。义学的教学内容更具推行儒学教化的特征，史载临安地区的义学，选用的教材为《三字经》《百家姓》《千字文》《千家诗》《幼学琼林》《大学》《中庸》《孟子》《论语》《诗经》《古文观止》《尺牍》《杂字》等，采用由易到难，死记硬背，再讲解的方式，[①]进行基础教育的普及。由于义学的受众面较广，对整个地区的社会风化方面影响深远。

清代在出现义学的同时，私塾教育也出现在一些地方官绅和豪富家庭中。他们聘请塾师，在家中设立学堂供子女学习，地方上清贫的学者也会设学教徒，收取一些学费作为报酬。一些村落中村民们为了更好地培育后代，也会集资聘请塾师，在村中办学。纳楼茶甸副长官司于乾隆二十八年（1763）在他的辖地创办了官厅义学，让当地的彝族孩童和其他适龄儿童接受义学教育。这些不同形式的

[①] 杨丰、汪致敏：《学政考棚：滇南科举历史的记忆》，云南人民出版社2013年版，第11—13页。

私塾与义学、书院、社学和庙学等共同为地方社会培养人才，这些"人才"本着"学而优则仕"的态度，参加科举考试。在这一过程中，不同类型的教育机构，在实践教学的同时，把中央王朝的教化落地，从而对地方社会进行了全方位的教化。以往的研究中有过"皇权不下乡"的论述，其实即使在边徼之地，"皇权"一直都在，即使普通百姓未能"触及"皇权，但作为"皇权"象征的圣谕、教化，早已渗入人们的日常。庙学、书院等是官方主导修建的教育机构，从修建之初就承担着教化的职责。加之广泛存在的具有公益性教学机构的社学和义学等，与庙学和书院一道，共同为皇权的下乡做足了准备，"皇帝"虽远，却一直影响着人们的生活。

第三节　耕读传家传统下的移民与科举

庙学、书院、社学、义学和私塾，是不同历史阶段出现的教育场所。作为教育的基础设施，这些教育机构为地方科举事业的昌盛，发挥了极其重要的作用。科举制度作为中国历史上一种延续千年之久的选官制度，不仅为中央王朝选取了大批官员，进入帝国治理行列，而且还催生了儒学向下的发展，"虽则历代科举制度的内容时有变革，原则上说，这是以考试的方法选拔人才，授以官职的方法。选官的方法虽不限于科举，但是在传统社会中，这却被视为正途"[1]。对于科举，《临安府建水州岁贡士题名碑记》提及：

> 夫拔民之秀，而备朝廷公辅奔走之用者，士也。汉、唐、宋之世，取士不一。曰"秀才"，曰"异等"，曰"进士"，曰"明经行修"，皆拔诸士而进于朝统，而名之曰"贡士"。亦如土地有长物焉，不敢私贡之天子而已耳。元、明以来，士以文

---

[1] 费孝通：《费孝通全集》第5卷《1947年》，内蒙古人民出版社2009年版，第447页。

进。其途有三，曰"科贡甲"；荐于岁者曰"岁贡士"；荐于乡者曰"乡贡士"；天子临轩而问之，会于礼部者曰"策试贡士"，凡以云"进士"也。我朝（清朝）用人之法，兼善前代，而取士之途因之，曰"明经"，曰"举人"，曰"进士"，其实皆贡士也。①

这段碑文对汉以降的"科举"进行了简单的说明，但科举不单是一种选官制度，还催生了"高度社会流动性的社会"②的产生。这种"社会流动性"既包括纵向的等级性流动，又囊括了不同区域之间的横向"流动"。一些文教事业发达地区的人群，通过迁移进入文教相对滞后的地区。在当时国家制度的规定下，明代的军屯、民屯移民群体可以参加"屯地"科举，"国家"赋予他们与当地人同等的权力，因此落籍后移民第二代就可以参加移入地的科举。由于这些移民有着耕读传家的家风，对文教事业相对重视，因此在发展过程中，他们的后人在科举中会脱颖而出，从而影响地方社会。明清时期大量移民涌入云南地区，明代时云南地区的汉族人口已超过少数民族群体，建水地区也不例外。建水地区历史上的移民来自不同的地区，这些移民作为文化的承载者，在改变移入地人口结构的同时，对地方文教事业的发展产生了深远影响。

史载元代在云南初开科举时，前后中举者只有6人③，明代时发生了巨大变化。据统计终明一朝，共举行文科会试和殿试88科，取录进士24657人，云南共参与文会试75科，考中文进士总数约为275人，云南进士占全国进士总数的1%左右。清朝全国共举文会试112科，取中文进士共26849人，云南一共参与文会试98科，考中文进士总数为682人，比明代增多了407人，云南文进士占全国

---

① 杨丰、汪致敏：《学政考棚：滇南科举历史的记忆》，云南人民出版社2013年版，第129页。

② [英]弗里德曼：《中国东南的宗族组织》，刘晓春译，上海人民出版社2000年版，第68页。

③ 蔡寿福、陶天麟主编：《云南教育史》，云南教育出版社2001年版，第282页。

文进士总数的2.6%左右。① 从元代的6人，到清朝时期占全国文进士总数的2.6%左右，云南地区在科举中已经占有一定的比重。建水地区的科举也是在这一历程中不断得以发展的，史载明清两代，临安府考中文进士215人②，武进士64人，文举人1935人，武举人885人，约占全省的四分之一，仅次于府治在昆明的云南府。③在明清两代的中第者中，建水地区的考中者约占一半，从明永乐九年（1411）建水考中第一个举人、正统七年（1442）考中第一个进士开始，据统计明代出现文进士30人（其中翰林6人）、武进士25人、文举人299人（其中解元5人、亚元5人）、武举人35人（其中解元7人），清代出现文进士37人（其中翰林7人）、武进士18人、文举人464人（其中解元7人、亚元7人）、武举人475人，明清两代共出现文武进士110人、文武举人1273人，在云南全境仅次于昆明。④ 这些数据都从侧面反映出明清时期临安地区文教之盛，临安地区因在科举中取得的成绩，为建水迎来了"临半榜"之称。

在这众多的中第者中，许多人都是移民第二代，他们的祖先借着各种缘由到达临安地区，后辈们在科举中脱颖而出。如以倪高甲为首的建水倪氏家族，先后考出了5个举人、进士和翰林。⑤ 史载倪氏来自江南常州无锡县，在建水地区定居后，倪高甲考中乾隆十九年（1754）甲戌科第二甲第九名，倪高甲生有八子均成名，其中次子

---

① 海淞主编：《云南考试史》，云南人民出版社2012年版，第97页。该处的数据与田丕鸿等编著的《临安科举史话》中的数据有出入，田著书中载："云南从明洪武二十七年（1394年）其至清光绪三十年（1904年），其间五百一十年，共中进士950人。其中明代进士255人，清代进士695人。"

② 这些文武进士详见附录一。

③ 田丕鸿、高建安编著：《临安科举史话》，云南美术出版社2010年版，序言第6页。

④ 曹荆、谭晓云：《南疆邹鲁——建水》，三秦出版社2003年版，第64页；杨丰、汪致敏：《学政考棚：滇南科举历史的记忆》，云南人民出版社2013年版，第95页。

⑤ 海淞主编：《云南考试史》，云南人民出版社2012年版，第103页。

倪思莲①考中清嘉庆乙丑科（1805）进士，并通过殿试被选为庶吉士，后通过"散馆"考试升为翰林，官至山西监察御史；三子倪思淳考中清乾隆甲辰科（1784）进士，也是通过殿试后被选为庶吉士，"散馆"考试后升为翰林。②由于倪氏家族在科举中取得的成就，他们家族便成为临安地区科第人文一门称盛，时称"一门三进士，同胞两翰林"。除了倪氏外，祖籍湖广麻阳县（今湖南省麻阳县）的朱氏家族也出现了"兄弟连科"。光绪十九年（1893）朱成章之子朱朝琛考中举人，出任贵州桐梓、仁怀县知县，光绪二十三年（1897）朱成藻长子朱朝瑛参加乡试，名列副榜，授广东补用道。由于朱朝琛、朱朝瑛兄弟先后科举成名，家人特制"兄弟连科"的匾额悬挂家中，光耀门庭。③在整个建水地区，这些移民的后裔在科举中脱颖而出的不只有倪姓和朱姓，移居建水地区的一些主要汉族姓氏，如朱姓、叶姓、王姓、刘姓、萧姓、黄姓、郭姓、俎姓、曹姓、倪姓和师姓等，在他们的后人中也有中第者。如祖籍福建闽县的刘洙，祖先随明朝军队进入建水定居的萧崇业、傅为訸，祖籍四川巴县的陈世烈等，④这些人都是移民后裔中第者的代表。其中刘洙、萧崇业、傅为訸等人因建设乡梓以及个人功业也被供入文庙内的乡贤祠，成为受崇祀者。这些姓氏只是众多移民人群姓氏的一个缩影，中第者也是这众多移民后代中的一员，但侧面反映出移民对临安地区的科举有着巨大的推动作用。

临安府在明代时下辖4州5县和9长官司，其中4州分为建水州、石屏州、阿迷州（今开远市）、宁州（今华宁县），5县包括通海县、嶍峨县（今峨山县）、河西县（今属通海县）、蒙自县和新平

---

① 倪思莲中第时代，在已有研究著作中时间不一。赵晓凌等将其视为嘉庆丙辰（1796）进士，田丕鸿在其书中将其录为清嘉庆乙丑科（1805）进士，虽然时间上有差异，但对倪思莲考中进士并成为翰林的记载是一致的。
② 田丕鸿、高建安编著：《临安科举史话》，云南美术出版社2010年版，第413页。
③ 2021年9月18日，建水朱家花园田野调查所得。
④ 赵晓凌主编，杨丰编著：《教育圣地——滇南邹鲁》，云南美术出版社2007年版，第62—73页。

县（后划归元江府），9长官司就包括纳楼茶甸土司（今建水县官厅镇和元阳县一部）、思陀甸长官司、左能寨长官司、落恐甸长官司、亏容甸长官司、溪处甸长官司（以上5长官司在今红河县境内）、教化三部长官司、王弄山长官司（以上2长官司在今文山县境内）、安南长官司（在今蒙自县东老寨乡）。明代时临安府的辖区相对较广，有"北抵澄江，西连楚雄""南邻交趾""为滇上阃""边徼重地"等称谓，这些广袤的地区，在明代是主要的军屯民屯之所。屯兵在明代有着优厚的待遇，军屯家属也就与当地人一道，入学接受教育，并参加当地的科举考试。

此外临安府地区存在着诸多的移民和军屯村落，临安府下辖石屏县的郑营村，位于石屏县城西10千米处，在明代时就是军屯之所，郑营村民的祖籍系浙江金华府江县，始祖郑太武在明洪武十四年（1381）随沐英部队入滇，后驻扎在蒙自县黑坡村，后其子郑以顺迁至现在的"郑营村"①。据当地人介绍："我们祖籍是浙江金华府江县，明代的时候，老祖公就跟着沐英的军队来到了云南。先是到蒙自黑坡那点（里），后来又搬到了这点，我们这个村按照祖辈们的说法，就是一个军屯村子，开始的时候老祖公们都是军屯人员，后来嘛就慢慢成家立业，有了后代。村子里除了姓郑的以外，还有姓陈的、姓武的、姓李的、姓张的，还有姓余的，可能是因为我们老祖公迁来得早，那会还是当官的，所以村名就叫'郑营'。我们这点现在看着不好，以前那会出了很多秀才，还有进士呢。老祖公们重视教育，以前还有书院专门教学生。老一辈很多人都是识字的，不是文盲哦，在那哈子（那会）识字是很了不起的，方圆几里都知道我们郑营人有文化、重教育。一直到现在，我们也很重视教育，娃娃不读书不行，读点书以后才不会吃亏，干事情也容易些。再说了这也是我们老祖公们一代代传下来的，再穷也要读书，

---

① 高春林著，陈云峰摄：《石屏郑营：云南第一历史文化名村》，云南美术出版社2006年版，第16页。

也要让后人们读书识字。"①

从叙述中可知，郑营是一个典型的军屯村落，其自明代形成后，就有着重教兴文的传统。到了明万历年间，村落中修建了"五亩书院"和"张本寨书院"。到了崇祯庚辰科时，郑营的张一甲考中进士。清朝癸巳科时，张一甲的曾孙张汉中进士并授翰林，张汉于乾隆元年（1736）丙辰特举博学鸿词科，成为云南第一个两次考中翰林者，因此张家也就成了"一门三进士"。发展至今，郑营已成为"云南第一历史文化名村"。郑营作为明代众多军屯村落中的一个缩影，在历史发展过程中，在文教、商业贸易方面都取得了很大的成功，其他与之类似的军屯村落，也有着类似的发展。

无论是建水抑或石屏郑营，乃至整个云南地区，元代以降，随着大量移民的进入，带来的不仅仅是人口，更多的作为文化承载者的"移民"自身所携带的文化习俗。他们进入地方后，在地方定居发展，并把自身文化融入日常实践中，大量汉族移民的进入不仅推动了儒学的传播，并对儒学教化的实践做足了准备。与此同时，这些来自"江南的大姓"和中州地区的移民，本身注重文教，他们在地方定居后，自身实践的过程中也影响了地方社会。虽然起初都是从"自身"开始，但这种影响就像"石子扔进湖中"荡起涟漪般，会由自身影响到周围人群，从而带动区域社会。随着官方主导的庙学、府学、州学、县学、书院，以及具有公益性的社学和义学等的开展，地方科举也取得了很大的进展。就像建水地区，随着大量移民的进入，以及儒学教化的推行，建水地区遂"俗尚诗书"，"号诗书郡，六诏咸称礼乐邦"，被称为"滇南邹鲁"，在科举中更是出现"临半榜"的现象，这种盛况的出现是与儒学教化的推行和移民的进入分不开的。尽管我们在这里看到移民带来的"好处"，但也不应忽视"土著"自身的觉醒。此外移民在不断发展中融入地方，成为地方社会中的一部分。某种程度上来说，整个云南地区的移民史

---

① 访谈时间：2022 年 2 月 16 日；访谈人物：郑××，94 岁，男；访谈地点：郑营村内。

也是一些地方的区域开发史和区域发展史，以移民为视角研究区域史成为可能。

第四节　文字与文明的地方表达——滇南邹鲁和文献名邦

建水地区庙学的长期兴盛，书院、社学和义学、私塾的兴办，为建水地区科举事业的发展奠定了基础。临安地区由元代以前的"蛮荒之地""边徼之地"发展成为滇南重镇，除明清时期所中进士外，明代建水的生员中，还选送出贡生372名，入京城国子监学习。到了清代，选送的贡生达622名。明清两代共出文武进士109名，文武举人1273名，仅次于昆明。[①]借着这种缘由，到了明万历年间，建水人包见捷在《新修临安府学记》中写道："临安，故句町。遭际圣明，道化翔洽，人文蔚起，一时称为滇南邹鲁。"[②]把建水地区文教事业的兴盛比作孔子、孟子兴学育才的故里——鲁国曲阜和邹城。明万历三年（1575）时，临安知府昌应时在文庙内建云路坊于泮池南，表曰"滇南邹鲁"。[③]昌应时建坊题字更是进一步坐实了建水"滇南邹鲁"的美称。嘉庆五年（1800）时，知府江浚源在《临安府建水五次题名碑记》中提到临安地区，"地毓人才，乘时而见。昔王士奎谓：此邦山明水秀，胚胎人物，精灵有加。又师友之渊源，足以振之。贤达之风节，足以维之。所由腾采寨芳，后先相望，至今中州士大夫每艳称其盛，比之邹鲁，不虚也"[④]。正因临安地区文风大振，文教兴盛，加之"郡人尚诗书"，重教兴文，所以才赢得了比肩邹鲁的

[①] 赵晓凌主编，杨丰编著：《教育圣地——滇南邹鲁》，云南美术出版社2007年版，第41、43页。

[②] 杨丰校注：《建水文庙历代碑文选注》，建水文庙管理处编印，2004年1月，内部资料，第26页。

[③] （清）范承勋、王继文、吴自肃、丁炜编纂：《康熙云南通志》卷十六下，康熙三十年（1691）刊本，第101、391页。

[④] 杨丰校注：《建水文庙历代碑文选注》，建水文庙管理处编印，2004年1月，内部资料，第139页。

美称。田野期间不止一次听到当地人对此"美称"的荣耀。"我们这个地方,虽然偏僻点,但在明清时期,也是相当繁荣的。你看那些牌坊,就有'滇南邹鲁'、'文献名邦',老一辈还说我们这个地方还有个'临半榜'的名字。就是说在科举那会,整个云南省考中的人中,我们这点(里)的就占了一半了嘛。这在当时是非常不得了的,有些地方一个都考不上,我们这点占一半,相当不得了。"[1]

除了拥有"滇南邹鲁"的美称外,随着文教的兴盛,建水地区也在科举中获得"临半榜"的称谓,予以表明临安地区的学子在科举中的佳绩。史载早在明嘉靖辛酉科(1561)乡试时,云南全省共录取举人40名,其中临安府就有14人(建水11人,阿迷2人,蒙自1人)。此后在整个明代的科举中,临安地区常有一榜中占全省三分之一以上的境况,如万历丙子、己卯、己酉科全省录取举人45名,其中临安府就有学子各16名;天启辛酉科,全省录取举人51名,临安府学子就有17名。到了清代康雍时期,临安地区的学子在科举中更是崭露头角,如康熙己卯科全省录取举人54名,临安府学子就有22名;康熙壬午科全省录取举人42名,临安府学子考中的就有22名,超过了半榜;雍正癸卯科,全省录取举人66名,临安府学子就占了34名(内建水籍13名)。[2] 因此在康熙三十三年(1694)的《临安府科甲题名碑记》中,临安知府王永羲称赞临安地区"尤冠于滇",碑文载"国家右文之治,驾轶前代。临阳科目之盛,尤冠于滇。一时师师济济,皆德行、文章、政事之流。其治功是传。而其人之姓氏不传可乎?"[3] 在康熙三十八年(1699)的《临安府儒学历科武乡会题名碑记》中,王永羲更是直接指出"句町为滇文献地,人才甲于他郡。每科膺荐者相望,有'一榜半临

---

[1] 访谈时间:2021年9月10日;访谈对象:杨××,74岁,男;访谈地点:迎晖路中间亭子中。

[2] 赵晓凌主编,杨丰编著:《教育圣地——滇南邹鲁》,云南美术出版社2007年版,第127—128页。

[3] 杨丰校注:《建水文庙历代碑文选注》,建水文庙管理处编印,2004年1月,内部资料,第59页。

阳'之称，得士之盛，前此未有"①。乾隆三年（1738）提督云南通省学政孙人龙撰《大清康熙雍正三朝临安科甲题名碑记》，称"临阳为东迤上郡，诗书礼乐之风甲于全滇。每与宾兴，有一榜半临阳之称"②。人龙对临安科举功绩进行了肯定和赞誉，并对这种盛况出现的缘由给出了说明，即"我皇继统，首光文治"，正是借着这种缘由，临安地区才能"光被圣化"，文教兴盛，从而在科举中"一榜半临阳"。

除了"滇南邹鲁"和"临半榜"的美誉外，建水地区还有"文献名邦"的美称。在整个云南省中，有着许多被冠以"文献名邦"的县城，据不完全统计，云南地区有"文献名邦"称谓的有昆明、通海、建水、石屏、鹤庆、弥渡、大理、保山、剑川、丽江、巍山、会泽等12个县域。这些县城在不同历史时期获得"文献名邦"的称谓，并相沿至今。在这些地方的历史书写中，"文献名邦"作为一种美誉，被相继传颂，写入史料的同时，竖起牌坊，足见"文献名邦"的称谓在云南地区的重要性。为什么在云南地区会有如此众多的"文献名邦"，某种程度上可能和文字的"魔力"和"敬文惜字"有关。汪曾祺曾在《收字纸的老人》一文中写道："中国人对于字有一种特殊的崇拜心理，认为字是神圣的。有字的纸是不能随便抛掷的。亵渎了字纸，会遭到天谴。因此，家家都有一个字纸篓。这是一个小、宽肩的篓子，竹篾为胎，外糊白纸，正面竖贴着一条二寸来宽的红纸，写着四个正楷的黑字：'敬惜字纸'。字纸篓都挂在一个尊贵的地方，一般都在堂屋里家神菩萨的神案的一侧。"③这些字纸被一个叫"老白"的人收走后，在文昌阁的"化纸炉"中烧掉，看似简单的一件事，里面却有"神圣"的内涵，因为有"字"的纸是不能亵渎的。这种文字的魔力和敬惜字纸的传

---

① 杨丰校注：《建水文庙历代碑文选注》，建水文庙管理处编印，2004年1月，内部资料，第63页。
② 杨丰校注：《建水文庙历代碑义选注》，建水文庙管理处编印，2004年1月，内部资料，第103—104页。
③ 汪曾祺：《汪曾祺精短篇小说选》，新华出版社2013年版，第93—95页。

统，是与文字的神秘起源密切相关的。

察我国文字的起源，最初的文字主要用以占卜，占卜是人与"神"之间进行沟通的一种方式，这些表意文字并没有用于世俗交流，而是与宗教目的有关，作为预测未来的一种方法和人神之间的一种联系纽带而存在。① 但是当人发明了文字以后，文字便成为沟通天地之工具的一个组成部分。② 同时造字的仓颉长着"四只眼睛"，从这种种迹象中可以得知，文字具有神圣性和魔力，其不仅是文明与"野蛮"的分野，更具有神秘色彩。不只是汉字具有这种神圣性，少数民族文字也具有类似的特征。如彝族的彝文便有着"神授"的传述，杨成志在彝族地区进行考察时对彝文的由来有着详细的记载。很久以前，在罗罗地方，酋长有个哑巴少年作奴隶，每天这个少年都到山上去为酋长放羊，这个少年虽然不说话，但却聪明伶俐，每天趁着机会，都偷偷地往森林里跑。那个森林是一个圣林，别人是进不去的，只有得到圣者牧猴和牝雉的特殊见宠才能进去。而这个哑巴少年来这里的职务，就是跟着他的两个师父学习罗罗文。"他们学习的时候，牧猴坐在树上口说出字，牝雉立在地上用嘴巴写出字画"，这个哑巴少年则十分谨慎地，"耳听其音，手模仿其笔画一一记在心里头。如是者经十多天，每日都是朝出昏回。酋长主人看他回家时候，大不像从前样子，心颇思疑，欲窥探其动静，然苦无法以知其研究"。这样以后，酋长想了一计，有天待牧童出发时，主人乘机将一根带着线的针，偷偷插在牧童的背后衣物上，等到他跑到森林时，酋长主人便追到了他身前，怒斥他为什么天天跑到森林里，结果牧童开口说道："你若不来，多几天我便可统通学完全了。"牧童的两个师父见酋长是"俗人"，便飞走了。后来牧童再也没有见到他的师

---

① [美] 杨庆堃：《中国社会中的宗教：宗教的现代社会功能及其历史因素之研究》，范丽珠译，上海人民出版社 2007 年版，第 110 页。

② [美] 张光直：《美术、神话与祭祀》，郭净译，生活·读书·新知三联书店 2013 年版，第 75 页。

父,但是他把自己掌握的文字传承了下去。① 在这段记述中可以看出彝族文字的"神授"性。

因此无论是汉字还是其他文字书写系统,"文字"都具有魔力,作为一种"记忆"工具,文字书写系统把远古的见闻通过记录传至后世。同时当具有魔力的文字进入"边徼之地"时,在施展魔力的同时,催生了边地群体的文字意识,而文字进入地方是与儒学教化的推行和科举事业的发展相伴而生的。这些"边徼之地"在未接触"文字"之前,文献或文字对其是一种神圣性的存在,具有一定的"吸引力"。文字作为一种文明的象征,对文字的敬惜,也成了人们对"文明"的守望,站在这种立场上来看,云南地区很多地方以"文献名邦"命名,既体现了对"文明"的向往,也侧面反映出一种向化后的"敬惜"。建水地区的"文献名邦"称谓除了具备这种意义外,有另外一层地方表述。

据民国《建水县志稿》记载,在建水城东北有一座迎恩寺,系明代包见捷所修,前有"文献名邦"坊,旧有碑②记述某次神宗皇帝举某朝典宪询问廷臣,众皆缄口,惟见捷能原原本本敷陈无遗。皇帝欣喜地说:"中原文献尽在卿矣!"赐"文献名邦"匾额,命有关部门建坊于其故乡。后临安知府金节遵旨建坊于城东北永善街。③该坊现已不存,只留有坊座存于永善街。但从史料的记录中可以看到,建水地区的"文献名邦"是因郡人包见捷对答皇帝的廷问,得到了皇帝的"册封",通过册封个人而上升至地方,是一种自上而下的"认定"。反过来也可视为是"边地"对中央王朝的一种"认同"和"攀附",是一种自下而上的自我归化的过程,通过立坊,把国家"做"到身边。虽然"皇帝赐匾"有碑记和社会记忆,但自我归化和"攀附"的阐释也是存在的。这两种阐释共同作用于地方,彰显国家在治理地方的过程中,从来都不可能只是单向的,国

---

① 杨成志:《杨成志人类学民族学文集》,民族出版社2003年版,参见第158—159页。
② 该碑已经不存在,田野期间得知该碑已在历史中被毁,所幸有关记述被载入一些文本中。
③ 杨丰编著:《建水》,中国文史出版社2005年版,第100页。

家与地方之间也并非只有自上而下的一种"关系",也绝非只是"中心"和"边缘"的严格区分。地方也可以通过自己的方式,与国家发生关联,在国家对某种事项推进的过程中,地方也并非被动地接受,"共谋"是一种常态。

无论是滇南邹鲁、临半榜或文献名邦,这些名称都侧面反映了建水地区在明清时期文教的盛况和文字意识的觉醒。当地人"学会"用一些文字来表述自己,这种"表述"既是对历史时期文教事业发展的真实写照,也映射出一个"边徼""云南极边"的"蛮荒之地"的儒学教化的发展历程。就整个云南地区而言,建水只是众多此类地区中的一个,是一个镜像缩影。建水文教事业的发展是与移民和儒学传播相伴而生的,文教的兴盛是在王朝推动和地方社会习俗渐变的共同作用下产生的,是一种在特定历史环境中,双向努力的结果。

第五节 "互惠"的实践——精英群体与地方社会

从元代儒学教化的推行,到明清时期,建水地区的儒学教化和庙学发展已至鼎盛。随着儒学教化的推行和科举的发展,建水地区的举人、进士等层出不穷,儒生更是快速增多,各种教育机构相继出现,在为王朝国家培养官吏的同时,也为地方社会培养了大批文化精英。在这种情况下,建水地区出仕为官者"相望于朝野",地方的文教事业得以不断兴盛,最终促使大量知识精英的产生。历史上建水地区考中入仕为官者,在外地做出"政绩"的同时,也不忘建设乡梓。作为地方社会中的精英,他们积极接受和推广儒学及其相关思想,一方面为教化的实践者,另一方面作为教化者,影响着地方社会。精英群体在家乡建设中,以不同身影出现其中,扮演着不同的角色,在实践中,精英群体与地方社会形成一种"互惠"。

一 绅权与产权——包见捷与《香林寺常住田记》

明代至清代,临安地区文教事业繁盛,相继产生了众多士绅。

在这诸多的士绅中，包见捷（约1558—1621）是常被提及的官员。在地方叙事①中包见捷充满神秘色彩，传说他4岁"对同知""对太守"，8岁能赋诗，26岁中举人，31岁中（万历己丑）②进士，为官后刚正不阿，敢于直谏，在遭受奸人陷害后，依旧以其品行和学识深得帝王赏识，后从礼部右侍郎的官位辞官回乡。③包见捷以其敢于直谏和不畏权贵的为官之风，在明代的官场上留下了浓重一笔，被载入《明史》④中。包见捷不仅在官场上声名显赫，凭借自己的学识为建水迎来"文献名邦"的称呼，在乡梓建设中，他主导修建了迎恩寺和玉皇阁，并利用自己的权力，为地方寺庙保庙产，其中最具代表性的便是他书写的800余字的《香林寺常住田记》。

史载香林寺在临安城东，始建于元代，在城北三十里的方向，⑤位于现在的南庄镇小龙潭村委会，今寺庙已毁，但《香林寺常住田记》却保存下来，现存于学政考棚中。碑文载：

> 香林寺，郡志以村有异香，故名。而寺之建寔拓于胜国至正，固与指林并称与区云。国朝永乐□东，□温成禅师以名，宿为当□所器重，命主指林法席，宗风丕正已。而□览香林寺，知有机缘，慨然修葺。芟治之前，若蔚起所卜其地，右偏预治花城。又置田若干亩，为永永焚修諿厥，寿百有二十岁，迁化去。具载陈太守公碑及成禅师有为鼋倡中。岁久寺圮，时有盗□。僧众寥寥，前田半为学饩供事，半为指林无矣。万历戊戌卓然，子以□令，弃家祝□栖息于此山禅心，损购坠举庆修，

---

① 建水县志编纂委员会编：《建水古今（第二辑）》，1992年1月，内部书刊，第57页。对同知、对太守意即与同知和太守对对联。
② 万历十七年（1589）进士。
③ 建水县政协文史资料委员会编：《建水文史资料选辑（第四辑）》，1997年4月，内部书刊，第88—95页。
④ 《明史》卷二三七《包见捷传》，中华书局1974年版，第6169—6170页。
⑤ （清）江濬源修，（清）罗惠恩等纂：《嘉庆临安府志》卷十六《古迹一二》，详见《中国地方志集成·云南府县志辑》第47册，凤凰出版社、上海书店出版社、巴蜀书社2009年版，第224页。

奕奕有丛林。致一日诣主□廷，荣礼温成禅师塔，读其遗偈，于荒烟断草中，始知田之颠末。合词请于太守，见泉张公乃复：其田计租，拾有四石。延□浦珠顷尔迁故，非偶然也。壬寅莫春。

兵宪葑溪□公□不佞，访卓然子于丈室，禅奇揽奇。问成师往迹，相兴嗟者久之已，又念寺距郡城远，惧无所供，香积卓然。子以前□封溪□公，揖不佞曰：大谏盖记，诸不佞辞诣卓然。子曰：贫道无奈得陇望蜀，且向檀越再结一福。田缘姑俟称记之何如？无何卓然，子臣中丞青螺郭公礼聘至黔，斤言机契复往，□沈莲池于钱塘受名，广度桑还楚之，泸浮以尝。为念其地暂止焉，而竟感小恚，示□异哉！

今年春，其□慧安申，前盟请记，余惟两林之始辟也，一以指鹿，一以闻香神，□有以示之兆者。自成师辟画彩彩相望，为菩提道场，则两寺□□皆其儿孙也，源□派别不复宁，其遗万，即今获复之藏美墙，俨然所为。岁昔持一缶麦饭，浇松楸下者谁哉？而顾自为町畦。令指林肥而香林瘠也，然则前田之置而庆，庆而复者，大氏时节因缘所至。虽卓然，子不自知其所以然，而缕缕偈句，师亦若豫觇其有。今日而为之，券契已乃其从僧以龛偈之，不足征而必欲籍，不佞言，以传曰其疑情乎！

夫以师善知识，犹不能化，其儿孙致以区区之田，疑情之不尽袪，则其法之自为倍也。如日某两林儿孙不敢信师也，则六信其龛之偈而已，不佞亦多言矣。幸介慧安告卓然，几筳其斯为久要之言，夫亦成师二百年之遗指哉！其它田四段：一在螺蛳糖，一在南床铺，一在南门外杉松桥，一在沙坪。皆卓然。子置又其一在山椒，则慧安自垦荒者也。

万历三十五年四月佛诞日立
主持僧慧安立石①

---

① 2020年8月27日抄于学政考棚第二院落"龙门"左侧，辨字、断句均系我所作。

第四章 向化而生——书院、科举与儒学教化

从碑文可见，该碑记是包见捷在万历戊戌（1598）年间辞官回乡时所写。回乡后包见捷拜谒临安名僧温成的葬塔，在"荒烟断草"中得见记有香林寺田产的记载，后又闻香林寺主持慧安的诉求，对香林寺田产的始末有了了解。得知香林寺的田产在发展中，被指林寺和"学饩供事"侵占，曾先后向太守和兵宪寻求帮助，未果。所以主持再次诉诸包见捷，想让包见捷帮他们争回寺田。包见捷听取主持的申诉后，觉得寺田问题涉及寺院和庙学之间的权益之争，理应由当地官员处理，自己已经辞官归隐，不便插手地方政务。在权衡利弊后，书写了碑记，以"记"的方式首先申明了香林寺的寺田产权问题以及寺田的由来和沿革，并告诫后人不要再侵占寺田，留一些给寺院。通过这种方式，包见捷解决了香林寺常住田的问题，实质上是通过自己的绅权，为寺庙的庙产合法性和延续性维权。包见捷在"避嫌"的情况下，运用文字的力量，在自身威权的加持下，妥善处理了香林寺田产被侵占的问题。虽然地方史料和碑记中并未言及被侵占的土地是否得到了归还，也没有明确后期是否有侵占之事再度发生，但通过写碑记这件事也侧面反映出，地方社会对知识精英和士绅的倚重，以及士绅和知识精英在地方社会中的影响。普罗大众在遇到利益纷争时，会主动求助于士绅，士绅也会根据具体事宜给予相应处理。《香林寺常住田记》虽则是一则"田记"，处理的却是土地所有权的问题，反映的是绅士和地方社会的关系。

无独有偶的是，地方士绅也参与到其他产权的维护当中。如位于城东门外、朝阳楼前太史巷口北侧的东井，开凿于元代，到了明代时就有人据为己有，侵占井权。到了清乾隆十六年（1751）时，为了彻底解决井权的问题，便在井边立碑为记，碑曰："东井创自建城之初，载在郡志，名曰礼井，俗名水井殿。重修于嘉靖十四年，客民积捐修，有人争占，具呈立蒙委捕厅勘讯。示谕：井外禁止摆铺，遮拦阻滞汲水。道路、井四至，除香火铺外山墙，理合遵

谕。勒石以垂永久。"① 功德名中，士绅位列其中。这通碑文中，以官方示谕的方式，明确东井的权属问题，是公有而非私有。面对井权的争议，政府和士绅目标一致，旨在维护井权的公有性。在东井周边的6通碑中，乡绅、贡生、生员、乡耆等作为"功德者"，与石碑永垂至今。当下东井依旧伫立，作为公井供大家使用。

在《香林寺常住田记》和东井相关碑记中可以看到，士绅在参与地方公共事宜的同时，利用自身的声望——绅权，通过书写碑记、出功德、撰碑勒石的方式，影响着地方社会。绅权之所以会对地方社会产生影响，某种程度上与他们身后的"国家权力"密切相关，士绅在地方社会中，作为官府和普罗大众之间的桥梁上传下达，作为普罗大众中的一部分，他们是精英群体，是知识和权力的象征。士绅对地方社会的影响是基于国家和自身的知识系统，地方社会也凭着对士绅和知识体系的倚重，能动地获得资源，在这一过程中，士绅阶层作为儒学教化的接受者、践行者和传播者，运用文字书写系统和个人声望，潜移默化地改变地方社会。

二 惠及乡邻——乡绅与地方公益

在建水地方社会，士绅阶层除运用个人声望和威权明确产权，为地方社会规制秩序外，在地方事业的建设中，时常可见士绅的身影。历代官修文庙的碑记中，"合郡绅耆""耆老""士绅"都参与其中，他们有的号召募捐，有的捐俸捐银，有的为庙学、寺庙等买田置产，通过各种方式，为地方社会的发展做出自己的贡献。除关心教育机构（庙学、书院等）和寺庙外，士绅们也投入地方基础建设中，修桥补路、疏浚河道、营造良田的事业中都有他们的身影。

历史上建水地区水源充沛，江河广布，因此桥作为道路的延伸和连接，发挥着举足轻重的作用。保存至今的桥梁作为一种通道，也是历史生活的写照。现存众多的桥梁中，有官员主导修建的，如

---

① 2020年7月26日抄录于东井。

公元1445年临安知府赖英主修的迎恩桥①，公元1725年栗尔璋主修的天缘桥②等，这些桥梁都是在官员的主导下修建完成的。也有乡绅富民自发修建的桥梁，在官方无力修筑桥梁的情况下，这些乡绅和富民或作为主导者或作为捐赠者，积极参与桥梁和道路的修建和重修中，如居民叶舟于明成化年间（1465—1487）重修了浣衣桥，义民王镐等于正德年间（1506—1521）重修了泸江桥，绅士傅为诜于乾隆十六年（1751）建的玉龙桥和嘉庆十五年（1810）建在城东的永安桥等。③ 这些乡绅和富民作为地方中具有声望和财富者，在自身富足的同时，通过修桥补路的方式惠及乡邻，当这些"善行"利及地方社会时，地方社会用祠祀和碑记铭记他们，他们的事迹作为一种教化在地方社会传颂。

清乾隆四年（1739）当双虹桥④落成时，时任建水州知州的夏治源作了《新建双虹桥碑记》，详细叙述了津梁对建水地区的重要性，以及历史上一些修建津梁的事迹，记曰：

> 成梁为王政之一，非利涉也，实兴水利焉，在临郡尤有不容已者。建水地处洼下，三河交汇，百折而入岩洞，数十里田亩咸资灌溉，第山多渗，损石滞沙壅河，日以浅堤，日以卑，即桥之巍然于昔者。今去水无几耳，一旦山潦骤发不及咽，往往决堤溃防，肆出为患。以故历任守牧疏河之外，兼以增桥，前栗（栗尔璋）郡尊成天缘桥矣，张（张无咎）郡尊成泸江桥矣。即余莅任后，亦为言成迎恩桥⑤。此皆功之。
>
> ……
>
> 郡人封君傅（大美）翁好善，所成桥数十余，永济、泸

---

① 位于迎恩路与沙拉河交汇处，今在旧遗址处重修。
② 位于马军营前，一直存在至今。
③ 政协建水委员会编，赵建伟主编，汪志敏编著：《建水古桥的背影》，云南人民出版社2021年版，第25页。
④ 在城南二里处，为夏治源和傅大美所修。
⑤ 夏治源对迎恩桥进行了修缮，主修的是双虹桥。

江、天缘皆其首事，但年益高。……封翁以八十余岁尚乐善不倦，况初未为善与为善，未广者乎各解囊倾橐，共成其美，举俾形势穹窿，得以利涉，行人益以保吾埂土，厥功懋焉。①

在这则碑记中，夏治源首述在建水地区修桥的必要性，并对之前官员所修桥梁进行了简述，肯定了修桥的"利涉"。紧接着便对修"双虹桥"的原因进行了详细说明，在最后部分对士绅的乐善好施和郡人"解囊倾橐，共成其美"进行了高度赞扬。作为一座官员与士绅共修的桥梁，碑记者的知州夏治源对双方的功绩都予以肯定，用国家赋予的身份（官员）对地方士绅进行表彰，赞美他们的善举。其实傅大美只是这众多士绅和富民中的一个代表，就像为文庙置田的"李王"。无论是知识精英或普罗大众，当儒家的教化深入人心时，"穷则独善其身，达则兼济天下"的品格会出现在每个人身上。作为地方社会中的精英群体，他们首先接受了儒学教化，在这套知识体系下发生了改变，随着他们自身的实践，又反作用于地方社会，形成一种良性循环。

虽然有一些侵占庙产和公共产权的行为存在，但在建水地方社会中，士绅阶层作为担纲者，发挥的作用是积极的。包见捷、傅大美等士绅富民只是这一群体中的一个代表，作为整体中的"部分"，这个部分实质上就是整体。士绅们通过自身实践，参与或主导地方公共基础的建设和完善，他们就像"桥"一样，连接着不同的群体，一边是由各级官员组成的国家机器，一边是普罗大众构成的地方社会，在这一"连接"过程中，他们作为结构中的一环，反作用于王朝国家结构本身。王朝国家结束后，随着科举制度的终结，义务教育的普及，士绅阶层陨落在历史长河中，随之而去的是对文字体系和知识权力敬畏感的衰降。即使在边远地区存在类似士绅的村

---

① 丁国梁修，梁家荣纂：《民国续修建水县志稿》卷十三《艺文三》，详见《中国地方志集成·云南府县志辑》第 56 册，凤凰出版社、上海书店、巴蜀书社 2009 年版，第 281—283 页。

落"卡里斯马"①型的人物，但只是一种"于野"的存在，在更广泛的意义上，这个担纲者群体已经消失。

三 地方社会的"互惠"

当这些士绅对地方社会有所贡献，地方社会也产生了相应的反应。对地方社会作出突出贡献者以及在外为官清廉者，都被纳入祠祀中，他们的牌位放置在文庙中的乡贤祠中配享文庙，在文庙这种高等级的礼制祠祀中，受人敬仰。这种举措某种程度上是地方社会的"反馈"，是一种"互惠"②的再现。

建水文庙的乡贤祠位于文庙第四院落的西边，早在元代就已经出现在文庙规制中，元代庙学有祭祀乡贤的传统，到了明代乡贤祭祀得到了传承。建水文庙的乡贤祠之前称为"四贤祠"，杨慎在《临安府四乡贤碑记》中写道："嘉靖甲午，诏天下正祀典，乡贤之遗者增之，严不在祀法者汰之，未创者于是乎始。……临安乡贤之祠，自今日始也。祀我皇明四公，曰：杭州府张公隆，南阳府知府邢公干，两淮运司经历、封南溪知县张公文宗，文昌县知县田容。其宣也，盖严也。"③ 现存的乡贤祠始建于明嘉靖二十年（1541），清康熙二十二年（1683）重建。祭祀建水元、明、清三代德行卓著的贤士，占地156平方米。祠内有三个供桌和三个蒲团，36座牌位分为两排。④这些入祠者，都是明、清时期建水籍的在外为官者和一些对地方有过巨大贡献者。被祀的为官者具有"官处脂膏不自肥""孝友睦亲""敦行化俗""不工于媚贵人，而有余裕孱民"⑤等品行。可见要进

---

① ［德］马克斯·韦伯：《经济与社会（第一卷）》，阎克文译，上海译文出版社2020年版。
② ［法］马塞尔·莫斯：《礼物》，汲喆译，商务印书馆2016年版。
③ 杨丰校注：《建水文庙历代碑文选注》，建水文庙管理处编印，2004年1月，内部资料，第20页。
④ 柯治国主编的《建水文庙——开启滇南文明的圣殿》中统计有37位，杨丰编撰《建水文庙研究资料汇编》统计有36位，田野期间我在乡贤祠进行统计，有36个牌位。
⑤ 杨丰校注：《建水文庙历代碑文选注》，建水文庙管理处编印，2004年1月，内部资料，第20页。

入乡贤祠并不容易，入祠者必须具备美好的品行，其自身的行为，也被地方社会所传扬，为地方士人树立榜样，砥砺地方学子见贤思齐，培养孝友睦亲等品行。不仅如此，这些入祠的乡贤，还给地方社会带来了荣耀，如入祠的包见捷等。

虽然建立乡贤祠是国家的"要求"，但当这些乡贤进入祠祀后，性质就发生了改变。这些乡贤是与当地人有关系的，他们是一种基于"血缘"或"地缘"的祖先，地方社会通过运用儒家礼仪祭祀这些祖先，某种程度上也就分享了王朝的权力。[1] 地方社会用这种"祠祀"的方式将自身与王朝相联系，在分享王朝权力的同时，给予乡贤一定的地位，在肯定他们对地方社会的贡献时，也提高了他们自身和后代的声望，是地方社会对乡贤的一种"互惠"。与此同时，乡贤祠作为祭祀乡土名人的祠堂，其不单只起到祭祀的功能。首先这些被"祀"的祖先，对地方社会和地方之外的社会有着突出的功绩和德行，他们是集美德与权威于一身的典范，因此他们本身和事迹对普罗大众起着鞭策和鼓励作用。其次，地方社会通过互惠性的祠祀，体现当地人对国家的一种反应，通过树立典范，从而推行儒学教化。在这里帝国作为一个文化的概念，在推行教化的过程中，王朝国家并非仅仅自上而下的推行，而是本地人自下而上利用国家秩序的语言，在地方社会中运用其以提升自己的地位。[2] 乡贤祠的入祠者，其不仅在"教化"中取得了成就，而且还成为"教化"他者的榜样。某种程度上来说，这些乡贤并不只是因其为官或者声扬郡外，还在于他们是以"祖先"的身份进入了祠内，他们是"本地的乡党"。

在这种互惠的体制下，不断有当地士绅建设家乡，为家乡做贡献，他们或运用自身的威权，或用自己的财富为当地社会修桥补路，维护地方社会秩序。作为中间层，在发挥上传下达的功能的同

---

[1] ［英］科大卫：《皇帝和祖宗：华南的国家与宗族》，卜永坚译，江苏人民出版社2010年版，序言，第13页。

[2] 刘志伟：《在国家与社会之间：明清广东地区里甲赋役制度与乡村社会（增订版）》，北京师范大学出版社2021年版，第272页。

时，用自身的实践教化地方，进而形塑地方社会。

第六节　小结

书院作为一种历史上出现的教育场所，为古代文教事业的发展起到了推动作用。在历史发展过程中，书院作为文化、教育机构，从修建之初就发挥着社会教化的作用，史料记载清代名宦陈宏谋（1696—1771）特别重视书院的发展，重视"兴学"，他一生在各级地方任官长达三十一年之久。雍正十一年（1733）陈宏谋到云南任云南布政使，针对"兴学"问题，他明确指出，"蒙养为圣功之始，则教小子尤急于成人；兴学为变俗之方，则教夷人尤切于教汉户。今欲使成人、小子、夷人不以家贫而废学，不以地僻而无师，非多设义学不可"[①]。在陈宏谋看来，"兴学"的主要目的是"变俗"，为了更好地将"变俗"付诸实践，除了兴办书院外，还要大兴"义学"扩大范围，通过大范围的"化民成俗"，使民众得以被教化，从而实现社会的长治久安。其实陈宏谋的目的也是明清时期，乃至元代就已经开始在云南地区推广的王朝政策，只是到了明清时期地方社会才发生了变化，临安地区也是在这一时期跻身于"诗书郡""与中州埒"，这种局面的出现，是与庙学的推进、儒学教化的推行和移民的进入分不开的。

就建水地区而言，历史上曾建有崇正书院、焕文书院、景贤书院、临安府学、元江府学等，这些学院和府学，为当地培养了一批人才，加之学政考棚的设立，使得建水成为科举考试的"中心"，郡人对教育更加重视。在庙学、书院不断发展过程中，儒学教化得以深入民间，融入人们的日常生活，这种本着"渐迁其俗"而予以推广的儒学，渐入人们的日常生活并指导人们的日常实践。随着人们对儒学教化的普遍接受，临安郡人对科举特别看重，郡人在积极培养子女参加教化的同时，一些郡人绅衿也自发加入重建、重修文

[①] 海淞主编：《云南考试史》，云南人民出版社2012年版，第47页。

庙、书院和社学的行列当中，史料中建水文庙的多次重修中，都有郡人的参与，在修复庙学时，郡人捐资助修，有的捐银置学田租。同时临安郡人还为对地方社会作出贡献的人物给以祠祀，如为感谢王奎和韩宜可对建水文教事业作出的贡献，在文庙内为他们建立乡土祠祀寄贤祠，让他们受郡人的瞻仰。在名宦祠中，也把对地方社会贡献巨大的官员列入祠祀，如元代的张立道、明代的金朝兴和清代的李灏，以此纪念他们对建水地区作出的贡献。如今的名宦祠已成为爱国教育基地，勉励后生向他们学习，为官清廉，为民谋事。其实无论是在庙学建设方面还是在其他方面，当地人早已投入这一行列中，为地方的发展贡献自己的力量。虽然儒学教化的推行是一个自上而下的过程，但在落地后，郡人也自发地"接受"，通过积极参与科举、兴办义学等方式，自觉投入儒学的传播和教化过程中，是一种自下而上的"接纳"。由于当地群体的多种实践，使得由王朝国家发起的儒学教化，成为一种"双向"实践的过程。中央王朝在边地大力推行儒学教化，其并非只出于教化"夷"（土著）或少数民族群体的目的，推广教化也是在巩固移入边地群体的移民及传统文化，使移民不被"夷化"。因此某种程度上来看，"儒学教化"的推行既是对移民的控制手段，也是对土著的教化手段。

与此同时，王朝在鼎立之初，通常用武力统一，但在"治平"方面，教化尤其是儒学教化发挥着极大的作用。儒学教化向下推行的过程，实则也是普罗大众自发"接纳"的过程，因此王朝对边疆的治理并不是经常施以暴力，百姓也并不是一味地"逃避"[①]。其实在整个云南地区，迎合、共谋远远多于"逃避"。斯科特曾在书中列举了诸多"逃避"的艺术，但如果以建水为个案来看，在帝国进入的同时，百姓并未逃离，而且在长期的发展过程中，文教事业的发展和社会习俗的改变，都是在"共谋"中得以完成的。纵观元、明、清以降的历史，更多的是地方对王朝的"迎合"，而不是抵抗

---

① ［美］詹姆士·斯科特：《逃避统治的艺术：东南亚高地的无政府主义历史》，王晓毅译，生活·读书·新知三联书店 2016 年版。

和"逃避"。某种程度上来说,"逃避"虽然有其存在的依据和客观条件,但并不是所有群体都在"逃避",也并不是帝国或政府一到来就"逃避",其具有具体的历史背景和环境。汉人到来,夷人上山虽然有具体的个案,但具体的历史背景是占主导的,大的历史背景是不能缺失的。

纵观云南地区的历史,化约到建水地区,可以看到元、明、清时期有大量移民涌入。虽然这些"移民"移入原因不尽相同,但他们作为文化的载体,在进入地方社会以后,在自身文化的催生下,他们首要做的是"安身",处理与土著之间的关系,土著也并未因移民的进入而"逃离"。这些移民的到来,改变了地方社会群体的人口结构,丰富了地方文化,促使地方文化出现多元化。在这里即使存在学者们早已指出的"先进"和"落后"之分,但人是善于学习的,在长期的交往过程中,自然会出现文化的"互鉴",建水地区也由原来的"与华夏迥异"变成"俗尚诗书",成为"礼乐邦",本身是一个"学习互鉴"的过程。与这些变化相伴而生的是临安地区在科举中取得的成就,建水在明代科举中就有了"临半榜"的称呼。可见随着帝国统治的延伸,边疆地区在纳入王朝统治的同时,在王朝推行儒学教化、"以夏变夷"的策略下,边地社会发生了巨大变化,这些变化是与移民相伴而生的。

建水地区作为历史上临安府的一个缩影,其元、明、清时期的历史,也是整个临安府的一个历史镜像,虽然长官司所辖之地可能与建水地区有着差异,但这种差异本身并不大,其是在王朝统一"规划"下的"差异",是在同一历史维度上的地域差异。建水地区在明代临安府治南移后,渐发展成为滇南的政治、经济、文化和军事中心,以其为中心,辐射周边地区,这也是王朝在治理中的一个策略。

第 五 章

人神之间——地方宗教的多元共生

　　地方宗教是地方社会整体文化中不可或缺的一部分，地方宗教的多元性与移民之间存在一定的关联。当一群人背井离乡到某一地区落籍时，解决"安身"问题后，紧接着要处理的便是人与神（超自然）之间的关系，随之出现的是纷繁复杂的民间信仰。每一种信仰文化都是某一群体阐释自身与超自然关系的哲论，是一种宇宙观的具显，这些民间信仰和地方中的制度性宗教一道构成了地方宗教。因此，地方宗教也是认识和理解中国社会的一个"窗口"，同时也是理解地方社会文化的途径。云南有许多民族群体，多半交错杂居在一起，其信仰伴随着群体产生。随着不同群体之间的接触，大量汉族移民的进入，以及儒学教化的大力推行，民间信仰也相应吸收和借鉴了儒家思想、佛教和道教的成分，道教、佛教中也相应杂糅了一些具有民族特性和地域特点的成分。就连儒学的庙堂中，也有道教的文昌阁修建其中，这侧面反映出民间信仰与制度性宗教的互渗。因这种共生互渗现象的存在，用地方宗教将民间信仰所指代的宗教信仰和制度性宗教含括在一起，在整合视域下进行研究，可以整体的理解地方社会。

　　作为制度性宗教的佛教，进入云南的时间相对较晚。史载："云南宗教自昔以佛教为最盛，道教只属附庸。盖佛化之普及已遍于各地，深入人心，与生活习惯融而为一。道教之经典仪式多模仿佛教。……滇之佛教，传闻于汉晋，兴隆于唐宋，昌于元，传于明，而衰落于清。"① 佛教传入云南以后，开始散布于各处，其外在的表现便是一系列寺院的出现。"道教大约在西晋时期已传入云南。到南诏时期，道教在南诏王室的政治生活中已占有重要地位。"② 根据记述可以看知，佛教与道教大约是相继进入云南的。到了元代，云南内附后，随着元代军屯和民屯的展开，蒙古人、色目人等进入云南地区，大量汉人也相继进入。随着这些移民的进入，萨满教、伊斯兰教和具有地方性特征的民间信仰也相继进入云南地区。萨满信仰是蒙古人的信仰，元军在驻守云南地区时，有部分蒙古人留居云南，这些人"留"下来后，他们的信仰也随之得以延续。伊斯兰教则随着"色目人"的进入而在云南地区得以发展。元宪宗三年（1253）"回族人"随军入滇，其自身所承载的伊斯兰文化也在云南落地生根。到了元至元十一年（1274）时，元世祖忽必烈选派回回人赛典赤·赡思丁为云南行中书省平章政事，赡思丁以他宗教世家的身份和政治地位，在云南传播伊斯兰教是很有条件的，相传他曾在鄯阐（今昆明）创建清真寺12所。③ 随着这些移民的不断到来，加之不同群体所承载的信仰，使得原有的民间信仰更加多元化。明朝时期，随着大量汉族移民的进入，云南地区的汉族超过了少数民族群体，因这些汉族人口迁自不同的省份，因此也带了一些具有地方祭祀特征的信仰，如川主庙。清代时，云南地区的民间信仰更趋于多元化，而且由于不同群体之间的长期接触交流和交往，在宗教上也呈现出一种"复合性"。

---

① 龙云、卢汉监修，周钟嶽等纂：《民国新纂云南通志（三）》卷一〇一，《宗教考一·佛教一》，详见《中国地方志集成·云南府县志辑》第5册，凤凰出版社、上海书店、巴蜀书社2009年版，第589页。

② 龚友德：《儒学与云南少数民族文化》，云南人民出版社1993年版，第114页。

③ 蔡寿福、陶天麟主编：《云南教育史》，云南教育出版社2001年版，第283页。

第一节　神灵的殿堂——建水古城内的"七寺八庙"

在唐南诏和宋大理国时期，建水就已有佛教和道教传入。随着这些宗教的传入，寺庙也相继出现，指林寺在元代以前就已修建。元代时，修建的佛寺有天王寺、文昌宫、东林寺和香林寺等，落籍建水地区的回族人也在城东门外修建了清真古寺。明代临安府治南移，随着建水城的修建，在原有的指林寺中设立僧纲司管理宗教事务，并先后在建水地区修建了南山寺、万明寺、观音寺、燃灯寺、华严寺、普庵寺、地藏寺、宝藏寺、龙泉寺、迎恩寺、栖禅寺、白云庵、北极宫、玉皇阁、西山寺、千佛寺、白云寺、法华寺等20多座寺庙。到了清代时佛教寺庙共有80多所。① 可见明清时期，建水地区的地方宗教已相当繁复。随着佛教和道教的不断发展，在建水古城内先后修建了诸多寺庙，民间流传最广的是"七寺八庙"。

"很久以前，我们这个古城里就有'七寺八庙'，其实远比这个多，但老人们一般都讲'七寺八庙'。七寺是指指林寺、观音寺、圆觉寺、法华寺、白马寺、天王寺和白雀寺，大都修建在古城内的南边。八庙则有文庙、武庙、诸葛庙、城隍庙、天君庙、土主庙、关帝庙和东岳庙，主要分布在古城北边。但也有人认为文庙不应该放在里面了嘛，因为文庙地位高，和这些庙不一样，也有把文庙去掉，加上马王庙，构成八庙的说法。但这种'七寺八庙'只是个概数，其实城内的远不止这些，像文昌宫啊，川主庙啊，白衣楼啊，都是那哈子（那会）修建的寺庙，远不止十五座，有二十来座哩。"②

---

① 云南省建水县地方志编纂委员会编：《建水县志：简本》，方志出版社1991年版，第366—367页。
② 访谈时间：2020年7月28日；访谈人物：杨××，王××，李××；访谈地点：临安路座椅上。这次访谈有些类似于座谈，参与者较多，主要有三位，文字是根据他们的讲述整理的。

这种"七寺八庙"的记忆，不仅留存在人们的记忆和口耳相传中，也被载入地方史料中（见表5-1），早期的学者通过对碑刻和传说的考证，将其予以整理。今在城北的北山寺门口，一块碑记中也对临安古城的七寺八庙有记载。碑是近代新刻的，碑文介绍七寺是指指林寺、天王寺、法华寺、圆觉寺、普应寺、白雀寺和观音寺；八庙即文庙、武庙、城隍庙、土主庙、天君庙、关帝庙、诸葛庙和东岳庙。① 虽然这种记述和"记忆"并不对称，有些寺庙也存在重复性（比如白马寺和观音寺在许多资料中是指同一座寺庙），但侧面反映出历史时期建水古城中的确有众多寺庙存在。

表5-1　　　　　　　建水古城内历史上的"七寺八庙"②

七寺八庙	名称	修建时间	地点	沿革
七寺	指林寺	宋代	临安路③西段	1960年后，中共建水县委党校迁入其中，进行干部培训。今修复完成，大殿内部尚未完善，免费开放
	普应寺（观音仓、观音阁）	明成化二年（1466）	临安路西段	清顺治十三年（1656）重修，坐南朝北。后因移入粮仓而改名为观音仓。1950年初，建水县人民政府将公安科安排其内。现已归还，供当地民众进行佛事活动
	圆觉寺（真武宫）	清朝乾隆	城西角的小西庄内	土改时调剂了部分农民住内，1958年后南门生产队做场园至今

① 2020年8月6日抄录于北山寺门口。
② 根据赵晓凌主编，汪致敏、张建农编著《古老寺庙——神灵殿堂》，云南美术出版社2007年版；赵楠主编，苏正洪、喻利平、李德等编著《古临安——建水文化旅游系列之二：老寺庙》，云南美术出版社2003年版；建水县政协文史资料委员会《建水文史资料选辑（第三辑）》，1993年2月，内部资料等地方史料，并结合田野调查整理，特此说明。
③ 临安路之前也被称为"建中路"，后改为临安路。

续表

七寺八庙	名称	修建时间	地点	沿革
七寺	天王寺	元朝宣光六年（1376）	城东南	明天顺五年（1461）重修。20世纪30年代在寺内办过阜安小学。1957年初，在寺址上盖电影院，今已不存在
	白雀寺	明朝万历年间	城东南	丁亥年间李定国破城被毁，清雍正年间得以重修。1958年后组织建筑工程队驻内。今已归还寺院，修复中，尚未开放
	法华寺	明朝	城东南	清代时对其进行过重修，解放后为城区第四小学使用。今学校已搬出，尚未修复
	观音寺（白马寺）	明朝万历年间	城东南	丁亥年间李定国破城被毁，清雍正八年（1730）重修。解放后陈官粮管所使用，今并入玉皇阁中
八庙	武庙	明朝	城西武庙街15号	清乾隆五十七年（1792）重修，宣统二年（1910）改为"武庙"。1958年后铁木加工厂迁入其内，2013年遭遇火灾。今正在修复，未开放
	诸葛庙	清嘉庆年间	北正街东侧	诸葛庙是集白衣楼①和"双忠庙"②三处为一体的庙宇。1951年初人民医院驻内，今医院已撤出，诸葛庙目前是演出"建水小调"的场所

① 白衣楼又称"万岁楼"，是医院所占的主体部分。
② 同治十二年（1873），建水地区鼠疫流行，造成城内百姓死伤无数，前后延续了二十年，后来当地人把唐代的张巡、许远两位将军请来禳鬼，诸葛庙的前门变成了"双忠庙"。

续表

七寺八庙	名称	修建时间	地点	沿革
八庙	天君庙	明朝嘉靖年间（1522—1566）	临安路中间段	清光绪三十四年（1908），在后殿筹办兴业火柴公司，1910年工厂失火被毁。20世纪30年代在其内创办"莱薰女子小学"。1958年部队医院搬入其中。今已归还，为道教主要场所
	城隍庙	明朝嘉靖年间（1522—1566）	城东北角	乾隆五十七年（1792）重修。1947年在其内办商校，解放后县第一招待所驻内。今已修复，尚未开放
	东岳庙	明朝	城东南紧邻白雀寺	清康熙二十七年（1688）总兵王洪仁重修。解放后酱油厂、糕点厂、副食品厂驻内。至今尚未归还，还是商品储存售卖之地
	关帝庙（武庙）	明朝	南门东侧	清代对其进行过重修，1958年后，城区四小扩建教室和球场，庙房地面被占，至今庙房全无
	土主庙	明正统七年（1442）重建	关帝庙街东侧	清代时有过修复，因"庙碑因毁"，"创无可考"。20世纪40年代，县警察局迁入其中直至解放，1950年商联会驻内办公。今已重修竣工，尚未开放
	马王庙	清代初期	北正街公安小区①	今成为小区，庙已不存在

除城内的"七寺八庙"外，建水城内还有诸如川主庙、玉皇阁、双忠庙等。在古城外的东、西、南、北也有东林寺、西林寺、

---

① 该位置是在田野调查中，根据访谈对象叙述中所得。

南林寺和北山寺，东门外更有清真古寺和财神庙。这些寺庙大都兴建于明清时期，有些一直保存至今，这些寺庙为理解建水地区的民间信仰打开了"窗口"。在这众多的寺庙中，经常活跃在人们生活和记忆中的，除文庙和观音仓、天君庙外，还有指林寺和玉皇阁。建水古城内明清时期出现的众多寺庙，是建水地区民间信仰的镜像，侧面反映出明清时期建水地方宗教信仰的兴盛和繁杂。随着历史的发展，人群结构的改变，儒学教化的推行，民间信仰也渐趋融合，逐渐形成一种地方性特色，如指林寺、天君庙和玉皇阁等寺庙。为了进一步更好地阐释建水地区的民间信仰，有必要对其进行更进一步的分析。

一　子不语怪力乱神——指林寺的叙事

图 5-1　指林寺大殿，2020 年 7 月 25 日摄

史载建水古城内的"七寺八庙"中，指林寺（图 5-1）是最早修建的寺庙。在民间流传着"先有指林寺，后有临安城"的说法。"在很早以前，我们这里就有指林寺了，所以，老一辈人总是讲

'先有指林寺,后有临安城'。这就说明,指林寺修的比临安城还要早,为什么会叫指林寺啦?听说很早以前,指林寺还没有修建,那里是一片树林,经常有一只鹿从里面跑出来。有一天鹿从林子里面出来,一群人就前去抓,鹿跑进林子里不见了,追的人正要进林子去抓,结果出来一个白胡子神仙。他说,鹿在这里已经很长时间了,你们要干什么?说完就消失不见了。抓鹿的那些人见到这种情况后,就很惊讶,吓到了嘛!后来就商议修建了一座小祠祀。小祠祀修建好后,很多人都去拜,灵验得很。后来我们这点(地方)的人,就在小祠祀的地方修建了这个寺庙,取名为指林寺,就是现在这个了,一直保存到现在。"[1] 对于指林寺最早是何时修建的,没有确切的史料加以说明,据立于明景泰元年(1450)的《重修指林禅寺碑记》[2] 载:

> 云南,古鄯阐国也,隔越中夏万里有余,而临安尤极要荒之外。密迩交广南,向望元江、车里、八百诸夷。骑驰不半日即为绝境,鸟语鬼面之徒带刀剑弩矢散处山谷,喜则人,怒则兽,声音气味与华夏迥异。抚之以恩,顽冥而不知怀;临之以威,愚驗而不知畏,此所以号称难理者也。前元设宣慰司以领之,实则羁縻而已。圣朝抚有万方,用夏变夷无远不服。临安实为边徼重地,洪武辛酉始立城郭庐舍,徙民负辜者实其中。罢宣慰司置府以理其民,立卫以总兵,文武并用而威德兼施,并建儒医阴阳诸学,俾志学游艺者有所归就。复立僧纲司以领方外之教,及乎山林川泽之利、道路关隘之险亦各有官以守。大纲而举众目张,肖然东南为一钜镇,视昔之遐陬偏壤不可同日也!旧名指林禅寺者,居府治之西南隅,其肇始之始、命名之义无碑志可考。俗传谓赵宋时其地荒寂多林木,居人旦旦见

---

[1] 访谈时间:2020年8月30日;访谈对象:刘××,73岁,男;访谈地点:临安路建水文庙门口。

[2] 赵晓凌主编,汪致敏、张建农编著:《古老寺庙——神灵殿堂》,云南美术出版社2007年版,第196—199页。

一鹿止于中，因率众往捕之，踪迹无所睹。俄一异人出薄其林曰："鹿处此非一朝夕，汝辈欲何为耶？"言既亦不复见。众皆返走，咸惊以为神，因相与立小祠祭之，甚著灵响。

元元贞间，郡人何昌明始建一殿一塔，绘塑佛菩萨大士之像，晨香暮灯，以为修息之所。复取前异人事书"指林"二字，匾于楣而名焉。……

成师始至，甚以寺为祝延圣寿之场，而殿宇湫溢，不足以竦人之敬仰，始谋大之。于是竭精智虑，储材计费，期必底于完美。不数年中，上瓦下甓，镘塈涂采，仓焕一新。正殿两旁复构二小殿，左立经藏法轮，右塑地藏及冥官十人者像。创天王殿，周垣廊庑，无不具备。幡幢杂沓，鼓钟振扬，几若十方大禅刹之风校。其成终将不减乎创始之难也！……

正统癸亥时，麓川余烬未灭，今总督军务兵部尚书靖远伯王公奉命往平之。予等数人实备将佐以从公命。予率番汉骑都指挥一速等数千人来滇是邦，始至之初假馆寺中。……

呜呼！佛氏之教行乎中国，始则福田利益之言，足以诱庸愚；久则明心见性之说足以悦贤智。是以智愚贤不肖莫不从而信之。繇汉晋唐宋元以迄，于今可谓盛矣。为其徒者，不庐而居，不耕而食。其初盖不以奉身之物累其心，而求所谓空虚寂寞之道而已。乃今不然：华宫室美，饮膳丰储，积而沾沾自肥，甚则不啻垄断之民，左右望而罔市利，推其极虽至贵至富之奉，亦或蔑以加焉，其初岂若是哉！……

夫予儒者不当以怪神，而况文其碑哉！虽然成师朝夕率其徒拳拳敬恭祝圣寿于无穷，祈生民之常乐，此固秉彝好德之良心，孰谓沦于异教，邈然与世相忘之也！又能知吾儒之道大而能久，欲托之言以垂不朽。是则可书矣。

……

这通碑是由明代武将郭登所撰，郭登是一位文武兼具的将才，作为明王朝"三征麓川"①时带军镇守临安（滇南地区）的将领，与随军暂宿指林寺，应住持温成之邀，写下了这篇兼具政治、经济、地理、军事、宗教和民俗的碑文。碑文开篇对临安的地理位置进行了叙述，对临安地区的民俗民风以极具贬义的文字指出其"与华夏迥异"，地方人士喜怒无常，难以管教。紧接着批评元代的治理"实为羁縻"，在做足准备后，赞扬明代"用夏变夷"、建城徙民、置府理民、文武并用、建学、设僧纲司等政绩，通过这些政策的推行，使"昔之遐陬偏壤"之地，变得不可同日而语。对明朝的政绩进行一番赞美后，郭登对指林寺的修建历史进行了追述，指出"肇创之始、命名之义无可考"，并把民间流传的鹿林故事纳入其中，并对元代始建的史实以及"迎佛出游"的习俗进行了说明。接着便对住持温成进行了介绍，对其重修的壮举进行了赞扬，并提及"三征麓川"的军事征伐。虽然麓川远在滇西，但将其写入碑中，放置在临安地区，实则也是一种对滇南地区的"威慑"，就像文庙中的《平定回部告成太学碑记》和《御制平定青海告成太学碑记》一样，尽管郭登对"三征麓川"的提及程度上不如文庙中的两块碑记，但在建水历史上，却是第一次把建水之外的战事记入建水历史之内，所以郭登的此举是"巧合"之外的一种"威慑"。威慑完后，郭登紧接着论述了"佛教之于中国"中存在的一些"乱象"，与温成"不私其所有"的义举进行对比，在赞誉的外表下隐藏着"警告"的实质，言外之意是告诉温成及佛教人士，不能"贪痴""沾沾自肥"，要"寡过"。在临近结尾处，郭登以"儒者不当以怪鬼"落笔，虽对佛教进行了赞扬，但郭登还是觉得"吾儒之道大而能久"。通观郭登所撰的碑文，其内容是极尽深刻的，郭登以渊博的学识，在碑文中徜徉于佛儒之间，在"恩威并施"的笔调下，把中央王朝的戍边理念灌注于寺庙碑记中，也可以视为儒学教化在佛教

---

① 明代1436—1449年间，时任云南麓川宣慰司的思任发、思机发父子先后叛乱，明朝廷对其先后用兵，正统六年（1441）至正统十三年（1448）间王骥作为征讨将领带兵平叛，史称"三征麓川"，郭登所带领的留驻建水的官兵，按照时间推算，应是王骥第三次征麓川的随军。

寺庙中的实践。

郭登的碑文中提及了元贞年间始建指林寺殿塔之事。据史料记载，元代元贞二年（1296），郡人何昌明在"传说"中的祠祀位置上始建一殿二塔，在殿内绘塑佛菩萨大士像，据传在此时期便题匾"指林寺"，此后便以此命名该寺，从此香火日盛。到了明永乐丁亥年（1407），在指林寺内设置都纲司，担任都纲的得海对其进行重修，但得海功未半而圆寂。到了正统八年（1443）与景泰元年（1450）时，住持温成进行了大规模的重修工作，郭登所撰的《重修指林禅寺碑记》就是在景泰元年完成修复后所作。住持温成的重修奠定了指林寺的格局，使指林寺拥有了一殿二阁一坊一门二庑二塔，重修后的指林寺翼以层楼，丹梯碧瓦，连云接霄，"殿宇始宏敞壮丽"。明嘉靖乙未年（1535）时，寺内长老至静再次重修，由郡人张绎撰文勒石立碑，《指林寺重修并鳌街石记》①记载：

> 指林寺为临安首寺，予幼见其胜。基制弘伟，金碧璀璨。窃意岁时，庆祝习仪，必是废其称尔中，乃慨其不葺，而就凋散。则以僧纲置司其中，佛教宗风宜所自始，而遗俗佛会更列郡景可但已乎？至是忽复焕然辉映，旧观以还而胜且其加焉。予又为乡邦喜，得至静长老重修也，时盖僧纲主持并缺，郡举至静住署纲事，至静遂得。以修葺自任，储材鸠工，次第兴举，不三年，而寺内殿廊榱桷瓴壁，院宇墙垣兴，诸像讫易之，补之装严完整复以。……
>
> 盖佛以弘溥慈悲为宗，至静素心素履在，是故其担当事任，自竭心力为之。其于吾人清勤公，恕行义立位之道一也，所谓墨林儒宝，其是人哉！故竹庄冯挥帅公，愿同结社兵宪三峰潘公陞乡之行，大书"仁慈"字赠，皆不方袍聚视也。……
>
> 临安智林寺，乃吾佛有德智、智慧、智化诸说，文字智指形意俱相近，而智刻于革除。庚辰楷述于景泰庚午岂刻其初名。

---

① 该碑立于指林寺大殿东侧，碑文内容系我于2020年7月25日抄录。

而□或其更传者欤？然指天认鹿苑，佛书亦有之，岂又袭是而言欤，均之佛语，名寺于道，无大损益，而寺名根因，则郡人所当之者，因附以备□去。

作为临安郡人的张绎，在指林寺重修之际，被邀撰碑文，才有了上述的《指林寺重修并甃街石记》。在碑文中，张绎指出"指林寺为临安首寺"，并对明嘉靖乙未年主持重修的住持至静事迹进行了详述，对指林寺的寺名由来进行了辨析，指出无论是"指天认鹿"抑或佛语中的"智慧"，都是语出佛氏，无损寺名。与郭登所撰的碑文进行对比，临安郡人张绎所写的碑文没有一种"居高临下"的感觉，话语中也没有郭登那般的"盛气凌人"。张绎重在就事论事，更多的是站在当地人的立场，以回忆的笔调叙事作记。郭登作为王朝治边的"大吏"，且适逢"平定"叛乱，所以郭登的考量自然更长远些，帝国对边疆的"恩威并施"、儒学对佛教的教化也昭然于碑。其实碑刻作为一种史料，出现在研究者视野中时，研究者不仅需要看这些"文字"所表达的内容，更要看这种"文字"出自谁人之手，撰文者与文字同等重要。有时撰文者的立场，就决定着会有什么样的文字出现在碑上，指林寺的这两方碑正好反映了这一现象。

到了道光二十六年（1846）时，对指林寺又进行了一次较大的修缮。1950年年初，南逃的蒋军洗劫了指林寺，对指林寺大殿后的告阁建筑和寺内双塔造成了重创。[①] 1962年时，指林寺成为培训干部的学校，每年都有数百名干部在指林寺内接受培训，"昔日佛院妙语梵音悟禅机，今朝学府辩思哲理修品行"[②]。

现存的指林寺正殿坐北朝南，为重檐歇山顶建筑，抬梁式木结构，相传建造大殿的32根柱子中，有31根是从井里拖出来的。

[①] 赵晓凌主编，汪致敏、张建农编著：《古老寺庙——神灵殿堂》，云南美术出版社2007年版，第33页。

[②] 参见赵楠主编，苏正洪、喻利平、李德等编著《古临安》，云南美术出版社2003年版，第23—24页。

"据说那会修指林寺的时候，寺庙里面住着一个老和尚，他是有法力的，修建大殿的木头都是他弄来的。那些木头都是他从寺院里面的井中捞出来的，本是要32棵的，可是一个粗心的小和尚数错了，错把31根数成了32根，他就喊'够了够了'，结果第32根就卡在了井中。后来，老和尚就用法术将锯末变成了一根木头，井里的那个就一直留在了井里，现在都可以看得见。"① 在这个讲述中，仿佛看到了影剧《活佛济公》中的一幕，但这侧面反映出民间信仰的多元性和开放性特征。地方社会在不断地发展过程中，总会去吸纳一些"产自"他处的知识体系，用以对地方文化事项进行解释，在这种不断地讲述和解释中，增加神秘色彩，促使地方叙事中出现"统一"范式。此外，位于大殿前，夹在两座石麒麟和石鼓中的柱子中央，撑起一座斗拱飞檐的牌坊，悬挂着"第一山"的匾，据说是明朝建文帝朱允炆所书。作为"临安首寺"，很多文人墨客到达临安时，游观指林寺，留下笔墨，如明代状元杨慎谪迁云南后，受邀至临安，曾在指林寺中栖居，并赋诗一首②，诗曰：

梵音妙音海潮音，前心后心皆此心。
试询禅伯元无语，白水青岑环指林。

还有清代叶涞登的《指林寺准提阁》③，诗中在提及指林寺沿革的同时，对指林寺的建筑风格进行了叙述，诗曰：

谁指荒林见一灯，宋元佳迹此基凭。
香花佛国无今古，烟火人家感废兴。
曲蹬草深忘逐鹿，垂檐云起过飞鹰。

---

① 访谈时间：2020年8月30日；访谈对象：刘××，73岁，男；访谈地点：临安路建水文庙门口。
② 赵晓凌主编，汪致敏、张建农编著：《古老寺庙——神灵殿堂》，云南美术出版社2007年版，第35页。
③ 2021年5月18日，我从广慈湖围栏碑刻中抄录。

相传更有灵禽异，幻迹无从阁任僧。

在众多的寺庙中，指林寺是有史可考修建最早的寺庙。作为宋元时期的建筑，其承载的不只是宗教本身的历史，还有建筑风格上所反映出的移民痕迹，抑或"模拟""效仿"的痕迹。临安为"云南要荒之地"，到了明代，重修指林寺时，郡人在其旧址修建了重檐歇山顶、抬梁式木结构的大殿，以及在大殿外，雕刻了精美的石麒麟、石鼓和立人，这种建筑和雕刻艺术，某种程度上也是一种移民的产物。当明代大量移民进入建水地区时，随之而来的艺术建筑、绘画风格也相继进入，绘于明代的指林寺壁画——《孔雀明王法会图》和《供养礼佛图》①都是用白描的手法直接绘于墙壁之上，壁画上的人物形态与内地壁画人物无疑，这也从侧面反映出移民与绘画艺术之间的关联。

明清时期，随着儒学教化的不断推广，指林寺也成为文人们的集会之地，一些有学之士到指林寺游访时，地方文人也会前往一起研习，使得寺庙成了讲学之所。在临安地区，这种现象不只发生在指林寺，在城外东南角的福东寺也有过，嘉靖年间（1522—1566），状元杨慎谪戍云南，先后"戍滇二十三年，与滇之士大夫相唱和，放浪湖山，究精著述"。杨慎游历云南各地，所到之处无不讲学。在临安时，曾与福东寺住持相交甚好，多次居于寺中，教授生徒，很多当地士人从中获益。在寺庙中讲学，是明代讲学之风遍地开花的结果。明代时期，全国范围内讲学之风盛行，除在书院进行讲学之外，定期在寺庙祠宇内举办的文人集会也相继出现，而且这种"集会"具有很强的开放性，文人和百工商贾都可以作为听讲者或演讲者参与其中，这种风气后来直接催生了明末清初的复社。②建水地区寺庙内讲学之风，某种程度上也是此风气的产物。这种在寺

---

① 这两幅壁画已被"抠"出，存放在建水博物馆中。
② 张亚辉：《历史与神圣性：历史人类学散论集》，世界图书出版公司北京公司2009年版，第141页。

庙中讲学的现象，无疑是儒学进入"寺庙"的一种尝试。其实，在中国民间，儒学与佛道之间并非泾渭分明，交织是一种常态。

二 灵验的叙事和庙宇的转换——天君庙

作为古城内"七寺八庙"之一的天君庙（见图5-2），始建于明嘉靖年间（1522），与学政考棚相邻。史载天君庙始建时，供奉的是火神祝融，所以又被称为火神庙和赤帝宫。到了清道光年间，由于建水地区瘟疫肆虐，鼠疫前后延续20多年，"沿城乡到处传染，村居烟户百余家亦年死百数十人。瘟疫流行出有硫磺气，白色惨淡。时近黄昏，寂然傍晚，闭户熄灯眠，禁不敢声，鬼凭草木作长啸，犬猖猎吠，鸟啼鼠腐，竦人发毛。亲戚惧传染不敢通吊问。甚或家有病者，父母昆弟忍弃置不相顾，避匿山野间，结茅而居"[①]。一度造成"民几绝户"，于是当地人便在天君庙内的山门中间位置供奉温天君神像，以避瘟疫。到了同治年间时，当地人又在前殿奉王天君神像，所以就把名称改为"天君庙"。到了2005年时，天君庙被辟为景区，有大门、中殿、后殿并两廊庑36间，形成二进院落，占地面积2648平方米。山门上层为戏台，下层为通道，过去春节期间，有庙会时，会在戏台上进行演出。过了山门就是第一院落，前殿为单檐卷棚屋顶和单檐歇山屋顶组合而成，通面阔16.5米，通进深17.5米，后殿原是建水一奇观，史载"屏门十八扇，雕镂精巧，与文庙大成殿、指林寺中殿门阁，同称绝技，皆古物"。后失火被毁，现存的后殿建筑是民国二十八年（1939）重修的。[②]

据当地人讲："这个天君庙啊，很早以前就有了，它是古城内'七寺八庙'中的八庙之一了嘛。听老一辈讲，刚开始的时候不叫天君庙，叫火神庙，也叫赤帝宫，里面供奉的是火神。那会我们这

[①] 丁国梁修，梁家荣纂：《民国续修建水县志稿（二）》卷十，详见《中国地方志集成·云南府县志辑》第57册，凤凰出版社、上海书店、巴蜀书社2009年版，第45页。

[②] 2020年8月11日抄录于天君庙内的简介。

图 5-2　建水天君庙（2020 年 8 月 11 日摄）

里有很多的矿，已经开始采矿了，人们就拜火神。采矿、搞那种冶炼，离不开火，所以人们拜火神，祈求平安用火，也是为了更好地开采冶炼。到了后来，这里爆发了瘟疫，最厉害的就是鼠疫，死了好些人。那会医疗条件不好，不发达了嘛，人们就只能求神拜佛，就在天君庙里供起了王天君。王天君就是王灵官了嘛，他是道教的神仙，灵验得很。那哈子瘟疫厉害得很，王天君一供起来，瘟疫就慢慢好转了，但王天君的脸变绿了，因为他把瘟疫全部引到了自己身上，救了所有人。供起王天君后，火神庙就改成了天君庙，一直到现在都叫天君庙，香火一直都好。"[1] 从讲述中可知，起初修建天君庙，主要祭祀的是火神祝融，火神祭祀某种程度上是与采矿相关联的。史载明代时，临安地区已经开始进行采矿冶炼，在谢肇淛所著的《滇略》一书中，曾提及"临安之繁华富庶甲于滇中，谚曰'金临安，银大理'，言其饶也。其地有高山大川，草木鱼螺之产，

---

[1] 访谈时间：2020 年 8 月 11 日；访谈对象：陈××，65 岁，女；访谈地点：天君庙内。

不可殚述。又有铜锡诸矿,辗转四方,商贾辐辏。其民习尚奢靡,好宴会,酒宴筐筐,殆无虚日"①。依照明代时期的能源使用情况,当时的环境下,缺乏开采设备,对能源的使用有限。人们只能借助一些较为传统的开采方式,开采铜锡诸矿与"火"的使用密切相关,对"火"的需求尤为显著,因此供奉火神也成为必然。在此意义上天君庙从始建之初,就是一座功能性祭祀的庙宇。在其后续的延续中,虽然庙宇名称发生了变化,但功能性祭祀的性质未发生改变,即在祀神改变的同时,庙宇的功能性得以延续。当瘟疫肆虐时,对温天君以及王天君的供奉,都是当地人在面对重大的灾难时,祈于神灵,用奉祀的方式来抵抗瘟疫,天君庙在这一时期依旧是"功能性"祭祀的庙宇。与之类似的是,"七寺八庙"中的诸葛庙,也在清同治年间,把唐代名将张巡和许远奉祀其中,对抗瘟疫。值得一提的是,在清代建水瘟疫横行之际,建水地区的许多寺庙被"转换",由明代时期的广建寺庙,转变成依据现实的需求(如对抗瘟疫等)对庙宇进行功能的转换,天君庙就是典型的代表。

到了清光绪二十九年(1903)时,建水本地人周云祥为反对清政府同意法帝国主义修建滇越铁路和开发矿藏,竖起"官逼民反"的反清仇洋的旗帜,以天君庙为大本营,率领矿工、农民起义,先后占领个旧、建水、石屏等地。建水周边的江川、河西、阿迷等地的人民纷纷响应,起义被按察使刘春霖镇压,周云祥被清政府诱杀。虽然这次起义以失败告终,但却反映出清末临安地区人民的觉醒。到了光绪三十二年(1906)时,建水举人范彭龄、监生范嵩龄、附生朱效文共同筹资,从日本买来制造火柴的机器,在天君庙后殿内创办临安兴业火柴厂,经过两年的试生产,后于光绪三十四年(1908)正式投产,据说火柴质量很高,可以与日货媲美。1910年,火柴厂失火,一时"大水冲了龙王庙",致使供奉火神的天君庙后殿被烧,毁于一旦,民国二十八年(1939)得以重建,重建后

---

① (明)谢肇淛:《滇略》卷四《俗略十四》,详见文渊阁《四库全书》,第494册,台湾商务印书馆1986年版,第141页。

的后殿为五架梁、三开间的木结构建筑，2007年对其进行了维修，按照原貌进行了修复。①

现存的天君庙，基本保持了明代始建时的规制，一进门在山门的下层即通道处便供着王灵官，沿着逆时针环绕天君庙一周，两廊庑的殿宇依次是文昌殿②、元辰殿③、关圣殿④——（一道门）——财神殿⑤、斋堂⑥、三清殿⑦、三间还未命名的房间⑧、药王殿（拜药王，无对联）、祈福殿（无对联）、元辰殿⑨、魁星殿⑩和转运殿（无对联）前后共计11殿，这些殿落和门共同构成了天君庙的围垣，正中间前殿是火神殿，里面供奉着火神祝融，大殿两旁书着对联，曰"三昧灿琼花永护南天法界，五行昭火德长扶中土生灵"。后殿主要供奉的是道教的三位最高神——"三清"。天君庙的山门上也有一副对联："山门烟锁明月照开新露色，道院云横清风吹动桂花香"。大门两边一个是本命阁，一个是手工坊，用以售卖一些与天君庙祈福的相关物件。每年临近高考时，天君庙也会从事一些祈福活动。目前天君庙是免费开放的景区，游客和本地人出入自如，常有小孩在里面玩耍。

纵观天君庙的整个历史，其虽为道家重地，但在历史发展过程中，从始建之初就与功能性祭祀密切相关。庙内主要的供奉除后殿的三清外，火神、温天君、王天君等都是一些"功能神"，两廊庑

---

① 2020年8月11日抄录于天君庙内的简介。
② 天君庙内各殿诸对联均系我在2020年8月11日抄录，后注不再详注时间，特此说明。文昌殿，拜文昌帝君。对联为：宇宙大文章原从孝友，古今名将相来自诗书。
③ 拜太岁。对联为：乾像列三垣位奠北辰尊帝座，道元通一气化微坎德涌灵台。
④ 拜武圣—关公。对联为：赤面赤心扶赤帝，青灯青史映青天。
⑤ 拜财神。对联为：掌万民福泽，通天下财源。
⑥ 主要用于斋戒。对联为：一粒米一文钱世人之血汗，十方来十方去道教永传统。
⑦ 里面供奉着三清，即玉清境清微天元始天尊、上清境禹余天灵宝天尊、太清境大赤天道德天尊。对联为：展太极图不外九宫与太极，施大法力能教一炁化三清。
⑧ 与斋堂相对，但有对联。对联为：来此地静坐片刻已觉脱俗，于道人言谈半响便是神仙。蒲团得静坐半成隐士半成仙，福地姻缘谁是主人谁是客。
⑨ 左右相对，对联为：瑞霭接瑶天半转星回灵鹤降，祥风飘玉阙荧烛晃彩云飞。
⑩ 拜魁星。对联为：以斗量才问何人能量一斗，如金惜墨看此日横扫千军。

的殿宇中的祀神，也都分管着人间各种事物，人们可以根据自己的需求，进行有针对性的祭拜和祈求。这些被供奉的神灵，都有其历史原型，因此，当人们有需要时，会根据自身的需要，向特定的神灵祈求，有时未得偿所愿便会向多个神灵祈祷。这些"神灵"实质上是对具体历史叙事的"转化"，人们把早已在历史进程中被赋予神性的人物搬上神坛，把对抗超自然灾难的重任寄托于他们，或者"转至"他们身上，就像"王天君"为临安郡人"吸收"了瘟疫"脸才变绿了"。这种灵验叙事的背后，是对庙宇转换的说明，从中体现出人们在不同时期对庙宇和神灵的态度，即人们会根据实况，能动性地对庙宇进行修建或转换，并在所需的基础上，依托灵验叙事进行合理化解释。在这一过程中，神灵的神性是与灵验相关联的，神性也会在灵验叙事中增加或减损，有时甚至是消失。

三 人神之间——"二神"争武庙[①]背后的权力博弈

在建水的"七寺八庙"中，武庙是一种特例性的存在。武庙作为"八庙"之一，紧邻文庙，与文庙只隔着一个巷子。根据史料记载，与武庙和文庙相邻往北200米左右，还有岳鄂王庙，但今已不复存在。"现在的这个武庙，以前不叫武庙，叫'关帝庙'，里面供奉的是关老爷。武庙旁边就是岳王庙，里面供奉的是岳飞，旁边就是文庙，这三座庙是挨在一起的。到了后来，岳王庙就被占了，然后岳飞的像就搬进了关帝庙里面，这个时候就不能再叫关帝庙了，再叫关帝庙的话，岳老爷就屈尊了。老一辈人聪明，他们觉得这两个都是武神了嘛，干脆就给关帝庙改了个名字，叫'武庙'。说来也奇怪，我们这里竟然有两个'关帝庙'，南门旁边，就在土主庙那点，以前也有个关帝庙。可惜啊，南门那里的那个早就不在了。这个（文庙旁）了嘛，后来在里面办木材加工厂，堆放木料，结果

---

① 该题目的出现，得益于云南民族大学云南省民族研究所的李建明博士，在我攻读硕士学位期间，曾与其进行过讨论，在此表示感谢。

着火了，烧得太可惜了。"①

从讲述中可知现在武庙的位置，早期是关帝庙位置所在，后来由于岳飞像移入其中，郡人在综合考量下，改称武庙。武庙的始建时间不详，两通《重修武庙碑记》中都未具体言明修建时间。立于大清同治十三年（1874）的《重修武庙碑记》②载：

> 盖闻，神威赫濯千秋，歆如在之。瞻庙貌巍峨，百代仰壮观之丽。郡城西北隅，古制建有武庙。殿宇宽宏，层峦有度，宫墙齐整数仞，难窥。帝像则儒雅可风，侍将则恭敬自若。洵一郡之大观也。每逢朔望吉日，文武官员以及都人士咸叩谒而敬礼之。然时远代湮，难免风霜之虑，而云阴雨湿，不无寒暑之侵；是以前殿后殿半多垣颓瓦崩，左廊右廊更有梁摧栋折，以致春秋告祭难申俎豆之仪；朔望拈香莫展趋跄之敬。甚非所以崇祀典而尊圣人也，目击者伤之。予因商诸，同寅捐□□□鸠工庀材，颓者培之，朽者修之，以□□□□□成美丽，映霞轮奂，不染俗尘者也，是为序。
>
> 钦赐黄马褂记名提督署临元总兵官达春巴图鲁何为林　捐银拾九两伍钱
> 　　特用道署临安府知府加五级记录十二次李应华　捐银捌两
> 钦加副将衔署临元镇标中元游击曲寻协中军都司党万清　捐银肆两
> 　钦加副将衔署临元镇标左营都司靖勇巴图鲁夏天德　捐银式两
> 　　　　钦加知州衔特授建水县知县朱坦能　捐银六两
> 钦加副将衔署临元镇标中营守备赫勇巴图鲁李朝有　捐银壹两
> 　　　钦加副将衔署临元镇标右营守备许步贤　捐银壹两
> 　　　　　　　旨在　署左营存城把总王恩恭督工
> 大清同治十三年（1874）岁次甲戌季夏吉日宜良云楼氏题并书

---

① 访谈时间：2020年8月13日；访谈对象：杨××，70岁，男；访谈地点：武庙旁。
② 政协建水县委员会编，许儒慧编著：《遗留在建水碑刻中的文明记忆》，云南人民出版社2015年版，第145—146页。

该碑文相对简洁，首述武庙的规制，继而叙述重修之缘由，并对武庙的祭祀活动进行了回溯。从捐银的官员中，可以看出同治十三年（1874）的维修主要以武官为主导，这些武官大都被赐予了"巴图鲁"的称呼。武官们通过重修武庙，在恢复旧制的同时，彰显武者"神威赫濯千秋"。另一则碑文由建水举人马肇成[1]所书，收录在《民国建水县志稿》[2]中，碑文载：

……临安在滇南一隅，在明洪武年间，始筑城郭。建水为首善之区，明朝建辙有关帝庙，即今武庙也。碧瓦朱墙，规模雄壮，称名胜焉。至清康熙辛巳，朝代沧桑而汉鼎依然，香火不绝。然多历年所，风雨飘摇，瓦木朽毁，不速修之，势必榱崩栋拆。爰庀材鸠工，或仍旧，或改作戏台，当甬道如树塞门，有碍出入，则迁盖大门之外。经之营之，殿宇巍峨，宫墙壮丽，峻宇雕樑，重门洞辟，试一郡之大观也！[3]

该碑文较前碑文极尽详细，开篇便对中国历史上朝代的兴替进行了溯源，紧接着叙述缘何要崇祀武圣，并指出建水武庙修建于明朝，到了清代时"香火不绝"，后以时间为维度，对武庙的历史沿革进行了完整呈现。初建时庙宇"碧瓦朱墙，规模雄壮"。殿中供奉着一尊文关公塑像，五绺长髯，帝王装束，头戴旒冕，手持宝壶，周身饰金。有对联曰"赤面秉赤心骑赤兔追风驰驱时勿忘赤帝，青灯观青史仗青龙偃月隐微处不愧青天"。明代将临安府府治南移至建水，一时间找不到合适的府衙，见当时的岳鄂王庙[4]坐北

---

[1] 系清光绪二十六年（1900）和光绪二十七年（1901）庚子辛丑恩正科并举考试中，所考中的举人。

[2] 该志稿未出版，只在小范围内流通，由于数量少，田野期间也是听人提及，未得见。

[3] 政协建水县委员会编，许儒慧编著：《遗留在建水碑刻中的文明记忆》，云南人民出版社2015年版，第146—147页。

[4] 该庙也修建于明代，按照史料的记载，其应该是在府治南移前就已经建成了。

朝南，内部建筑规制整齐，殿宇高大雄伟，所以就"征用"岳鄂王庙充当府衙。当时的官员想毁掉岳王塑像，但害怕引起郡人的反对，所以就把岳王"请"到了关帝庙（后来的武庙）中，在关帝庙内修建了殿宇并为岳飞重塑金身。岳王进关帝庙后，就预示着关帝庙中多了一位"武神"，而且岳王也有种"寄人篱下"的感觉，如果把关帝庙改为岳王庙，又对关帝"不敬"。在这种两难的情况下，借着关羽和岳飞同为武行出身的缘由，以及"武圣关公"的称谓，就把关帝庙笼统地改为"武庙"，到了清代时，由临安知府贺宗章书"武庙"匾额悬挂正门，关帝庙正式改为武庙。① 至此明代关帝庙变成了"武庙"。正如在前文所提及的，在建水古城南门有一座始建于明代的关帝庙，有可能是在关帝庙改为武庙之后重新修建的，但因武庙和关帝庙修建时间未有详细资料记载，因此只是一个推测。但在相隔仅千米的地方出现两座关帝庙，彰显建水地区"武胜于文"，较为符合明清时期临安地区的实际状况。

当岳飞塑像进入关帝庙以后，"二神"争庙的情况就出现了。当地人为了"缓解"这种局面，用极具智慧的方式，给予恰当的处理。从这个"事件"中可以看到，虽然岳飞贵为"神"，其庙宇也具有神圣性，但这些神祇包括神都在王朝的管理中，当官府想征用岳鄂王庙时，"神"也得让位于"官"。神虽在普罗大众之上，但依旧受制于"天子"管理。其实这种典故在中国历史上比较常见，比如魏徵斩龙的故事。在中国古代社会中，虽然王朝官府和寺庙属于不同的体系范畴，寺庙和神灵虽然都具有神圣性，但作为"天子"的代表——王朝官僚体系，依旧具有神性，而且可以管辖其他，帝国也可以通过册封的方式，将神灵纳入帝国的统治范畴之类，就像对妈祖的册封②一样。此外，在处理"二神"的问题上，地方郡人凭借知识系统，在未贬低任何一个"神"的情况下，以"武庙"的

---

① 赵楠主编，苏正洪、喻利平、李德等编著：《古临安》，云南美术出版社2003年版，第91—92页。

② ［美］韦思谛编：《中国大众宗教》，陈仲丹译，江苏人民出版社2006年版。

命名方式化解了这场"危机",并通过知府书匾将其定格。由此可见,虽然人们藉着各种缘由祈祷于神灵,但"神灵"某种程度上却是受制于人——"官",神灵的栖息之所——寺庙也在人们的实际需求中存在或消亡。比如南门旁的关帝庙,在让位于学校以后,就失去了庙址,至此不复存在。

岳王进入武庙后,与关帝同在一个庙宇内。清乾隆五十七年(1792)时,临安郡人对武庙进行了重修,将庙宇前台改成了戏台,改建了甬道,修葺了庙宇。到了清雍正三年(1725)时,清王朝追封关羽前三代为公,地方人士又在武庙内续建了后殿,设木主牌位,在春秋两季进行致祭。清同治十三年(1874),武庙因年久失修,"墉倒塌,廊庑倾秃,蔓草庭阶"。地方绅士见此况后,组织修葺,"毁武庙戏台,以昭诚意"。光绪十一年(1885)又对其进行了维修。宣统二年(1910)太守李世楷到建水上任后,与绅士在修复文庙的同时修缮武庙。李世楷调任后,接任的知府贺宗章继续修缮文庙,并在文庙修缮竣工后,将余资拨给武庙,为武庙修建了照壁,建盖了左右两个栅门,修饰了大门,改关帝庙为武庙。民国年间,武庙多出现倾圮,地方名士曾瑞廷、邱庭栋等倡议修葺,修葺后李孟仙等人在武庙内设立了"明圣学校","讲演《四书》、《五经》及先民之嘉言懿行",还在其内组织"洞经会""明圣学",定期演奏洞经音乐。民国二年(1912),建水地区颁行了"关岳合祀"的典礼。1931年下半年,刘嘉镕经过实地勘察,考虑到学校的规模及今后的发展,选定建水文庙为临安中学校址,一些地方士绅闻风起而反对,认为文庙是祭孔的圣地,不宜办学,联名呈请县政府转呈省教育厅仍用崇正书院为临安中学校址。省教育厅厅长龚自知听取刘嘉镕的意见,坚持以文庙为临中校址,否则这所省立中学将办到蒙自去。结果由县政府出面与地方绅耆协商,同意将文庙及岳鄂王庙给临中作校址,并商定保留先师殿及东西两庑牌位,方便祭祀，岳飞像移至武庙内。①

这段记述和明代将"岳飞像"移入武庙内存在出入，但并不能说明是一种错误。有可能是在临安府府治修建了临安府署后，便从岳鄂王庙中移出，将原来的岳鄂王庙重新归还，归还后的郡人又在其中所塑。1931年②将其移入武庙后，岳鄂王庙的庙址便划归建水一中，后为建校所用。汪致敏等人则认为是在1942年将岳王庙内的岳飞塑像移入武庙内，在武庙牌坊后修建精忠祠（现在的前殿），奉祀岳飞像，并把岳王庙内的"忠""孝"石碑移入武庙内，并在殿旁的天井左下又置一配间，在其内供奉赵云神像。后面还有一殿，塑有卫青、霍去病、李广等历代名将的彩塑。至此，武庙形成了前殿供岳飞，中殿供关羽，后殿为供关公三代的崇圣祠。清代蒙自人尹壮图曾为武庙撰联一副"草莽定居臣，有气作河山，威震华夏；辉光启祠庙，尚刀悬月魂，马应星精"③。新中国成立（1949年10月1日）以后，在武庙内开办了中国人民解放军西南军区第十速成学校，1954年该校撤至重庆，武庙随即成了木业生产合作社，后改建水县木器加工厂，在武庙内进行木材加工，堆放木材原料和成品。④2013年遭遇火灾，将武庙的正殿烧毁。目前武庙正在修复中，尚未开放。

从武庙的历史中可以看出，在历史发展过程中，不仅人会因时因地发生变化，具有神圣性的寺庙也在历史的车轮中变化，"二神争武庙"虽是我对一个寺庙的叙述，但在这个叙述背后，可以看到人、王朝和神灵的共在，即人和神都处在王朝治理的体系下，受王朝国家机器的管理，王朝的官僚体系以"天子"为中心，地方官员

---

① 建水一中建校75周年纪念文集编辑组编：《建水一中建校75周年纪念文集》，建水县印刷厂印刷，1992年10月，第6—7页。

② 也有记载表明是在1942年移入。

③ 赵晓凌主编，汪致敏、张建农编著：《古老寺庙——神灵殿堂》，云南美术出版社2007年版，第45—46页。

④ 建水县政协文史资料委员会编：《建水文史资料选辑（第六辑）》，内部资料，2000年11月，第116页。

作为"天子"在地方的代表和象征,可以代"天子"治理人和神。当官府要占用岳王庙时,作为祀神的庙宇,只能归于官府,岳王要么被毁,要么只能被"请"出。由此可见,当我们理解中国古代社会时,在理解人、地方、王朝时,其不只关涉人,还包括神灵在内。在具体的历史场域中,神灵不一定凌驾于万物之上,其也要做出"妥协",并受制于王朝治理体系。

第二节 移民与地方宗教的多元化

元代"跨革囊"统一云南后,云南地区内附,随着中央王朝的统治,新一轮的移民潮出现,自元经明历清,不断有移民进入云南地区。大约同时期大量移民进入建水,其中汉族和回族就是元代进入建水的。这些移民作为文化的承载者,随他们而来的还有宗教。借着他们自身的需求,在建水地区定居后,便开始修建寺庙,随即民间寺庙便成了移民聚居点进行自我管理的一种形式。①

史载,13世纪元朝收降大理国之后,便在云南设立行省。为了确保其统治,元朝从北方征调了许多蒙古族、回族和汉族来云南镇守戍边。元代的云南移民中,除部分汉族以外,又增加了两个新的民族,即蒙古族和色目人(后来的回族)。后元朝任命"回回人"赛典赤·赡思丁出任云南行省平章政事,赛典赤的子孙便留居云南各地,成为云南回族的另一个来源。这些回族定居后,便依着自身宗教信仰的需要,开始修建清真寺。立于清代道光七年(1827)的《清真寺灯油碑序》②载:

> 临郡东,旧创有清真古寺,自元历明至我大清,悠也旧也。有寺即有香火。凡寺中圣诞之节期,师父之束修经馆之膏

---

① [英]王斯福:《帝国的隐喻:中国民间宗教》,赵旭东译,江苏人民出版社2009年版,第354页。

② 该碑现存于建水县文管所,碑额为"日月常昭",碑名为《清真东寺灯油碑序》,碑文系文管所整理,无标点符号,文中的标点符号系我所作。

火，莫不备举前人之制善矣，独至灯油铺虽设而不敷，于乾隆五十六年（1791），培父讳开泰，字吉，三忝列管事，捐钱买补，遂矢志酌量。每年用油若干，每夜用灯几盏，即以嘉庆元年（1796）为始，非敢邀福也，殆补不足耳。至嘉庆二十一年（1816）节力就衰，虑培不能承继，勉为竭力备银一百二十金眼，同寺中董事向张瓊买置田租十二石，坐落南庄龙家寨东瓜冲，纳太和九□粮二斗，永入寺，作灯油费。但每年用油有定，除纳粮外，所剩余息，只愿添入经馆，不得支用。

襐项尝与董事议云，公等幸勿藉以公完公之名，指东补西，如前所制之铺不足，致负余之初念也。又诏培而嘱曰："今者灯油之志，已遂吾何求哉？吾得正而斃焉，斯已矣。再如尔祖父母之得，卒于斋月焉，更幸矣。慎勿存觊觎念，败我为公之心。"

……

这块立于道光七年（1827）的灯油碑序，开文便说明建水清真古寺"自元历明至清"，这就说明从元代开始建水地区随元军进入的回族移民，就已经修建了清真寺，虽然清真寺（见图5-3）在城外东部，不属于"七寺八庙"的范畴，但作为一种因移民而出现的寺庙，侧面反映出移民与宗教信仰之间的关联。当这些回族移民定居建水后，伊斯兰教也便在建水地区落地生根。从碑文中可以看到，嘉庆年间时，建水回族人士就开始为清真寺买田置租，用于清真寺内的灯油费用，并把余资用来资助"经馆"。这种"经馆"实质上是伊斯兰教在中国落地生根后，衍生出的一种经堂教育，即在清真寺中教授学生，让他们学习阿拉伯语，研习《古兰经》，同时学习儒家经典，将伊斯兰文化和儒家文化融会贯通。明清时期在全国各地回族聚居的地区，都出现了这种"经馆"，正是在这种"经馆"的推动下，明清时期出现了"以儒诠经"的现象。"以儒诠经"的出现推动了伊斯兰教在中国本土化的历史进程，反映出明清时期回回先民对儒学及其思想的认知和接纳，在实践中通过研习，将儒家文化和伊斯兰文化相关联。在这块碑文中还可以看到，清代建水地区的回族就特别注重"斋月"，认为"卒于斋月"是一件幸事，虽然这块碑文有点类似于对家族人士的嘱托，但里面却有对回族礼俗的提及，以及对"尊祖敬宗"和"孝"的重视。

图 5-3 建水清真古寺遗迹（2020 年 7 月 29 日摄）

其实，这种置"灯油田"的举措，是物质需求催生下的产物，某种程度上也是一种文化交融的结果。在物质需求方面，清真寺需要使用大量的灯油，比如经馆师生的使用和斋月以及节庆期间的使用，这就使得当地回族人必须得有足够的经费来支撑，所以就产生了捐钱购买田地置租的事实。在文化交融方面，就像文庙一样，从元代在云南地区始建之初，赛典赤就置办学田给文庙，建水文庙不仅有学田，而且地广租盛。所以，文庙才能在每次修复中获得足够的资金，虽然这些资金有官员和士绅及郡人的捐赠，但租金仍是修缮资金中的主要来源之一。也许清真寺置田，也是受到了学田、庙田的启发，毕竟在清代时，临安地区的儒学已得到了极大的发展，回族人士也积极参与科举中，因此，置灯油田也不失为一种"学习"。

除回族移民修建清真寺带来伊斯兰文化,丰富建水地区的宗教信仰外,还有一些汉族移民同样修建了具有移民特征的寺庙。位于临安路东南侧川主庙街的"川主庙"也具有鲜明的移民特征。据当地人介绍,"以前我们这个地方有川主庙,是一些四川人修建的,这座庙是啥时候修的我们也不清楚,只是知道有。虽然这座庙位于城内,但它也不属于'七寺八庙',因为有了这个庙了嘛,所以,我们这条街才叫川主庙街。这个庙听老一辈人说,里面供奉的好像叫李什么的人,是一对父子了嘛,他们在四川那点修了个都江堰,也不知道是什么。后来这个地方就变成了医院,现在医院搬走了,就剩这么个建筑,和以前的也不一样了。以前的是古代那种建筑,现在就是砖石,但地点就在这"①。《重修川庙后街碑记》②中提及"本街道位于川主庙之后,故名川庙后街,其形成源于清代"③。从这个简介中可以看出,川主庙大约形成于清代,先有庙而后有川庙后街。因此大致可以推论,川主庙修建于清代,这一时期来自四川地区的移民数量可能达到了鼎盛。从历史长时段看,元代时期就已有移民、军屯进入建水地区,到了明代,军屯、民屯、经商者和政治性迁移的移民更盛,到了清代时绿营兵、汛防兵也接连进入建水,这些人群中不乏来自四川的人,也许正是因为这些人的到来,才修建了川主庙。2017 年,我在云南德钦县做硕士论文的田野调查时,当地人也提及一些来自四川的移民在德钦修建了川主庙,来自江西地区的移民修建了江西会馆,他们在川主庙和会馆中供奉祖先牌位,定期进行祭祀活动。在一些节日,还在里面举行活动,定期商议事宜等。④ 将滇南的建水和滇西的德钦进行比较,就可以看出,川主庙的修建也是

---

① 访谈时间:2020 年 8 月 19 日;访谈对象:邹××,男,76 岁;访谈地点:川主庙后街。
② 该碑立于川主庙后街,是 2002 年所立。
③ 2020 年 8 月 19 日抄录。
④ 马斌斌:《穆斯林商贸跨越的多重性——德钦阿墩子贸易网络中的汉、回、藏关系》,硕士学位论文,云南民族大学,2018 年,第 86—87 页。

因一些四川移民的到来，为了加强彼此之间的团结，他们共同修建了川主庙，这种庙宇还充当着祭祀祖先的功能。当庙宇修建好以后，人们可以根据规定把始迁祖的牌位移入其中，接受奉祀，逢年过节以及遇到大的问题时，也可以进入其中进行商讨处理。某种程度上这种川主庙也具备"宗祠"的特性，只不过它是基于地域共同体的地方性的祠祀而非基于血缘共同体的宗族性祠祀。

在这里，我只列举了回族移民修建的清真寺和四川移民的川主庙，借以对移民与民间信仰/地方宗教之间的关系进行了呈现。从中可见移民与民间信仰有着密切关联的，明清时期建水地区出现众多的寺庙，一方面得因于建水地区经济的发展，促使物质方面得到了极大的丰富，人们有足够的能力去修建寺庙。另一方面也反映出人口结构和宗教信仰的多元化以及复杂性。由于移民的缘由，作为文化和信仰承载者的移民，不能满足于某一寺庙和宗教信仰，他们借着自身的信仰和习俗，在物质条件允许的情况下兴建寺庙。虽然有些寺庙是因为诸如瘟疫等发生变化或随之出现，但其与移民所带来的人口结构的变化有着密切关系。随着人口结构的变化，来自不同地区的人们，带来了不同的信仰和习俗，当这些文化事项汇集一地时，地方宗教就出现了多元和多样性。寺庙作为宗教信仰的外在表征，自然就出现多元化。如此众多的寺庙出现在建水这一生境中，不同的寺庙承载着不同类型的信仰和文化诸事项，当大家共处一地时，在各美其美的同时，形成了美美与共的寺庙景观。佛教寺院燃灯寺就和回族的清真古寺仅一墙之隔，作为承载不同信仰的寺庙，自明以降毗邻相安至今。这种寺庙景观的共存，也侧面反映出不同群体的多元共生。因此，某种程度上说，建水历史时期出现如此众多的神之所栖的寺庙，也是对当地多元群体的写照。

"七寺八庙"只是一个缩影，其出现历经宋、元、明、清，作为一种移民和信仰多元化的具象，出现在历史舞台上，讲述着不同的民间信仰及其背后承载者的故事。寺庙作为神的栖居之地，护佑的是一方百姓，当不同的群体修建不同的寺庙时，所有修建的寺庙"共在"建水，丰富建水地方宗教的同时，人神之间的互惠、博弈，人与神的多元并存，便在这一地区以更加"复合"的形式共在。

第三节　共在互渗——民间信仰与"儒学教化"

明清时期建水地区出现如此众多的寺庙，与移民相关的同时，这些寺庙和群体在发展过程中，彼此之间交流交往，出现多元共存的现象。佛道寺院中吸纳了民间信仰与儒学教化的成分，文庙中也出现了"夷俗"与道教的神祇，这种多元反映中国宗教中儒释道与民间信仰共在的同时，体现出儒学教化的广度。整个建水古城内的"七寺八庙"既是民间信仰多元化的体现，也反映了不同信仰之间的交流与互动，更有融为一体的体现，玉皇阁就是典型的代表。与指林寺、天君庙不同的是，玉皇阁（见图 5-4）未被纳入古城内的"七寺八庙"中，但与之紧邻的白马寺却是"七寺之一"。在历史发展过程中，白马寺没入玉皇阁中，使玉皇阁这一道教场所中，增添了佛教元素，因此玉皇阁便成为一座佛道相融的寺庙。

图 5-4　玉皇阁大殿（2020 年 1 月 4 日摄）

玉皇阁始建于明万历年间，由郡人包见捷主持修建，包见捷为明万历十七年（1589）己丑科建水籍进士，在考中进士、功成名就后返回家乡修建了玉皇阁。① 玉皇阁因殿内供奉玉皇大帝塑像而得名，是典型的道教建筑。修建好的玉皇阁，坐西朝东，"嵬阁层楼，卓然大观，内有凌霄殿、三清殿、雷神殿，两庑列二十八宿，有浮图，相传为唐季所铸。郡中善信置常住田二区：一在冷水沟，岁入租二十三石；一在窑冲，租五石"②。到了明永历丁亥年（1647），李定国至临安，由于受到临安守军的抵制，因此，在攻破建水城池后，李定国进行了"屠城"，烧毁了许多古迹，玉皇阁在此次劫难中遭受重创。到了明永历甲午年（1654）时，在云南提刑按察司按察使前临元镇兵备道王家鼎的主持下得以重建。清雍正八年（1730）时，周崇懋等倡议重修了玉皇阁正殿，在寺内塑有观音菩萨，使道教建筑的玉皇阁，多了佛教的内涵，道佛相融已初见端倪。后来与玉皇阁后殿仅一墙之隔的佛教寺院——白马寺（又称观音寺）并入玉皇阁，进一步强化了玉皇阁成为佛道两教寺庙的内涵。③ 白马寺的并入，使得两个不同宗教、不同朝向的宗教建筑"和"而为一，某种程度上也体现出一种包容和儒家"和为贵"的理念。合并以后的玉皇阁，建筑布局为三进四殿，总占地面积4600平方米。现存正殿、后殿、北厢、崇文塔等建筑，计十余间。正殿为玉皇阁主要建筑，通面阔24米，通进深21米，高近20米，重檐歇山顶，抬梁式木构架建筑。④

　　白马寺并入玉皇阁后，寺庙的名称随即消失，玉皇阁也成了集道佛为一体的寺庙。白马寺内原有一塔，名为崇文塔（见图5－5），

---

①　赵楠主编，苏正洪、喻利平、李德等编著：《古临安》，云南美术出版社2003年版，第68—70页。
②　（明）刘文征撰，古永继点校，王云、尤中审订：《滇志》，云南教育出版社1991年版，第563—564页。
③　参见赵晓凌主编，汪致敏、张建农编著《古老寺庙——神灵殿堂》，云南美术出版社2007年版，第37页。
④　2020年7月30日，从玉皇阁门前墙壁镶嵌的碑文中抄录所得。

第五章　人神之间——地方宗教的多元共生 | 307

是白马寺的镇寺佛塔，始建于元代，明代得以重修。清嘉庆四年（1799）因暴雨倾圮损坏，到了道光六年（1826）得以重修。现存的崇文塔高二十余米，为十七级密檐式实心砖塔，塔基为石砌，呈正方形，自中部起在其上部十四檐下四方各开小佛龛一个，内置佛像一尊，塔顶四角各设风铃，顶补饰以宝瓶。① 在塔基镶砌着清代滇中书法家阚祯兆②的草书《宁边楼③碑记》，碑文系临元澄总兵都督同知王洪仁所撰，碑文④载：

宁边楼何以作乎？捍北门也。楼何以名宁边乎？滇极西南临，又扼迤东上游，朝廷分阃于此，俾为将者，静以镇之，意在辑宁，无他拟焉已矣。虽然，辑宁之道有二：当戡乱之时，威之所著，恩以浃之，乱由是弭也；若保治之时，恩之所孚，威以寓之，治可得旧也。

己巳冬，余奉命来镇是邦，入境而冠盖络绎，文章声华之盛，可以中州颉颃。夫岂楚之荆、豫之宛为数千百年用武地焉？未几，新平讯以鲁魁山贼烽报，督帅檄余进兵援剿，各协仍听命制。余星驰五日，夜营鲁魁之扬武坝，直欲尽倾巢穴，不仅登扫门庭。贼中先解甲者得以不死，幸负隅者诛其后。至出师三月，烽火息矣。

看到这个碑文内容，确乎有一种熟悉的感觉，碑文中的内容大致与指林寺中郭登所撰的《重修指林寺碑记》相当。虽然两碑文产

---

① 赵晓凌主编，汪致敏、张建农编著：《古老寺庙——神灵殿堂》，云南美术出版社2007年版，第37页。
② 阚祯兆（1641—1709），临安府通海人士，清初书法家。代书该碑文时，阚祯兆系王洪仁的幕僚。
③ 宁边楼在原来的北门永祯门内，也称为"靖边楼"，今已不存，只有碑记被镶砌于崇文塔基座。
④ 宁边楼被毁后，刻有《宁边楼碑记》的石碑被镶刻在崇文塔基座上，今仍存于基座。该碑文系2020年8月28日，我在建水县博物馆中拍照抄录。原碑文为草书，字体笔力雄健，狂放不拘。

图 5-5　建水玉皇阁内的崇文塔（2019 年 10 月 2 日摄）

生的时间相隔238年之久，但都是存于寺庙中的关于记述平乱的碑文，字里行间透露着王朝对边地的"恩威并施"，其中不乏"耀武扬威"之举。在政治层面上来看，依旧是一种"威慑"，与这种举措相伴的是儒学对释道的教化，对民众的教化。虽然这块"碑记"起初与崇文塔并无直接联系，因宁边楼被毁后，刻有碑记的碑石才被移入玉皇阁，后被镶嵌至崇文塔基座，成为崇文塔的一部分。这可能是一种无心插柳之举，是一种"意外"，但正是在这种"意外"把帝国对边地的"威慑"和教化直接带进了寺庙中，让我们再一次在寺庙中看到王朝平乱的身影。在这里用《宁边楼碑记》佐证儒学对民间信仰的教化似乎牵强些，但崇文塔本身就足以说明儒学教化的广泛性。《宁边楼碑记》的出现则反映出建水在明清时期作为"两迤锁钥"的重要地位，正是因为这种"锁钥"的地位，才使得明清建水成为滇南的文化、经济、政治的中心，而这些元素都共同促成民间多元化的产生，使得儒释道交流交融成为可能。

其实崇文塔从修建之初，其本身也具有"教化"的内涵，是与儒学的推行密切相关的。崇文塔并不只是白马寺的镇寺之塔、不只是一种宗教性的建筑，从它的名字"崇文"中也可见端倪。史载崇文塔原名为"白塔"，后改为崇文塔，该塔本身寄托和体现了前人"文化兴邦"的美好愿望，同时崇文塔还充当了文庙风水塔的角色。古人在修建文庙时，会在文庙朝南的山上修建一座文笔塔，形成风水上的对应，许儒慧认为建水文庙元代始建时未建文笔塔，而是把形似"笔"的焕文山充作文笔塔，[①] 其实这种说法值得商榷。虽然"焕山倒影"能入泮池，山峰也恰在文庙的朝南方向，但元代坐落在白马寺内的崇文塔，更像是文庙的风水塔，其虽不在山上，但也在文庙的东南方向，而且名为"崇文塔"，以崇文呼应文庙的兴文。到了清道光八年（1828），建水地区由于遭受前后近二十余年的鼠疫等各种灾害影响，科举事业发展不利，因此当地郡人在拜佛山顶新建了文笔塔，以祈"发科甲"。因此可以说，从元代至清道光八年的这段岁月中，白马寺中的崇文塔实质上就是一座风水意义上的文笔塔，其也兼具着镇寺的功能。虽然修建之初可能在于"镇寺"，但当改名为"崇文"时，其本身就被赋予了"文化兴邦""尊孔崇文""文风蔚起"的内涵。

从玉皇阁的修建到白马寺的并入，玉皇阁由原来的道教"阁"变成了集儒释道为一体的寺庙，其既是道教的宗教场所，也是佛教之地，也有具有儒学教化特征的崇文塔存在。玉皇阁实际上成了集多元信仰于一体的寺庙。不仅是建水明清宗教历史的真实写照，而且更多地反映了儒学思想通过建水文庙向祖国边疆的传播、渗透和影响。[②] 正是儒学教化的推行，才使得佛教寺院并入道教阁成为可能。因此当我们对这些民间信仰进行研究时，既要看到其特质，也

[①] 参见许儒慧《云南文庙》，民族出版社2004年版。
[②] 赵楠主编，苏正洪、喻利平、李德等编著：《古临安》，云南美术出版社2003年版，第73页。

要看到民间信仰中存在的"叠加"现象，即当不同类型的宗教发生关联时，彼此之间会相互影响，乃至出现共融的现象。在王朝不断推进儒学教化的同时，其覆盖面也是极其广泛的，并不只是局限于庙学以及一些教育机构，同样会出现在宗教场所中。而且在相对边缘的许多地区，王朝"教化"和"德化"的推行历来都是一个漫长的过程。① 在这一推行过程中，总会有一些共融、共在和共存的现状出现。且儒学在长期的发展过程中，曾先后多次受到佛、道思想的冲击和影响，如在孔庙建筑中，常可看到对佛、道文化艺术的吸收，亦体现了儒家文化的兼容性。② 儒学和儒家思想进入玉皇阁，就像文昌阁进行文庙一样，都是一种"和为贵"和共融、叠加的存在。

事实上，文昌信仰是中国诸多民间信仰之一，文昌帝君作为主管文运的"神"，很多地方都为其建庙（宫）祭祀供奉，建水古城内也有文昌宫③。根据对传统中国宗教信仰的分类，文昌帝君信仰亦属于道教范畴，当道教建筑的文昌阁落脚于建水文庙时，导致祭祀魁星的香火兴盛。因此建水古代的学子在祭拜孔子的同时，也要祭拜掌管文运的魁星，力图通过祭拜，双管齐下，内外兼修，让孔子、文昌共同保佑科举成功，金榜题名。④ 本着金榜题名的目的，对文运实施"双管齐下"的实践，文庙中既祭祀孔子，又有文昌帝君的"加持"，这样前去祈求文运者，可以一并祭拜，从而在心理上，得到了"孔子文昌"的保佑，在心理上给予祈求者最大的"安慰"。"况文昌大帝科名主宰阴骘戒士，两文与圣道相表里，即春秋

---

① 陈春声：《信仰与秩序：明清粤东与台湾民间神明崇拜研究》，中华书局2019年版，第3页。
② 沈旸：《东方儒光：中国古代城市孔庙研究》，东南大学出版社2015年版，第292页。
③ 位于临安路，与指林寺相连，新中国成立后作为法院机构的办公处，目前正在修复中。
④ 汪致敏、欧孝敏、杨涛编著，建水文庙景区管理有限公司编：《建水文庙：一座名城的文化基石》，云南人民出版社2018年版，第60页。

亦载祀典，允宜位于庙西。"① 这侧面说明中国民间信仰的功利性之所在，事实上中国人自古以来所信仰的"神"都是人"升华"而成的，就像妈祖、关帝、祖师爷、保生大帝、文昌帝君等，他们都是古人的"升华"，而他们都是因为对人民社会有贡献，曾经神迹显现拯救民众而被尊奉为神。② 因此在这种文庙中修建文昌阁进行双重的祭祀中，既有功利性的一面，也侧面反映出儒家思想已渐入道教或民间信仰，并吸纳了诸如文昌帝君之类的祭祀，使二者相融合。

文昌阁进入文庙，不仅在于文昌帝君对文运的掌控，也体现出儒家思想的包容性，如果没有这种"包容"所在，二者则不可能共处。二者的共处也反映出中国宗教拥有高度的兼容并蓄的特性，在民众的宗教生活中，民间信仰所具有的道德和神圣的功能主导着民众意识，③ 指导普罗大众进行实践。在这种祈求文运的实践中，文庙也被赋予了宗教内涵，在此意义上儒学或儒家也具有了"儒教"的内涵。时至今日，每年初考、中考、高考之前，建水文庙都会开展"祭祀"活动，很多学生会自主或有组织地前去拜谒孔子，家长们也会带着子女前往祈求文运④。由于建水文庙文昌阁曾是中国共产党地下负责人张华俊1947—1948年间进行革命活动的地方，所以也被列为"爱国主义教育基地"，使得这一蕴含儒、道文化的建筑，具有了革命爱国的内涵。因此某种程度上可以说，中国社会中的地方宗教是一种复杂的存在，是认识理解中国社会的一个窗口。当各种不同的民间信仰集聚某一地区时，民间信仰与制度性宗教共构地方宗教，研究者可以透过地方宗教窥视地方社会、文化的共

---

① 杨丰校注：《建水文庙历代碑文选注》，建水文庙管理处编印，2004年1月，内部资料，第102页。
② 李亦园：《人类的视野》，上海文艺出版社1996年版，第163页。
③ [美]杨庆堃：《中国社会中的宗教：宗教的现代社会功能及其历史因素之研究》，范丽珠译，上海人民出版社2007年版，第39页。
④ 关于这一部分的内容，笔已在"仪式的教化"一节中进行了详尽呈现，此处不再赘述。

融、移民以及王朝的治理。

第四节 小结

　　作为神之所栖的寺庙，是地方宗教的物质化表征。元明清时期，出现在建水的"七寺八庙"，是整个临安地区寺庙的一个缩影，从宋元时代的指林寺，发展到明清时期城内的"七寺八庙"，清代整个临安地区的寺庙就达八十多座，这些寺庙之所以能够出现，是有其内在原因的。首先，"七寺八庙"的建成时间不一，其历经宋、元、明、清四个历史时期，这是临安地区渐被纳入王朝体系，并予以开发的时期。随着大量移民的进入，在王朝的推动下，儒学进入边地，与边地文明相融合，到了明清时期达到鼎盛。与此同时，物质方面也达到了极大丰富，明代时就获得了"金临安"的称呼，一时间商客云集，这就为寺庙的修建提供了经济基础。其次，以"七寺八庙"为代表的众多寺庙的出现，反映出民间信仰的多元化，这些寺庙中供奉着不同的神祇，有利于地方的神（天君庙内的祀神），也有代表国家的神（城隍），而且还有具有很强的地方性特征的寺庙（川主庙），这些寺庙出现在同一场域中，侧面反映出人口结构的多元性和融合性。再次，寺庙是人们精神世界的反映，当人们的精神需要时，在应对一些超人力范围之外的事物时，人们会诉诸神明，无论是在物质极大充裕时，抑或遇到瘟疫灾难时，在需求的促使下，神灵殿堂自会多一份内涵。最后，这些寺庙的出现，反映出边地文化与中原文化同根同源的特性。寺庙作为建水古人文化生活的主要载体，寺庙集各种神灵为一体，囊括儒、释、道与民众生活息息相关的主要神灵，反映了建水人在特定历史岁月的精神世界、文化内容和建水历史文化的包容性。[1]

　　寺庙作为一种神灵的殿堂，其不只是神之所栖，每一座寺庙的

---

[1] 政协建水县委员会编，汪致敏编著：《千年建水古城》，云南人民出版社2014年版，第127页。

背后都隐藏着一段历史，代表着一个群体，通过对寺庙或祭祀组织的研究，可以从中对地方史（或是地方发展史、乡土史）、区域史、开发史与聚落发展史进行探析。① 通过对这些寺庙的研究，可以从中窥见区域史，就像天君庙一样。同时祀神的进入是与历史环境相关的，神灵集聚一堂，也并非只是一种现象，其背后相涉的可能是移民、文化的传播以及特定时段的需求，这些都是在研究中应该予以关注的。当我们"观看"一座寺庙时，不只是在看寺庙本身，更多的是其背后的系列事项。建水古城内历史上的"七寺八庙"，历经宋、元、明、清，久经历史的洗礼，作为历史的见证者和记录者，为理解建水地方社会提供了丰富的资料，这些寺庙与其他古迹一样，像书写在大地上的"史料"，用其具象化的身姿讲述着一段段历史。

指林寺见证了元代以前建水地区的古貌，文庙记录了从元至今的建水历史，武庙讲述了"二神争武庙"背后的内涵，天君庙呈现了寺庙与人们日常生活的相关性，玉皇阁则集儒释道为一体诠释着不同文化之间的交融……这些庙在明代修建的城池里，沿着东门通往西门的通道（中轴线）②，北面以庙为多，南面则寺多，"我们这点也很有意思，就说这'七寺八庙'吧，庙都在北面，寺基本在南面，给人的感觉就像是庙管着寺一样"③。这种庙位于北面，多半是坐北朝南，体现的依旧是一种"南面文化"，而在中国古代的宇宙观上，南北中轴线具有某种阴阳关系，这种南面文化在政治地理中，反映出处于统治地位的皇权国家（北）与处于被统治地位的臣民（南）之间的等级关系。④ 因此，这种寺庙的分布格局并不是随意出现的，而是在一套宇宙观指导下的风水实践。北面作为一种权

---

① 林美容：《祭祀圈与地方社会》，台北县芦洲市：博扬文化2008年版，第16页。
② 曾一度叫建中路，现为临安路。
③ 访谈时间：2021年8月31日；访谈对象：赵××，55岁，男；访谈地点：东门楼下。
④ 王铭铭：《刺桐城：滨海中国的地方与世界》，生活·读书·新知三联书店2018年版，第205页。

力的象征，是一种"管理者"，南面则是被管理者，因此"七寺八庙"的分布则侧面反映出"庙"有着高于"寺"的等级。这种看似"随机"出现的物象，某种程度上再现中国古人的宇宙观，有建筑理念浸入其中，这并不是后人们在研究中"发掘"的，而是物象本身就有这样的内涵。因此，在研究寺庙时，不能单纯地就寺庙论寺庙，而应该在将其置在整体中——整个区域抑或整个地方史中，某种程度上来说寺庙就是"第二个政府"①。寺庙某种程度上也具有管理的功能，在崇祀类型上，具有像政府官僚体系一样的等级差序，在信仰者群体中也能起到教化和管理的功能。在研究寺庙时，其实它们并不是"迷信"场所，某种程度上也是帝国的隐喻，是对社会历史的一种反应。

此外，通过对建水"七寺八庙"的研究，可以从中看到移民与寺庙建设和多元地方宗教的产生之间的关联，也可以从中看到儒释道的交流交融。儒学的教化不仅在庙学、书院、社学等教育机构中，同样在寺庙中也存在，这种教化是伴随着仁的理念、儒家伦理和等级秩序而步入神庙殿堂，使寺庙中也增添了儒学的成分。而文庙在祭祀等各方面，也吸纳了宗教的元素，成为与释道共存的中国人的第三种"宗教"，且儒教的礼节不总是以习俗的形式，而是以它的"精神"发生影响。② 这种影响并不局限于受教者或儒士群体，其影响范围是极其广泛的，涉及生活、日常实践等方方面面。在西南地区，即使在被认为"极偏远"之地，也可以看到"天地君亲师"的牌位，孔子早已"声名在外"。就像建水地区的文笔塔出现在寺庙中，文昌阁出现在文庙中一样，这种不同的宗教体系在彼此相遇后，在发展中都会彼此吸纳，从而将其内化于本身，宗教中互相"吸纳"也侧面及映出不同人群的共融。因此，当我们面对中国的宗教时，无论是被称为制度化宗教的诸如基督教、天主教、伊斯

---

① 刘永华：《时间与主义》，北京师范大学出版社2018年版，第239页。
② ［德］马克斯·韦伯：《儒教与道教》，洪天富译，江苏人民出版社2003年版，第240页。

兰教，抑或民间信仰，都应当看到这些宗教"落地"后在地化的实际发展情况，其发展是离不开地方历史的，是在大的历史环境和历史背景中，因地因时并基于各种因素，适时调整变化的，而非铁板一块。建水历史上的"七寺八庙"作为一个缩影，反映的是整个宋、元、明、清不同历史时期，当地不同人群的文化形貌和精神世界，是一种社会历史和群体的具象。

结　　语

本书是关于元以降中央王朝在西南边地推行儒学教化路径的研究。移民、文庙等教育机构的兴建和科举实践，是王朝国家在西南边地推行儒学教化的三种路径和主要策略。儒学教化就是用儒家思想和理论教而化之，对边疆地区而言，儒学教化的推行实则是国家对边疆地区进行整合的一种治理措施。本书以云南省建水县为田野依托，以建水文庙为切入点，运用人类学的研究方法，对建水地区历史上的移民、文庙等教育机构、科举和儒学教化的过程进行系统研究。在中国历史上，移民是一种较为普遍的存在，移民作为文化的承载者，与儒学的传播和儒学教化的推行有着密切关联，移民某种程度上是王朝国家在西南地区尤其是云南地区推行儒学教化的间接因素。与移民间接性推行儒学教化相比，以文庙为代表的教育机构实则是王朝国家推行儒学教化的直接手段。教育空间充当了推行儒学教化的场域，在这一场域中，从建筑空间本身到教学的实践以及仪式，都有着深刻的教化意义。同时在儒学教化的推行中，科举作为一种刺激因素，在为王朝国家选贤的同时，刺激地方社会流动。王朝国家正是通过这三种途径，促使云南边地发生彻底改变。就西南地区而言，王朝国家通过移民、文庙等教育机构的兴建和科举等途径，将儒学教化予以传播和践行。元以降的移民史中可以看到，儒学教化是移民的题中应有之意，移民充当了传播和践行儒学教化的急先锋。与此同时，移民还对地方社会有着诸多面向的影响，与文庙等教育机构和科举等相比，移民作为"行动者"和践行者，参与到各种途径中，这也是缘何我在本书中将移民单列，与儒学教化并置讨论的原因。

建水作为云南极边，是"西南"整体的一个缩影。本书通过对建水地区儒学教化的传播和发展进行系统研究，以个案的方式再现儒学教化实践途径的同时，得以窥见中央王朝对边地治理的另一种可能。儒学教化作为一种治边策略，用"教"的方式在"渐迁其俗"的同时，把边疆整体整合进王朝国家体系中。在这一过程中，儒学并不只是"向下"的发展，移民和边地群体都"自发"的融入其中，共促儒学教化的发生。作为云南极边的建水，通过元代的肇始，明代的奠基，明后期至清中期，建水地区的文教事业达到了鼎盛，在科举考试中，一度成为"临半榜"、赢得了"文献名邦"的称谓，成为名副其实的"滇南邹鲁"，这些都归功于王朝对儒学教化的大力推行，以及移民的带动和当地人的广泛参与。

元代建水地区内附，在元王朝的治理策略下，大量的军屯和民屯进入建水地区进行开垦和发展。在屯军移民的同时，元代在云南修建文庙，开科取士，推动儒学教化在云南地区的传播。元王朝统一后，认识到马背上治天下的短板，开始主张"尊孔读经"，并追封孔子以示决心。在这种趋势的推动下，张立道于公元1285年在建水地区创建文庙，推行儒学教化，以期"以文德服远人"。虽然元代的统治只有近百年，但元代的系列举措，开启了儒学教化在建水地区乃至整个云南地区传播和推行的先河，打破了元代以前云南地区与中央王朝之间的"想象"政体，结束了"普天之下莫非王土"的羁縻，从而将云南纳入王朝国家的政治治理体系中。明王朝在承袭元代治理策略的同时，将临安府的府治南移至建水，使得建水成为滇南的政治、经济和文化重镇，通过大量的军屯、民屯和"徙江南大姓"等形式，从其他各地区迁来大量移民。移民的进入改变了建水地区的人口结构，促使建水地方社会多元文化事项的产生。在对边疆的治理上，明代继续推行"以夏变夷"的方式，大力推行儒学教化，兴建书院、府学、社学、义学，大兴科举等，使儒学教化在边地一度达到鼎盛。明代在铁血和文字系统的双轨模式下，对云南地区进行了有效控制，在元代的基础上，进一步强化了管理，使云南地区彻底成为王朝国家的有效辖地。在明代"以夏变夷"的策略下，云南边地并未彻底"夏化"、华化或汉化，云南地方社会在保持原有文化的基础上，接受了儒家文化。通过一系列措施的推行，促使云南边地文化与汉文化得以交流碰撞，互相影响，从而产生出新的地方文化，这种双向的影响是应当予以"承认"的。从明代始，中央王朝向东南亚延伸的步伐止步于云南，云南以外的东南亚诸国，虽与明王朝之间存在"朝贡"关系，但在有效的治理上，对云南以外的东南亚国家更多的是一种"象征性"治理。因此在明代，云南彻底进入王朝国家的治理体系中，虽然这一时期土司制度依旧存在，但明代对云南边地的治理，已超越明王朝与越南等东南亚诸国之间的"象征"政体，使云南地区进入"实在"政体的有效统辖中。清代时，作为非汉民族统治者的满族，在重视中国传统文化的同时，延续本身的传统，用儒家为主体的文化策略治理政务，创制八旗军事制度，因时因地灵活地统治整个中国。在延续明代的治理策略时，清代的统治更进一步，把"实在"政体广布中国每一个角落。"改土归流"直接将王朝的治理深入"夷地"，消解了夷人与王朝之间的中层，使实在政体更加系统化和全面化。

在儒学教化实践的三种途径中，移民作为儒学教化实践的间接因素，在建水地区儒学教化的推行中发挥着极其重要的作用。虽然中国社会是一个乡土社会，广大农民有着"安土重迁"的思想——"半身插入了土里"[①]，但在大的历史背景中，人们也会因不同的原因成为移民。这些移民到达移入地后，开始在陌生的环境中重新安家，开启新的生活，作为文化的载体，与他们相伴的文化也会随之落地生根，与地方文化发生关联，形成新的文化。云南地区的移民从汉代至清代，从未间断过，只是在形式上有所不同，但无论是何种形式的移民，都反映出一批人离开故土，进入新的环境。移民进入某一地区的历史，在区域内的发展，本身就是一种区域发展史。

---

① 费孝通：《乡土中国　生育制度》，北京大学出版社1998年版，第7页。

在重释地方区域史时，移民成为理解区域的一种可能。就建水地区而言，元、明、清时期，不断有各种类型的移民（军屯、民屯、商屯、流徙、流寓等）进入，这些移民的到来，在改变当地人口结构的同时，对儒学的传播和发展起到了推动作用。作为文化的承载者，移民在儒学教化的推行中，担当了传播者和推进者的角色，他们像播种机一样，把儒学的种子播撒在边地，为"边地开花"提供了人力和资源。

从元历明至清，随着中央王朝对儒学教化的大力推行，以及在王朝主导下，大量移民进入建水地区，促使建水地区在人口结构和社会文化等方面发生改变，一时间民风大变，"俗尚诗书"，成为"诗书郡"，"与中州埒"。这种局面的出现，一方面反映出王朝对边地推行儒学教化已获成效，另一方面也映射出整个边地对王朝推行儒学教化的态度，即边地主动接受和接纳儒学教化，在中央王朝和边地的双向互动过程中，儒学教化得以在边地落地生根。虽然王朝推行儒学教化的目的在于"用夏变夷"，达到长治久安，但随着大量来自不同地区的移民落籍边地，这种看似被动的"自上而下"的推行，却在边地群体中得到了长足发展，"夷"并未被彻底地变为"夏"，而是自发的学习和迎合。在"学而优则仕"的科举制度的刺激下，在中央和边地的"共谋"中，儒学教化融于边地人们的日常生活，从而在科举、礼仪、宗教、风俗、伦理等各方面产生了深远影响。作为一种治理模式，儒学教化在促使边地文化与中原文化进行融合、不同文化进行交织的同时，稳固了边地，推动了边地文化和社会的发展，加深了边地与中央之间的联系，极大地丰富了边地文化的内涵，为不同群体之间的交流互动提供了准绳。随着王朝的推行、移民的传播和边地群体的接受，儒学教化在不断地"共谋"和互动中渐入人们的日常。在儒学教化的推行中，边地从行政到文化等诸方面被整合进国家中，成为王朝国家不可或缺的一部分。

进言之，在国家治理层面上看，当国家进入边地区域时，与之相伴的是作为国家利器的"兵"、作为国家柔术的儒学教化以及移民。在对"边疆"进行研究时，拉铁摩尔的研究指出："组织中国农民直接移民的方法，是极端不经济的方法。这个办法的代价至高以及成果之少，表明其目的是把农业人口移殖到平常汉族不会到达、不会居住的地方。因为环境的贫乏及运输的困难，正常的中国社会不可能在那里存在，那里也不可能与中国内地保持一体的关系。"① 在建水地区的移民案例中，可以从中看出移民也并不能全然用"经济"衡量，至少在西南边疆地区，移民也是一种王朝治理手段。尽管被"徙"者是在"非正常"的情况下才会出现，但这种看似"非经济"的举措，却给边疆的农业发展和文治的实践，做了充分准备。因此某种程度上，西南边疆地区的移民史可以提供反思视角，让我们重新审视移民问题。同时当移民、儒学教化和军屯共同出现在边地时，边地社会中原有的群体也并非只是詹姆斯·斯科特意义上的"逃避"②，更多的是一种迎合和双向的"共谋"。移民进入边地并不直接导致边地土著群体的"逃避"，虽然有些群体"上山"，有"逃离"的倾向，但这种倾向背后，更多的是历史诸因素共致，并不能简单地归于国家的治理抑或汉族的移入。

随着移民的进入，移入地渐形成新的文化格局，继而形成新的民族特征，不同群体在同一区域中你来我往，互惠互利，形成一个多元文化共生的格局。③ 区域只是一个事件产生的场域，具体历史时间和事件的具显格外重要，脱离具体历史背景的研究显得有些苍白。与此同时在中国做研究，在研究这样一个有文字、有文明，在经济和政治上占重要地位的、较先进文化的民族时，不能忽略其历史。④ 因此在方法论上，要求我们进行跨学科的实践，而历史人类

---

① ［美］拉铁摩尔：《中国的亚洲内陆边疆》，唐晓峰译，江苏人民出版社2005年版，第341页。
② ［美］詹姆士·斯科特：《逃避统治的艺术：东南亚高地的无政府主义历史》，王晓毅译，生活·读书·新知三联书店2016年版。
③ 费孝通著，麻国庆编：《美好生活与美美与共：费孝通对现时代的思考》，生活书店出版有限公司2019年版，第355页。
④ 费孝通：《费孝通全集》第2卷《1937—1941》，内蒙古人民出版社2009年版，第280页。

学本身的特点就是方法论的超越。① 这种方法论的超越已然跨越了学科的边界，在学科本位之外，寻求一种自洽，继而推动学科进步。

此外，文庙等教育机构是实推行儒学教化的主要场域，是推行儒学教化的直接方式。建水文庙自元至元二十二年（1285）始建起，就承担着教学的职责。经元代始建，历明至清，在成化三年（1467）至嘉靖十三年（1534）的67年中，建水文庙作为对内地民众实施教化的中心和向江外土司区域输出汉文化的堡垒，地位日益提升，扩建和维修也成为地方官府的重要日程。② 从元代始建至清代，建水文庙先后被重修50余次，王朝官员通过对庙学的修缮，一方面显示出王朝对庙学的重视，另一方面则反映出文庙作为王朝的象征，是国家在场的体现，其如同府衙、城隍一般，都是国家在地方的表征。作为官方修建的庙宇，其在修建和重建中，官方都会出资，也会通过赐匾的方式，将其纳入王朝的治理体系中。在建水文庙中，至今悬挂着清代皇帝御题的匾额，这些"匾额"是帝王对孔子的赞誉，当其出现在文庙时，也是一种皇权的象征。明清时期，建水文庙在建筑规制不断完善的情况下，文庙内的学制也得以完备，中央王朝在重视文庙传播儒学教化的同时，把文庙的祭祀推上日程。每年丁祭日，临安地区的文武官员都要按照严格的礼制参与丁祭，郡人在祭祀中得以熏陶，这种祭祀仪式一直延续至今。因此文庙在其教学、建筑规制和祭祀方面，都发挥着传播儒学教化的功能，其本身也是国家在场的体现。

文庙作为国家的"实体存在"③，在理念方面，文庙内的建制礼

---

① 张小军：《让历史有"实践"：历史人类学思想之旅》，清华大学出版社2019年版，第49页。

② 柯治国主编：《建水文庙——开启滇南文明的圣殿》，云南美术出版社2004年版，第11页。

③ ［美］克利福德·格尔茨：《追寻事实：两个国家、四个十年、一位人类学家》，林经纬译，北京大学出版社2011年版，第28页。

制、从祀制度、丁祭礼制无不体现着国家的意志，是国家"权力网络"①中的一种表征。在文庙的祭祀制度中，国家在以微妙的方式进行干预，将某种一致的东西强加于地区和地方层次的崇拜，而普罗大众甚至很少能意识到国家的这种干预。②因此出现在民间信仰中的仪式活动，貌似与国家无关，但实质上却是国家确立的标准化礼制。当我们研究地方社会时，尤其是在被认为是一种"边缘"存在时，更应当注意到国家的在场，所谓的"中心—边缘"只是一种相对的存在，既使在最边缘的地方，也有"中心"——"无处非中"。而且国家处处都在，"普天之下，莫非王土"，只是"国家"在地方的实体存在差异。进言之，在中国研究"国家"，要进一步区分这种"国家"概念。我们所讨论的国家是有别于西方语境中的"国家"概念，其有着长时段的历史承袭，无论是天下体系抑或王朝国家，都是一种传统的延续，而非"发明"。在中国的大地上，无论其多"边远"，国家一直都在。对中国这样一个有着悠久历史的国家来说，历史上的"中国"是一个有疆无界的国度，在朝贡体系、天下体系中，"普天之下"都是帝王的辖区，虽然云南远在"极边"，建水更是"边徼"，但这并不妨碍一个"有疆无界"的王朝在该地推行儒学教化。

　　同时科举作为儒学教化在边地实践的又一路径，在为王朝国家培养人才的同时，形塑了地方社会，刺激地方社会流动，改变了地方社会的形貌。明清时期进入建水地区的"江南大姓"，他们落籍后，教导子女读书，并很快参与进当地庙学、书院等教育机构中，大力培养子女读诗书、考科举，某种程度上充当了当地"土著"的榜样和带头人，带动当地群体"读经尊孔"，参加科举出仕。在明清时期临安地区的科举考试中，移民后裔中出现"一门三进士""兄弟两翰林"等盛况。在这种"学而优则仕"的鞭策下，临安郡

---

　　① [美]杜赞奇：《文化、权力与国家：1900—1941年的华北农村》，王福明译，江苏人民出版社2010年版。
　　② [美]韦思谛编：《中国大众宗教》，陈仲丹译，江苏人民出版社2006年版，第58页。

人也开始自发的培养子女，将其送入庙学接受儒学教化。明清时期，土司地区也修建府学，并以贡生的方式，将土司辖区的"夷人"子女送入国子监学习。临安地区的纳楼土司在其辖区内社学聘师教授汉文，学习儒家经典，在土司辖区及其他彝族地区，均用汉文书写文书，鼓励辖区内人士参与科举。科举强化了地方社会的流动性，不同阶层的人都想通过科举改变命运，加之地方社会中精英知识分子的产生，也推动了地方社会的发展，这些又反作用于儒学教化的推行。

"中国以偌大民族，偌大地域，各方风土人情之异，语音之多隔，交通之不便，所以树立其文化之统一者，自必有为此一民族社会所共信共喻共涵育，生息之一精神中心在。惟以此为中心，而后文化推广得出，民族生命扩延得久，异族迭入而先后同化不为碍。此中心在别处一大宗教者，在这里却谁都知道是周孔教化而非任何一宗教。两千余年来中国之风教之化，孔子实为其中心。"① 事实上，儒学教化不只是一种治理术，还是中华民族赖以生存发展的"精神中心"，更是中华文明的重要组成部分。② 云南作为王朝国家的边疆，除了中央王朝对云南的"态度"和认知、用武力将其纳入版图外，更重要的在于云南自元代始，就正式进入了儒家文化圈，元以降的云南至少在儒家文化的"中间圈"而非"外圈"③。在此意义上，儒家文化作为黏合剂，凝聚了中国偌大区域之间的关联，在影响和形塑个人的同时，也为中国传统国家的历史延续奠定了基础。同时，儒家文化作为中国传统文化的集大成者，对"延续性"④的中国文明形态有着巨大的推动和承继作用。元以降的历代王朝，

---

① 梁漱溟：《中国文化要义》，上海人民出版社2011年版，第99页。
② [美] 塞缪尔·亨廷顿：《文明的冲突与世界秩序的重建》，周琪等译，新华出版社2010年版。
③ 王铭铭：《中间圈："藏彝走廊"与人类学的再构思》，社会科学文献出版社2008年版。
④ 张光直：《美术、神话与祭祀》，郭净译，生活·读书·新知三联书店2013年版，第131页。

在版图上向南的推进较元代有所收缩。明代时期的云南不只是明王朝的"边疆",更是明王朝向东南亚地区推行儒学教化的中心,是向外部诸朝贡者宣化的中心。因此元以降的云南的历史延续性和儒学教化的深入性,决定了用"解构论"重释云南的不可能性。站在"从周边看中国"抑或全球史的视角看云南,是一种可供研究的路径,但不能站在现代民族国家立场上,来解构由传统王朝国家历史延续而来的"国家"。我们研究周边或是从周边看中国,是在重新书写和确认一个统一的"中国"、重新认知历史中国、文化中国和政治中国,① 而非解构统一的中国。

此外,虽然学界对儒家思想是不是宗教存有不同的看法,但儒学教化在推行中,却有着宗教的功能,如完备的祭祀仪式,学子进文庙祈文运等。费孝通先生曾指出:"世界上哪里有一种宗教能赶得上我们儒家那样的深沉彻底。儒家所宣示的人生态度实是任何民族维持其生命的根本要素。这精神就是生生大道,是看到了人类和社会的真相,而用以成全其生命的道理。"② 虽然费先生没有直接使用"儒教",但却指出儒家对中国人影响的深刻性。在中国历史发展过程中,无论身处在"中州"抑或"边地",孔子都是人们耳熟能详的,作为"素王",孔子早已声名在外,即使人们不能确切地对孔子进行表述,但作为儒家所强调的普世的仁、义、礼、智等,都是不分地区、不分群体的被无差别的接受,就最普世的层面而言,儒家理论所阐释的,大都是人性中所应基本坚守的。

中国是一个多民族统一的国家,在各民族长期的发展过程中,形成多元一体格局,"'多元'是指各兄弟民族各有其起源、形成、发展的历史,文化、社会也各具特点而区别于其他民族;'一体'是指各民族的发展相互关联,相互补充,相互依存,与整体有不可

---

① 葛兆光:《宅兹中国:重建有关"中国"的历史论述》,中华书局2011年版,第253、280页。
② 费孝通:《费孝通全集》第1卷《1924—1936》,内蒙古人民出版社2009年版,第268页。

分割的内在联系和共同的民族利益"[1]。在这一发展过程中，作为中国传统文化的儒学和儒家思想发挥了巨大的作用。儒家思想提倡"和为贵"，主张兼容并蓄，在中央王朝的大力推广下，使儒学教化深入人们的日常，渗入诸多群体的文化中，成为其文化和生活中不可或缺的一部分。当儒家所提倡的价值和关怀深入人心时，不同群体间的交流沟通成为可能，不同群体之间可以在共有的价值取向上进行交往。不同群体在其文化价值的重塑下，吸纳儒学中的普世观念——仁爱、忠孝、修身齐家，使"各美其美"成为可能。加之对兼容并蓄、包容、开放、向善向上的追求，不同群体之间在交往时，才能做到"美人之美"，最后达到"美美与共，和而不同"。儒学作为一种传统文化，早已深入多元文化中，因此在"和而不同"中，"和"的部分依旧有儒学的身影。

---

[1] 费孝通主编：《中华民族多元一体格局（修订本）》，中央民族大学出版社2003年版，第309页。

参考文献

一 史志类

班固：《汉书》，中华书局1962年版。

曹春林编：《滇南杂志》，清嘉庆十五年刊本影印，华文书局股份有限公司印行，申报馆仿袖珍板印。

（清）陈燕、（清）韩宝琛修，（清）李景贤纂：《光绪霑益州志（二）·雍正师宗州志》，详见《中国地方志集成·云南府县志辑》第18册，凤凰出版社、上海书店、巴蜀书社2009年版。

（清）陈肇奎、（清）叶涞纂修：《建水州志》，详见《北京图书馆古籍珍本丛刊》（45），史部·地理类，书目文献出版社1987年版。

丁国梁修，梁家荣纂：《民国续修建水县志稿（一、二）》，详见《中国地方志集成·云南府县志辑》第56、57册，凤凰出版社、上海书店、巴蜀书社2009年版。

（清）鄂尔泰、尹继善修，靖道谟纂：《云南通志》，清乾隆元年（1736）刻本。

（唐）樊绰著，赵吕甫校释：《云南志校释》，中国社会科学出版社1985年版。

（清）范承勋、王继文、吴自肃、丁炜编纂：《康熙云南通志》，康熙三十年（1691）刊本，阳明文库图书。

（清）冯甦著，徐文德、李孝友校点：《滇考》，云南人民出版社2017年版。

何耀华总主编：《云南通史》（全六卷），中国社会科学出版社 2011 年版。

红河州回族学会编：《红河回族概览》，云南民族出版社 2012 年版。

建水县民族事务委员会、建水县彝学研究会编：《建水彝学研究》，1997 年 11 月，内部资料。

建水县政协文史资料委员会编：《建水文史资料选辑》（共七辑），内部资料，1999 年 7 月。

建水县志编纂委员会编：《建水古今》（共四辑），内部书刊。

建水一中建校 75 周年纪念文集编辑组编：《建水一中建校 75 周年纪念文集》，建水县印刷厂印刷，1992 年 10 月。

（清）江濬源修，（清）罗惠恩等纂：《嘉庆临安府志》，详见《中国地方志集成·云南府县志辑》第 47 册，凤凰出版社、上海书店、巴蜀书社 2009 年版。

柯劭忞：《元史二种·新元史》，上海古籍出版社 1989 年版。

（明）李安仁、王大韶等撰，邓洪波、刘文莉辑校：《石鼓书院志》，岳麓书社 2009 年版。

（明）李元阳著，刘景毛、江燕点校：《万历云南通志》（上中下），中国文联出版社 2011 年版。

（明）李中溪纂修：《云南通志》，详见林超民等编《中国西南文献丛书·第一辑·西南稀见方志文献》第二十一卷，兰州大学出版社 2003 年版。

（明）刘文征撰，古永继点校，王云、尤中审订：《滇志》，云南教育出版社 1991 年版。

刘晓东等点校：《二十五别史·华阳国志（九家旧晋书辑本）》，齐鲁书社 2000 年版。

龙云、卢汉监修，周钟嶽等纂：《民国新纂云南通志（四）》，详见《中国地方志集成·云南府省志辑》，凤凰出版社、上海书店、巴蜀书社 2009 年版。

马曜主编：《云南简史》（新增订本），云南人民出版社 1983

年版。

（清）倪蜕辑，李埏校点：《滇云历年传》，云南大学出版社2018年版。

钱林书编著：《续汉书郡国志汇释》，安徽教育出版社2007年版。

（清）师范纂：《滇系》（四册），清嘉庆十三年修光绪十二年重刊（影印），《中国方志丛书》第139号，台北：成文出版社1969年版。

师有福主编，《红河彝族辞典》编纂委员会编：《红河彝族辞典》，云南民族出版社2002年版。

石屏县孔子世家谱编委委员会：《石屏孔子世家谱》，2003年，内部资料。

（汉）司马迁撰，（南朝宋）裴骃集解，（唐）司马贞索隐，（唐）张守节正义：《史记》，中华书局1959年版。

（清）谢圣纶辑，古永继点校，杨庭硕审定：《滇黔志略点校》，贵州人民出版社2008年版。

（明）谢肇淛：《滇略》，文渊阁《四库全书》第494册，台湾商务印书馆发行1986年版。

（明）宋濂撰：《元史》，中华书局1976年版。

王叔武辑著：《云南古佚书钞》（增订本），云南人民出版社1996年版。

云南日报社新闻研究所编：《云南——可爱的地方》，云南人民出版社1984年版。

云南省建水第一中学校志编纂委员会编纂：《云南省建水第一中学校志》，云南人民出版社2007年版。

云南省建水县地方志编纂委员会编：《建水县志：简本》，方志出版社1999年版。

（清）张廷玉等撰：《明史》，中华书局1974年版。

（元）赵世延等撰，周少川、魏训田、谢辉辑校：《经世大典辑校》，中华书局2020年版。

（明）郑颙修，（明）陈文纂：《云南图经志》，详见林超民等编《中国西南文献丛书·第一辑·西南稀见方志文献》第二十一卷，兰州大学出版社 2003 年版。

政协建水县委员会编，汪致敏编著：《千年建水古城》，云南人民出版社 2014 年版。

政协建水县委员会编，许儒慧编著：《遗留在建水碑刻中的文明记忆》，云南人民出版社 2015 年版。

（明）诸葛元声撰，刘亚朝校点：《滇史》，德宏民族出版社 1994 年版。

（清）祝宏修，（清）赵节等纂：《雍正建水州志（上下）》，《中国方志丛书·华南地方》第 257 号，台北：成文出版社有限公司印行，清雍正九年修，1933 年重刊本。

《明太祖实录》，"中央"研究院历史语言研究所 1962 年校印本。

二　专著类

安小兰译注：《荀子》，中华书局 2007 年版。

白寿彝编著：《回民起义（2）》，神州国光社 1952 年版。

白新良：《中国古代书院发展史》，天津大学出版社 1995 年版。

宾慧中、张婕：《云南建水》，中国旅游出版社 2015 年版。

蔡寿福、陶天麟主编：《云南教育史》，云南教育出版社 2001 年版。

苍铭：《云南边地移民史》，民族出版社 2004 年版。

曹荆、谭晓云：《南疆邹鲁——建水》，三秦出版社 2003 年版。

陈春声：《信仰与秩序：明清粤东与台湾民间神明崇拜研究》，中华书局 2019 年版。

程志华：《中国儒学史》，人民出版社 2017 年版。

初小荣选编：《儒家、儒学与儒教》，国家图书馆出版社 2011 年版。

段颖：《泰国北部的云南人——族群形成、文化适应与历史变迁》，社会科学文献出版社2012年版。

范丽珠、欧大年：《中国北方农村社会的民间信仰》，上海人民出版社2013年版。

方国瑜：《方国瑜文集·第3辑》，云南教育出版社2001年版。

方国瑜：《方国瑜文集·第2辑》，云南教育出版社2001年版。

方国瑜：《中国西南历史地理考释》，中华书局1987年版。

费孝通主编：《中华民族多元一体格局（修订本）》，中央民族大学出版社2003年版。

费孝通：《费孝通全集》2卷《1937—1941》，内蒙古人民出版社2009年版。

费孝通：《费孝通全集》第1卷《1924—1936》，内蒙古人民出版社2009年版。

费孝通：《费孝通全集》第5卷《1947年》，内蒙古人民出版社2009年版。

费孝通著，麻国庆编：《美好生活与美美与共：费孝通对现时代的思考》，生活书店出版有限公司2019年版。

费孝通：《乡土中国生育制度》，北京大学出版社1998年版。

费孝通：《中国绅士》，惠海鸣译，中国社会科学出版社2006年版。

费正清、邓嗣禹编著：《冲击与回应——从历史文献看近代中国》，刘少卿译，民主与建设出版社2019年版。

干春松：《儒学小史》，上海人民出版社2019年版。

甘满堂：《村庙与社区公共生活》，社会科学文献出版社2007年版。

高春林著，陈云峰摄：《石屏郑营：云南第一历史文化名村》，云南美术出版社2006年版。

葛剑雄、曹树基、吴松弟：《简明中国移民史》，福建人民出版社1993年版。

葛剑雄主编：《中国移民史（六卷）》，福建人民出版社1997年版。

葛兆光：《何为"中国"？——疆域、民族、文化与历史》，香港：牛津大学出版社2014年版。

葛兆光《历史中国的内与外——有关"中国"与"周边"概念的再澄清》，香港：香港港中文大学出版社2017年。

龚友德：《儒学与云南少数民族文化》，云南人民出版社出版发行1993年版。

海淞主编：《云南考试史》，云南人民出版社2012年版。

郝正治：《汉族移民入滇史话——南京柳树湾高石坎》，云南大学出版社1998年版。

胡适：《说儒》，崇文书局2019年版。

胡务：《元代庙学：无法割舍的儒学教育链》，巴蜀书社2005年版。

虎保华主编：《建水县教育志》，云南民族出版社2007年版。

华军等：《"教化儒学"的思想历程》，中国社会科学出版社2020年版。

华南研究会编辑委员会编：《学步与超越：华南研究会论文集》，香港：文化创造出版社2004年版。

黄进兴：《优入圣域：权力、信仰与正当性》，中华书局2010年版。

荆德新编：《云南回民起义史料》，云南民族出版社1986年版。

景军：《神堂记忆：一个中国乡村的历史、权力与道德》，吴飞译，福建教育出版社2013年版。

柯治国主编：《建水文庙——开启滇南文明的圣殿》，云南美术出版社2004年版。

［英］科大卫：《皇帝和祖宗：华南的国家与宗族》，卜永坚译，江苏人民出版社2010年版。

［英］科大卫：《明清社会和礼仪》，曾宪冠译，李子归、陈博翼校，北京师范大学出版社2016年版。

（清）孔继汾撰，周海生点校：《阙里文献考》，上海古籍出版社2019年版。

李兵、刘海峰：《科举：不只是考试》，上海教育出版社 2018 年版。

李明川编写，建水一中革委会、州、县工作组编：《建水文庙简介》，中共红河州委员会"批林批孔"办公室印，1974 年，内部资料。

李景林：《教化儒学论：李景林说儒》，孔学堂书局有限公司 2014 年版。

李景林：《教化儒学续说》，中国社会科学出版社 2020 年版。

李申：《中国儒教史：全 3 卷》，江苏人民出版社 2017 年版。

李世风、龙雨和主编：《建水揽胜》，1991 年 8 月，建水县印刷厂，内部资料。

李亦园：《人类的视野》，上海文艺出版社 1996 年版。

李亦园：《信仰与文化》，台北县永和市：Airiti Press2010 年版。

连瑞枝：《边疆与帝国之间：明朝统治下的西南人群与历史》，台北市：联经出版事业股份有限公司 2019 年版。

连瑞枝：《隐藏的祖先：妙香国的传说和社会》，生活·读书·新知三联书店 2007 年版。

梁启超：《儒学六讲》，天津人民出版社 2018 年版。

梁漱溟：《梁漱溟全集（第四卷）》，山东人民出版社 1991 年版。

梁漱溟：《中国文化要义》，上海人民出版社 2011 年版。

林存光：《儒教中国的形成：早期儒学与中国政治文化的演进》，齐鲁书社 2003 年版。

林美容：《祭祀圈与地方社会》，台北县芦洲市：博扬文化 2008 年版。

刘德增：《大迁徙：寻找"大槐树"与"小云南"移民》，山东人民出版社 2009 年版。

刘凤云、刘文鹏编：《清朝的国家认同——"新清史"研究与争鸣》，中国人民大学出版社 2010 年版。

刘海峰、李兵：《中国科举史》，东方出版中心 2021 年版。

刘希伟：《清代科举冒籍研究》，华中师范大学出版社 2012 年版。

刘永华：《时间与主义》，北京师范大学出版社 2018 年版。

刘志伟：《在国家与社会之间：明清广东地区里甲赋役制度与乡村社会（增订版）》，北京师范大学出版社 2021 年版。

柳无忌：《儒学简史》，杨明辉译，江苏人民出版社 2020 年版。

陆启宏：《历史学与人类学：20 世纪西方历史人类学的理论与实践》，复旦大学出版社 2019 年版。

陆韧：《变迁与交融：明代云南汉族移民研究》，云南教育出版社 2001 年版。

麻国庆：《破土而出：流动社会的田野呈现》，北京师范大学出版社 2002 年版。

马佳：《建水紫陶：手工艺进程的人类学研究》，社会科学文献出版社 2019 年版。

马健雄：《再造的祖先：西南边疆的族群动员与拉祜族的历史建构》，香港：香港中文大学出版社 2013 年版。

蒙文通：《儒学五论》，广西师范大学出版社 2007 年版。

乔健：《漂泊中的永恒：人类学田野调查笔记》，山东画报出版社 1999 年版。

秦树才：《清代云南绿营兵研究：以汛塘为中心》，云南教育出版社 2004 年版。

尚斌、任鹏、李明珠：《中国儒学发展史》，兰州大学出版社 2008 年版。

申旭：《移民开拓的名城》，云南民族出版社 2000 年版。

申旭：《云南移民与古道研究》，云南人民出版社 2012 年版。

沈海梅：《明清云南妇女生活研究》，云南教育出版社 2000 年版。

沈旸：《东方儒光：中国古代城市孔庙研究》，东南大学出版社 2015 年版。

舒瑜：《微"盐"大义：云南诺邓盐业的历史人类学考察》，世界图书出版公司北京公司2009年版。

汤芸：《以山川为盟：黔中文化接触中的地景、传闻与历史感》，民族出版社2008年版。

田方、陈一筠主编：《中国移民史略》，知识产权出版社1986年版。

田丕鸿、高建安编著：《临安科举史话》，云南美术出版社2010年版。

汪致敏、欧孝敏、杨涛编著，建水文庙景区管理有限公司编：《建水文庙：一座名称的文化基石》，云南人民出版社2018年版。

汪致敏：《建水文庙：旅游、祭圣一本通（游遍华夏系列丛书）》，西安地图出版社2008年版。

汪致敏：《朱家花园：滇南豪门的兴盛与隐退》，云南人民出版社2013年版。

王笛：《消失的古城：清末民初成都的日常生活记忆》，社会科学文献出版社2019年版。

王明珂：《羌在汉藏之间——一个华夏边缘的历史人类学研究》，台北：联经出版有限公司2003年版。

王明珂：《英雄祖先与弟兄民族——根基历史的文本与情境》，中华书局2009年版。

王铭铭、舒瑜主编：《文化复合性——西南地区的仪式、人物与交换》，北京联合出版公司2015年版。

王铭铭：《刺桐城：滨海中国的地方与世界》，生活·读书·新知三联书店2018年版。

王铭铭：《人文生境：文明、生活于宇宙观》，生活·读书·新知三联书店2021年版。

王铭铭：《社会人类学与中国研究》，广西师范大学出版社2005年版。

王铭铭：《西方人类学思潮十讲》，广西师范大学出版社2005年版。

王铭铭：《西学"中国化"的历史困境》，广西师范大学出版社

2005年版。

王铭铭：《走在乡土上：历史人类学札记》，中国人民大学出版社2003年版。

王瑞平：《明清时期的云南移民与儒学在云南的传播》，大象出版社2011年版。

武德忠：《滇南千年古城——建水》，云南教育出版社2015年版。

武德忠：《惠历之水》，德宏民族出版社2010年版。

西佛曼、格里福主编：《走进历史田野——历史人类学的爱尔兰史个案研究》，贾士衡译，台北市：麦田出版股份有限公司1999年版。

肖永明：《儒学·书院·社会：社会文化史视野中的书院》，商务印书馆2012年版。

徐新建：《西南研究论》，云南教育出版社1992年版。

许儒慧：《云南文庙》，民族出版社2004年版。

杨成志：《杨成志人类学民族学文集》，民族出版社2003年版。

杨大禹：《儒教圣殿：云南文庙建筑研究》，云南大学出版社2015年版。

杨丰编撰：《建水文庙研究资料汇编》，建水县旅游局、建水县县志办公室、建水县文庙管理处编印，2002年。

杨丰、汪致敏：《学政考棚：滇南科举历史的记忆》，云南人民出版社2013年版。

杨丰校注：《建水文庙历代碑文选注》，建水文庙管理处编印，2004年1月，内部资料。

杨丰：《建水》，中国文史出版社2005年版。

杨庆堃：《中国社会中的宗教：宗教的现代社会功能及其历史因素之研究》，范丽珠译，上海人民出版社2007年版。

杨庭硕、罗康隆：《西南与中原》，云南教育出版社1992年版。

杨兆钧主编：《云南回族史》，云南民族出版社1989年版。

尤中编著：《西南民族史论著》，云南民族出版社1982年版。

尤中：《尤中文集·第5卷》，云南大学出版社2009年版。

尤中：《尤中文集·第2卷》，云南大学出版社2009年版。

曾黎：《仪式的建构与表达——滇南建水祭孔仪式的文化与记忆》，巴蜀书社2012年版。

张立永：《团山我的家乡》，昆明富新春彩色印务有限公司2015年版。

张绍碧主编：《建水故事·传说篇》，光明日报出版社2003年版。

张绍碧主编：《建水故事·风物篇》，光明日报出版社2003年版。

张绍碧主编：《建水史话》，云南人民出版社2017年版。

张廷昭：《元代儒学教化研究》，中国社会科学出版社2015年版。

张小军：《让历史有"实践"：历史人类学思想之旅》，清华大学出版社2019年版。

张亚辉：《历史与神圣性：历史人类学散论集》，世界图书出版公司北京公司2009年版。

张应强：《木材之流动：清代清水江下游地区的市场、权力与社会》，生活·读书·新知三联书店2006年版。

张中奎：《西南民族研究》，中国社会科学出版社2016年版。

赵敏、廖迪生主编，《云贵高原的坝子社会历史人类学视野下的西南边疆》，云南大学出版社2015年版。

赵楠主编，苏正洪、喻利平、李德等编著：《古临安》，云南美术出版社2003年版。

赵世瑜主编：《"乡校"记忆：历史人类学训练的起步》，北京大学出版社2021年版。

赵世瑜：《历史人类学的旨趣：一种实践的历史学》，北京师范大学出版社2020年版。

赵世瑜：《说不尽的大槐树——祖先记忆、家园象征与族群历史》，北京师范大学出版社2018年版。

赵晓凌主编，汪致敏、张建农编著：《古老寺庙——神灵殿堂》，云南出版集团公司、云南美术出版社2007年版。

赵晓凌主编，杨丰编著：《教育圣地——滇南邹鲁》，云南出版集团公司、云南美术出版社2007年版。

郑振满、陈春声主编：《民间信仰与社会空间》，福建人民出版社2003年版。

周振鹤：《中国历史文化区域研究》，复旦大学出版社1997年版。

周振鹤撰集，顾美华点校：《圣谕广训：集解与研究》，上海书店出版社2006年版。

［英］埃文斯—普里查德：《努尔人：对一个尼罗特人群生活方式和政治制度的描述》，褚建芳译，商务印书馆2014年版。

［英］埃文斯—普里查德：《阿赞德人的巫术、神谕和魔法》，覃俐俐译，商务印书馆2006年版。

［英］埃文斯—普里查德：《论社会人类学》，冷凤彩译，梁永佳校，世界图书出版公司北京公司2009年版。

［英］爱德华·泰勒：《原始文化：神话、哲学、宗教、语言、艺术和习俗发展之研究》，连树声译，广西师范大学出版社2005年版。

［法］爱弥尔·涂尔干：《宗教生活的基本形式》，渠东、汲喆译，商务印书馆2011年版。

［美］保罗·康纳顿：《社会如何记忆》，纳日碧力戈译，上海人民出版社2000年版。

［美］保罗·拉比诺：《摩洛哥田野作业反思》，高丙中、康敏译，商务印书馆2008年版。

［澳］C. P. 费茨杰拉德：《五华楼：关于云南大理民家的研究》，刘晓峰、汪晖译，民族出版社2006年版。

［美］杜维明：《道、学、政：论儒家知识分子》，钱文忠、盛勤译，上海人民出版社2000年版。

［美］杜赞奇：《文化、权力与国家：1900—1941年的华北农

村》，王福明译，江苏人民出版社 2010 年版。

［日］渡边欣雄：《汉族的民俗宗教——社会人类学的研究》，周星译，天津人民出版社 1998 年版。

［美］段义孚：《恋地情结》，志丞、刘苏译，商务印书馆 2018 年版。

［挪威］弗里德里克·巴斯主编：《族群与边界：文化差异下的社会组织》，李丽琴译，商务印书馆 2014 年版。

［英］弗里德曼：《中国东南的宗族组织》，刘晓春译，上海人民出版社 2000 年版。

［法］葛兰言：《中国人的宗教信仰》，程门译，贵州人民出版社 2010 年版。

［日］宫崎市定：《科举史》，马云超译，大象出版社 2020 年版。

［丹麦］海斯翠普：《他者的历史——社会人类学与历史制作》，贾士蘅译，中国人民大学出版社 2010 年版。

［美］韩森：《变迁之神：南宋时期的民间信用》，包伟民译，浙江人民出版社 1999 年版。

［美］赫伯特·芬格莱特：《孔子：即凡而圣》，彭国翔、张华译，江苏人民出版社 2002 年版。

［加］简·雅各布斯：《美国大城市的死与生》，金衡山译，译林出版社 2006 年版。

［美］杰姆逊：《后现代主义与文化理论》，唐小兵译，陕西师范大学出版社 1987 年版。

［美］柯文：《在中国发现历史：中国中心观在美国的兴起》，林同奇译，社会科学文献出版社 2017 年版。

［美］克利福德·格尔茨：《地方性知识：阐释人类学论文集》，杨德睿译，商务印书馆 2014 年版。

［美］克利福德·格尔茨：《追寻事实：两个国家、四个十年、一位人类学家》，林经纬译，北京大学出版社 2011 年版。

［美］克利福德·格尔兹：《尼加拉：十九世纪巴厘剧场国家》，

赵丙祥译，王铭铭校，上海人民出版社1999年版。

［美］克利福德·格尔兹：《文化的解释》，纳日碧力戈等译，上海人民出版社1999年版。

［美］拉铁摩尔：《中国的亚洲内陆边疆》，唐晓峰译，江苏人民出版社2005年版。

［美］列文森（Levenson）：《儒教中国及其现代命运》，郑大华等译，中国社会科学出版社2000年版。

［美］罗友枝等主编：《中华帝国晚期的大众文化》，赵世玲译，赵世瑜审校，北京师范大学出版社2022年版。

［美］罗友枝：《清代宫廷社会史》，周卫平译，中国人民大学出版社2009年版。

［德］马克斯·韦伯：《经济与社会（第一卷）》，阎克文译，上海译文出版社2020年版。

［德］马克斯·韦伯：《儒教与道教》，洪天富译，江苏人民出版社2003年版。

［英］马凌诺斯基：《西太平洋的航海者》，梁永佳、李绍明译，高丙中校，华夏出版社2001年版。

［法］马塞尔·莫斯、昂利·于贝利：《巫术的一般理论 献祭的性质与功能》，杨渝东、梁永佳、赵炳祥译，广西师范大学出版社2007年版。

［法］马塞尔·莫斯：《礼物》，汲喆译，商务印书馆2016年版。

［美］马歇尔·萨林斯：《历史之岛》，蓝达居等译，上海人民出版社2003年版。

［英］马修·恩格尔克：《如何像人类学家一样思考》，陶安丽译，山海文艺出版社2021年版。

［法］莫里斯·哈布瓦赫：《论集体记忆》，毕然、郭金华译，上海人民出版社2002年版。

［英］奈吉尔·巴利：《天真的人类学家——小泥屋笔记 & 重返多瓦悠兰》，何颖怡译，广西师范大学出版社2011年版。

［美］欧文·戈夫曼：《日常生活中的自我呈现》，冯钢译，北京大学出版社2008年版。

［英］利奇（E. R. Leach）：《缅甸高地诸政治体系：对克钦社会结构的一项研究》，杨春宇、周歆红译，商务印书馆2010年版。

［美］芮德菲尔德：《农民社会与文化：人类学对文明的一种诠释》，王莹译，中国社会科学出版社2013年版。

［美］萨义德：《东方学》，王宇根译，生活·读书·新知三联书店1995年版。

［美］塞缪尔·亨廷顿：《文明的冲突与世界秩序的重建》，周琪等译，新华出版社2010年版。

［法］沙海昂注：《马可波罗行纪》，冯承钧译，商务印书馆2017年版。

［美］施坚雅主编：《中华帝国晚期的城市》，叶光庭等译，中华书局2000年版。

［美］施坚雅：《中国农村的市场和社会结构》，史建云、徐秀丽译，中国社会科学出版社1998年版。

［美］斯蒂文·郝瑞：《田野中的族群关系与民族认同——中国西南彝族社区考察研究》，巴莫阿依、曲木铁西译，广西人民出版社2000年版。

［美］斯科特：《逃避统治的艺术：东南亚高地的无政府主义历史》，王晓毅译，生活·读书·新知三联书店2016年版。

［瑞士］坦纳：《历史人类学导论》，白锡堃译，北京大学出版社2008年版。

［英］王斯福：《帝国的隐喻：中国民间宗教》，赵旭东译，江苏人民出版社2009年版。

［美］韦思谛编：《中国大众宗教》，陈仲丹译，江苏人民出版社2006年版。

［美］武雅士：《中国社会中的宗教与仪式》，彭泽安、邵铁峰译，江苏人民出版社2014年版。

［意大利］伊塔洛·卡尔维诺：《看不见的城市》，张密译，译

林出版社 2012 年版。

［日］原广司：《空间：从功能到形态》，张伦译，江苏凤凰科学技术出版社 2017 年版。

［德］约翰尼斯·费边：《时间与他者：人类学如何制作其对象》，马健雄、林珠云译，北京师范大学出版社 2018 年版。

［美］詹姆斯·克利福德、［美］乔治·E. 马库斯编：《写文化：民族志的诗学与政治学》，高丙中、吴晓黎、李霞等译，商务印书馆 2006 年版。

［美］张光直：《美术、神话与祭祀》，郭净译，生活·读书·新知三联书店 2013 年版。

C. P. FitzGerald, *The Southern Expansion of the Chinese people*: "*Southern Fields and Southern Ocean*", London: Barrie & Jenkins, 1972.

Daniel L. Ovennyer, *Local religion north china in the twentieth century*: *The structure and organization of community rituals and beliefs*. Baston: Brill. 2009.

E. Ohnuki-Tierney, "*Introduction*: *The historicization of Anthropology*", E. Ohnuki-Tierney, ed., *culture Through Time*: *Anthropological Approaches*, Stanford University Press, 1990.

Erik Mueggler, *Songs for dead parents*: *Corpse, text, and world in southwest China*, London: The university of Chicago press, 2017.

Erik Mueggler, *The Paper Road*: *Archive and Experience in the Botanical Exploration of West china and Tibet*, Berkeley and Los Angeles: University of California press, 2011.

Helen F. Siu, *Agents and Victims in South China*: *Accomplices in Rural Revolution*, Yale University, 1989.

Helen F. Siu, *Tracing China*: *A Forty-Year Ethnographic Journey*, Hong Kong University Press, 2016.

James L. Watson, Evelyn Sakakida Rawski, *Death Ritual in Late Imperial and Modern China*, Berkeley · Los Angeles · London: Universiry of Califomia Press, 1988.

John Lagerwey, *China: A Religious State*. Hong Kong: Hong Kong University Press, 2010; 68.

John Lagerwey, *Taoist Ritual In Chinese Society And History*, New York: Macmillan Publishing Company, 1987.

Keith H. Basso. *Wisdom Sits in Places: Landscape and Language among the Western Apache*, Albuquerque University of New Mexico Press, 1996.

Kenneth Dean and Zhenrnan Zheng, *Ritual alliances of the putian plain*, Handbook of oriental studies, Boston: Brill. 2010.

Stevan Harrell. "Introduction: Civilizing prejects and the Reaction to Them", in Steven Harrell ed., *Cultural Encounters on China's Ethnic Frontiers*, Seattle and London: University of Washington Press, 1995.

Stevan Harrell, *Ways of being ethnic in Southwest China*, Seattle: Univesity of Washington press, No. 1, 2001.

三 论文类

陈春声：《走向历史现场》，《读书》2006年第9期。

寸云激、马健雄：《坝子社会：一种历史人类学视角》，《开放时代》2022年第4期。

洪晓丽：《文庙与儒家文化的传播——以建水文庙为例》，《曲靖师范学院学报》2013年第2期。

华琛（James L. Watson）、湛蔚晞译，廖迪生校：《中国丧葬仪式的结构——基本形态、仪式次序、动作的首要性》，《历史人类学学刊》第1卷第2期，2003年10月。

兰林友：《论族群与族群认同理论》，《广西民族学院学报》（哲学社会科学版）2003年第5期。

李绍明：《西南民族研究的回顾与前瞻》，《贵州民族研究》2004年第3期。

李绍先、袁能先：《德阳文庙文化价值伦略》，《装备制造与教育》，2015年第2期。

李永、柯琪：《贵州文庙的历史、现状及保护开发研究：基于安顺文庙的调查》，《江汉大学学报》（哲学社会科学版）2017年第10期。

刘正爱：《东北地区地仙信仰的人类学研究》，《广西民族学院学报》（哲学社会科学版）2007年第3期。

刘志伟：《附会、传说与历史真实——珠江三角洲族谱中宗族历史的叙事结构及其意义》，载王鹤鸣等主编《中国谱牒研究——全国谱牒开发与利用学术研讨会论文集》，上海古籍出版社1999年版。

刘志伟：《祖先谱系的重构及其意义——珠江三角洲一个宗族的个案分析》，《中国社会经济研究史》1992年第4期。

刘志扬：《本土、区域与中国民族学人类学学科体系构建——中山大学百年西南民族研究回顾》，《广西民族大学学报》（哲学社会科学版）2019年第2期。

马斌斌：《穆斯林商贸跨越的多重性——德钦阿墩子贸易网络中的汉、回、藏关系》，硕士学位论文，云南民族大学，2018年。

彭秀祝：《从边缘参与主流——滇南孔姓彝族姓名符号研究》，《北方民族大学学报》（哲学社会科学版）2018年第2期。

秦莉：《川西地区文庙建筑的装饰特点研究》，硕士学位论文，西南交通大学，2010年。

石硕：《论藏彝走廊的"沟域"文化现象》，载《2014年中国西南民族研究学会第17次会员代表大会暨学术研讨会论文集》，2014年11月。

孙九霞：《试论族群与族群认同》，《中山大学学报》（社会科学版）1998年第2期。

唐晓涛：《城隍信仰的世俗化与"狼兵"族群身份认同的变迁》，《广西民族学院学报》（哲学社会科学版）2016年第11期。

汪致敏：《建水洞经音乐初探》，《民族艺术研究》1994年第5期。

王瑞平：《明清时期云南的人口迁移与儒学在云南的传播》，博士学位论文，中央民族大学，2004年。

王树五：《云南地名研究举隅》，详见《云南省历史研究所研究集刊》1984年第1期。

王文光、朱映占：《继承与突破：中国西南古代民族的历史人类学研究前景及其可能》，《西南边疆民族研究》2018年第25辑。

吴真：《民间信仰研究三十年》，《民俗研究》2008年第4期。

徐永寿：《古校沿革与时俱进谱新篇崇正引领文化育人养德行——访建水县第一小学校长高莉莉》，《云南教育（小学教师）》2018年第10期。

杨江林：《交融与整合：晚清民国以来滇西边地三崇信仰研究》，博士学位论文，西南民族大学，2020年6月。

张欣蕊：《文庙在大理地区的兴建及其作用研究》，硕士学位论文，大理大学，2019年。

张智林：《建水文庙的人类学研究》，硕士学位论文，云南民族大学，2019年。

赵世瑜：《结构过程·礼仪标识·逆推顺述——中国历史人类学研究的三个概念》，《清华大学学报》（哲学社会科学版）2018年第1期。

郑姝莉、张文义、王健：《当代海外中国人类学研究述评》，《中国研究》总第20期。

周大鸣：《论族群与族群关系》，《广西民族学院学报》（哲学社会科学版）2001年第3期。

周大鸣：《移民文化——一个假设？》，《江苏社会科学》2005年第5期。

周大鸣：《移民与城市活力——一个都市人类学研究的新视角》，《学术研究》2018年第1期。

周大鸣、詹虚致：《人类学区域研究的脉络与反思》，《民族研究》2015年第1期。

朱爱东：《国家、地方与民间之互动——巍山民间信仰组织

"圣谕坛"的形成》,《广西民族学院学报》（哲学社会科学版）2005年第11期。

［美］罗友枝著：《一个历史学者对中国人丧葬仪式的研究方法》,廖迪生译,《历史人类学学刊》第2卷第1期,2004年4月。

Ho Ping-ti, "The Significance of the Ch'ing Period in Chinese History", *The Journal of Asian Studies*, Vol. 26, No. 2, Feb., 1967.

Joel Robbins, "Monism, Pluralism and the Structure of Value Relations: A Dumontian Contribution to the Contemporary Study of Value", *Journal of Contemporary Theory*, No. 1, 2013.

附　录

临安地区明清时期进士一览表①

时间	人名	籍贯	名次
明代文进士（57人）			
明永乐二年（1404）甲申科	张文礼	宁州	第三甲第三百五十一名
明永乐年间（1403—1424）	陈世箕	石屏州	钦赐进士
明正统七年（1442）壬戌科	刘锴②	临安卫	第二甲第二十七名
明景泰二年（1451）辛未科	罗晟	临安卫	第三甲第六十二名
明天顺元年（1457）丁丑科	曾瑄	临安卫	第三甲第一百四十五名
明天顺八年（1464）甲申科	邢干	临安卫	第三甲第一百五十二名
明成化十一年（1475）乙未科	张西铭	宁州	第三甲第一百五十二名
明成化十七年（1481）辛丑科	王杲	临安卫	第三甲第一百五十二名
明弘治三年（1490）庚戌科	王璟	建水州	第三甲第七十三名
明弘治九年（1496）丙辰科	张绎	建水州	第三甲第八十二名
明弘治十二年（1499）己未科	乔瑛	通海千户所	第三甲第一百六十二名
明正德三年（1508）戊辰科	刘洙	临安卫	第三甲第一百三十一名
明正德九年（1514）甲戌科	王延表	阿迷州	第三甲第一百五十三名
明正德十六年（1521）辛巳科	张凤翀	宁州	第三甲第一百六十八名
明正德十六年（1521）辛巳科	缪宗周	通海千户所	第三甲第三百零九名
明嘉靖二年（1523）癸未科	叶瑞	临安卫	第三甲第一百零六名

---

① 田丕鸿、高建安编著：《临安科举史话》，云南美术出版社2010年版，第430—483页。

② 在其他史料中，刘锴被认为是临安地区的进士第一人。

续表

时间	人名	籍贯	名次
明嘉靖五年（1526）丙戌科	杨僎	临安卫	第三甲第三十五名
明嘉靖十四年（1535）乙未科	冯良知	临安卫	第三甲第八十名
明嘉靖十七年（1538）戊戌科	万文彩	临安卫	第三甲第一百九十三名
嘉靖二十三年（1544）甲辰科	杨廷相	临安卫	第三甲第一百三十一名
嘉靖二十六年（1547）丁未科	李遇元	临安卫	第三甲第七十七名
嘉靖四十四年（1565）乙丑科	许镒	石屏州	第三甲第八十三名
嘉靖四十四年（1565）乙丑科	龚廷璧	建水州	第三甲第二百二十名
明隆庆二年（1568）戊辰科	王恩民	临安卫	第三甲第二百零六名
明隆庆五年（1571）辛未科	王来贤	临安卫	第二甲第十六名
明隆庆五年（1571）辛未科	尹廷俊	蒙自县	第三甲第一百二十四名
明隆庆五年（1571）辛未科	萧崇业	临安卫	第三甲第二百一十八名
明万历二年（1574）丁丑科	朱道南	临安卫	第三甲第一百五十九名
明万历五年（1577）丁丑科	向僎	临安卫	第三甲第一百九十八名
明万历五年（1577）丁丑科	叶祖尧	临安卫	第三甲第二百一十五名
明万历八年（1580）庚辰科	涂时相	石屏州	第三甲第七名
明万历十七年（1589）己丑科	包见捷	临安卫	第二甲第二是二名
明万历二十年（1592）壬辰科	王夔龙	石屏州	第三甲第一百五十七名
万历二十三年（1595）乙未科	俈祺	临安卫	第三甲第八十六名
明万历二十六（1598）戊戌科	杨应登	阿迷州	第三甲第一百四十八名
万历二十九年（1601）辛丑科	王元翰	宁州	第三甲第六十六名
万历二十九年（1604）甲辰科	陈龙光	石屏州	第三甲第一百七十三名
万历三十五年（1607）丁未科	陈鉴	石屏州	第三甲第二十三名
万历三十五年（1607）丁未科	段上锦	建水州	第三甲第五名
万历三十八年（1610）庚戌科	赵琦	宁州	第二甲第九名
万历三十八年（1610）庚戌科	张法孔	宁州	第二甲第三十六名
万历四十一年（1613）癸丑科	张正道	宁州	第三甲第二名
万历四十一年（1613）癸丑科	张赞	通海县	第三甲第二百二十三名
万历四十四年（1616）丙辰科	夏启昌	临安卫	第三甲第四十三名
天启二年（1622）壬戌科	徐天凤	宁州	第二甲第五十三名

续表

时间	人名	籍贯	名次
天启二年（1622）壬戌科	李柱明	阿迷州	第二甲第六十四名
天启二年（1622）壬戌科	廖大亨	建水州	第三甲第二百二十一名
天启五年（1625）乙丑科	万永康	临安卫	第三甲第一百零五名
崇祯四年（1631）辛未科	王士章	河西县	第二甲第三十六名
崇祯四年（1631）辛未科	李思恂	河西县	第三甲第一百三十八名
崇祯七年（1634）甲戌科	朱国昌	临安卫	第三甲第一百三十二名
崇祯七年（1634）甲戌科	万民表	阿迷州	第三甲第二百零二名
崇祯十年（1637）丁丑科	张垣	通海卫	第二甲第三十五名
崇祯十年（1637）丁丑科	台汝砺	临安卫	第三甲第一百二十七名
崇祯十三年（1640）庚辰科	张一甲	石屏州	第二甲第二名
崇祯十三年（1640）庚辰科	廖履亨	建水州	第三甲第四十二名
崇祯十三年（1640）庚辰科	张宜	河西县	第三甲第一百一十六名
明代武进士（28人）			
都司	刘安国、冯立、王文元、方策、周鼎臣（5人）		
守备	江维仲、朱道荣、李可久、查世科、刘知至、程濂（6人）		
参将	周天爵、王之瑞、佴缙、伍万钟、伍德崇、万淳、王廷光、吴德行、王俨、张良侯（10人）		
总兵	万鳌、楚正、刘安国、吴子中（4人）		
指挥	吴金印（1人）		
副将	钱富民（1人）		
游击	汤上宽（1人）		
清代文进士（152人）			
康熙十二年（1673）癸丑科	万肃	石屏州	第三甲第五十四名
康熙十二年（1673）癸丑科	阚福兆	通海县	第三甲第六十二名
康熙二十四年（1685）乙丑科	许贺来	石屏州	第二甲第三十名
康熙二十七年（1688）戊辰科	卢炳	石屏州	第三甲第四十八名
康熙三十九年（1700）庚辰科	董玘	通海县	第三甲第三十六名
康熙三十九年（1700）庚辰科	王孙熊	石屏州	第三甲第一百一十三名
康熙三十九年（1700）庚辰科	曾昕①	建水州	第三甲第二百一十名

① 寄开化学。

续表

时间	人名	籍贯	名次
康熙四十八年（1709）己丑科	陈守仁	石屏州	第三甲第一百五十九名
康熙五十二年（1713）癸巳恩科	张汉	石屏州	第三甲第四十九名
	林鹤来	建水州	第三甲第六十九名
康熙五十四年（1715）乙未科	赵 城	通海县	第二甲第二十八名
	黄鹤鸣	建水州	第三甲第四十八名
	薛天培	建水州	第三甲第六十二名
康熙五十七年（1718）戊戌科	刘仁达	建水州	第三甲第一百灵七名
康熙六十年（1721）辛丑科	何郎	石屏州	第三甲第六十名
	万咸燕	石屏州	第三甲第一百零五名
雍正元年（1723）癸卯恩科	罗凤彩	石屏州	第三甲第五十二名
	杨胪赐	石屏州	第三甲第五十九名
雍正二年（1724）甲辰科	朱煐	石屏州	第二甲第七十五名
	陈沆	石屏州	第三甲第五十九名
雍正五年（1727）丁未科	许平	石屏州	第三甲第八十九名
	张垣	石屏州	第三甲第一百三十一名
	刘腾蛟	石屏州	第三甲第一百三十二名
	陈蓉缠	石屏州	第三甲第一百四十八名
	合揆	河西县	第三甲第一百五十九名
雍正八年（1730）庚戌科	高扬	通海县	第三甲第一百三十二名
	段开化	建水州	第三甲第二百零五名
	刘瓒	建水州	第三甲第二百三十二名
	李学周	蒙自县	第三甲第二百九十五名
雍正十一年（1733）癸丑科	陈荀缠	石屏州	第三甲第十名
	李賁	嶍峨县	第三甲第四十五名
	杨名扬	石屏州	第三甲第八十一名
	傅为訡①	建水州	第三甲第一百五十五名
	王浩	蒙自县	第三甲第二百一十九名
乾隆元年（1736）丙辰科	王兆曾	石屏州	第三甲第一百四十九名
	卫璜	建水州	第三甲第一百七十九名

① 寄籍元江。

续表

时间	人名	籍贯	名次
乾隆二年（1737）丁巳恩科	蒋文祚	建水州	第三甲第二十九名
	陈世烈	建水州	第三甲第五十八名
	葛萃	河西县	第三甲第一百三十八名
	沈致中	建水州	第三甲第二百一十六名
乾隆七年（1742）壬戌科	田沆	建水州	第三甲第九名
	陈琳	宁州	第三甲第四十七名
	张盛兆	建水州	第三甲第一百二十三名
	张凤书	通海县	第三甲第一百五十一名
	周于智	嶍峨县	第三甲第一百八十名
	张九功	建水州	第三甲第一百九十七名
乾隆十年（1745）乙丑科	杨文扬	宁州	第三甲第八十七名
	王善思	建水州	第三甲第一百零六名
乾隆十三年（1748）戊辰科	万成勋	蒙自县	第三甲第一百五十五名
乾隆十六年（1751）辛未科	周于礼	嶍峨县	第二甲第四十四名
	刘恒	建水州	第二甲第六十五名
	刘心传	石屏州	第三甲第八十四名
	刘位廷	蒙自县	第三甲第一百二十九名
	徐吉士	嶍峨县	第三甲第一百六十七名
乾隆十七年（1752）壬申恩科	杜念曾	嶍峨县	第三甲第十名
	万以征	阿迷州	第三甲第五十一名
	谢奏璋	石屏①	第三甲第一百一十名
乾隆十九年（1754）甲戌科	倪高甲	建水州	第二甲第九名
	李云程	石屏州	第三甲第四十一名
	邓之圻	石屏州	第三甲第四十八名
	尹均	蒙自县	第三甲第九十一名
乾隆二十五年（1760）庚辰科	刘经传	石屏州	第三甲第十九名
	张登鳌	宁州	第三甲第七十名
乾隆二十六年（1761）辛巳恩科	李松龄	宁州	第三甲第二十六名
	余大鹤	建水州	第三甲第四十六名

① 寄禄劝学。

续表

时间	人名	籍贯	名次
乾隆二十六年（1761）辛巳恩科	卢淳	石屏州	第三甲第六十四名
	李廷柏	建水州	第三甲第一百零二名
乾隆二十八年（1763）癸未科	刘治传	石屏州	第三甲第七十名
乾隆三十一年（1766）丙戌科	尹壮图	蒙自县	第二甲第三十五名
乾隆三十四年（1769）己丑科	李茂彩	石屏州	第三甲第八十四名
乾隆三十七年（1772）壬辰科	刘大绅	宁州	第二甲第四十五名
	胡敏	宁州	第三甲第七十名
乾隆四十九年（1784）甲辰科	倪思淳	建水县	第三甲第三名
乾隆五十二年（1787）丁未科	尹英图	蒙自县	第三甲第三十四名
	任澍南	石屏州	第三甲第四十二名
乾隆六十年（1795）乙卯恩科	董健	通海县	第三甲第三十六名
	向洙	河西县	钦赐检讨衔
	黄赞元	蒙自县	钦赐检讨衔
嘉庆元年（1796）丙辰恩科	杨鹤荣	石屏州	钦赐检讨衔
嘉庆四年（1799）己未科	杨桂森	石屏州	第三甲第七十八名
嘉庆六年（1801）辛酉恩科	胡璿	石屏州	第三甲第五十四名
	杜宣	嶍峨县	第三甲第六十六名
嘉庆七年（1802）壬戌科	万永福	蒙自县	第三甲第一百一十四名
	尹佩绅	蒙自县	第三甲第一百三十六名
	叶雨清	阿迷州	第三甲第一百五十二名
嘉庆十年（1805）乙丑科	倪思莲	建水县	第二甲第四十四名
	尹佩棻	蒙自县	第三甲第一百二十八名
嘉庆十三年（1808）戊辰科	廖敦行	建水县	第二甲第一百零七名
	王会清	蒙自县	第三甲第六十一名
嘉庆十四年（1809）己巳恩科	谈有本	蒙自县	第二甲第八十二名
	武次韶	建水县	第二甲第八十八名
	张孝诗	石屏州	第三甲第八名
嘉庆十六年（1811）辛未科	丁运泰	石屏州	第二甲第七十二名
	尹佩珩	蒙自县	第三甲第十一名

续表

时间	人名	籍贯	名次
嘉庆十六年（1811）辛未科	马章藻	建水县	第三甲第一百零三名
	马良臣	通海县	第三甲第一百零五名
	谈赐福	蒙自县	第三甲第一百三十名
嘉庆十九年（1814）甲戌科	孔继尹	通海县	第三甲第五十四名
嘉庆二十二年（1817）丁丑科	罗士蒸	石屏州	第三甲第一百三十六名
	李时升	河西县	第三甲第一百三十八名
	董宪	嶍峨县	第三甲第一百四十一名
嘉庆二十四年（1819）己卯恩科	朱嶟	通海县	第三甲第十名
嘉庆二十五年（1820）庚辰科	罗士菁	石屏州	第二甲第六名
	许应藻	石屏州	第二甲第十一名
道光二年（1822）壬午恩科	李士林	通海县	第二甲第三十五名
	胡霖苍	石屏州	第二甲第六十一名
道光九年（1829）己丑科	朱淳	石屏州	第二甲第一名
	朱麓	石屏州	第三甲第五十三名
	朱家学	石屏州	第三甲第六十六名
道光十二年（1832）壬辰恩科	陆应谷	蒙自县	第二甲第九十八名
	汪自修	通海县	第三甲第五十一名
	刘炳青	蒙自县	第三甲第六十三名
道光十五年（1835）乙未科	丁宝纶	石屏州	第二甲第三十八名
	李景椿	建水县	第三甲第一百一十五名
道光十六年（1836）丙申恩科	许晖藻	石屏州	第三甲第三十名
道光二十一年（1841）辛丑恩科	刘家达	宁州	第三甲第一百零一名
道光二十五年（1845）乙巳恩科	李珣	蒙自县	第三甲第五十八名
道光三十年（1850）庚戌科	尹佩玱	蒙自县	第三甲第五十二名
咸丰三年（1853）癸丑科	曾思沂	通海县	第三甲第七十九名
咸丰九年（1859）己未科	王绮珍	石屏州	第二甲第六十八名
咸丰十年（1860）庚申恩科	曾思浚	通海县	第三甲第四十一名
同治十年（1871）甲戌科	陆葆德	蒙自县	第三甲第一百零六名
光绪二年（1876）丙子恩科	王鸿诰	蒙自县	第二甲第八十九名
	徐玉山	嶍峨县	第三甲第一百一十九名

续表

时间	人名	籍贯	名次
光绪三年（1877）丁丑科	董汝翼	嶍峨县	第二甲第一百二十九名
	陈兆庆	通海县	第三甲第一百二十名
光绪六年（1880）庚辰科	宋秉谦	石屏州	第二甲第一百三十名
	宋荫培	石屏州	第三甲第八名
	祁征祥	通海县	第三甲七十四名
光绪九年（1883）癸未科	钱正圜	建水县	第二甲第十四名
	王永年	建水县	第二甲第四十七名
	王荃	石屏州	第二甲第三十一名
	段鳞	建水县	第二甲第一百六十四名
光绪十二年（1886）丙戌科	刘有光	宁州	第三甲第一百零八名
	杨增辉	蒙自县	第三甲第一百零三名
	董汝明	嶍峨县	第三甲第一百三十九名
光绪十五年（1889）己丑科	杨增新	蒙自县	第三甲第一百二十七名
	苏保国	建水县	第三甲第一百四十一名
光绪十六年（1890）庚寅恩科	朱景轼	石屏州	第二甲第三十八名
	朱芬	石屏州	第三甲第一百三十四名
光绪十八年（1892）壬辰科	张瀛	石屏州	第二甲第二十五名
	朱家宝	宁州	第二甲第四十一名
	赵传琴	通海县	第三甲第六十六名
	武光樽	建水县	第三甲第一百五十九名
光绪二十年（1894）甲午恩科	周子懿	蒙自县	第二甲第四十六名
	钟杰	建水县	第三甲第六十九名
	戴永清	通海县	第三甲第一百七十三名
光绪二十四年（1898）戊戌科	赵传忍	通海县	第二甲第九十八名
光绪二十九年（1903）癸卯科	袁嘉谷[①]	石屏州	第二甲第六十二名
	陈钧	石屏州	第三甲第九名
	胡商彝	石屏州	第三甲第八十名
光绪三十年（1904）甲辰恩科	闵道	蒙自县	第三甲第六十九名

---

① 袁嘉谷并取得光绪二十九年（1903）癸卯经济特科第一等第一名，为经济特科状元，也是云南省的唯一状元。

续表

时间	人名	籍贯
清代武进士（37人）		
康熙□□科	萧渤	河西县
康熙丁卯科	戴鼎	河西县
康熙九年（1670）庚戌科	李永圻	建水县
康熙五十二年（1713）癸巳科	吴裔臣	建水县
康熙六十年（1721）辛丑科	马铤	建水县
雍正元年（1723）癸卯恩科	傅珽	建水县
雍正八年（1730）庚戌科	高谋	建水县
乾隆元年（1736）丙辰恩科	马向垣	建水县
乾隆四年（1739）己未科	马暹泰	建水县
乾隆七年（1742）己未科	马景泰	建水县
乾隆十年（1745）乙丑科	郑国卿	阿迷州
乾隆十三年（1748）戊辰科	杨曙	建水县
	尹宗河	蒙自县
乾隆十六年（1751）辛未科	张景烈	建水县
乾隆二十二年（1757）丁丑科	孙云龙	建水县
乾隆二十五年（1760）庚辰科	白士斌	石屏州
乾隆四十年（1775）乙未科	高凤鸣	建水县
乾隆四十三年（1778）戊戌科	杨占魁	建水县
乾隆六十年（1795）乙卯恩科	李宜昂	通海县
嘉庆十三年（1808）己巳科	冯应霖	蒙自县
嘉庆十九年（1814）甲戌科	钟云龙	蒙自县
嘉庆二十二年（1817）丁丑科	王遇春	石屏州
嘉庆二十四年（1819）己卯恩科	汪注南	蒙自县
道光三年（1823）癸未科	闵希贤	蒙自县
咸丰三年（1852）壬子科	杨绍诚	建水县
同治十年（1871）辛未科	向逢春	建水县
同治十三年（1874）甲戌科	王桂清	建水县
光绪二年（1876）丙子科	王河清	建水县
	钟春芳	嶍峨县

续表

时间	人名	籍贯
光绪六年（1880）庚辰科	何正荣	石屏州
	罗长春	石屏州
光绪十二年（1886）丙戌科	余普落	石屏州
光绪十五年（1889）己丑科	罗长华	石屏州
	罗长林	石屏州
光绪二十一年（1895）乙未科	李文光	建水县
	杨建勋	石屏州
	黄席珍	石屏州